Außenpolitik im Medienzeitalter

GESCHICHTE DER GEGENWART
Herausgegeben von Frank Bösch und Martin Sabrow
Band 8

Außenpolitik im Medienzeitalter

Vom späten 19. Jahrhundert bis zur Gegenwart

Herausgegeben von
Frank Bösch und Peter Hoeres

WALLSTEIN VERLAG

Gedruckt mit Unterstützung
des Zentrum für Medien und Interaktivität, Gießen
und des Zentrum für Zeithistorische Forschung, Potsdam.

Bibliografische Information der Deutschen Nationalbibliothek
Die Deutsche Nationalbibliothek verzeichnet diese Publikation in der
Deutschen Nationalbibliografie; detaillierte bibliografische Daten
sind im Internet über http://dnb.d-nb.de abrufbar.

© Wallstein Verlag, Göttingen 2013
www.wallstein-verlag.de
Vom Verlag gesetzt aus der Adobe Garamond
Umschlaggestaltung: Susanne Gerhards, Düsseldorf
Umschlagfoto: Pressefotografen beim Empfang
des französischen Ministerpräsidenten Aristide Briand
durch Reichskanzler Heinrich Brüning.
© Bildarchiv Preußischer Kulturbesitz
bpk/Kunstbibliothek SMB, Photothek Willy Römer.
Druck und Verarbeitung: Hubert & Co, Göttingen
978-3-8353-1352-1

Inhalt

FRANK BÖSCH / PETER HOERES
Im Bann der Öffentlichkeit?
Der Wandel der Außenpolitik im Medienzeitalter 7

1. Wandel der Diplomatie im Zeitalter der Massenpresse

ROLF AHMANN
Vom Krimkrieg zur »policy of non-intervention«. Außenpolitik
und öffentliche Meinung in Großbritannien 1853-66 39

FRIEDRICH KIESSLING
Das Paradox der Geheimdiplomatie.
Offizielle Außenpolitik und Öffentlichkeit vor 1914 73

ANDREAS ROSE
Der politische Raum Londons und die öffentlichen
Beziehungen zwischen England und Deutschland vor 1914 . . . 95

2. Außenpolitik und Propaganda in der Epoche der Weltkriege

MARCUS KÖNIG / SÖNKE NEITZEL
Propaganda, Zensur und Medien im Ersten Weltkrieg
am Beispiel des U-Boot-Kriegs 125

KARL HEINRICH POHL
Ein früher Medienpolitiker?
Stresemanns Außenpolitik und die Öffentlichkeit 146

BERND SÖSEMANN
»Frieden in Europa« im Konzept der hegemonialen
NS-Politik. Zur Eigendynamik außenpolitischer
Propagandakommunikation 167

3. Internationale Beziehungen und Kommunikation nach 1945

HERMANN WENTKER
Chance oder Risiko? Die Außen- und Deutschlandpolitik
der DDR im deutsch-deutschen Kommunikationsraum. 191

JÜRGEN DINKEL
Dekolonisierung und Weltnachrichtenordnung.
Der Nachrichtenpool bündnisfreier Staaten (1976-1992) 211

ARIANE LEENDERTZ
Interdependenz, Krisenbewusstsein und der Beginn eines neuen
Zeitalters. Die USA und die Neuverortung der transatlantischen
Beziehungen in den 1970er Jahren 232

4. Außen- und Sicherheitspolitik im Zeitalter von Demoskopie und Live-Medien

PETER HOERES
Stichwortgeber und Veto-Macht. Die Öffentlichkeit
und die Atomwaffenpolitik in den 1960er Jahren 253

TIM GEIGER
Vergeblicher Protest? Der NATO-Doppelbeschluss
und die deutsche Friedensbewegung 273

MANFRED GÖRTEMAKER
Außenpolitik und Öffentlichkeit in der Berliner Republik . . . 298

HENRIKE VIEHRIG
Öffentlichkeit und Auslandseinsätze nach dem CNN-Effekt . . 319

Autorinnen und Autoren 341

Im Bann der Öffentlichkeit?

Der Wandel der Außenpolitik im Medienzeitalter

FRANK BÖSCH / PETER HOERES

Am 30. Januar 1980 traf Bundeskanzler Helmut Schmidt den *Spiegel*-Herausgeber Rudolf Augstein zu einem Vieraugengespräch, um das der Journalist kurz vorher gebeten hatte, um sich über den bevorstehenden Wahlkampf zu informieren. Die übliche Vorbereitungsmappe, die der Kanzler für seine Gespräche erhielt, bestand bei diesem Routinetermin nur aus einem einzigen, dafür aber sehr ausführlich formulierten Punkt: Schmidt solle Augstein drängen, auf seine »saloppen Formulierungen zu verzichten«, da sie beabsichtigt und fahrlässig »eine Menge großer politischer Wirkung erzielen. Dies gilt nicht nur für das deutsch-amerikanische Verhältnis, sondern auch für unsere Beziehungen beispielsweise zur Dritten Welt.«[1] Derartige Sichtweisen waren typisch für die Politik und Ministerialbürokratie. Sie schrieben den Medien zu, aus politischen oder kommerziellen Interessen, aus Sensationsgier oder auch aus Fahrlässigkeit jene Außenpolitik zu beeinflussen, die eigentlich Politiker durch arkane Verhandlungen gestalten sollten. Allein dieser Glaube an die Macht der Medien führte häufig jedoch erst, so die erste Hypothese unseres Buches, zu tatsächlichen politischen Reaktionen und somit zu indirekten Medienwirkungen. Ebenso indirekt verlief oft die Kommunikation, die Politiker anstießen. Natürlich versuchten Politiker lange vor dem Internet-Zeitalter, Medien für ihre Außenpolitik zu nutzen, sie kooperativ oder mit Weisungen einzubeziehen. Aber auch dies führte, so die zweite Ausgangsüberlegung, nicht selten zu Eigendynamiken auf beiden Seiten, die ebenfalls eher als indirekte Medienwirkung zu verstehen sind.

In jedem Fall standen Außenpolitik und Medien spätestens seit dem 19. Jahrhundert in einer engen Beziehung. Verdichtet wurde diese Symbiose zwischen Politik und Medien dadurch, dass auch die Kommunikation und die Entscheidung von Politikern, trotz ihres Informationsvorsprungs, immer zugleich auf Medienberichten basierte. Dies reichte vom morgendlichen Pressespiegel bis hin zu den geheimen Berichten der Diplomaten, da auch die Botschaften nicht täglich Gespräche mit auswärtigen Politikern und Eliten führten, sondern im starken Maße die Medienöffentlichkeit ihres Gastlandes auswerteten, auf die dann wiederum oft

---

[1] Grünewald/Presse- und Informationsamt der Bundesregierung an BK Schmidt 28.1.1980, in: Archiv der Sozialen Demokratie Bonn (AdSD) 1/HSAA008884.

medial reagiert wurde. Und es beinhaltet die außenpolitische Kommunikation von Regierung zu Regierung mittels Testballons, also einer mehr oder weniger verdeckten Inspiration der Medienberichterstattung. Dennoch gilt das Feld der Außenpolitik oft als das arkane Politikfeld schlechthin, und die Mehrzahl der Studien zur Geschichte der Internationalen Beziehungen berücksichtigen Medien allenfalls illustrativ oder situativ. Da Historiker vor allem von den Akten und Zeugnissen von Politikern ausgehen, wird dieser Eindruck einer autonomen Entscheidung der Politik schon von den Quellen her gefördert. Unser Buch stellt deshalb die offene Frage in den Mittelpunkt, in welchem Maße die Außenpolitik und die (mediale) Öffentlichkeit im Zeitalter der Massenmedien interagieren. Damit untersucht es, inwieweit der rasante Wandel der Öffentlichkeit und Medienlandschaft seit dem späten 19. Jahrhundert auch die Internationalen Beziehungen beeinflusste. Auf diese Weise soll der Band bisherige Zugänge zur Internationalen Geschichte ergänzen und den Dialog zwischen Diplomatie- und Mediengeschichte fördern, um ein klassisches Forschungsfeld der Geschichtswissenschaft neu zu vermessen. Dafür haben wir insbesondere Spezialisten für die Geschichte der Internationalen Beziehungen gebeten, ergebnisoffen und exemplarisch, aber dafür in einem systematischen epochalen Längsschnitt zu prüfen, inwieweit Außenpolitik und Medien sich in wichtigen Fragen beeinflussten.

Forschungsperspektiven

In der Forschung brachte lange Zeit der »Almond-Lippmann Konsensus« die weit verbreitete Auffassung zum Ausdruck, wonach die öffentliche Meinung ob ihrer Unbeständigkeit, fehlenden Kohärenz und Informiertheit keinen großen Einfluss auf die Außenpolitik haben sollte und faktisch auch nicht habe.[2] Dies hat sich mittlerweile in der Politik- und Geschichtswissenschaft normativ, vor allem aber auch im Hinblick auf die empirischen Befunde und die Forschungsmethoden erkennbar geändert. Verschiedene Forschungsrichtungen versuchten Medienwirkungen und Beobachtungen in den internationalen Beziehungen im Anschluss an die Studien von Bernard Cohen mess- oder verstehbar zu machen.[3] So konzentrierte sich die *Public-Opinion-Research* bzw. politikwissenschaft-

2 Vgl. Gabriel Almond, The American People and Foreign Policy, New York 1950; Walter Lippmann, Die öffentliche Meinung, aus dem Englischen von Hermann Reidt, München 1964 (zuerst 1922); ders., The Phantom Republic, Boston 1925.
3 Vgl. Bernard C. Cohen, The Press and Foreign Policy, Princeton 1963; ders., The Public's Impact on Foreign Policy, Boston 1973; ders., Democracies and Foreign

liche Erforschung der öffentlichen Meinung schon frühzeitig darauf, den Einfluss der demoskopisch ermittelten öffentlichen Meinung auf den außenpolitischen Entscheidungsprozess zu analysieren.[4] Robert V. Shapiro und Benjamin Page stellten etwa anhand der Auswertung tausender Umfragen aus dem Zeitraum zwischen 1935 und 1990 fest, dass die amerikanische öffentliche Meinung relativ stabil und rational ist und Veränderungen aufgrund neuer Informationen sowie veränderter außenpolitischer Situationen herbeigeführt werden. Öffentliche Meinung und die Optionen der *Policymakers* würden in der Regel zu ca. zwei Drittel übereinstimmen und die öffentliche Meinung das Entscheidungshandeln mindestens seit Roosevelt wesentlich beeinflussen.[5]

Die gegenwartsorientierte Forschung verblieb jedoch meist entweder im Bereich theoretischer Aussagen und Postulate[6] oder gelangte noch

Policy. Public Participation in the United States and the Netherlands, Madison 1995.
4 Eugene R. Wittkopf, Faces of Internationalism. Public Opinion and American Foreign Policy, Durham, London 1990; Ole R. Holsti, Public Opinion and American Foreign Policy, Ann Arbor 1996; David A. Deese (Hg.), The New Politics of American Foreign Policy, New York 1994; Frank Brettschneider, Öffentliche Meinung und Politik. Eine empirische Studie zur Responsivität des Deutschen Bundestages, Opladen 1995; Wolfgang Dobler, Außenpolitik und öffentliche Meinung. Determinanten und politische Wirkungen außenpolitischer Einstellungen in den USA und der Bundesrepublik, Frankfurt am Main 1989; Hans Rattinger/Joachim Behnke/Christian Holst, Außenpolitik und öffentliche Meinung in der Bundesrepublik. Ein Datenhandbuch zu Umfragen seit 1954, Frankfurt am Main u. a. 1995; Christoph Weller, Die öffentliche Meinung in der Außenpolitik. Eine konstruktivistische Perspektive, Wiesbaden 2000. Vgl. auch die älteren Studien von Karl W. Deutsch/Lewis J. Edinger, Germany Rejoins the Powers. Mass Opinion, Interest Groups, and Elites in Contemporary German Foreign Policy, Standford 1959; Kurt L. Shell, Bedrohung und Bewährung. Führung und Bevölkerung in der Berlin-Krise, Köln/Opladen 1965.
5 Robert Y. Shapiro/Benjamin I. Page, Foreign Policy and Public Opinion, in: Deese, The New Politics, New York 1994, S. 216-235. Vgl. ausführlicher von denselben Autoren The Rational Public, Fifty Years of Trends in Americans' Policy Preferences, Chicago 1992.
6 Vgl. Bernhard Dietz, Medienberichterstattung, »Öffentliche Meinung« und Außenpolitik. Grundelemente eines interdisziplinären Forschungsansatzes, Braunschweig 2000; Chanan Naveh, The Role of the Media in Foreign Policy Decision-Making: A Theoretical Framework, in: conflict & communication 1 (2002), 2, <http://www.cco.regener-online.de/2002_2/pdf_2002_2/naveh.pdf> [1.5.2012]; Benjamin I. Page, Toward General Theories of the Media, Public Opinion, and Foreign Policy; Eric Shiraev, Toward a Comparative Analysis of the Public Opinion-Foreign Policy Connection, beide in: Brigitte L. Nacos/Robert Y. Shapiro/Pierangelo Isernia (Hg.), Decisionmaking in a Glass House. Mass Media, Public Opinion, and American and European Foreign Policy in the 21st Century, Lanham u. a. 2000, S. 85-91 und S. 297-304.

nicht zu belastbaren Aussagen, wie die Debatte um den »CNN-Effekt« zeigte, der annahm, dass die Live-Berichterstattung Politiker auf neuartige Weise zur Entscheidung über Themen zwang, die televisuell auf die Agenda kamen.[7] Die quantifizierenden Codierungen der Massenmedien sind zwar aufgrund ihrer starken Komplexitätsreduktion für Historiker kaum anschlussfähig, aber auch sie zeigten Korrelationen von Themen der Massenmedien, demoskopischen Erhebungen anhand der *most-important-problem*-Frage und außenpolitischen Entscheidungen auf, ohne diese jedoch hinreichend erklären zu können.[8] Die eigentlich sehr differenzierte Medienwirkungsforschung ignoriert dagegen überwiegend die Außenpolitik, Außenpolitiker und das außenpolitisch interessierte Publikum.[9]

Geöffnet wurde das sozialwissenschaftliche Forschungsfeld vor allem mit Studien zur *Public Diplomacy*. Im Unterschied zu den hier verfolgten Ansätzen stand dabei vor allem die intentional organisierte Außenpolitik durch Beeinflussung der Öffentlichkeit im Mittelpunkt oder, diplomatischer ausgedrückt, »communication with the public of other countries.«[10] Die Erforschung dieser Strategien hat zahlreiche wichtige Studien zu Formen von *soft power* hervorgebracht, sei es zu auswärtigen Kulturinstitutionen, zur *sound diplomacy* oder zum *nation branding*, also dem Versuch, positive nationale Images zu prägen.[11]

7 Vgl. Eytan Gilboa, The CNN Effect: The Search for a Communication Theory of International Relations, in: Political Communication 22 (2005), S. 27-44; Gunnar Hammerschmidt, Über den CNN-Effekt hinaus. Ein interdisziplinärer Erklärungsansatz zum Einfluss der Medien in der internationalen Politik des 21. Jahrhunderts, in: Jens Tenscher/Henrike Viehrig (Hg.), Politische Kommunikation in internationalen Beziehungen, Berlin ²2010 (zuerst 2007), S. 55-77; Piers Robinson, The CNN Effect. The Myth of News, Foreign Policy and Intervention, London/ New York 2002.
8 Vgl. Stuart N. Soroka, Media, Public Opinion, and Foreign Policy, in: The Harvard International Journal of Press/Politics 8 (2003), S. 27-48.
9 Vgl. etwa die spärliche Behandlung bei Michael Schenk, Medienwirkungsforschung, Tübingen 2007, S. 310, 441, 507. Bei Heinz Bonfadelli, Medienwirkungsforschung II. Anwendungen, Konstanz 2004, kommt die Außenpolitik überhaupt nicht vor.
10 Schlüsseltexte zur Genese des Feldes nun in: J. Michael Waller, The Public Diplomacy Reader, Washington 2007, hier S. 23.
11 Vgl. Nicholas J. Cull, The Cold War and the United States Information Agency. American Propaganda and Public Diplomacy, 1945-1989, Cambridge 2008; Steffen R. Kathe, Kulturpolitik um jeden Preis. Die Geschichte des Goethe-Instituts von 1951 bis 1990, München 2005; Jessica C. E. Gienow-Hecht, Sound Diplomacy. Music, Emotions, and Politics in Transatlantic Relations 1850-1920, Chicago 2009; dies., Nation Branding, in: Jost Dülffer/Wilfried Loth (Hg.), Dimensionen internationaler Geschichte, Berlin 2012, S. 65-84.

Historisch orientierte Arbeiten, die die Interaktion zwischen Außenpolitik und Öffentlichkeit untersuchen, sind jedoch noch selten und vornehmlich auf das Kaiserreich bezogen. Angesichts der Quellenfülle an Massenmedien und diplomatischen Akten konnten sie nur sehr exemplarisch vorgehen, wenngleich erste Pionierstudien die Fruchtbarkeit eines derartigen Ansatzes zeigen.[12] Das Schwergewicht der bisherigen Studien liegt einerseits auf der Analyse der politischen Propaganda, wobei jedoch selbst zur Außenpolitik des Nationalsozialismus bisher nur wenige entsprechende Arbeiten vorliegen.[13] Andererseits interessiert Historiker neuerdings, oft eng damit verbunden, vor allem die Rolle von Medien in Kriegen. Über die Propaganda hinaus rückte damit auch die eigenständigere Positionierung von Medien und einzelnen Journalisten in den Vordergrund, die vor allem durch bestimmte Bildpolitiken versuchten, die öffentliche Meinung und die Politik zu beeinflussen.[14] Besonders der Vietnam-Krieg hatte dabei in Politik und Öffentlichkeit eine Debatte darüber entfacht, inwieweit kriegsrelevante Entscheidungen durch Medien beeinflusst würden.[15] Neuerdings liegen einzelne Studien vor, die Auslandskorrespondenten und damit Journalisten als Akteure im diplomatischen Kontext betrachten. So zeigte Antje Robrecht, wie die Auslandskorrespondenten in den deutsch-britischen Beziehungen als

12 Vgl. zum Kaiserreich: Dominik Geppert, Pressekriege. Öffentlichkeit und Diplomatie in den deutsch-britischen Beziehungen (1896-1912), München 2007; Wolfgang J. Mommsen, Public Opinion and Foreign Policy in Wilhelminan Germany, 1897-1914, in: Central European History 24 (1991), S. 381-401; Andreas Rose, Zwischen Empire und Kontinent. Zur Transformation britischer Außen- und Sicherheitspolitik im Vorfeld des Ersten Weltkrieges, München 2011; Thomas Schaarschmidt, Außenpolitik und öffentliche Meinung in Großbritannien während des deutsch-französischen Krieges von 1870/71, Frankfurt am Main u. a. 1993. Zur Zeitgeschichte jetzt: Peter Hoeres, Außenpolitik, Öffentlichkeit, öffentliche Meinung. Deutsche Streitfälle in den »langen 1960er Jahren«, in: Historische Zeitschrift 291 (2010), S. 689-720; ders., Außenpolitik und Öffentlichkeit. Massenmedien, Meinungsforschung und Arkanpolitik in den deutsch-amerikanischen Beziehungen von Erhard bis Brandt, München 2013.
13 Wegweisend: Peter Longerich, Propagandisten im Krieg. Die Presseabteilung des Auswärtigen Amtes unter Ribbentrop, München 1987; Helmut Michels, Ideologie und Propaganda. Die Rolle von Joseph Goebbels in der nationalsozialistischen Außenpolitik bis 1939, Frankfurt am Main 1992.
14 Vgl. besonders: Gerhard Paul, Bilder des Krieges – Krieg der Bilder, die Visualisierung des modernen Krieges, Paderborn 2004; Ute Daniel (Hg.), Augenzeugen, Kriegsberichterstattung vom 18. zum 21. Jahrhundert, Göttingen 2006; Yvonne T. McEwen/Fiona A.Fisken (Hg.), War, Journalism and History. War Correspondents in the Two World Wars, Oxford u. a. 2012.
15 Vgl. William H. Hammond, Reporting Vietnam. Media and Military at War, Lawrence 1998; Lars Klein, Die »Vietnam-Generation« der Kriegsberichterstatter. Ein amerikanischer Mythos zwischen Vietnam und Irak, Göttingen 2011.

Ersatzdiplomaten fungierten, da das besetzte Deutschland nicht und die frühe Bundesrepublik erst allmählich und rudimentär über einen diplomatischen Dienst verfügte: Besonders Adenauer versuchte, über die britischen Korrespondenten für seine Politik zu werben und sie als Informationsquelle zu nutzen, während die deutschen Korrespondenten in London keine vergleichbare Bedeutung hatten.[16] Gingen viele Analysen jedoch meist von den Medien und ihren narrativen und visuellen Repräsentationen aus, versucht unser Buch stärker beiden Seiten und insbesondere die Perspektive der Politik selbst zu integrieren.

Es prüft dabei kritisch jene häufig anzutreffende Meistererzählung, nach welcher die Außenpolitik als strikte Kabinetts- und Geheimdiplomatie im Verlauf des 19. und vor allem des 20. Jahrhunderts schrittweise ins Licht der Öffentlichkeit gezwungen und durch die öffentliche Meinung zunehmend beeinflusst worden sei. Stattdessen werden hier zwei gegenläufige Annahmen zugrunde gelegt. Zum einen gab es wohl immer, sofern man von einer eigentlichen Außenpolitik sprechen kann, Bezüge zu Formen von Öffentlichkeit und öffentlicher Meinung. Schon in der antiken griechischen Versammlungsöffentlichkeit, der *Ekklesia*, beriet und entschied man über die Außenpolitik öffentlich.[17] Zum anderen zeichnet sich für die Moderne ein durchaus disparates Bild ab. So zeigen jüngere Studien wie etwa von Thomas Schaarschmidt, Dominik Geppert oder jetzt Andreas Rose, dass parallel zur beschleunigten Medialisierung Ende des 19. Jahrhunderts und der intensiven theoretischen Beschäftigung mit dem Phänomen der öffentlichen Meinung deren Bedeutung auch in den internationalen Beziehungen beträchtlich zunahm.[18] Jedoch kann man im Verlauf des 20. Jahrhunderts durchaus neue Anstrengungen und Formen der Abschottung der Außenpolitik von der Öffentlichkeit beobachten, gerade auch in westlichen Demokratien. Beispielhaft stehen dafür die von Henry Kissinger und Egon Bahr am außenpolitischen Apparat vorbei installierten »Backchannels« als arkane Informationskanäle. Zugleich wurden diese neuen Formen der Abschot-

---

16 Antje Robrecht, »Diplomaten in Hemdsärmeln«? Auslandskorrespondenten als Akteure in den deutsch-britischen Beziehungen, Augsburg 2010, S. 239-243, 295. Neben Geppert, Pressekriege, vgl. auch Frank Bösch/Dominik Geppert (Hg.), Journalists as Political Actors, Transfers and Interactions between Britain and Germany since the late 19th Century, Augsburg 2008; Kristin Pokorny, Die französischen Auslandskorrespondenten in Bonn und Bundeskanzler Konrad Adenauer 1949-1963, Diss. Bonn 2009, online unter URL: <http://hss.ulb.uni-bonn.de/2009/ 1810/1810.htm> [19.7.2011].

17 Vgl. Jochen Bleicken, Die athenische Demokratie, Paderborn u. a. 1994 , S. 177-183 u. S. 322-325.

18 Vgl. Geppert, Pressekriege; Rose, Empire; Schaarschmitt, Außenpolitik.

tung durch gezielte Indiskretionen oder kontingente Pannen (*Leaks*) wie im Falle der »Pentagon Papers« oder des »Bahr-Papiers« gestört und durchbrochen.[19] Der Zusammenhang von Außenpolitik und Öffentlichkeit scheint also weder neuartig zu sein noch einem übergreifenden Trend der Ausweitung der Öffentlichkeit unterworfen. Je nach medialer Strukturierung und historischer Konstellation der Politik und Gesellschaften variiert jedoch ihre Beziehung. Insbesondere die zunehmende Visualisierung und Beschleunigung der medialen Kommunikation dürfte hier einflussreich gewesen sein, weshalb zu fragen ist, ob die Außenpolitik sich aufgrund der jeweils neuen Medien änderte oder welchen Einfluss neue Techniken der Aggregation der öffentlichen Meinung hatten, wie insbesondere Meinungsumfragen.

Diese Beobachtungen überprüft und differenziert das Buch in einer weiten diachronen Perspektive. Dabei sollen quellenfundierte Antworten für zwei Perspektiven gefunden werden, die eng miteinander verbunden sind. Erstens für die Perspektive der Öffentlichkeit auf die Außenpolitik: Wie hat die Öffentlichkeit die Außenpolitik beobachtet und auf welche Weise strukturierten Medien diese Perzeption? Verschiedene Formen der Öffentlichkeit, von Demonstrationen über Massenmedien bis hin zur Meinungsforschung sind hierbei von Bedeutung. Dabei wird der Transfer von Themen und Bewertungen ausgemacht, wobei das Transferkarussell oft kaum Einhalt fand, wenn Korrespondenten über die Wahrnehmung ihres Heimatlandes im Ausland in ihrem Heimatland berichteten und auch dies im Ausland beachtet wurde (Beobachtung dritter, vierter, fünfter Ordnung). Ferner ist zu fragen, inwieweit die Medien die Außenpolitik im Wechsel der Systeme »demokratisierten«, indem sie diese transparenter machten und mehr Menschen Zugang zu arkanen Entscheidungsprozessen gewährten.[20]

Zweitens wird, und dies im stärkeren Maße, der Blick der Außenpolitik auf die Öffentlichkeit vermessen und die Perspektive der politischen Akteure herausgearbeitet. Wie versuchten diese die öffentliche Meinung zu beeinflussen, wie inszenierten sie sich? Inwiefern wurde mit der Öffentlichkeit (Veröffentlichung) und öffentlichen Meinung Politik gemacht, wie rezipierten die Außenpolitiker die öffentliche Meinung intern und extern? Zu untersuchen sind dabei die Rezeption von Massenmedien, Meinungsforschung und Versammlungsöffentlichkeit durch die Politiker und außenpolitischen Apparate, die anfangs gegenüber den

---

19 Vgl. Peter Hoeres, Außenpolitik und Öffentlichkeit, S. 381, 398, 415 f., 431.
20 Vgl. Frank Bösch/Norbert Frei (Hg.), Medialisierung und Demokratie im 20. Jahrhundert, Göttingen 2006.

jeweils neuen Medien wie die Massenpresse, Radio, Wochenschau oder dem Fernsehen tendenziell distanziert eingestellt waren.[21] Daneben sollen die Kontakte zwischen Politikern und Journalisten und Verlegern sowie der Einsatz der öffentlichen Meinung als Argument im außenpolitischen Entscheidungs- und Aushandlungsprozess Beachtung finden. Die Inszenierung der Außenpolitik, also die von den diplomatischen Apparaten so ungeliebte Schauseite der Außenpolitik, findet so Berücksichtigung, wobei wir die in letzter Zeit vielfältig untersuchte Inszenierung von Staatsbesuchen bewusst ausgeklammert haben.[22] Statt einzelner Medienereignisse stehen Phasen im Vordergrund, in denen die Massenmedien in ihrer Bedeutung für die Außenpolitik besonders fassbar sind.

Methodisch knüpft der Band damit einerseits an neuere Ansätze der Mediengeschichte an, bei denen es nicht allein um die Entwicklung der Medien selbst geht, sondern um deren jeweilige Bedeutung für gesellschaftliche Entwicklung.[23] Ebenso steht er in Verbindung mit neuen Ansätzen in der Internationalen Geschichte[24] und der viel diskutierten »Neuen Politikgeschichte«, bei der das Politische als Kommunikationsraum verstanden wurde.[25] Kritiker wandten ein, dass der Erkenntnisgewinn gerade bei klassischen politikhistorischen Themen wie der Außenpolitik noch ausstehe.[26] Zudem geht gerade die Außenpolitik nicht im kommunikativen Handeln auf; so ist etwa der Krieg neben der Diplomatie das klassische Instrument der Außenpolitik, aber auch Kriegssituationen sind natürlich, wie auch zahlreiche Beiträge unseres Buches zeigen, in eine grenzübergreifende Kommunikation eingebettet. Darüber hinaus schließt der Band an das neu erwachte Interesse der Fach- wie der weiteren Öffentlichkeit an der Außenpolitik und ihrer Geschichte an, das

21 Vgl. Gerhard W. Wittkämper u. a., Pressewirkungen und außenpolitische Entscheidungsprozesse – methodologische Probleme der Analyse, in: Gerhard W. Wittkämper (Hg.), Medien und Politik, Darmstadt 1992, S. 150-168.
22 Vgl. etwa Simone Derix, Bebilderte Politik. Staatsbesuche in der Bundesrepublik Deutschland 1949-1990, Göttingen 2009; Andreas W. Daum, Kennedy in Berlin. Politik, Kultur und Emotionen im Kalten Krieg, Paderborn 2003; Johannes Paulmann, Pomp und Politik. Monarchenbegegnungen in Europa zwischen Ancien Régime und Erstem Weltkrieg, Paderborn 2000.
23 Zum Forschungsstand vgl. jetzt Frank Bösch, Mediengeschichte. Vom asiatischen Buchdruck bis zum Fernsehen, Frankfurt am Main 2011, dort besonders S. 7-26.
24 Vgl. Friedrich Kießling, (Welt-)Öffentlichkeit, in: Wilfried Loth/Jost Dülffer (Hg.), Dimensionen internationaler Geschichte, München 2012, S. 85-105.
25 Vgl. u. a. Ute Frevert/Heinz-Gerhard Haupt (Hg.), Neue Politikgeschichte. Perspektiven einer historischen Politikforschung, Frankfurt am Main/New York 2005.
26 Andreas Rödder, Klios neue Kleider: Theoriedebatten um eine Kulturgeschichte der Politik in der Moderne, in: Historische Zeitschrift 283 (2006), S. 657-688.

IM BANN DER ÖFFENTLICHKEIT?

die Debatten um Wikileaks oder um die Studie zur NS-Vergangenheit des Auswärtigen Amtes noch einmal befördert haben.[27] Dabei verengt sich der Band nicht auf Medien im engeren Sinne, sondern bezieht weitere Formen der öffentlichen Kommunikation ein, die seit dem ausgehenden 19. Jahrhundert jedoch zunehmend mit Medien verbunden waren. Die geschichtswissenschaftliche Konzeptualisierung von Öffentlichkeit ist mittlerweile recht weit fortgeschritten.[28] Der schillernde Begriff der Öffentlichkeit, der im Zuge der Aufklärung als normativer Begriff Wirkungsmacht entfaltete, wird analytisch zumeist als ein allgemein zugänglicher Kommunikationsraum gefasst, der sich in drei Ebenen manifestiert: in der medialen Öffentlichkeit, der Versammlungsöffentlichkeit (Parlamente, Demonstrationen) und der Öffentlichkeit situativer Begegnungen (zum Beispiel Kneipen, Märkte, Warteschlangen).[29] Auch für die zweite Hälfte des 20. Jahrhunderts fragt unser Buch entsprechend, welche Wirkung etwa Massendemonstrationen auf außenpolitische Entscheidungen hatten. Kritisch debattiert wurde und wird dabei, inwieweit auch in Diktaturen oder autoritären Regimen ohne Pressefreiheit von einer Öffentlichkeit oder einer öffentlichen Meinung gesprochen werden kann. So diskutiert der Beitrag von Hermann Wentker, inwieweit in der DDR überhaupt eine Öffentlichkeit bestand, die die Außenpolitik hätte beeinflussen können.

Obgleich die Medienentwicklung zumindest in den westlichen Industrieländern relativ zeitgleich verlief, war ihre Struktur jeweils sehr unterschiedlich, je nach Grad der Pressefreiheit und dem spezifischen Verhältnis von Politik und Presse.

Um die Kohärenz des Buches zu fördern, haben wir uns entschlossen, den Band zugunsten des Längsschnitts auf die deutsche Entwicklung zu konzentrieren, wenngleich mit einigen Blicken insbesondere auf die britische und amerikanische Seite sowie auf die bündnisfreien Staaten. Anzunehmen ist, dass es seit den 1960er Jahren durch die zuneh-

---

27 Vgl. Heinrich Geiselberger (Redakt.),Wikileaks und die Folgen. Netz – Medien – Politik, Frankfurt am Main 2011; Eckart Conze/Norbert Frei/Peter Hayes/Moshe Zimmermann, Das Amt und die Vergangenheit. Deutsche Diplomaten im Dritten Reich und in der Bundesrepublik, München 2010. Vgl. zur Kontinuitätsproblematik bzw. Neuorientierung der AA-Diplomaten nach 1945 jetzt Andrea Wiegeshoff, Wir müssen alle etwas umlernen. Zur Internationalisierung des Auswärtigen Dienstes der Bundesrepublik Deutschland (1945/51-1969), Göttingen 2013.
28 Vgl. Karl Christian Führer/Knut Hickethier/Axel Schildt, Öffentlichkeit, Medien, Geschichte. Konzepte der modernen Öffentlichkeit und Zugänge zu ihrer Erforschung, in: Archiv für Sozialgeschichte 43 (2001), S. 1-38.
29 Jörg Requate, Medien und Öffentlichkeit als Gegenstände historischer Analyse, in: Geschichte und Gesellschaft 25 (1999), S. 5-33.

mende Demokratisierung und mediale Ausdifferenzierung im Fernsehzeitalter in den westlichen Ländern zu einer Annäherung der Interaktionen zwischen Außenpolitik und Öffentlichkeiten kam. Inwieweit jedoch spezifische Politik- und Journalismustraditionen in einzelnen Ländern stärker arkane Elitenentscheidungen oder flexible Reaktionen auf öffentliche Stimmungen begünstigen, wäre in künftigen Forschungen vergleichend zu untersuchen. So unterschied etwa Thomas Risse-Kappen in seinem trilateralen Vergleich des Verhältnisses von öffentlicher Meinung und Außenpolitik die USA als »society-dominated«, Frankreich als »state-dominated« und die Bundesrepublik als »corporatist« strukturiert. Während die amerikanische Öffentlichkeit dadurch einen hohen Einflussgrad auf die Außenpolitik besitze, sei die französische Politik eher auf Elitenunterstützung angewiesen. In der Bundesrepublik habe die öffentliche Meinung dagegen wieder einen höheren Wirkungsgrad, der jedoch durch das stark konturierte Parteiensystem vermittelt werde.[30] Vor allem für Deutschland wird hier das Bild entworfen, dass die Regierungen früher eher unabhängig von der öffentlichen Meinung Entscheidungen trafen, was unser Band hinterfragen soll.

Entwicklungslinien

Unser Buch setzt bewusst in der zweiten Hälfte des 19. Jahrhunderts ein, als eine neuartige Massenpresse täglich Millionen von Menschen mit außenpolitischen Meldungen erreichte. Für viele Historiker gilt das ausgehende 19. Jahrhundert, in dem zugleich Film, Telefon und Fotografie sich verbreiteten und weltweit operierende Nachrichtenagenturen per Telegraphie meldeten, daher als der Beginn des modernen Medienzeitalters oder des »Zeitalter der Massenmedien«.[31] Die Medien hatten nun eine quantitativ und qualitativ deutlich größere Reichweite als in früheren Jahrhunderten, sie durchdrangen viele gesellschaftliche Bereiche und veränderten sie, von Freizeit, Konsum und Sport bis hin zu Politik, Ökonomie und Kunst. Ebenso wuchs um 1900 der Glaube an die Macht der Medien, der wiederum Politiker und andere Eliten zu einer stärkeren Interaktion ermunterte. Zeitgleich förderte vor allem die Ausbreitung des Wahlrechtes seit dem späten 19. Jahrhundert eine politische Mobi-

---

30 Vgl. Thomas Risse-Kappen, Masses and Leaders, Public Opinion, Domestic Structures, and Foreign Policy, in: Deese (Hg.), New Politics, S. 238-261.
31 Vgl. etwa Axel Schildt, Das Jahrhundert der Massenmedien. Ansichten zu einer künftigen Geschichte der Öffentlichkeit, in: Geschichte und Gesellschaft 27 (2001), 2, S. 177-206.

lisierung von unten, durch die die Öffentlichkeit in vielen westlichen Ländern zu einer aktiven Einflussgröße wurde.

Dennoch spielten Medien natürlich bereits in früheren Epochen und insbesondere in der Frühen Neuzeit eine wichtige Rolle für gesellschaftliche Veränderungen.[32] Entsprechend ließe sich mit einigem Recht argumentieren, dass schon in der Vormoderne Interaktionen zwischen (Außen)Politik und Medien bestanden, die sich mit dem Aufkommen des Buchdrucks, der umfangreichen Flugpublizistik oder den frühen Zeitungen intensivierten.[33] Gut erforscht ist die vielfältige Propaganda durch meinungsstarke Flugschriften und illustrierte Flugblätter.[34] Die Flugpublizistik setzte Herrscher neuartig unter Druck, da sie suggerierten, sich an das einfache Volk zu richten und so mögliche Rebellionen implizieren konnten. Wie die internationale Forschung zeigte, reagierten die Herrscher deshalb häufiger mit der öffentlichen Legitimation ihres Handelns.[35] Damit traten politische Entscheidungen zumindest ansatzweise aus der Arkansphäre. Folgt man Falk Eisermann, setzte im Reich zunächst die mittlere und obere politische Ebene Drucke ein (Legaten, Stadträte, Kanzleiangehörige), dann ab etwa 1480 der Hochadel. Kaiser Maximilian I. gilt dabei als der erste Herrscher, der Gutenbergs Erfindung systematisch nutzte. So ließ er zu wichtigen Ereignissen Drucke verbreiten, um die Stimmung zu beeinflussen, etwa zu seiner Königswahl 1486, seiner Gefangenschaft in Flandern oder zu den 1495 in Worms beschlossenen Reformgesetzen.[36] Ebenso ließ er gedruckte Reichstagseinladungen mit Kriegsberichten verbreiten, Aufrufe zum Krieg gegen die

32 Vgl. neben Bösch, Mediengeschichte, S. 89-108, einführend auch: Andreas Würgler, Medien in der Frühen Neuzeit, München 2009.
33 Neuerdings wird auch für das Mittelalter wieder von einer Außenpolitik gesprochen, »welche der Welt der Höfe und des Adels«, und damit, so muss man in vorliegendem Kontext ergänzen, deren Medien, verpflichtet blieb. Martin Kintzinger, Europäische Diplomatie avant la lettre? Außenpolitik und internationale Beziehungen im Mittelalter, in: Christian Hesse/Klaus Oschema (Hg.), Aufbruch im Mittelalter – Innovationen in Gesellschaften der Vormoderne, Ostfildern 2010, S. 245-268, Zitat S. 263.
34 Vgl. von den jüngeren Publikationen etwa: Daniel Bellingradt, Flugpublizistik und Öffentlichkeit um 1700. Dynamiken, Akteure und Strukturen im urbanen Raum des Alten Reiches, Stuttgart 2011.
35 Ester-Beate Körber, Öffentlichkeiten in der Frühen Neuzeit. Teilnehmer, Formen, Institutionen und Entscheidungen öffentlicher Kommunikation im Herzogtum Preußen von 1525 bis 1618, Berlin 1998, S. 159; Craig E. Harline, Pamphlets, Printing and Political Culture in the Early Dutch Republic, Dordrecht 1987, S. 229 f.
36 Falk Eisermann, Bevor die Blätter fliegen lernten. Buchdruck, politische Kommunikation und die ›Medienrevolution‹ des 15. Jahrhunderts, in: Karl-Heinz Spieß (Hg.), Medien der Kommunikation im Mittelalter, Wiesbaden 2003, S. 289-320, bes. S. 307.

Türken oder nutzte bei Kämpfen Flugblätter zur Propaganda, die mit Ballons hinter der Front abgeworfen wurden. Nicht minder bedeutsam waren in diesem Kontext die Zeitungen des 17. und 18. Jahrhunderts, zumal bei ihnen außenpolitische Nachrichten stark dominierten und regionale Meldungen weniger als ein Zehntel des Umfangs ausmachten.[37] Sie thematisierten vornehmlich benachbarte Länder in Europa, wenngleich die Meldungen bis in den Orient und nach Amerika reichten. Umgekehrt stand in der ausländischen Presse besonders das Alte Reich häufig im Mittelpunkt.[38] In fast allen europäischen Zeitungen nahmen Nachrichten mit militärischen Bezügen den meisten Raum ein.[39] Inhaltlich war die internationale Publizistik stark verwoben und die Nachrichten veränderten sich durch ihre Weitergabe von Blatt zu Blatt.[40] Entgegen der früheren Forschung waren die frühen Zeitungen dabei nicht meinungslos, sondern ergriffen, besonders bei Konflikten wie im 30-jährigen Krieg, durchaus Partei, wenn auch meist zurückhaltend, und lobten etwa die Standpunkte des eigenen Territoriums.[41]

Die Zeitungen, Zeitschriften und Flugpublizistik konnten somit auch in der Frühen Neuzeit die politische Kommunikation und Herrschaftspraxis beeinflussen. Sie publizierten, oft erstaunlich gut informiert, Akten, Dokumente und Kriegserläuterungen der Obrigkeiten und förderten durch ihre regelmäßigen Berichte eine öffentlichen Legitimation des Handelns.[42] Im

---

37 Dieser Abschnitt baut auf: Bösch, Mediengeschichte, S. 70-78. Vgl. Thomas Schröder, Die ersten Zeitungen. Textgestaltung und Nachrichtenauswahl, Tübingen 1995, S. 146; Sonja Schultheiß-Heinz, Politik in der europäischen Publizistik: Eine historische Inhaltsanalyse von Zeitungen des 17. Jahrhunderts, Stuttgart 2004, S. 271. Für das 18. Jahrhundert siehe auch: Ernst Fischer/Wilhelm Haefs/York-Gothard Mix (Hg.), Von Almanach bis Zeitung. Ein Handbuch der Medien in Deutschland 1700–1800, München 1999, S. 13.
38 Jürgen Wilke, Auslandsberichterstattung und internationaler Nachrichtenfluß im Wandel, in: Publizistik 31 (1986), S. 53-90, hier: S. 80.
39 Frauke Adrians, Journalismus im 30-jährigen Krieg. Kommentierung und »Parteylichkeit« in Zeitungen des 17. Jahrhunderts, Konstanz 1999, S. 185 f.
40 Brendan Dooley (Hg.), The Dissemination of News and the Emergence of Contemporaneity in Early Modern Europe, Farnham 2010.
41 Adrians, Journalismus im 30-jährigen Krieg, S. 185 f.; Wolfgang Behringer, Im Zeichen des Merkur. Reichspost und Kommunikation in der Frühen Neuzeit, Göttingen 2003, S. 369 f.; Sonja Schultheiß-Heinz, Politik in der europäischen Publizistik: Eine historische Inhaltsanalyse von Zeitungen des 17. Jahrhunderts, Stuttgart 2004, S. 217, 236-256, 273.
42 Konrad Repgen, Der Westfälische Friede und die zeitgenössische Öffentlichkeit, in: Historisches Jahrbuch 117 (1997), S. 38-83, hier: S. 48 f. u. 83; Donals Haks, War, Government and the News. The Dutch Republic and the War of Spanisch Succession, 1702-1713, in: J. W. Koopmans (Hg.), News and Politics in Early Modern Europe, Leuven 2005, S. 167-184, hier S. 181.

Reich beobachteten sich die Höfe über die gedruckten Medien gegenseitig, was die wechselseitige Kontrolle der Machtausübung förderte.⁴³ So lassen sich etwa öffentliche Kriegsbegründungen beobachten, die an unterschiedliche Publika addressiert waren.⁴⁴ Selbst die absolutistischen Regierungen passten sich an die Expansion der Medien an und legitimierten sich gezielt in der Presse: Sei es bei Kriegserklärungen, mit Antworten auf ausländische Meldungen oder mit unterhaltenden Stoffen aus Hof und Diplomatie.⁴⁵ Dass Herrscher und Diplomaten Zeitungsmeldungen aus anderen Ländern offiziell zurückwiesen, belegt ebenfalls, dass die Zeitungen als ein Bestandteil der Außenpolitik galten. Die Diplomatie per Zeitung umfasste nicht nur Eingaben und offiziöse Zeitungen im eigenen Land, sondern mitunter gezielt in ausländischen Sprachen gedruckte Zeitungen, die sich an Nachbarländer richteten. Auch die relativ harte Zensur belegt die große Wirkung, die die Herrscher diesen Medien zuschrieben, wenngleich die Strafen in der Praxis milder ausfielen als lange angenommen. Bezeichnend ist, dass eines der wenigen Todesurteile im Herzogtum Preußen wohl aus außenpolitischen Rücksichten gegenüber dem in einer Schmähschrift verspotteten Schottland ausgesprochen wurde.⁴⁶

Da die frühen Zeitungen besonders über Kriege berichteten, wurde vor allem hierfür ihre Medienwirkung diskutiert. Eine starke Medienwirkung nahm etwa der Historiker Johannes Burkhardt an, der die Zeitungen im 30jährigen Krieg als »kriegstreibend und kriegsverlängernd« bezeichnete.⁴⁷ Die Zeitungen agierten zwar nicht nur als autonome patriotische Instanz, sondern im Kontext von Herrschaftsstrukturen; aber selbst wenn die Obrigkeit die Zeitungsinhalte mitbestimmen konnte, garantierte dies nicht automatisch die gewünschte Medienwirkung. Nach der Schlacht bei Dettingen 1743 wurden etwa die rückkehrenden französischen Truppen trotz aller Propaganda spöttisch begrüßt, da andere Medien und mündliche Gerüchte bereits andere Nachrichten ver-

---

43 Johannes Arndt, Herrschaftskontrolle durch Öffentlichkeit: Die publizistische Darstellung politischer Konflikte im Heiligen Römischen Reich 1648-1750, Göttingen 2012, S. 515.
44 Anuschka Tischer, Offizielle Kriegsbegründungen in der Frühen Neuzeit. Herrscherkommunikation in Europa zwischen Souveränität und korporativem Selbstverständnis, Münster 2012.
45 Andreas Gestrich, Absolutismus und Öffentlichkeit. Politische Kommunikation in Deutschland zu Beginn des 18. Jahrhunderts, Göttingen 1994, S. 12, 17, 26, 85; Schultheiß-Heinz, Politik in der europäischen Publizistik, S. 64; Petra Plambeck, Publizistik im Rußland des 18. Jahrhunderts, Hamburg 1982, S. 41.
46 Körber, Öffentlichkeiten in der Frühen Neuzeit, S. 271.
47 Johannes Burkhardt/Christine Werkstetter (Hg.), Kommunikation und Medien in der Frühen Neuzeit, München 1992, S. 230.

breitet hatten.[48] Die Folgen dieser Medienkriege für den realen Krieg waren allein deshalb beträchtlich, weil über die Medien der Ausgang von Schlachten mit ausgehandelt wurde.[49] Für das 19. Jahrhundert setzten zunächst vor allem die Napoleonischen Kriege neue Maßstäbe, um die Massen medial für ihre politischen Ziele einzunehmen. Napoleon selbst war dank Propaganda und Zensur ein Vorbild und eine prägende Kraft in Europa, in Preußen der spätere Staatskanzler Karl August Freiherr von Hardenberg, der über die Förderung der Presse seine Reformen legitimierte und patriotisch mobilisierte.[50] Dabei blieb jedoch in der ersten Hälfte des 19. Jahrhunderts zumindest in Zentraleuropa die politische Vorstellung dominant, Medien durch Zensur und Kontrolle lenken zu können.

Neue Dynamiken im ausgehenden 19. Jahrhundert

Trotz der hier nur exemplarisch angedeuteten Interaktionen von Politik und Medien in der Frühen Neuzeit spricht einiges dafür, dass sich in der zweiten Hälfte des 19. Jahrhundert ein kategorialer Wandel der Öffentlichkeit vollzog, der zugleich die Außenpolitik betraf. Auch der Begriff der »Public Diplomacy« trat in der zweiten Hälfte des 19. Jahrhunderts erstmals auf.[51] Dieser Wandel lässt sich nicht nur aus den neuen Kommunikationstechniken erklären, sondern zunächst aus kommunikativen Spielräumen der Medien. Entsprechend hatten Nordamerika und Großbritannien eine Vorreiterrolle, da hier sich bereits seit der zweiten Hälfte des 18. Jahrhunderts die Zensur deutlich lockerte und damit außenpolitisch relevante Medienberichte weniger kontrollierbar waren. Umgekehrt wurden die Medien hier frühzeitiger ein integraler Teil der politischen Kommunikation. Bereits seit 1768 wurden in Großbritannien regelmäßige Parlamentsberichte eine tolerierte Praxis, die eine Legitimationspflicht gegenüber einer kritischen Öffentlichkeit förderte, wenngleich

---

48 Sebastian Küster, Vier Monarchien – vier Öffentlichkeiten. Kommunikation um die Schlacht bei Dettingen, Münster 2004, S. 258.
49 Manfred Schort, Politik und Propaganda. Der Siebenjährige Krieg in den zeitgenössischen Flugschriften, Frankfurt am Main 2006, S. 412-416, 475.
50 Andrea Hofmeister-Hunger, Pressepolitik und Staatsreform. Die Institutionalisierung staatlicher Öffentlichkeitsarbeit bei Karl August von Hardenberg (1792-1822), Göttingen 1994, S. 217, 300-309, 403.
51 Nicolas J. Cull, Public Diplomacy before Gullion. The Evolution of a Phrase, in: Nancy Snow/Phillip J. Taylor (Hg.), The Routledge Handbook of Public Diplomacy, New York/London 2009, S. 19-23.

Medien noch nicht kurzfristig Entscheidungen beeinflussen konnten.⁵² Im ausgehenden 19. Jahrhundert erhielten Journalisten Redemanuskripte sogar vorab, drängten auf kürzere Reden und 1902 auch darauf, dass die »Question Time« auf den frühen Nachmittag verlegt wurde, um in der Abendausgabe bereits zu berichten.⁵³

Großbritannien war zudem nicht nur das Land, in dem sich die Presse zuerst selbstbewusst als kritische *Fourth Estate* deklarierte, sondern hier kommunizierten Politiker bereits frühzeitig vertraulich mit Journalisten, um sie einzubinden. Im letzten Drittel des 19. Jahrhunderts fand dieser Austausch in den Londoner Clubs, Gasthäusern oder parlamentarischen Geselligkeiten statt. Darüber hinaus entstand ein fester informeller Lobby-Austausch, der in den 1920er Jahren an Struktur gewann. Führende Abgeordnete und Regierungsmitglieder versorgten einen festen Kreis von Parlamentsjournalisten regelmäßig in einem gesonderten Parlamentsraum vorab mit Hintergrundinformationen, deren Quelle und Wortlaut vertraulich bleiben mussten, ebenso die Lobby-Gespräche selbst.⁵⁴ Damit entstand das bis heute übliche »Hintergrundgespräch« mit ausgewählten Journalisten, das ihnen durch seine Vertraulichkeit zwar einen Informationsvorsprung gewährte, aber zugleich durch die Nähe die Spielräume eingrenzte. Denn eine Verletzung der Kennzeichnung *off the record* oder »unter drei« führt zum Ausschluss aus den Zirkeln der Macht. Dies zeigte frühzeitig die symbiotische Beziehung zwischen beiden Seiten, denen dieses Buch nachspürt.

Ferner sind die USA und Großbritannien die Länder, in denen der Typus des »crusading editor«, des kampagnenführenden investigativen Journalisten, frühzeitig aufkam. Paradigmatisch hierfür steht William Thomas Stead, dessen Kampagnen zum Konflikt in Bulgarien, zur Erhöhung des Etats in der Navy oder zur Entsendung von General Gordon in

---

52 Willibald Steinmetz, Das Sagbare und das Machbare. Zum Wandel politischer Handlungsspielräume, England 1780-1867, Stuttgart 1993, S. 65; Andreas Wirsching, Parlament und Volkes Stimme. Unterhaus und Öffentlichkeit im England des frühen 19. Jahrhunderts, Göttingen 1990, S. 83.
53 Vgl. zu dieser Entwicklung vergleichend: Frank Bösch, Parlamente und Medien. Deutschland und Großbritannien seit dem späten 19. Jahrhundert, in: Andreas Schulz/Andreas Wirsching (Hg.), Parlamentarische Kulturen in Europa – das Parlament als Kommunikationsraum, Düsseldorf 2012, S. 371-388. Jürgen Wilke, Auf langem Weg zur Öffentlichkeit: Von der Parlamentsdebatte zur Mediendebatte, in: Otfried Jarren/Kurt Imhof/Roger Blum (Hg.), Zerfall der Öffentlichkeit?, Wiesbaden 2000, S. 23-38, bes. S. 26.
54 Dazu ausführlich: Andrew Sparrow, Infamous Scribbler. A History of Parliamentary Journalism, London 2003, S. 58-61, 77; Lucy Brown, Victorian News and Newspapers, Oxford 1985, S. 133.

den Sudan berühmt wurden. Später kämpfte er, nun weniger erfolgreich, gegen Chamberlains Interventionen in Südafrika und den Burenkrieg.[55] Freilich agierten selbst weltberühmte britische Journalisten wie Stead nicht nur eigenständig, sondern in engerer Kooperation mit einzelnen Politikern.[56] Ebenso sollte man die Unabhängigkeit des englischen Journalismus um 1900 nicht zu stark gegenüber dem europäischen Kontinent verherrlichen. Wichtige Auslandskorrespondenten der *Times* etwa, wie die für Südafrika zuständige Flora Shaw, wurden auch damals noch in Abstimmung mit der Politik ausgewählt und kooperierten eng mit ihr.[57]

Gerade weil Großbritannien dennoch als das Land gilt, in dem sich der Journalismus besonders früh wirkungsmächtig entfaltete, startet unser Buch mit einem Blick auf Großbritannien Mitte des 19. Jahrhunderts. So gilt die öffentliche Auseinandersetzung um den Krimkrieg als Geburtsstunde der *Fourth Estate*, die aktiv auf die Außenpolitik Einfluss nahm, wenngleich die angeblich heldenhafte Rolle der *Times* und einzelner Kriegsreporter längst relativiert wurde.[58] Der Beitrag von *Rolf Ahmann* macht an den zahlreichen internationalen Konflikten detailliert aus, welchen markanten Einfluss die britische Presseöffentlichkeit auf die Regierungspolitik hatte. So förderten die Zeitungen zunächst Anfang der 1850er Jahre eine kriegstreibende Politik, um dann, wie Ahmann an zahlreichen Beispielen zeigt, eine Politik der »non-intervention« zu unterstützen, die Palmerstons Bestreben nach einem stärkeren Eingreifen des Inselreiches begrenzten.[59] Nebenbei zeigt Ahmann zudem, wie Russland nach der Niederlage im Krimkrieg lernte, nun ebenfalls in der Außenpolitik auf die internationale öffentliche Meinung zu setzen, um so auch die britische Öffentlichkeit für sich stärker einzunehmen.

Auch in Deutschland sorgte die Expansion der Massenpresse dafür, dass seit Ende des 19. Jahrhunderts Journalisten stärker als eigenständige

---

55 Vgl. Raymond L. Schults, Crusader in Babylon. W. T. Stead and the Pall Mall Gazette, Lincoln 1972.
56 Vgl. Frank Bösch, Volkstribune und Intellektuelle. W. T. Stead, Harden und die Transformation des politischen Journalismus in Großbritannien und Deutschland, in: Clemens Zimmermann (Hg.), Politischer Journalismus, Öffentlichkeiten, Medien im 19. und 20. Jahrhundert, Ostfildern 2006, S. 99-120.
57 The Office of the Times (Hg.), The History of the Times, Bd. 3: The Twentieth Century Test 1884-1912, London 1947, S. 161 f.
58 Vgl. Ute Daniel, Der Krimkrieg 1853-56 und die Entstehungskontexte medialer Kriegsberichterstattung, in: Ute Daniel (Hg.), Augenzeugen. Kriegsberichterstattung vom 18. zum 21. Jahrhundert, Göttingen 2006, S. 40-67.
59 Auch danach stützte die Öffentlichkeit die Politik der »non-intervention«; vgl. für die Neutralität beim deutsch-französischen Krieg: Thomas Schaarschmidt, Außenpolitik, S. 712.

Akteure wahrgenommen wurden und Politiker den Austausch mit ihnen suchten.[60] Dennoch waren die Verhältnisse deutlich anders als in Großbritannien. Zu persönlichen Begegnungen zwischen Politikern und Journalisten kam es vorwiegend nur im eigenen politischen Lager, das mit einer ausdifferenzierten Parteipresse verbunden war. Und die Außenpolitiker rezipierten zwar ausführlich die Massenpresse, standen aber aufgrund der ausgebliebenen Parlamentarisierung weniger unter Druck, hierauf einzugehen. Der Beitrag von *Andreas Rose* unterstreicht differenziert diese Neujustierung des Verhältnisses von Politikern, Diplomaten und Journalisten in beiden Ländern am Beispiel der Flottenrüstung. Während in Großbritannien die Journalisten als Mitspieler anerkannt und informell im politischen Raum Londons kontaktiert wurden, blieb die deutsche Pressepolitik auf offiziösem Gleise. Die britischen Journalisten sorgten so etwa im Verbund mit politischen Lobbyisten für eine Verstärkung des Feindbildes Deutschland und eine weitere Dramatisierung der Invasions- und Spionagehysterie. Die englische und deutsche Pressepolitik beschreibt Rose dabei als System kommunizierender Röhren. Selbst wenn Reichskanzler Bülow mit seinen Kanzlerinterviews zu beruhigen versuchte, verstärkte dies das Misstrauen der überwiegend germanophoben britischen Presse, weil sie dies als gezielten Täuschungsversuch der gelenkten deutschen Medienpolitik ansah. Umgekehrt sollte in Deutschland der Wiederabdruck englischer Artikel dazu dienen, das Verständnis für die Notwendigkeit einer eigenen Flotte im Land zu verbreiten.

Für die lange Jahrhundertwende 1900 konstatiert auch *Friedrich Kießling* eine enge Verschränkung von Außenpolitik und Öffentlichkeit. Die diplomatischen Beobachter hätten sehr genau die Presseöffentlichkeit sowie die diagnostizierte allgemeine »Stimmung« beobachtet, ebenso auch die Parlamentsöffentlichkeit. Zugleich betonten sie ihre Distanz gegenüber der öffentlichen Meinung, die sie als schädlich ansahen und die deshalb gelenkt werden müsse. Die Medialisierung der Außenpolitik habe, so Kießling, das »Paradoxon der Geheimdiplomatie« erzeugt: Je mehr sich die Öffentlichkeit in die Außenpolitik einmischte, desto stärker versuchte die Diplomatie sensible Verhandlungen und äußere Angelegenheiten geheim zu halten, denn die Diplomaten maßen ihrem traditionellen, diskreten Handwerk einen eigenständigen Wert bei. Dabei unterstreicht Kießling, dass Presse und Öffentlichkeit einem anderen

---

60 Grundlegend zur Stellung der Journalisten: Jörg Requate, Journalismus als Beruf, Entstehung und Entwicklung des Journalistenberufs im 19. Jahrhundert. Deutschland im internationalen Vergleich, Göttingen 1995.

Regel- und Deutungssystem folgten, da auch ihre Sprache und ihre Zeitlogiken differierten. Der Ausbruch des Ersten Weltkriegs wurde später auch auf die Hetze der Medien zurückgeführt, auf eine das diffizile Geschäft der Außenpolitik störende Öffentlichkeit. So argumentierte Klaus Hildebrand: »Ja in allen Ländern war die Öffentlichkeit durchweg kriegerischer gesonnen als die jeweiligen Regierungen. Die unkontrollierten Einflüsse des Massenmarktes hinderten daran, unumgängliche Einsichten ins Notwendige zu vollziehen«.[61] Neuere quellenfundierte Arbeiten relativieren dies und verweisen eher auf die deeskalierende Haltung der Presse im Vorfeld des Krieges, die sich gegen einen Krieg aussprach.[62] Zugleich erscheint Bernhard Rosenbergers Befund plausibel, dass die Printmedien zumindest indirekt zum Kriegsausbruch beitrugen, weil ihr zunehmend konsistenter Fatalismus den Eindruck verstärkte, es gäbe keine Handlungsalternative zum drohenden Krieg. Dies dürfte auch auf die Politiker und Militärs zurückgewirkt haben, die vielfach auf die Presse verwiesen und sie vor allem als Sprachrohr der Außenministerien bzw. öffentlichen Meinung interpretierten.[63] Zudem sahen die deutschen Eliten die Zurückhaltung der britischen Öffentlichkeit als Zeichen dafür, dass England sich aus dem Krieg raushalten würde und man einen begrenzten Konflikt deshalb eher riskieren könnte. Damit zeigte sich erneut, dass Medien nicht einfach direkt zu einer bestimmten Entscheidung anregen, sondern eher ein indirektes Aufgreifen charakteristisch ist.

---

61 Klaus Hildebrand, Julikrise 1914: Das europäische Sicherheitsdilemma. Betrachtungen über den Ausbruch des Ersten Weltkrieges, in: Geschichte in Wissenschaft und Unterricht 36 (1985), S. 469-502, hier: S. 495. Das Argument findet sich schon bei Hegel, der in der Rechtsphilosophie ausführt, dass es in England mehrfach die Massenleidenschaften waren, die England in den Krieg getrieben hätten. Daher spricht sich Hegel gegen die Beteiligung der Kammern bei dem Entscheid über Krieg und Frieden aus, vgl. Georg Wilhelm Friedrich Hegel, Grundlinien der Philosophie des Rechts oder Naturrecht und Staatswissenschaft im Grundrisse. Mit Hegels eigenhändigen Notizen und den mündlichen Zusätzen, Werke 7, hg. von Eva Moldenhauer und Karl Markus Michael, Frankfurt am Main 1993, Zusatz zu § 329, S. 497.
62 Martin Schramm, Das Deutschlandbild in der britischen Presse 1912-1919, Berlin 2007, S. 498 f.
63 Bernhard Rosenberger, Zeitungen als Kriegstreiber? Die Rolle der Presse im Vorfeld des Ersten Weltkriegs, Köln u. a. 1998, S. 324; Christopher Clark, Sleepwalkers. How Europe went to War in 1914, London u. a. 2012, S. 226-239.

IM BANN DER ÖFFENTLICHKEIT?

Außenpolitik und Öffentlichkeit im Zeitalter des »zweiten dreißigjährigen Krieges«

Im 20. Jahrhundert wandelte sich die Beziehung zwischen der Außenpolitik und der Öffentlichkeit gerade in Deutschland vielfältig, da vor allem die politischen Systemwechsel die Mediensysteme und die politische Struktur radikal veränderten. Zugleich lassen sich grenzübergreifende Trends ausmachen. So kamen in allen westlichen Ländern im Ersten Weltkrieg neue Propagandatechniken auf, besonders in Großbritannien und den USA, sei es durch den Einsatz von Film und Fotos oder durch die Selbstmobilisierung der Printmedien. Das Deutsche Reich setzte dagegen bis 1916 eher konventionell auf eine verstärkte Zensur, auf gesteuerte Pressemeldungen und auf »alte Medien« wie Plakate, bevor es dann in der zweiten Hälfte des Krieges stärker an die westlichen Techniken anzuschließen versuchte.[64]

Der Beitrag von *Marcus König* und *Sönke Neitzel* arbeitet den Druck der Öffentlichkeit auf die Reichsleitung bei der Entscheidung für einen unbegrenzten U-Boot-Krieg im Ersten Weltkrieg heraus. Wie sie zeigen, benutzte die Marineführung das Drohen mit der »öffentlichen Meinung« geradezu als Erpressungsinstrument, um Entscheidungen zu ihren Gunsten zu erwirken. Die öffentliche Meinung machte, so die Autoren, eine Kompromisshaltung oder etwa die vollständige Einstellung des U-Boot-Krieges fast unmöglich, zumal auch der passionierte Zeitungsleser Wilhelm II. und führende Vertreter der zivilen Reichsleitung die »öffentliche Meinung« tatsächlich als Bedrohung empfanden. Die Reichsleitung versuchte sich zwar mit politischen Mitteln und medialer Einflussnahme diesem Druck zu entziehen, letztlich aber erfolglos. Außenpolitik und Öffentlichkeit zeigen sich hier somit, wie schon in der Vorkriegszeit, auf komplexe Weise als eng verwoben.

Mit der ersten deutschen Demokratie änderte sich der Rahmen für die Außenpolitik und die Spielräume der Medien völlig. Während die Außenpolitik durch die Kriegsniederlage und den Versailler Vertrag besonders geringe Spielräume hatte und unter großem inneren Druck die internationale Reputation Deutschlands wieder aufzubauen versuchte, waren die Spielräume der Medien durch die nun in der Verfassung garantierte Pressefreiheit besonders groß. Diese Konstellation wertete die außenpolitische Bedeutung der Medien auf und führte auch innerpoli-

---

64 Zur Organisation vgl. Anne Schmidt, Belehrung – Propaganda – Vertrauensarbeit. Zum Wandel amtlicher Kommunikationspolitik in Deutschland 1914-1918, Essen 2006.

tisch dazu, dass die Medien, ebenso wie große Ausstellungen, zu wichtigen internationalen Bühnen wurden.[65] Das Titelbild unseres Buches verweist auf die Diskrepanz, die oft zwischen der öffentlichen Inszenierung und den mühsamen Verhandlungen bestand: Als Ministerpräsident Pierre Laval mit Außenminister Aristide Briand am 27. September 1931 in Berlin ankam, waren die Straßen gefüllt mit Journalisten und Schaulustigen, so dass die deutsche Diplomatie von einem »äußerem Erfolg« sprach, während die konkreten Gespräche, insbesondere zu den Reparationsleistungen, eher ergebnislos blieben.[66]

Der Beitrag von *Karl Heinrich Pohl* personalisiert den vorliegenden Problemzusammenhang am Beispiel des Außenministers Gustav Stresemann, der die Außenpolitik der Weimarer Republik besonders prägte. Stresemann fiel der Umgang mit Medien nicht zuletzt deshalb leichter als anderen, weil er sich schon früh als Verleger und Journalist betätigt hatte. Pohl zeigt, wie Stresemann zwar dennoch gegen die Mehrheit der deutschen Presse agieren musste und vor allem von den sozialdemokratischen Blättern gestützt wurde, während die rechten und kommunistischen Zeitungen seine Politik bekämpften und die Durchsetzung seiner Verständigungspolitik bremsten. Aber zugleich macht Pohl deutlich, wie Stresemann mit großer Intensität versuchte, die deutsche und vor allem die ausländische Presse für seine Politik einzunehmen. Gerade im Umgang mit weiten Teilen der ausländischen Presse habe sich Stresemann als ein glänzender Medienpolitiker erwiesen, der gegenüber den Journalisten erfolgreich für seine Politik warb, was nicht zuletzt die ausländischen Reaktionen auf seinen Tod belegten. Aber ebenso setzte er bei der Locarnopolitik auf eine arkane Abschottung, um angesichts der inländischen Medienkritik Zeit und damit diplomatische Handlungsfähigkeit zu gewinnen. Medien- und Arkanpolitik gingen also auch hier durchaus einher.

Mit der nationalsozialistischen Herrschaft verloren die deutschen Medien zwar schlagartig ihre Möglichkeit, frei außenpolitische Entscheidungen zu kommentieren; aber dennoch blieben Außenpolitik und Medien eng verwoben, da auch die Nationalsozialisten von Beginn an ihre Innen- und Außenpolitik medial abzusichern versuchten.[67]

---

65 Die Bedeutung von Medien wurde in der Diplomatiegeschichte der Weimarer Republik bisher kaum berücksichtigt; vgl. Gottfried Niedhart, Die Außenpolitik der Weimarer Republik, München 2013.
66 Zit. nach: Claus W. Schafer, André François-Poncet als Botschafter in Berlin (1931-1938), München 2004, S. 73.
67 Zur transnationalen Medienkommunikation im NS vgl. Frank Bösch, Medien im Nationalsozialismus: Transnationale Perspektiven, in: Geschichte in Wissenschaft und Unterricht 62 (2011), S. 517-529.

IM BANN DER ÖFFENTLICHKEIT?

Schon die ersten ausländischen Berichte über die Gewaltmaßnahmen 1933 beantworteten verschiedene Politiker und auch Außenminister Neurath mit direkten Presse-Stellungnahmen an das Ausland. Auch das Auswärtige Amt wies die deutschen Botschaften an, diesen Meldungen entgegenzutreten, und versuchte in Berlin auf dortige Auslandskorrespondenten einzuwirken.[68] Ebenso begründete die NS-Führung ihren gewaltsamen Boykott jüdischer Geschäfte am 1. April 1933 mit den Boykottaufrufen in den westlichen Medien.[69] Bei späteren Auseinandersetzungen wiederholte sich dieses Wechselspiel. Auch die expansive Politik des Regimes wurde mit einer transnationalen Medienkommunikation vorbereitet. So leitete es den »Anschluss« Österreichs mit einer Pressekampagne ein, um den österreichischen Kanzler Kurt Schuschnigg zu bewegen, die von ihm initiierte Volksabstimmung zu verhindern und seinen Rücktritt zu erzwingen.[70] Ebenso wurden die Herrschaftsansprüche gegenüber der Tschechoslowakei und der Anschluss des Sudetenlandes mit über 1000 (!) verschiedenen Anweisungen an die eigene Presse orchestriert, um auch gegenüber den anderen Ländern taktisch vorzugehen.[71] Vor allem Goebbels' Tagebücher belegen, wie sehr er sich selbst und Deutschland in einer internationalen medialen Kommunikation verortete und Medien als einen zentralen Teil der globalen Außenpolitik verstand.

Besonders im Krieg unternahmen die Deutschen große Anstrengungen, um schnell und regelmäßig Zeitungen der Feindesländer zur Vorbereitung von Entscheidungen und Reaktionen zu erhalten und das Auswärtige Amt bemühte sich, Meldungen in den ausländischen Medien zu platzieren, was in Schweden und Süd-Osteuropa noch am ehesten gelang. Ebenso lud es gezielt ausländische Journalisten nach Deutschland ein und hofierte die Auslandskorrespondenten in Berlin auch während des Krieges mit Sonderkonditionen.[72] Die nationalsozialistischen Presseanweisungen verwiesen täglich auch auf das Ausland: Sie antworteten auf ausländische Meinungen oder suchten die Stimmung im Ausland zu beruhigen oder anzuheizen. Allein bis 1939 bezogen sich knapp 5000 An-

---

68 Vgl. Eckart Conze u. a., Das Amt und die Vergangenheit, S. 26f. u. S. 75-79; Michels, Ideologie, S. 111f.; Gassert, Amerika, S. 200-206.
69 Vgl. Saul Friedländer, Das Dritte Reich und die Juden, Bd. 1: Die Jahre der Verfolgung 1933-1939, München 1998, S. 55.
70 Longerich, Propagandisten, S. 372f.
71 Statistische Auswertung nach: Wilke, Presseanweisungen, S. 156; zur Strategie: Michels, Ideologie (Anm. 21), S. 386f.
72 Vgl. Longerich, Propagandisten, S. 187-189, 201, 281-285.

weisungen auf andere Länder, mit steigender Tendenz.[73] Dies reichte von allgemeinen Hinweisen wie »kein Triumphgeheul, um nicht andere Mächte zu verschnupfen« (30. 9. 1938) bis zu Detailanweisungen. Zudem ermöglichte nun das Radio eine transnationale Kommunikation, die das Ausland beeinflussen sollte. Auslandssender versuchten in zahlreichen Sprachen die gegnerische Öffentlichkeit zu überzeugen. Großbritannien hatte bereits 1938 seine Appeasementpolitik mit einem zeitgleich gestarteten deutschsprachigen Sender flankiert, um die deutsche Bevölkerung gegen einen Krieg einzustimmen.[74] Von Deutschland aus funkten nach Kriegsbeginn Kurzwellensender in 30 Sprachen, bekannt als »Germany Calling«, »Hamburg Broadcast« oder »Europasender«, oft als verdeckte Geheimsender. Immerhin ein Viertel der Londoner gab bei einer Umfrage 1940 an, gelegentlich das deutsche Programm zu hören.[75] Umgekehrt waren in Deutschland während des Krieges Dutzende Auslandssender empfangbar, von denen am häufigsten der deutsche Dienst der BBC und das Schweizer Radio Beromünster gehört wurden.[76] Allein im Auswärtigen Amt waren 700 Leute damit beschäftigt, ausländische Radiosender abzuhören, um gegenüber der eigenen Bevölkerung und dem Ausland diese Meldungen aufzugreifen. Zugleich zeigten sich während des Krieges zunehmend die Grenzen der nationalsozialistischen Versuche, über die Medien grenzübergreifend zu werben. Im Printbereich gelang dies am ehesten noch der Hochglanzillustrierten »Signal«, die die Wehrmacht unter Beteiligung des Auswärtigen Amtes und des Propagandaministeriums herausgab.[77] Wenig Erfolg hatten die Nationalsozialisten damit, per Film ihre Weltanschauung in die neutralen und besetzten Länder zu tragen, da die Zuschauer in fast allen Ländern

---

73 Wilke, Presseanweisungen, S. 156. Zur Bedeutung des Auslandes auch: Horst Pöttker, Journalismus als Politik. Eine explorative Analyse von NS-Presseanweisungen der Vorkriegszeit, in: Publizistik 52 (2008), S. 168-182.
74 Stephanie Seul, Journalists in the Service of British Foreign Policy: The BBC German Service and Chamberlain's Appeasement Policy, 1938–1939, in: Frank Bösch/Dominik Geppert (Hg.), Journalists as Political Actors. Transfers and Interactions between Britain and Germany since the late 19th Century, Augsburg 2008, S. 88-109.
75 Vgl. (mit CD mit 24 Sendungen) Michael Doherty, Nazi Wireless Propaganda. Lord Haw-Haw and the British Public Opinion in Second World War, Edinburgh 2002, S. 94f.
76 Michael Hensle, Rundfunkverbrechen. Das Hören von »Feindsendern« im Nationalsozialismus, Berlin 2003, S. 321.
77 Rainer Rutz, Signal: Eine deutsche Auslandsillustrierte als Propagandainstrument im Zweiten Weltkrieg, Essen 2007, S. 73, 97.

weiterhin heimische Filme und Wochenschauen bevorzugten.[78] *Bernd Sösemanns* Beitrag zeigt zunächst, mit welchen Anstrengungen die Nationalsozialisten auch in der Außenpolitik eine Propagandakommunikation entwickelten, die gleichzeitig nach innen wirken sollte. Am Beispiel der Friedens- und Europakonzepte verdeutlicht er zugleich, dass sich selbst in der NS-Diktatur mit ihrer vielfältigen Medienlenkung die propagierten Medieninhalte verselbstständigten und nur schwer an die jeweils neue außenpolitische Lage oder die eigentlichen Intentionen angepasst werden konnten. Die nach außen und innen gerichtete Friedenspropaganda erschwerte etwa die Umstellung auf den Kriegseinsatz Ende der 1930er Jahre, und die erfolgreiche Beschwörung eines geeinten, antikommunistisch grundierten »neuen Europa« schuf Erwartungen, die sich von der NS-Herrschaft zunehmend ablösten und bezeichnenderweise nach 1945 unter demokratischen Vorzeichen außenpolitisch wirksam wurden.

Außenpolitik im Zeitalter von Demokratie und Demoskopie

In der zweiten Hälfte des 20. Jahrhunderts wechselten im Westen zwar nur vereinzelt (wie Spanien und Portugal) die politischen Systeme, wohl veränderten sich aber die Medienlandschaften. Die Presse wurde zunehmend ein »altes« Medium, dennoch bewahrte sie im Zeitalter der Demokratie ihre zentrale Bedeutung für die Außenpolitik. Dazu trug sicher die zeitungsorientierte Mediennutzung der Außenpolitiker und Diplomaten bei, aber auch die Tatsache, dass Fernsehen und Radio nicht in vergleichbarer Dichte außenpolitische Fragen behandelten und im geringeren Maße in die täglichen Pressespiegel der Politiker wanderten. Erst mit dem politisch engagierten Magazinjournalismus der 1960er Jahre und der globalen Konfliktberichterstattung gewann das Fernsehen eine etwas stärkere Bedeutung, dann durch die Live-Berichte in den folgenden Jahrzehnten. Verstärkt und herausgefordert wurde die Macht der Presse durch die Meinungsforschung, die sich in den 1950er Jahren zunächst über Aufträge der Bundesregierung zu politischen Fragen etablierte, dann seit den 1960er Jahren im Auftrag von einzelnen Medien und Parteien zu entsprechend gewünschten Themen die öffentliche Meinung vermaß.[79] Gerade dieses Zusammenspiel aus einem kritischen Printjour-

---

78 Vgl. die Beiträge in: Roel Vande Winkel/David Welch (Hg.), Cinema and the Swastika. The International Expansion of Third Reich Cinema, New York 2007.
79 Zu diesem Übergang von Regierungsumfragen zum Einsatz von und durch Medien vgl. Anja Kruke, Demoskopie in der Bundesrepublik Deutschland. Meinungsforschung, Parteien und Medien 1949-1990, Düsseldorf 2007.

nalismus, Demoskopie und der Expansion des Fernsehens forderte seit den 1960er Jahren auch die Außenpolitik besonders heraus. Dabei setzte bereits Adenauer wichtige Akzente. Er suchte früh das regelmäßige Gespräch mit ausländischen Journalisten, auch um Informationen aus den anderen Ländern zu erhalten, und ließ seine Auslandsreisen professionell organisiert von einem Tross von Journalisten medial begleiten. Zudem beauftragte der erste Kanzler das Institut für Demoskopie Allensbach, auch über außenpolitisch relevante Fragen fortlaufend zu berichten, wobei ihm problematisch erscheinende Ergebnisse geheim blieben. Generell setzte Adenauer auf eine starke Geheimhaltung von im kleinsten Kreis getroffenen Entscheidungen, die jedoch von einer großen öffentlichen Inszenierung begleitet wurden.[80] Verschiedentlich untersucht wurde die mediale Dimension von Brandts Ostpolitik, die aus diesem Grund hier nicht erneut aufgegriffen wird. So zeigte bereits eine frühe Studie zur Berichterstattung der großen deutschsprachigen Zeitungen über die deutsch-polnischen Verhandlungen 1970, dass die Medien einen recht großen Einfluss auf die Politik hatten.[81]

Unsere Beiträge zur Bonner Republik wählen unterschiedliche Zugänge zur Analyse der Öffentlichkeit und beziehen neben der Tagespresse jeweils stärker die Meinungsforschung (Hoeres), die Publizistik (Leendertz) oder Demonstrationen (Geiger) ein. *Peter Hoeres* untersucht mit der Atomwaffenstrategie der 1960er Jahre einen besonders sensiblen Bereich der Außenpolitik im Kalten Krieg. Er zeigt zunächst den diskursiven Einfluss der Medien, also wie die zündenden Schlagworte, die *keywords* der Atomdebatte, häufig von Journalisten öffentlich aufgebracht und dann von Politikern aufgenommen wurden. Ebenso belegt sein Beitrag, wie die öffentliche Meinung den Zeitplan der Atomdebatte mitbestimmte. Hoeres gelangt zu dem Fazit, dass die Öffentlichkeit zwar bei bestimmten Entscheidungen die Rolle eines (suspensiven) Vetospielers einnahm, aber dennoch Medien und die Politik eine stille Diplomatie einforderten, die gerade bei der atomaren Mitsprache auch praktiziert wurde.

---

80 Zur Debatte, inwieweit Adenauer entsprechend der erste »Medienkanzler« der Bundesrepublik war, vgl. Daniela Münkel, Willy Brandt und die »Vierte Gewalt«. Politik und Massenmedien in den 50er bis 70er Jahren, Frankfurt am Main 2005; Frank Bösch, Das Politische als Produkt. Selbstbeobachtungen und Modernisierungen in der politischen Kommunikation der frühen Bundesrepublik, in: Habbo Knoch/Daniel Morat (Hg.), Kommunikation als Beobachtung. Medienwandel und Gesellschaftsbilder 1880-1960, München 2003, S. 229-248.
81 Vgl. Gerhard W. Wittkämper (Hg.), Medienwirkungen in der internationalen Politik, 2 Bde., Münster 1986.

IM BANN DER ÖFFENTLICHKEIT?

Die diskursive Konstituierung der transatlantischen Beziehungen stellt der Beitrag von *Ariane Leendertz* in den Mittelpunkt, indem sie die außenpolitische Fachöffentlichkeit in den USA in den 1970er Jahren untersucht, die sich aus Außenpolitikern, Politikwissenschaftlern und Journalisten zusammensetzte. Sie nimmt die Leitbegriffe der Zeit nicht als selbstverständlich an, sondern rekonstruiert deren Aufkommen anhand der Krisendiagnosen in den Internationalen Beziehungen und der Debatte um die Führungsrolle der USA; dies anhand der Aufnahme des wissenschaftlichen Schlagwortes »Interdependenz«, das auf eine stärkere Berücksichtigung der globalen Mitspieler der USA abzielte. Damit legt sie die diskursiven Grundlagen der Vorstellung eines »neuen Zeitalters« frei, in denen sich die Außenpolitik in den 1970er Jahren bewegte.

In den 1970er Jahren brachten die neuen sozialen Bewegungen neue Themen und öffentliche Protestformen auf. Im Feld der Außenpolitik warfen sie etwa der Bundesregierung und dem Auswärtigen Amt vor, nicht genügend bei eklatanten Menschenrechtsverletzungen einzugreifen. Proteste gegen Staatsbesuche, wie insbesondere des Schahs 1967, führten dazu, dass ausländische Staatsgäste auch aus Sicherheitsgründen immer weniger die Straßenöffentlichkeit suchten und damit, wie Simone Derix Studie argumentierte, die »Arbeitsebene« in einer begrenzten Öffentlichkeit an Bedeutung gewann.[82] Ebenso zeigten publizistische Proteste Wirkung, die im Sinne der »Live-Fotographie« emotional Menschenrechtsverletzungen abbildeten. Wie jüngst etwa eine Studie zum bundesdeutschen Umgang mit dem Massenmord in Kambodscha zeigte, reagierte die Bundesregierung hier erst unter dem Druck der Öffentlichkeit, nachdem anschauliche Berichte über die Massaker im *Spiegel* und kritische Nachfragen der Opposition erfolgten.[83]

Für die 1970/80er Jahre wurde in der Forschung neuerdings vielfältig diskutiert, inwieweit die Proteste der Friedensbewegung als Teil einer Öffentlichkeit zu verstehen seien, die von den sozialistischen Staaten finanziert und instruiert waren, um so die Sicherheits- und Außenpolitik des Westens zu beeinflussen. Ein besonders markantes Beispiel ist der »Krefelder Appell« von 1980, der – sich einseitig gegen die westliche Nachrüstung aussprechend – über die von der DDR finanzierte und beeinflusste Deutsche Friedensunion initiiert, dann aber von einer breiten

---

82 Derix, Bebilderte Politik, S. 318-323.
83 Tim Szatkowski, Von Sihanouk bis Pol Pot. Diplomatie und Menschenrechte in den Beziehungen der Bundesrepublik zu Kambodscha (1967-1979), in: Vierteljahrshefte für Zeitgeschichte 61 (2013), 1, S. 1-34, S. 31.

Massenbewegung getragen wurde.[84] Diese transnationale kommunistische Agitation steht für ein weiteres Modell der außenpolitischen Einflussnahme.

Inwieweit diese Straßenproteste tatsächlich außenpolitische Entscheidungen beeinflussten, diskutiert *Tim Geiger* für die Bundesrepublik. Er kommt zu dem Schluss, dass bei der Genese des NATO-Doppelbeschlusses die deutsche Friedensbewegung noch kein Faktor war, dem die Bundesregierung hätte Rechnung tragen müssen. Gleichwohl zwang die Friedensbewegung und die mit ihr verbundenen »Gegenexperten« in den Medien die Politik, ihr Handeln stärker zu legitimieren, wobei er ausmacht, dass die amtliche Öffentlichkeitsarbeit fast ausschließlich auf das gedruckte Wort fixiert war und die breitenwirksamen Massenmedien Fernsehen und Rundfunk weitgehend aussparte. Dass die Amerikaner etwa 1983 gewisse Kompromisse bei den Verhandlungen anboten, sei maßgeblich auf das Drängen der westdeutschen Regierung zurückzuführen – die wiederum unter dem Druck der eigenen Friedensproteste und der SPD-Opposition handelte. Die eigentliche Wirkungsmacht der öffentlichen Proteste macht Geiger jedoch eher mittel- und langfristig aus.

Im Unterschied zur Bonner Republik war die Beziehung zwischen Außenpolitik und Öffentlichkeit im anderen Teil Deutschlands, in der DDR, völlig anders strukturiert. *Hermann Wentker* argumentiert abgewogen, dass man angesichts der umfassenden Steuerung durch die SED nicht von einer eigenständigen Öffentlichkeit sprechen könne, die die Außenpolitik prägte. Zugleich zeigt er aber, dass sich die DDR-Außenpolitik durchaus an Medien und Öffentlichkeiten des Auslandes und insbesondere an der deutsch-deutschen Öffentlichkeit orientierte. Gerade letztere machte permanent Rücksichtnahmen erforderlich und wirkte auch auf den eigenen Staat und die eigene Politik zurück. Wentker zeigt, wie die DDR-Führung sich dadurch, auch in der Friedensdebatte, selbst in Zwänge hinein begab, aus denen sie nicht mehr herauskam.

Neben den demokratischen Staaten und den kommunistischen Diktaturen etablierten sich seit den 1960er Jahren die »Blockfreien Staaten«, die um internationale Anerkennung kämpften, sich aber von der weltweiten und besonders westlichen Öffentlichkeit vernachlässigt fühlten und darauf ihre Einflusslosigkeit zurückführten. *Jürgen Dinkel* untersucht den bündnisfreien Nachrichtenpool, der als außenpolitisch relevantes

---

84 Vgl. bilanzierend: Helge Heidemeyer, NATO-Doppelbeschluss, westdeutsche Friedensbewegung und der Einfluss der DDR, in: Philipp Gassert/Tim Geiger/Hermann Wentker (Hg.), Zweiter Kalter Krieg und Friedensbewegung. Der NATO-Doppelbeschluss in deutsch-deutscher und internationaler Perspektive, München 2011, S. 247-267.

Gegengewicht zu den westlichen Nachagenturen aufgebaut wurde. Wie Dinkel zeigt, scheiterte er weder an einer fehlenden kommunikativen Infrastruktur noch am fehlenden Wissen oder der mangelnden Professionalität der Nachrichtenbetreiber in den asiatischen und afrikanischen Ländern, sondern vielmehr an den Interessen und der Einflussnahme der beteiligten Politiker. Der Nachrichtenpool war von Anfang an ein politisches Projekt, das die Regeln und die Eigenlogik des medialen Feldes, welches die Initiatoren eigentlich beeinflussen wollten, nicht beachtete. Dies verweist auf einen generellen Punkt: Wo Außenpolitik und Medien zu eng verzahnt sind, werden sie in den internationalen Beziehungen zu stumpfen Waffen.

Für Historiker ist es ungewöhnlich, allzu nah an die Gegenwart heran zu rücken. Dennoch blicken wir zumindest in zwei Beiträgen auf die letzten beiden Jahrzehnte nach Ende des Kalten Kriegs, die zudem durch Satellitenfernsehen und das Internet medial neu konfiguriert wurden. Die bisherigen Befunde, die insbesondere für die USA vorliegen, sind recht unterschiedlich: So wurden neue Spielräume für die Medien ausgemacht aufgrund ihrer größeren Vielfalt, dem Ende der anti-kommunistischen Perspektive und einer stärkeren Emanzipation von offiziellen Regierungsmeldungen; andere Studien sahen eine neue Medienmacht der US-Präsidenten gerade aufgrund der neuen Komplexität, aber auch die Gefahr, dass politische Entscheidungen auf unsicheren Medienberichten beruhen.[85] Insbesondere die beschleunigte Kommunikation setze Politiker unter Druck.[86] Welche Grenze angesichts von Gegenöffentlichkeiten und Problemen der Medienorganisation auch der amerikanischen Informationspolitik gesetzt sind, obwohl der »Informationskrieg« Bestandteil der Militärdoktrin geworden ist, wurde vor und während des Irak-Krieges 2003 deutlich.[87]

Für die »Berliner Republik« konstatiert *Manfred Görtemaker* ein neues außenpolitisches Selbstbewusstsein, das durch die öffentliche Meinung, wie sie sich in Umfragen artikuliert, gedeckt sei. Die Informationsverdichtung und Informationsbeschleunigung im Berliner Hauptstadtjournalismus habe die Neuorientierung verstärkt, wobei die Basisorientierungen der Bonner Außenpolitik fortbestünden. Vor allem die Kriegsreportagen vom Balkan, aus dem Irak und aus Afghanistan sieht er als

---

85 Vgl. die unterschiedlichen Befunde der Beiträge in: Nacos/Shapiro/Isernia, Decisionmaking in a Glass House.
86 Andreas Wilhelm, Außenpolitik. Grundlagen, Strukturen und Prozesse, München 2006, S. 247.
87 Vgl. Andrea Szukala, Medien und öffentliche Meinung im Irak-Krieg, in: Aus Politik und Zeitgeschichte 24-25 (2003), S. 25-34.

einflussreich an. Den Einfluss der Medien auf außenpolitische Kernentscheidungen bei den militärischen Auslandseinsätzen untersucht *Henrike Viehrig*. Sie beurteilt den Stellenwert der Medien, wie er als »CNN-Effekt« (als *Push and Pull*-Effekt) am Beispiel des amerikanischen Einsatzes in Somalia breit diskutiert wurde, als zumindest kurzfristig nicht ausschlaggebend. Anders als die Autoren, die frühere Jahrzehnte beobachten, spricht sie den Medien der Gegenwart nicht eine eigenständige politische Akteursrolle zu. Vielmehr ginge es ihnen primär um die Publikumsresonanz. Auf der Basis von Umfragedaten arbeitet Viehrig den Stellenwert der öffentlichen Meinung heraus, traditionell politikwissenschaftlich verstanden als Aggregat der individuellen Meinungen der Bevölkerung. Dabei macht sie die Kategorie der Salienz, der Wichtigkeit oder Dringlichkeit eines außenpolitischen Themas, im Zusammenspiel mit nationalen strategischen Kulturen stark: Bei Themen mit großer Salienz könne die Politik kaum gegen die öffentliche Meinung entscheiden, gerade bei anstehenden Wahlen.

Auffälligerweise spielt das Internet in den beiden gegenwartsorientierten Beiträgen eine geringe Rolle, während insbesondere Meinungsumfragen, die oft von der Presse und dem öffentlich-rechtlichen Fernsehen beauftragt und verbreitet werden, stark in den Vordergrund rücken. Bisher ist die Außenpolitik im Internetzeitalter vor allem im Kontext neuartiger Enthüllungsmöglichkeiten, die sich jedoch auf zurückliegende Ereignisse beziehen, aufgefallen. Zugleich ist aber zu fragen, ob nicht gerade dies den möglichst arkanen Entscheidungen eine neue Bedeutung gibt. Damit würde, so auch Kiran Klaus Patel, »das zeitgenössisch als geheim Geltende […] noch geheimer als bisher.«[88] Wer mit den gerade freigegebenen Akten der späten 1970er und frühen 1980er Jahren gearbeitet hat, weiß um das Verschwinden von relevanten Niederschriften aus Angst vor Indiskretionen, die bereits das Aufkommen der Kopierer mit sich brachte.

Die Beiträge bestätigen damit die Annahme, dass es im späten 19. Jahrhundert zu einer besonders dynamischen Verquickung zwischen Außenpolitik und Medien kam, die sich insbesondere in Großbritannien frühzeitig und besonders wirkungsmächtig entfaltete. Neue Medientechniken förderten dies, aber entscheidend waren ebenso die jeweiligen kulturellen Prägungen der Politiker. Im 20. Jahrhundert erwies sich die Etablierung neuer Medien kurz- und mittelfristig ebenfalls als nicht maßgeblich für den Wandel der Außenpolitik. Die Einführung von Film, Radio, Fern-

---

[88] Kiran Klaus Patel, Zeitgeschichte im digitalen Zeitalter. Neue und alte Herausforderungen, in: Vierteljahrshefte für Zeitgeschichte 59 (2011), S. 331-351.

sehen und auch des Internets führte jeweils nicht unmittelbar zu einem Paradigmenwechsel, da die Außenpolitik im starken Maße auf den traditionellen Strukturen des Pressewesens beruhte. Als wesentliche Neuerung erwiesen sich vielmehr Meinungsumfragen, die häufig jedoch wiederum von den Printmedien in Auftrag gegeben und als Argument publiziert wurden. Die Medien nahmen und nehmen auf unterschiedlicher Weise Einfluss: Sie setzten Themen, formulieren Schlagworte und Schlüsselbegriffe und artikulieren Ängste. All das konnte die Außenpolitiker unter Zugzwang setzen. Bei der Auswahl der analysierten Beispiele fällt auf, dass kriegerische Konflikte und militärische Fragen im Zentrum der Beiträge und der zeitgenössischen öffentlichen Auseinandersetzungen standen. Folglich ist daran zu erinnern, dass in der alltäglichen Außenpolitik der mediale Einfluss sicherlich kleiner war, aber auch hier Begriffe, Bilder oder Umfragen Handlungsoptionen prägen konnten. Politiker, so zeigten die hier versammelten Fallstudien, reagierten dabei nicht gradlinig auf Medienberichte, sondern auf vermutete Wirkungen, die Medienberichte haben könnten. Zugleich zeigte sich in vielen Studien, auch zu den Diktaturen, bei derartigen Steuerungsversuchen ein Kontrollverlust: Von der Politik gesetzte Akzente entfalteten in den Medien Eigendynamiken, die für die Politiker kaum noch zu lenken waren.

* *
*

Die Beiträge dieses Buches wurden im Januar 2012 auf einer Tagung in Gießen diskutiert, die das Zentrum für Zeithistorische Forschung (ZZF) in Potsdam und das Zentrum für Medien und Interaktivität (ZMI) der Justus-Liebig-Universität Gießen veranstalteten und ebenso wie die Drucklegung dieses Bandes auch finanziell unterstützten. Unser Dank geht zugleich an die zahlreichen Tagungsteilnehmer und Kommentatoren, die hier vielfältige Anregungen gaben, insbesondere an Jost Dülffer, Andreas Fahrmeir, Madeleine Herren-Oesch, Dirk van Laak und Bernd Wegner. Herrn Thomas Kasper danken wir für Unterstützung bei der redaktionellen Arbeit.

1. Wandel der Diplomatie im Zeitalter der Massenpresse

Vom Krimkrieg zur »policy of non-intervention«
Außenpolitik und öffentliche Meinung in Großbritannien 1853-66

ROLF AHMANN

»An English statesman in the present day lives by following public opinion«, schrieb Walter Bagehot 1860 und ergänzte: »he may profess to guide it a little; he may hope to modify it in detail; he may help to exaggerate and to develop it, but he hardly hopes for more.«[1] Im internationalen Vergleich der modernen Relationen von regierungsamtlicher Außenpolitik und öffentlicher Meinung nahm Großbritannien zu Beginn der zweiten Hälfte des 19. Jahrhunderts in vieler Hinsicht eine Sonderrolle ein. Bei keiner anderen europäischen Welt- oder Großmacht gab es zu dieser Zeit ein solches Ausmaß an öffentlichen unzensierten Debatten und Kontroversen über so viele Felder der Außenpolitik, unterlag diese zu dieser Zeit so sehr parlamentarischer Kontrolle und hatte eine sich verschiedentlich artikulierende und formierende öffentliche Meinung potentiell einen so großen Einfluss auf die Außenpolitik wie in Großbritannien.[2]

Dort trat vom Beginn der 1850er Jahre bis zur Wahlrechtsreform von 1867 der Einfluss der öffentlichen Meinung auf die Außenpolitik der Regierungen besonders vielfältig und in zwei extrem divergenten Varianten zutage: Zum einen besonders kriegstreibend in den Jahren 1853-1856, im Vorfeld und während des gegen Russland geführten, später sogenannten Krimkrieges, der als »a prime example in showing how the modern relationship between government, media and the wider public can be already observed in the middle of the 19th century«[3] in jüngster Zeit wieder neue Betrachtungen erfahren hat[4]; zum anderen relativ pazifizierend 1864-66

1 Zit. nach Stephen Koss, The Rise and Fall of the Political Press in Britain. Vol.1: The Nineteenth Century, London 1981, S. 138.
2 Siehe die vergleichende Übersicht dazu bei: Winfried Baumgart, Europäisches Konzert und nationale Bewegung, 1830-1878, Paderborn u.a. 1999, S. 100- 111. Robert Justin Goldstein (Hg.), The War for the Public Mind. Political Censorship in Nineteenth Century Europe, Westport C.T. 2000; derselbe, Censorship of the Arts and the Press in Nineteenth Century Europe, Basingstoke 1989.
3 Christian Haase, Introduction, in: Derselbe (Hg.), Debating Foreign Affairs. The Public and British Foreign Policy since 1867. Berlin 2003, S. 1-25, hier S. 4.
4 Verwiesen sei hier im Vorgriff auf die nachfolgenden weiteren Literaturhinweise nur auf einige der neuesten Betrachtungen des Krimkrieges, wie u.a.: Orlando Figes, Crimea. The Last Crusade, London 2010 (in deutscher Übersetzung: Der Krimkrieg. Der letzte Kreuzzug, Berlin 2011); Georg Maag/Wolfram Pyta/Martin

in der Förderung der Etablierung einer friedlichen *policy of non-intervention*, die in Großbritannien zeitgenössisch von den Gegnern des Krimkrieges als eine Wendung der britischen Außenpolitik betrachtet und gefeiert wurde und deren Genese in mancher Hinsicht – insbesondere bezüglich der Russland-Politik – vergleichsweise wenig näher erforscht ist.[5]

Ziel dieses Beitrages ist es, im Blick auf beide Varianten wesentliche Entwicklungen und Gestaltungen des Einflusses öffentlicher Meinung auf die Außenpolitik der britischen Regierungen von 1853 bis 1866 aufzuzeigen. Er konzentriert sich bei besonderer Berücksichtigung des Verhältnisses zu Russland auch nach dem Krimkrieg weitgehend auf die Entwicklung der britischen Außenpolitik in Europa. Unter öffentlicher Meinung wird in Anlehnung an das zeitgenössische Verständnis eine sich in und mittels der Presse, im Parlament, in Parteien und Verbänden sowie in Kundgebungen auf der Straße artikulierende und formierende nichtoffiziöse Meinung verstanden.[6] Ihre Einflüsse auf die Außenpolitik der Regierungen werden daran gemessen, inwieweit sie deren Ausrichtungen leiten oder prägen, sie durch Oppositionen verändern oder damit die Regierungen stürzen konnten.

Windisch (Hg.), Der Krimkrieg als erster europäischer Medienkrieg, Berlin 2010; S. Markovits, The Crimean War in the British Imagination, Cambridge 2009; Ute Daniel, Der Krimkrieg 1853-1856 und die Entstehungskontexte medialer Kriegsberichterstattung, in: Dieselbe (Hg.), Augenzeugen. Kriegsberichterstattung vom 18. zum 21. Jahrhundert, Göttingen 2006, S. 40-67; C. Ponting, The Crimean War. The Truth behind the Myth, London 2004; Ulrich Keller, The Ultimate Spectacle. A Visual History of the Crimean War, London 2001.

5 Wichtige Beiträge zur Genese der *policy of non-intervention* leisten, bei relativ geringer Berücksichtigung der Entwicklung der britischen Russlandpolitik: Klaus Hildebrand, No intervention. Die Pax Britannica und Preußen. 1865/66-1869/70. Eine Untersuchung zur englischen Weltpolitik im 19. Jahrhundert, München 1997; Gabriele Metzler, Großbritannien – Weltmacht in Europa. Handelspolitik im Wandel des europäischen Staatensystems 1856-1871, Berlin 1997; David F. Krein, The Last Palmerston Government. Foreign Policy, Domestic Politics, and the Genesis of »Splendid Isolation«, Iowa 1978.

6 Vgl. dazu insbesondere: Dominik Geppert, Pressekriege. Öffentlichkeit und Diplomatie in den deutsch-britischen Beziehungen (1896-1912), München 2007, S. 14-15, S. 22-23; derselbe, The Public Challenge to Diplomacy: German and British Ways of Dealing with the Press, 1890-1914, in: Markus Mössling/Torsten Riotte (Hg.), The Diplomats' World. A Cultural History of Diplomacy, 1815-1914, Oxford u. a. 2008, S. 133-164, hier S. 133-134.

VOM KRIMKRIEG ZUR »POLICY OF NON-INTERVENTION«

Außenpolitik und öffentliche Meinung im Vorfeld des Krieges

Die Relationen von Außenpolitik und öffentlicher Meinung waren in Großbritannien im Vorfeld des Krimkrieges von folgenden Entwicklungen seit den 1830er Jahren mitbestimmt:
1. Die Außenpolitik der britischen Regierungen, die der Aufsicht durch Krone und Parlament unterlag, bedurfte seit der Wahlrechtsreform von 1832 in entscheidender Weise der Akzeptanz durch die Mehrheit des gewählten Unterhauses. Jeder Abgeordnete konnte eine Debatte über die Außenpolitik entzünden. Die Debatten wurden veröffentlicht und die Tageszeitungen berichteten darüber mit Hilfe von sogenannten »parliamentary reporters«[7] regelmäßig in eigenen Spalten. Das Parlament konnte die Regierungen zwingen, große Teile ihrer diplomatischen Korrespondenz mit ausländischen Regierungen oder deren Vertretern zu außenpolitischen Problemen den Abgeordneten gedruckt vorzulegen. Die Regierungen konnten aber auch ihrerseits eine Veröffentlichung diplomatischer Korrespondenzen als sogenannte »Blue Books« veranlassen, um damit ihre Außenpolitik öffentlich zu rechtfertigen beziehungsweise für sie zu werben – eine Möglichkeit, der sich die britischen Regierungen zur Abwehr öffentlicher Kritik an ihrer Außenpolitik seit der ersten Hälfte des 19. Jahrhunderts zunehmend mehr und regelmäßiger bedienten. Dabei konnten die britischen Regierungen die Auswahl der vorgelegten Korrespondenz mit Verweis auf Geheimhaltungsnotwendigkeiten einschränken. Mehr noch, zur Abschottung wichtiger Aspekte ihrer Politik vor einer Offenlegung gegenüber dem Parlament pflegten die Außenminister mit den britischen Diplomaten im Ausland eine die amtliche Korrespondenz begleitende ausgiebige Privatkorrespondenz.[8]

Für den Erfolg jedweder Opposition gegen die Außenpolitik der Regierungen letztlich entscheidend war seit 1832, ob sie eine Mehrheit im Unterhaus gewinnen konnte. Das aktive und passive Wahlrecht bezüglich des Unterhauses blieb entsprechend seinen 1832 vorgenommenen Besitzstandsorientierungen bis zur Wahlrechtsreform von 1867 relativ begrenzt. Aber die Zahl der Wahlberechtigten, die 1832 zunächst nur von ca. 435.000 auf ca. 652.000 erhöht worden war, wuchs danach mit

7 Siehe zur Entwicklung des »parliamentary reporting« in der englischen Presse seit dem 18. Jhd.: Jeremy Black, The English Press 1621-1861, Phoenix Mill u.a. 2001, S. 129-131; Andrew Sparrow, Infamous Scribbler. A History of Parliamentary Journalism, London 2003.
8 Siehe zu den britischen »Blue Books«: Baumgart, Europäisches Konzert, S. 103-104, 110; A Century of Blue Books 1814-1914. Lists Edited with Historical Introductions by Harold Temperley and Lilian M. Penson, London 1938, Neudruck 1966.

wachsendem Wohlstand bis 1866 schließlich auf über eine Million. Der überwiegende Teil der Sitze des Unterhauses wurde nach der Reform von 1832 auch aufgrund der Einteilung der Wahlkreise weiterhin von den aristokratischen Vertretern der »landed interests« eingenommen. Aber es erlangten infolge der Reform nun zunehmend mehr Vertreter der oberen Mittelschichten insbesondere des reichen Bürgertums, Bankiers und Unternehmer, Sitze im Unterhaus.[9]

2. Problematisch für die britischen Regierungen waren vor – und noch nach – dem Krimkrieg die auch zwischen den Unterhauswahlen oft unsteten Mehrheitsverhältnisse im Unterhaus im Gefolge der Aufsplitterung der parlamentarischen Lager der Konservativen und der Liberalen seit den Reformdebatten der 1830er Jahre und den Auseinandersetzungen über die Abschaffung der Kornzölle 1846. Letztere zeitigte im Lager der Konservativen die Abspaltung der nicht protektionistischen, reformbereiten Anhänger Peels, der sogenannten Peelites, die nach dem Tode Peels 1850 von Lord Aberdeen geführt wurden. Gleichzeitig waren im Lager der Liberalen die innen- und außenpolitischen Differenzen zwischen den rechten und linken Randgruppen, den Whigs und den Radikalliberalen, gewachsen. Befördert wurde die damit verbundene Fraktionierung der politischen Lager des Unterhauses Mitte des 19. Jahrhunderts zusätzlich durch die Unfähigkeiten der Führer der Liberalen und der Konservativen, Lord Russell und Lord Derby, straffe Parteiorganisationen zu entwickeln, was erst ihren Nachfolgern in der zweiten Hälfte der 1860er Jahre gelang.[10]

3. Verbunden mit diesen Entwicklungen war eine Ausweitung und ein politischer Bedeutungsgewinn der britischen Zeitungspresse in der ersten Hälfte des 19. Jahrhunderts. Schon früh von politischer Zensur befreit, war sie mit den sogenannten »taxes on knowledge« (Anzeigensteuer, der Zeitungs- beziehungsweise Stempelsteuer sowie der Papiersteuer) belastet, damit verteuert und in ihrer Verbreitung begrenzt. Alle diese Steuern wurden zwar erst 1853-61 sukzessive abgeschafft, aber schon 1833-36 er-

---

9 Eine gute Überblicksdarstellung bietet nach wie vor: Asa Briggs, The Age of Improvement 1783-1867, London, New York 7. Aufl. 1988, S. 225-343; Michael Bentley, Politics without Democracy, 1815-1914. Perceptions and Preoccupation in British Government, London 1984, S. 59-142.
10 Vgl. Angus Hawkins, Parliament, Party and the Art of Politics in Britain, 1855-59, Basingstoke, London 1987, S. 3-7; J. B. Conacher, The Peelites and the Party System, 1846-1852, Newton Abbot 1972. J. B. Conacher, The Aberdeen Coalition 1852-1855: A Study in Mid-Nineteenth Century Party Politics, Cambridge 1968; R. Stewart, The Politics of Protection. Lord Derby and the Protectionist Party, 1841-1852, Cambridge 1971; John R. Vincent, The Formation of the Liberal Party, 1857-1868, London 1966.

heblich gesenkt. Zudem wurde der sogenannte »libel act«, aufgrund dessen Verleger und Publizisten wegen Verleumdung verklagt werden konnten, 1843 zu ihren Gunsten geändert.[11] Dabei wuchs die Zahl der Zeitungen in Großbritannien von 1830 bis 1855 von 126 auf 415.[12] Zugleich verschaffte die seit den 1830er und 1840er Jahren wachsende Fragmentierung der politischen Lager im Unterhaus der Zeitungspresse in verschiedener Weise größere politische Bedeutung. Die Londoner Tageszeitung *The Times* konnte von den 1830er bis zu Anfang der 1850er Jahre mit erklärter Unabhängigkeit von einzelnen politischen Fraktionen ihre Auflagen und ihren Einfluss auf die Formierung der öffentlichen Meinung erhöhen und sich damit auch neue Informationsquellen erschließen. Die Auflage der *Times* wuchs bis 1853 auf ca. 50.000 und war damit weit höher als die aller anderen Tageszeitungen, wobei die Leserschaft der Zeitungen viel größer war als ihre Auflagenzahl. Der Einfluss der *Times* hatte – entsprechend ihrer Leserschaft in den politisch entscheidenden Eliten – bis Mitte des 19. Jahrhunderts soweit zugenommen, dass sie Anfang der 1850er Jahre als der mit Abstand bedeutendste Vertreter und Organisator einer politisch relevanten »public opinion« galt.[13] Gleichzeitig wuchsen seit den 1830er Jahren die Bemühungen von Politikern aller Fraktionen, sich Zeitungen, deren Verleger und Journalisten persönlich zu verpflichten, um ihre Ansichten auch außerhalb des Parlaments zu verbreiten und damit ihren Einfluss vor allem innerhalb des Unterhauses zu steigern. Die bedeutendsten Politiker fanden bis Anfang der 1850er Jahre zwar weiterhin ihnen besonders verbundene Zeitungen, aber dies auch in Konkurrenz zueinander nur selten dauerhaft und so, dass sie deren Berichterstattung allein entsprechend ihren Interessen dirigieren konnten.[14]

---

11 Siehe: Mark Hampton, Visions of the Press in Britain, 1850-1950, Urbana, Chicago 2004, S. 31-33; Aled Jones, Powers of the Press, Newspapers, Power and the Public in Nineteenth Century England, Aldershot, Hants 1996, S. 19-27.

12 Siehe zur Zunahme der Zeitungen in Großbritannien in dieser Zeit die tabellarische Übersicht bei Jones, S. 23. Eine grobe Übersicht ihrer politischen Ausrichtungen bietet Alan J. Lee: The Origins of the Popular Press in England 1855-1914. London 1976, Tabelle 29, S. 291.

13 Siehe: Koss, Political Press, S. 59-105; The History of the Times, Bd. 2 (1841-1884): The Tradition Established, London 1939. Siehe zur weiteren Leserschaft in dieser Zeit: Richard D. Altick, The English Common Reader. A Social History of the Mass Reading Public 1800-1900, Chicago, Illinois 1957, S. 318-347; Alvar Ellegard, The Readership of the Periodical Press in Mid-Victorian Britain, Göteborg 1957 ›Acta Universitas Gothoburgensis. Göteborgs Universitets Arsskrift, Bd. LXIII‹.

14 Koss, Political Press, S. 50-111. »The Peelites had their troubles with the Morning Chronicle; the Derbyites with the Standard and the Morning Herald; Disraeli with the Press; and Palmerston with the Morning Post and the Globe. All of them were slighted and bruised by the Times ....« Ebenda, S. 111.

4. Der erfolgreichste »public relations manager« in eigener Sache war unter den britischen Politikern Mitte des 19. Jahrhunderts Lord Palmerston, ein Vertreter der im Lager der Liberalen reformpolitisch konservativen Fraktion der Whigs, der als Außenminister der verschiedentlichen liberalen Regierungen zwischen 1830 und 1851 mit seiner offensiven Verfechtung der außenpolitischen Interessen, des Prestige und der Weltmachtansprüche Großbritanniens wiederholt besonderen Zuspruch in den liberalen Teilen der britischen Presse und den liberalen Fraktionen des Unterhauses erlangt hatte.[15] Auch Palmerston hatte im Vorfeld des Krimkrieges nur wenige ihm besonders und dauerhaft verbundene Presseorgane – namentlich *The Morning Post* und *The Globe*.[16] Aber er war »probably the first British statesman who deliberately integrated himself with papers of all shades of opinion«.[17] Er bemühte sich um die Gewinnung der Unterstützung von Verlegern und Journalisten mit offensiveren Methoden und direkter und persönlicher als die parteipolitischen Führer der liberalen und der konservativen Fraktionen, Lord Russell und Lord Derby, die »more discreet, relied on intermediaries to ›nobble‹ the press«.[18]

Palmerstons Einflussgewinn auf die britische Zeitungspresse entgegen stand im Vorfeld des Krimkrieges vor allem und in besonderer Weise die *Times*. Sie attackierte 1851 die von Palmerston als Außenminister der liberalen Regierung Russell gesuchte enge Verbindung zum Frankreich Napoleons III. und trug wesentlich dazu bei, dass Palmerston – auf Betreiben Königin Victorias – als Außenminister entlassen wurde. Zugleich unterstützte sie Palmerstons außenpolitischen Hauptkonkurrenten, Lord Aberdeen und die von diesem Ende 1852 begründete Koalitionsregierung der Peelites, Whigs und Liberals.[19] Im Spektrum der parlamentarischen Fraktionen aber war Palmerstons Einfluss noch so groß, dass Aberdeen nicht darauf verzichten konnte, ihn in die Regierung einzubinden. Dies allerdings nur als Innenminister – einer Position, mit der Palmerston als

15 Vgl. David Brown, Palmerston and the Politics of Foreign Policy, 1846-1855, Manchester 2002; Kenneth Bourne, Palmerston. The Early Years 1781-1841, London 1982; Muriel E. Chamberlain, Lord Palmerston, Cardiff 1987.
16 Vgl. David Brown, Compelling but not Controlling? Palmerston and the Press, 1846-1855, in: History 86 (2001), S. 41-61.
17 Kingsley Martin, The Triumph of Lord Palmerston. A Study of Public Opinion in England before the Crimean War, London 1963, S. 55.
18 Koss, Political Press, S. 11.
19 Vgl. Koss, Political Press, S. 72, 85-86. Zur relativ dauerhaften kritischen Positionierung der *Times* bezüglich Napoleon III. und der französischen Politik bis 1865 siehe auch: John Clarke, British Diplomacy and Foreign Policy, 1782-1865. The National Interest, London u. a. 1989, S. 292.

konservativer Innenpolitiker und Gegner der geplanten Wahlrechtsreform zunächst viel von seinem zuvor außenpolitisch erlangten Einfluss im liberalen Lager verlor.[20]

5. In der ersten Hälfte des 19. Jahrhunderts, insbesondere seit den 1830er Jahren, war in Teilen der liberalen Presse und der liberalen Fraktionen des Unterhauses eine zeitgenössisch sogenannte Russophobie gewachsen. Eine das autokratische Zarenreich unter dem repressiven Regime Zar Nikolaus I. betreffende extreme Russlandfeindlichkeit, die sich mehr oder weniger aus ideologischen, wirtschaftlichen und außenpolitischen Gegensätzen zum Zarenreich, aber auch weitreichender Unkenntnis Russlands und Fehlannahmen bezüglich der Politik des Zaren speiste und das Feindbild eines britische Herrschaftsansprüche bedrohenden russischen Expansionismus propagierte.[21] Der Russophobie entgegen standen in Großbritannien noch im Vorfeld des Krimkrieges relativ russlandfreundliche Dispositionen im Lager der eher Frankreich als Gegner betrachtenden konservativen Presse und Parlamentarier und bei den von Lord Aberdeen geführten Peelites sowie Oppositionen gegen die von den Russophoben geforderte Ausrichtung der britischen Außenpolitik in Teilen des liberalen Lagers vor allem seitens einer Gruppe von Radikalliberalen um Richard Cobden und John Bright.[22] Auch deshalb wurde die Bedeutung der Russophobie in Großbritannien vom gegen Frankreich engagierten relativ anglophilen russischen Zaren Nikolaus I. und seinem anglophilen Außenminister Nesselrode, die 1844 mit Aberdeen als damaligem britischen Außenminister zu einer Verständigung gefunden hatten, bis 1853 unterschätzt.[23]

20 Chamberlain, Palmerston, S. 83.
21 Vgl. J. H. Gleason: The Genesis of Russophobia in Great Britain. A study of the Interaction of Policy and Public Opinion, Cambridge, Mass. 1950, Neuausgabe 1972; Hans-Jobst Krautheim, Öffentliche Meinung und imperiale Politik. Das britische Rußlandbild 1815-1854, Berlin 1977.
22 Vgl. auch: Muriel B. Chamberlain, Lord Aberdeen, London 1983; Wendy Hinde, Richard Cobden. A Victorian Outsider, New Haven, London 1987: Nicholas C. Edsall, Richard Cobden. Independent Radical, Cambridge, Mass., London 1986; Keith Robbins, John Bright, London u. a. 1979.
23 Vgl. zu Zar Nikolaus I.: W. Bruce Lincoln, Nicholas I. Emperor and Autocrat of all the Russias, Bloomington, Ind. 1978. Lincoln charakterisiert die Einstellungen von Zar Nikolaus I. als »gallophob« und »something of an anglophile« (S. 331), verweist aber auch darauf: »But he did not comprehend the political system within British diplomats were obliged to work, and he found the institutions of Parliament and its political debates incomprehensible. Most of all, he simply did not understand the way in which British statesmen negotiated, and he completely failed to perceive the nature of England's worldwide concerns in the Far East, in Central Asia and especially in the Near East and the Eastern Mediterranean.« (S. 331). Zu dem das

Vor diesem Hintergrund und dem gewachsenen strategischen und wirtschaftlichen Interesse Großbritanniens an der Bewahrung des Osmanischen Reiches wurde der 1853 eskalierende Konflikt zwischen Zar Nikolaus I. und der Regierung des Sultans – über die russischen Protektoransprüche bezüglich der unter türkischer Herrschaft befindlichen orthodox-christlichen Balkanvölker – zu einem Problem für die von Lord Aberdeen geführte Koalitionsregierung der Peelites, Liberals und Whigs.

Die von Aberdeen verfolgte relativ russlandfreundliche und friedensorientierte Politik geriet im Sommer 1853 zunehmend unter den Druck einer sich dagegen in der liberalen Presse artikulierenden russophoben öffentlichen Meinung und einer im Kabinett von Lord Palmerston geführten Gruppe derjenigen, die – insbesondere nachdem der Zar im Juli die Donaufürstentümer besetzen ließ, um den Sultan zur Anerkennung der russischen Ansprüche zu zwingen – ein offensiveres Vorgehen und Drohungen gegen Russland forderten.[24]

Der Aberdeens Kurs zunächst folgende Außenminister seiner Regierung, Lord Clarendon, sorgte sich Anfang Juli 1853: »Our pacific policy is at variance with public opinion so it cannot long be persisted in.«[25] Bei der Unterhausdebatte am 16. August hielt es der radikalliberale Richard Cobden für notwendig, die Regierung gegen die kriegstreibenden Attacken seitens der Russophoben und eines Großteils der liberalen Presse zu verteidigen:

russische Außenministerium von 1816 bis 1856 leitenden Fürst Karl Robert von Nesselrode und seinen anglophilen Einstellungen siehe: Harold N. Ingle, Nesselrode and the Russian Rapproachment with Britain 1836-44, Los Angeles, Cal., London 1976, S. 1-38; C. E. Walker, The Role of Karl Nesselrode in the Formulation and Implementation of Russian Foreign Policy 1850-1856. Diss. University of West Virginia 1973. Wie sehr sich die russische Regierung in ihrer Politik gegenüber dem Osmanischen Reich Anfang 1853 im Einklang mit der 1852 gebildeten Regierung Lord Aberdeens glaubte, zeigt u. a.: John Sheldon Curtiss, Russia's Crimean War, Durham, N. C. 1979, S. 63-68.

24 Siehe hierzu und zum folgenden Verlauf dieser sogenannten Orientalischen Krise bis zum März 1854 u. a.: David M. Goldfrank, The Origins of the Crimean War. London, New York 1994, S. 115-268; Hermann Wentker, Zerstörung der Großmacht Russland? Die britischen Kriegsziele im Krimkrieg, Göttingen, Zürich 1993, S. 45-112; Chamberlain, Aberdeen, S. 480 ff.; Chamberlain, Palmerston, S. 85 ff.; Conacher, The Aberdeen Coalition, S. 185-232. Siehe auch zuletzt: Figes, Der Krimkrieg, S. 171-248.

25 Zit. nach Harold Temperley, England and the Near East. The Crimea, London 1936, S. 344. Zur historiographischen Debatte über den Wandel der Haltung Clarendons in dieser Zeit siehe: Wentker, Großmacht Russland, S. 57-87.

»All I wish to say is, that I think the Government have done wisely in disregarding the cry of thoughtless men; they have done wisely in not listening to the cry of newspapers, some of which profess the democratic principle, as if democracy ever gained by war ...«[26]

Die Presse und der Krieg

Möglicherweise hätte ein frühzeitig eindeutiger Kurs der britischen Politik in der sogenannten Orientalischen Krise des Jahres 1853 – entweder im Sinne Aberdeens oder in dem Palmerstons – die Eskalation der Krise frühzeitig verhindern können. Die Differenzen und Uneinigkeiten im britischen Kabinett und der damit verbundene zögerliche und wechselhafte Kurs der britischen Außenpolitik trugen jedenfalls mit dazu bei, die Krise zu verschärfen.[27]

Als das Osmanische Reich Anfang Oktober 1853 Russland den Krieg erklärte, begann auch die Aberdeens friedliche Politik bis dahin unterstützende *Times* ins Lager seiner Gegner zu wechseln. Nach der in Großbritannien Anfang Dezember 1853 bekannt werdenden russischen Zerstörung einer kleinen türkischen Flotteneinheit bei Sinope, die in Teilen der britischen Presse zum »Massaker« hochstilisiert wurde, stimmten nach der *Times* zudem bisher zurückhaltende Zeitungen der Konservativen und der Radikalliberalen in das nun relativ einheitliche antirussische Kriegsgeschrei der britischen Zeitungspresse ein.[28]

Diese relative Einheitlichkeit der Positionierung der Presse zeitigte im Dezember 1853 Auswirkungen auf alle Fraktionen des Unterhauses und schwächte die Position derjenigen fraktionellen Führer, die nicht zu einem Krieg bereit oder entschlossen waren.[29] Wie zerrissen dabei die parlamentarische Opposition der Konservativen gegenüber der liberalen Koalitionsregierung Aberdeens in der Frage eines Krieges gegen Russland

---

26 Hansard's Parliamentary Debates, Third Series, London 1853, Bd. 74, Sp. 1798-1806, hier Sp. 1805-6.
27 Vgl. Chamberlain, Palmerston, S. 85; J. B. Conacher, Britain and the Crimea, 1855-1856. Problems of War and Peace, Basingstoke, London 1987, S. 1.
28 Siehe in Ergänzung zu den vorgenannten Hinweisen: Koss, Political Press, S. 101-102; Krautheim, S. 261-316 (»Die Schlacht von Sinope vereinheitlicht das russophobe Meinungsbild auch in der Tagespresse«, ebenda S. 288-289); Martin, Lord Palmerston, S. 139-186.
29 Vgl. die Tagebuchnotiz Lord Stanleys vom 24. Januar 1854, in: John R. Vincent (Hg.), Disraeli, Derby and the Conservative Party. Journals and Memoirs of Edward Henry, Lord Stanley, 1849-1969, Hassocks 1978, S. 117.

war, notierte auf Seiten der Konservativen Lord Stanley am 20. Februar 1854:

»On the Conservative side the war is not popular, at least not to the extent that the newspapers, and our acquiescence, would lead a looker-on to suppose. [...] there remains a large number who dislike prospective disturbance in Europe, who object to fight where England has nothing to gain: and who in their hearts agree with Cobden ... (sic)«[30]

Der radikalliberale Verfechter einer pazifistischen Politik des Freihandels und der Nichtintervention Richard Cobden registrierte seinerseits im Frühjahr 1854, dass er mit seiner vehementen Opposition gegen einen Krieg auf Seiten des Osmanischen Reiches gegen Russland ausgerechnet bei seinen innenpolitischen Gegnern, den Konservativen, insgeheim einige Zustimmung fand.[31]

Unter dem Druck einer relativ einheitlich kriegerisch gegen Russland gestimmten britischen Presse und der Gefahr eines Sturzes seiner Regierung im Parlament sah sich der britische Premierminister Lord Aberdeen – nach der Unnachgiebigkeit des Zaren gegenüber einem britischen und französischen Ultimatum – Ende März 1854 wider seinen Willen genötigt, zu Gunsten des Osmanischen Reiches gemeinsam mit dem französischen Kaiser Napoleon III. dem Zarenreich den Krieg zu erklären. Eine Kriegsentscheidung, die er bei ihrer Verkündigung im Parlament öffentlich bedauerte und mit der Hoffnung auf eine baldige Wiederherstellung guter Beziehungen zu Russland verband und der die Führer der konservativen Opposition im Parlament, die eigentlich mehr gegen die Politik der Regierung Aberdeens als die Russlands opponierten, unter dem Druck einer weitgehend russophoben Presse nolens volens zustimmten. Cobden und Bright waren in ihrer Kritik an der Kriegsentscheidung weitgehend isoliert.[32]

---

30 Tagebuchnotiz Lord Stanleys vom 20. Februar 1854, in: Vincent (Hg.), Disraeli, Derby, S. 120.
31 John Morley, The Life of Richard Cobden, London New Edition 1883, S. 401.
32 Aberdeen erklärte in der Oberhausdebatte über die Kriegsentscheidung seiner Regierung am 31.3.1854: »I deeply regret the rupture of our friendly relations with Russia« und äußerte seine Hoffnung auf einen baldigen und dauerhaften Friedensschluss mit der Wiederherstellung guter Beziehungen zu Russland (Hansard Parliamentary Debates, Third Series, Bd. 132, Sp. 179-180). Siehe auch: John R. Vincent, The Parliamentary Dimension of the Crimean War, in: Transactions of the Royal Historical Society 31 (1981), S. 31-49.

VOM KRIMKRIEG ZUR »POLICY OF NON-INTERVENTION«

Zu den medialen Neuerungen des von Großbritannien weltweit geführten »Russian War«[33], der wegen seines Hauptschauplatzes als Krimkrieg bezeichnet wurde, gehörte, dass erstmals Zeitungskorrespondenten mit Hilfe von Telegraphenverbindungen direkt von der Front auf der Krim berichteten. Die Berichte der Kriegskorrespondenten der großen Londoner Zeitungen, wie der *Times*, des *Morning Herald* und der *Daily News*, zeigten der britischen Öffentlichkeit Ende 1854 die Inkompetenz der kaum kriegserfahrenen aristokratischen britischen Kommandeure, die ihre Einheiten in wenig aussichtsreiche Attacken mit hohen Verlusten führten, und sie zeigten die schlechte Versorgung der britischen Soldaten, von denen viele an Krankheiten starben.[34]

Ihre Berichte bewirkten im Winter 1854/55 in Großbritannien aber keinen neuen Pazifismus, sondern eine innere Krise, in der eine erzürnte außerparlamentarische Öffentlichkeit und die »backbenchers« des Unterhauses, die schlechte Kriegführung der Regierung Aberdeen und der aristokratischen Führung des Landes attackierten.[35] Nachdem ein gegen die Regierung gerichteter Antrag des radikalliberalen Abgeordneten John Roebuck auf Einrichtung eines Untersuchungskomitees am 29. Januar 1855 im Unterhaus eine überwältigende Mehrheit von 325 zu 148 Stimmen fand, trat Aberdeen am folgenden Tag zurück. Königin Victoria sah sich im Februar 1855 mangels anderer geeigneter Kandidaten gezwungen, den von ihr lange abgelehnten Lord Palmerston mit der Regierungsbildung zu beauftragen. Er war als russlandfeindlicher Verfechter britischer Weltgeltung und Gegner der Politik Aberdeens »the popular representative of public fervor«.[36]

Palmerston forciert 1855 die britischen Kriegsanstrengungen mit dem von ihm zuvor entwickelten Ziel einer dauerhaften Begrenzung beziehungsweise Beendigung der Weltmachtstellung Russlands. Dafür versuchte er mehr Staaten – Schweden, Österreich und Preußen sowie Per-

---

33 Für diese Bezeichnung plädiert entsprechend dem weltweiten britischen Engagement: Andrew D. Lambert, The Crimean War. British Grand Strategy 1853-56, Manchester, New York 1990, S. xvi, und S. 6.
34 Siehe: Daniel, Der Krimkrieg, S. 45-55; Frank Becker, Der »vorgeschobene Posten« als »verlorener Posten«? William Howard Russell und die britische Berichterstattung vom Krimkrieg, in: Georg Maag/Wolfram Pyta/Martin Windisch (Hg.), Der Krimkrieg als erster europäischer Medienkrieg, Berlin 2010, S. 221-234; A. Lambert, S. Badsley (Hg.), The Crimean War. The War Correspondents, Stroud 1994.
35 Olive Anderson, A Liberal State at War. English Politics and Economics During the Crimean War, New York 1967, S. 27-94.
36 Hawkins, Parliament, Party and the Art of Politics, S. 20-21. Siehe auch: Ebenda, S. 23, 33-35; Conacher, Britain and the Crimea, S. 3-12.

sien – zum Kriegseintritt gegen Russland zu bewegen.³⁷ Seine Politik und Kriegsanstrengungen wurden vorangetrieben durch die kriegstreibende Agitation der *Times* wie auch aller anderen großen Londoner Zeitungen, die nach der Abschaffung der Stempelsteuer im Frühjahr 1855 durch ihre Kriegsberichterstattung ihre Auflagenzahlen wesentlich erhöhen konnten.³⁸ Zugleich beförderte nicht nur, aber insbesondere die *Times* den Machtgewinn Palmerstons innerhalb seines Kabinetts. Sie betrieb und erreichte im Frühjahr 1855 den Austritt der wegen mangelnder Kriegsanstrengungen attackierten Peelites aus dem Kabinett; und sie bewirkte mit vehementer Kritik an der Friedensbereitschaft Lord Russells mit der dem Tode Zar Nikolaus I. folgenden Regierung Zar Alexanders II. im Sommer 1855 den Rückzug des Führers der Liberals aus der Regierung.³⁹ Im engen Verbund mit einer weitgehend kriegstreibenden öffentlichen Meinung war Palmerston im Herbst 1855 »master of his Cabinet«.⁴⁰

In Frankreich sah sich Napoleon III. nach der im Wesentlichen von den französischen Truppen erzielten Eroberung der von den Alliierten lange belagerten russischen Festung Sewastopol am 8. September 1855 zu einem baldigen Frieden gedrängt.⁴¹ In Großbritannien dagegen notierte der konservative Kriegsgegner Lord Stanley als Stimmungslage im Oktober 1855: »[...] the ablest politicians inclining towards peace, but the numerical majority of M. P., the cabinet, the Times and the general public, still bent on continued war.«⁴²

Die wachsende Friedensbereitschaft Napoleons III. und des neuen russischen Zaren Alexander II. sowie deren Abstimmungen zwangen die Regierung Palmerston im Frühjahr 1856 ohne eigenen Prestigeerfolg zur Akzeptanz eines internationalen Pariser Friedensschlusses. Dieser enttäuschte durch seine relativ geringe Begrenzung des Zarenreiches die von Palmerston hoch geschürten Erwartungen der russophoben öffentlichen Meinung in Großbritannien. Er reduzierte den Herrschaftsraum des Zarenreiches wesentlich nur durch eine Neutralisierung des Schwarzen Meeres und eine relativ geringfügige Rückverlegung der russischen Grenze in Bessarabien. Es war ein Friedenschluss, den die russophobe öffent-

---

37 Zu den Kriegszielen und Kriegsanstrengungen Palmerstons 1855-56 siehe vor allem: Wentker, Großmacht Russland, S. 92-280; Conacher, Britain and the Crimea.
38 Dies verdeutlicht neben anderen auch: Koss, Political Press, S. 106, 110.
39 Siehe: Koss, Political Press, S. 111-112; Conacher, Britain and the Crimea, S. 11-77.
40 So Sidney Herbert in seinem Schreiben an William E. Gladstone vom 7.10.1855, zit. nach: Anderson, A Liberal State, S. 35.
41 Siehe: Winfried Baumgart, The Peace of Paris 1856. Studies in War, Diplomacy, and Peacemaking, Santa Barbara, Cal., Oxford 1981, S. 25-31.
42 Lord Stanleys »Memorandum on Public Affairs, November 1855«, in: Vincent (Hg.), Derby, Disraeli, S. 134-137, hier S. 135.

liche Meinung in Großbritannien letztlich mangels britischer Möglichkeiten, den Krieg allein fortzuführen, nolens volens hinnahm. Da die Gegner der palmerstonschen Kriegspolitik die Akzeptanz des Friedenschlusses durch die öffentliche Meinung eher fördern als gefährden wollten, blieb deren Kritik an der Regierungspolitik am Ende des Krieges soweit begrenzt, dass sie den Fortbestand der Regierung Palmerston zunächst nicht in Frage stellte.[43]

Oppositionen gegen Palmerstons Außenpolitik nach dem Krimkrieg

Der den Krimkrieg beendende Pariser Friedensschluss vom 30. März 1856 brachte Großbritannien keine neue Friedenszeit. Innenpolitisch fanden die zu Beginn des Krieges vertagten Auseinandersetzungen über eine neue Wahlrechtsreform nach dem Kriege eine Fortsetzung in bis 1866 unentschiedenen Debatten zwischen noch nicht parteipolitisch klar organisierten parlamentarischen Fraktionen.[44] Außenpolitisch waren, wie Lord Clarendon als Außenminister der Regierung Palmerston im Dezember 1856 klagte, die Probleme Großbritanniens wenige Monate nach dem Ende des Krieges größer als zuvor. Sie waren für Clarendon abseits neuer britischer Konflikte mit Persien, China und den USA vor allem in der Politik der Regierung Napoleons III. begründet, die mit dem Machtgewinn Frankreichs und der Schwäche Russlands nach dem Krimkrieg zum bedeutendsten Herausforderer der britischen Weltmacht avancierte.[45]

Derweil entsprach das geschwächte Zarenreich, so wie es sich 1856 unter der Herrschaft des neuen Zaren Alexander II. präsentierte, nicht dem von den britischen Russophoben genutzten negativen Image, mit dem das repressive Regime des 1855 verstorbenen Zar Nikolaus I. auch infolge seiner Politik als »Gendarm Europas« bei vielen Liberalen besetzt war. Zar Alexander II. verkündete 1856 ein Programm großer innerer Re-

---

43 Siehe: Wentker, Großmacht Russland, S. 280-314; Conacher, Britain and the Crimea, S. 176-206; Baumgart, The Peace, S. 101-188.
44 Siehe: P. M. Gurowich, The Continuation of War by Other Means: Party and Politics, 1855-1865, in: Historical Journal 27 (1984), S. 603-631; Hawkins, Parliament, Party and the Art of Politics, S. 22-75.
45 Siehe: Das Schreiben Clarendons an Lord Howden vom 23.12.1856, in: Herbert Maxwell, The Life and Letters of George William Frederick Fourth Earl of Clarendon, Bd. 2, London 1913, S. 136; Clarendon an Lord Wodehouse (britischer Gesandter in St. Petersburg). 29.11.1856, Privatbrief, British Library (BL), Wodehouse Papers, Add. Mss. 46692, f. 147-150.

formen in Russland.⁴⁶ Für die dortigen reformerischen Kräfte markierte das Ende des Krieges einen hoffnungsvollen Neuanfang und Großbritannien war dafür das große Vorbild, allen voran für den bedeutenden, aufsteigenden russischen Zeitungsverleger Katkow.⁴⁷ Die von Zar Alexander II. nach dem Pariser Frieden von 1856 zusammen mit seinem neuen Außenminister Gortschakow verfolgte Außenpolitik war abseits des langfristigen Ziels einer Revision der Eingrenzungen Russlands zunächst darauf bedacht, dem Zarenreich die für die inneren Reformen notwendige außenpolitische Ruhe zu verschaffen und seine weltpolitischen Interessen diplomatisch zu sichern. Sie pflegte die auf der Pariser Friedenskonferenz erreichte Abstimmung mit dem machtvollen Frankreich, opponierte gegen die neue Stellung Österreichs und bemühte sich frühzeitig um eine neue Verständigung mit Großbritannien.⁴⁸

Der 1856 zum neuen Außenminister ernannte Gortschakow war in Russland »der erste populäre Minister des Äußeren«.⁴⁹ Zu seinen von ihm 1856 betonten außenpolitischen Zielen gehörte es, das internationale Image Russlands zu verbessern und die öffentliche Meinung im Ausland zu gewinnen.⁵⁰ Dazu ließ er schon zu Beginn seiner Amtszeit gelegentlich

46 Ben Ekloff/John Bushnell/Larissa Zakharova (Hg.), Russia's Great Reforms, 1855-1881, Bloomigton, Ind. 1994; W. Bruce Lincoln, The Great Reforms. Autocracy, Bureaucracy and the Politics of Change in Imperial Russia, Dekalb, Ill. 1990.
47 S. Frederick Starr, Decentralization and Self-Government in Russia, 1830-1870, Princeton, N.J. 1972, S. 80 und insgesamt S. 60-109; Lincoln, The Great Reforms, S. 50. Zur Entwicklung der russischen Presse nach dem Krimkrieg siehe: Louise McReynolds, The News under Russia's Old Regime. The Development of a Mass Circulation Press, Princeton, N.J. 1991.
48 Vgl. Katherine M. Schach, Russian Foreign Policy under Prince Alexander M. Gorcakov: The Diplomatic Game Plan versus Austria, 1856-1873, Ph.D. thesis masch. Lincoln, Nebraska 1973 ›Microfilm-Xerography Ann Arbor, Mich, 1977‹, S. 3-15. Der neue britische Gesandte in St. Petersburg, Lord Wodehouse, kam nach anfänglichem Mißtrauen gegenüber Gortschakows Verständigungsangeboten zum Urteil: »If we could put any faith in so slippery an individual, I should say he really desired a ›rapprochment‹ with us«, Wodehouse an Clarendon, 15. 5. 1857, Privatbrief, Abschrift, Wodehouse Papers, BL –Add. Mss. 46693, f. 77-84.
49 Christian Friese, Russland und Preußen vom Krimkrieg bis zum Polnischen Aufstand, Berlin, Königsberg 1931, S. 22. Auf britischer Seite registrierte der Außenminister Lord Clarendon 1857, dass Gortschakow » ... is popular in Russia«. Clarendon an Wodehouse, 28. 7. 1857, Privatbrief, Wodehouse Papers, BL- Add. Mss. 46693, f. 168-171.
50 Vgl. das in der Forschung Gortschakow zugeschriebene Memorandum für den Zaren vom März 1856, in: M. Ja. Bessmertnaja (Hg.), K Istorii Parizskogo Mira 1856 g. in: Krasnyj Archiv 75 (1936), S. 10-61, hier S. 45-51. Zur Autorschaft Gorcakovs siehe Curtiss, Russia's Crimean War, S. 526. Siehe auch Gortschakows Zirkular vom 21.8./ 2.9.1856, in: S. S. Tatiscev, Imperator Aleksandr II, 2 Bde., St. Petersburg 1911, Bd. 1, S. 212-230.

programmatische außenpolitische Direktiven für die russischen Botschafter im Ausland auch der ausländischen Zeitungspresse zukommen.[51] Ein wichtiges Hilfsmittel Gortschakows war die international bedeutsame belgische Zeitung *Le Nord*, die die Regierung Zar Alexanders II. seit 1855 nutzte, um Einfluss auf die ausländischen Presseberichte bezüglich der russischen Politik zu nehmen. Der Londoner Korrespondent dieser Zeitung, der sowohl mit Gortschakow als auch dem britischen Außenminister Lord Clarendon verbunden war, versorgte Clarendon mit speziellen Berichten über Gortschakows Politik.[52] Aber die Versuche des russischen Außenministers, auf die britische öffentliche Meinung einzuwirken, waren zunächst relativ erfolglos.[53] Vor allem die liberale britische Presse blieb nach dem Pariser Friedensschluss noch mehrere Jahre weitgehend russophob und sehr kriegerisch gestimmt.[54] Sie beförderte und stützte 1856-57 großenteils eine entsprechende Ausrichtung der britischen Außenpolitik durch Palmerston.

51 So verfuhr Gortschakow schon mit dem Zirkular vom 21.8./2.9.1856. Siehe neben den vorangegangenen Hinweisen auch die Schreiben von Wodehouse an Clarendon vom 29. 11. und 6.12.1856, Abschriften in Wodehouse Papers, BL- Add. Mss. 46692, f. 151-156, f. 163-167. 1859 erklärte Gortschakow seine Verfahrensweise, Zirkulare für die russischen Botschafter auch an die Presse zu lancieren, Otto von Bismarck. Siehe den Bericht Bismarcks vom 18. April 1859, in: Ludwig Raschdau (Hg.), Die politischen Berichte des Fürsten Bismarck aus St. Petersburg und Paris (1859-62), 2 Bde., Berlin 1920, Bd. 1, S. 17-26, hier S. 21.
52 Zur Nutzung der belgischen Zeitung *Le Nord* durch die Regierung Alexanders II. siehe: Larissa Zakharova, Autocracy and the Reforms of 1861-1874. Choosing Paths of Development, in: Eklof/Bushnell/Zakharova (Hg.), Russia's Great Reforms, S. 19-39, hier S. 20-22; Baumgart, Europäisches Konzert, S. 105. Zur Rolle des Londoner Korrespondenten dieser Zeitung und seiner Sonderberichte für den britischen Außenminister siehe die Schreiben Clarendons an Palmerston vom 27.4.1856, 23.5.1857, 22.7.1857 und 8.10.1857, Southhampton University Library (SUL), Palmerston Papers, GC / CL / 918 , 1053, 1063, 1104.
53 Bedeutsam waren sie zunächst nur kurzzeitig im Rahmen der russischen Pressekampagne gegen Palmerston bei den Wahlen im März 1857. Aber dies auch nur so weit, dass der britische Außenminister Clarendon im Gegenzug für eine Einstellung der Attacken gegen Palmerston versprach, seinerseits zu versuchen, die Russophobie der britischen Presse zu dämpfen und dahingehend auf den Herausgeber der *Times*, Delane, einzuwirken, was ihm augenscheinlich nicht gelang. Clarendon an Wodehouse, 1.4.1857, Privatbrief, Wodehouse Papers, BL- Add. Mss. 46693, f. 1-6. Siehe zur russischen Pressekampagne auch Wodehouse an Clarendon, 21.3.1857, Abschrift, Wodehouse Papers, BL-Add. Mss. 46692, f. 336-342.
54 Siehe: Lawrence Edward Breeze, British Opinion of Russian Foreign Policy, 1841-1871, Ph.D. thesis masch., University of Missouri 1960 ›Microfilm Xerography, Ann Arbor, Mich. 1980‹, S. 224-275; Catherine King Allison, British Views of Russia During the Period of Reform 1856-66, M.A. thesis masch. University of London 1963, S. 11-53.

Dem Ende des Krimkrieges folgte ein von Palmerston im Einklang mit der liberalen Zeitungspresse im Winter 1856-57 betriebener neuer Krieg gegen Persien, dessen Angriff auf das Khanat Herat im Sommer 1856 aus Sicht der Russophoben die strategische Sicherung Britisch-Indiens vor Russland in Frage stellte. Während der britische Außenminister Clarendon im Bemühen um eine friedliche Beilegung des britisch-persischen Konfliktes im Herbst 1856 die Unterstützung des russischen Außenministers Gortschakow suchte und fand und sich dafür dankbar zeigte, attackierten allen voran die Palmerston verbundene *Morning Post* und auch die *Times* das russische Zarenreich als den vermeintlichen Urheber des Konfliktes. Der Premierminister führte schließlich den Krieg gegen Persien auch als eine Art Fortführung der von ihm mit dem Krimkrieg nicht erreichten Eingrenzung Russlands. Dahingehend bescherte dieser Krieg mit dem am 4. März 1857 unterzeichneten britisch-persischen Friedensvertrag Großbritannien abseits des persischen Rückzugs von Herat letztlich keinen bedeutenden neuen Gewinn.[55]

Am Tag der Unterzeichnung des Friedensvertrages erlitt Palmerstons kriegerisch-interventionistische Direktion der britischen Außenpolitik eine Abstimmungsniederlage im Unterhaus. Ihr aktueller Anlass war ein aus einem kleinen Zwischenfall in Kanton im Oktober 1856 erwachsener Konflikt zwischen den dortigen chinesischen Behörden und dem britischen Gouverneur in Hongkong, John Bowring, den letzterer mit einer Kanonade Kantons zu einem größeren Konflikt eskaliert hatte und den Palmerston in Unterstützung des Vorgehens Bowrings dazu nutzen wollte, um mit einem militärischen Feldzug in China neue Handelsrechte zu erwerben.[56] Die Kritik an der Kanonenbootpolitik Bowrings und deren Unterstützung durch Palmerston einte zu Beginn der neuen Parlamentsperiode im Frühjahr 1857 im Parlament verschiedene Gegner

---

55 Siehe: Mohammed Anwar Khan, England, Russia and Central Asia. A Study in Diplomacy 1857-1878, Peshawar 1963, S. 1-10; P. P. Busuev, Gerat i Anglo-Iranskaja Vojna 1856-57. Moskau 1959; zum Hintergrund auch G. J. Alder, India and the Crimea War, in: Journal of Imperial and Commonwealth History 2 (1973-74), S. 15-37. Siehe auch die Privatkorrespondenz zwischen Clarendon und dem britischen Gesandten in St. Petersburg, Wodehouse, bezüglich des britisch-persischen Konflikts vom 17. August bis zum 14. Dezember 1857, Wodehouse Papers, BL- Add. Mss. 46692 und 46693; Palmerstons Schreiben an Clarendon vom 17. 2. 1857, in: Evelyn Ashley, The Life and Correspondence of Henry John Temple, Viscount Palmerston, 2 Bde., London 1879, Bd. 2, S. 341; zur britischen Presse: Breeze, British Opinion, S. 247-249.

56 Vgl. Douglas Hurd, The Arrow War. An Anglo-Chinese Confusion 1856-1860. London 1967, S. 11-46; Gerald D. Graham, The China Station. War and Diplomacy 1830-1860, Oxford 1978, S. 299-318.

der Politik Palmerstons – die Konservativen unter Führung Lord Derbys und Disraelis, die Peelites um Gladstone sowie Teile der Liberals um Lord Russell und Teile der Radikalliberalen um Richard Cobden und John Bright – in einem gemeinsamen parlamentarischen Angriff auf die Kriegspolitik Palmerstons. Disraeli adressierte die Vielschichtigkeit der Opposition mit der Anklage »No Reform! New Taxes! Canton blazing! Persia invaded!«, und Richard Cobden verband sie in einem Resolutionsantrag gegen die kriegerische Politik der Regierung Palmerston, der im Unterhaus am 4. März letztlich eine Mehrheit von 263 zu 247 Stimmen gegen die Regierung fand.[57]

Aber die von Palmerston danach eingeleiteten Neuwahlen endeten am 8. April mit einem großen Triumph der Whig-Liberal Regierung Palmerstons insbesondere über die vehementesten Gegner seiner Außenpolitik im liberalen Lager – die eine friedliche *policy of non-intervention and free trade* fordernden Radikalliberalen Richard Cobden und John Bright. Beide verloren im Ergebnis der Wahlen zeitweilig sogar ihre Sitze im Unterhaus. Bright schrieb Cobden am 16. April »[…] we may learn how far we have been, and are ahead, of the public opinion of our time«.[58] Palmerston konnte nun den zusammen mit Napoleon III. vorbereiteten Feldzug gegen das chinesische Kaiserreich beginnen.

Im Juni 1857 erreichten London die Nachrichten vom Aufstand der Sepoy-Truppen in Britisch-Indien, der wohl bedeutendsten Herausforderung der britischen Weltmacht nach dem Krimkrieg.[59] Der Aufstand wurde von Palmerston und großen Teilen der britischen Presse zunächst dem vermeintlichen unsichtbaren Wirken russischer Agenten angelastet, was Außenminister Clarendon mit den Worten kommentierte: »[…] nowadays everything which we cannot otherwise account for is laid on the back of Russia«.[60] Die nachfolgende Erkenntnis, dass der Sepoy-Aufstand Problemen und Fehlern der britischen Herrschaft in Indien entsprang und die Tatsache, dass Großbritannien ihn nur mit großen militärischen Anstrengungen niederschlagen konnte, dämpften den nach dem Krimkrieg fortbestehenden Bellizismus der Regierung Palmerston erheblich. Clarendon konstatierte Ende September 1857: »[…] we should

---

57 Siehe zu den verschiedenen Aspekten der Debatte: Hawkins, Parliament, Party and the Art of Politics, S. 53-62.
58 Brief Brights an Cobden vom 16.4.1857, in: Morley, Life of Richard Cobden S. 423-425, hier S. 423.
59 Siehe zum größeren Kontext zuletzt: S. David, The Indian Mutiny. London 2002.
60 Clarendon an Wodehouse, 16.6.1857, Privatbrief, Wodehouse Papers, BL-Add. Mss. 46693, f. 118-122.

better be on good terms with Russia if we can and with all the world besides just at this moment«.[61]

Zum Verhängnis für Palmerstons Regierung wurde dann im Februar 1858 Palmerstons Bereitschaft, den mit Drohungen verbundenen französischen Forderungen bezüglich einer Verfolgung der in Großbritannien vermuteten Hintermänner des Orsini-Attentats auf Napoleon III. durch ein neues Gesetz nachzukommen – der »conspiracy to murder bill«. Bei der zweiten Lesung der Gesetzesvorlage erlitt die Regierung eine Abstimmungsniederlage im Unterhaus. Die konservative Opposition war seit langem gegen Palmerstons Frankreich entgegenkommende Ausrichtung der britischen Außenpolitik und nicht nur die Radicals, sondern auch viele Liberals erzürnte, dass sich Palmerston vom französischen Kaiser augenscheinlich eine Relativierung des liberalen britischen Asylrechts diktieren ließ.[62] Auch in privaten »Debating Societies« außerhalb Londons votierte die Mehrheit gegen das Ansinnen Napoleons III., dessen Politik nun kritischer betrachtet wurde.[63] Nach der Abstimmungsniederlage im Unterhaus trat die Regierung Palmerston zurück.

Forderungen nach einer »policy of non-intervention« und deren Etablierung

Nach dem Sturz der Regierung Palmerston blieb Königin Victoria angesichts der Zerrissenheit des liberalen Lagers keine andere Möglichkeit, als den Führer der Konservativen, Lord Derby, mit der Regierungsbildung zu beauftragen. Dessen konservative Minderheitsregierung lebte über ein Jahr vom Machtkampf zwischen Palmerston und Russell um die Gewinnung einer Mehrheit im Lager der liberalen Fraktionen und davon, dass sie in dem außenpolitisch bedeutsamsten Problemfeld dieser Zeit – dem internationalen Konflikt und schließlich Krieg in Italien – im Einklang mit der diesbezüglichen Konfiguration der öffentlichen Meinung in und außerhalb des Parlaments agierte. Sie folgte in ihren Bemühungen um eine Beilegung des von Napoleon III. zusammen mit dem Ministerpräsidenten Piemont-Sardiniens, Cavour, vorbereiteten und forcierten Konflikts mit Österreich in Italien den falschen Erwartungen der britischen öffentlichen Meinung, dass Großbritannien diesen Konflikt allein bei-

---

61 Clarendon an Wodehouse, 29.9.1857, Privatbrief, Wodehouse Papers, BL-Add. Mss, 46693, f. 254-256.
62 Siehe Hawkins, Parliament, Party and the Art of Politics, S. 96-107.
63 Vgl. die Voten der *Sunday Evening Debating Society* in Birmingham am 31.1. und am 11.4.1858, abgedruckt in: Jones, S. 204 f.

legen könne. Sie bezog entsprechend dem in der britischen öffentlichen
Meinung vorherrschenden Konglomerat aus proitalienischen Sympathien und Misstrauen gegenüber den Machtinteressen Frankreichs eine
abwartend neutrale Position und verfolgte nach dem Beginn des Krieges
zwischen Österreich und der französisch-piemontesischen Allianz in
Italien Ende April 1859 die von der öffentlichen Meinung in Großbritannien diesbezüglich geforderte *policy of non-intervention*.[64]
Es war nicht die prinzipielle Zustimmung zum Cobdenism, sondern
vor allem die aktuelle Furcht vor einer Bedrohung durch Frankreich und
die Sorge, in Europa in einen größeren Krieg verwickelt zu werden, für
den Großbritannien nicht gerüstet war, die dazu führten, dass Mitte Mai
1859 in Großbritannien »numerous meetings in favour of non-intervention were being held up and down the country«.[65]

Nachdem die konservative Minderheitsregierung bei den Parlamentswahlen Ende Mai 1859 zwar einige weitere Sitze, aber noch keine Mehrheit im Unterhaus gewonnen hatte, wurde sie Anfang Juni gestürzt – und
zwar aus parteipolitischen Gründen durch ein neue Koalition aller Fraktionen des liberalen Lagers – der Whigs, Liberals, Radicals und Peelites
– unter der gemeinsamen Führung von Russell und Palmerston. Königin
Victoria blieb nur die Wahl, wen von beiden sie mit der Regierungsbildung beauftragen wollte. Sie bevorzugte statt des Innenpolitikers Russell, den Außenpolitiker Palmerston als Premierminister mit der Folge,
dass bei den nachfolgenden Verhandlungen über die Kabinettsbildung
Russell das Amt des Außenministers der neuen Regierung anstrebte und
erhielt.[66]

Palmerston konnte seine neue Regierung von 1859 bis zu seinem Tode
1865 führen. Aber er war nicht mehr wie bei seiner ersten Regierung der
außenpolitische »master« seines Regierungskabinetts und er hatte nun
zunehmend größere Schwierigkeiten, mit seiner Außenpolitik den Entwicklungen der öffentlichen Meinung in Großbritannien zu folgen, zu
entsprechen oder sie zu dirigieren. Im Kabinett seiner 1859 geformten
liberalen Koalitionsregierung saßen mit Vertretern der Fraktionen der
Radikalliberalen und der Peelites nun auch Gegner und Kritiker des

---

64 Siehe: Hawkins, Parliament, Party and the Art of Politics, S. 115-265; Derek Beales, England and Italy 1859-60, London 1961, S. 9-77. Siehe zu weiteren Aspekten auch: C. T. McIntire, England against the Papacy, 1858-1861: Tories, Liberals and the Overthrow of Papal Temporal Power during the Italian Risorgimento, Cambridge 1983.
65 Beales, England and Italy 1859-60, S. 67; Michael .J. Salevouris, »Riflemen Form«. The War Scare of 1859-1860 in England, New York, London 1982, S. 76-78.
66 Siehe: Hawkins, Parliament, Party and the Art of Politics, S. 240-265; E. D. Steele, Palmerston and Liberalism, 1855-1865, Cambridge 1991, S. 87-96.

»palmerstonism« kriegerischer beziehungsweise interventionistischer Verfechtung britischer Weltgeltung. Dass Palmerston dennoch zunächst weitgehend den außenpolitischen Kurs seiner Regierung bestimmen konnte, lag darin begründet, dass Lord Russell sich als Außenminister mangels eigener außenpolitischer Kompetenz und Zielrichtung an Palmerston orientierte und es diesem ermöglichte, im engen Verbund mit Russell die Außenpolitik bisweilen am Kabinett vorbei zu führen.[67] Die Parlamentswahlen vom Mai 1859 hatten den mit einem neuen »progressive conservatism« angetretenen Konservativen einen Zugewinn an Sitzen im Unterhaus verschafft, der die Unterhausmehrheit der in Palmerstons Koalitionsregierung verbundenen liberalen Fraktionen auf ca. 50 Sitze begrenzte.[68] Dies entsprach in etwa der Größe der gleichzeitig gewachsenen Fraktion der Radikalliberalen, die nun mehrheitlich als Anhänger Cobdens galten. Die innenpolitisch extremen Divergenzen zwischen den Konservativen und den radikalliberalen Cobdenites kamen Palmerston zu Gute; eine gemeinsame Opposition beider Lager drohte ihm aber in der Außenpolitik, bei der ihm beide Seiten Zurückhaltung abverlangten, und sie drohte ihm dort insbesondere, nachdem Russells Bemühungen um eine neue Wahlrechtsreform 1861 mangels ausreichender Unterstützung vorerst endeten.[69]

Nach der Abschaffung der Stempelsteuer im Jahre 1855 bewirkte die von Gladstone 1861 durchgesetzte Abschaffung der Papiersteuer wesentliche Veränderungen in der britischen Presselandschaft. Dies zeigte sich nicht nur durch die rapide Begründung vieler neuer Zeitungen und den enormen Anstieg der Auflagenzahlen nun verbilligter Zeitungen.[70] Hinzu kam eine Entwicklung, die Stephen Koss wie folgt beschrieben hat: »The most demonstrable change occurred in the provinces, previously a journalistic wasteland, where cheap morning and evening papers sprout-

---

67 Dies wurde vielfach beklagt: Granville schrieb Clarendon im September 1859, »whereas we all feared danger from a disunion of the two great statesmen, our chief difficulty now is their intimate alliance«, Granville an Clarendon, 13.9.1859, in: Maxwell, Bd. 2, S. 197; Clarendon urteilte 1860 völlig korrekt zu Russells Position als Außenminister: »John Russell has neither policy nor principles of his own, and is in the hands of Palmerston, who is an artful old dogger.« Clarendon an die Duchess of Manchester, 7.1.1860, in: Ebenda, Bd. 2, S. 206.
68 Hawkins, Parliament, Party and the Art of Politics, S. 235.
69 Vgl. Hawkins, Parliament, Party and the Art of Politics, S. 242-248, 268-273; Krein, Last Palmerston Government, S. 10-12, 61; Steele, Palmerston and Liberalism, S. 99-105.
70 Zu Gladstones Engagement und Erfolg 1861 siehe etwa: Black, S. 188; zum Anstieg der Zahl der Zeitungen siehe Jones, S. 21-22; zur Entwicklung der Auflagenzahlen der verschiedenen Tages- Wochen- und Monatszeitungen seit 1861 siehe Ellegard, Periodical Press, S. 17-38.

ed at a quickening pace. In 1864 their aggregate daily circulation was put at 438.000, far surpassing the 248.000 copies published in London.«[71] Dabei konzentrierte sich die Entstehung der neuen Zeitungen auf die Hauptwahlkreise außerhalb Londons.[72] Die dort gewählten Abgeordneten waren nun weniger vom Londoner »clubland« dirigierbar. Aber inwieweit die Erweiterung der britischen Presselandschaft an sich den pazifistischen Dissens gegenüber Palmerstons Außenpolitik beförderte, ist schwer zu ermitteln.[73]

Die militärischen Möglichkeiten Großbritanniens zur Kriegführung in Europa waren, wie der *war scare* infolge der Bedrohung durch Frankreich 1859-60 zeigte, sehr begrenzt und die mit Beginn des Bürgerkrieges in den USA im Umfeld der »Trent-Affäre« 1861 wachsenden Befürchtungen eines Angriffs der Union auf Britisch-Kanada verringerten weiterhin die Bereitschaft der britischen Öffentlichkeit zu einem militärischen Engagement in Europa.[74] Zudem beförderte der sich nach der Wirtschaftskrise von 1857-58 neu verstärkende Victorian Boom das Interesse der britischen Handelskammern und der Banken der Londoner City an einer friedlichen Gestaltung der britischen Politik in Europa soweit, dass Cobdens Propagierung einer friedlichen *policy of non intervention and free trade* bald größeren Zuspruch erlangte.[75]

Für die Neubelebung des Victorian Boom sorgte eine enorme Steigerung des britischen Außenhandels in Europa infolge neuer britischer Handelsverträge mit Russland (1859) und Frankreich (1860).[76] Hinzu

71 Koss, Political Press, S. 121.
72 Ebenda.
73 Vgl.: Alexander Tyrell, Making the Millenium: The Mid-Nineteenth Century Peace Movement, in: The Historical Journal 20 (1978), S. 75-95; N. W. Summerton, Dissenting Attitudes to Foreign Relations, Peace and War, 1840-1890, in: Journal of Ecclesiastical History 28 (1977), S. 151-178.
74 Zur Bedeutung des »war scare« von 1859-60 siehe: Salevouris i Cabinet Memoranda, 25. Januar 1861, Gladstone Papers, BL-44636, f. 42-46; Zur Art und Bedeutung der »Trent-Affäre« und der britischen Befüchtungen siehe u. a.: Gordon H. Warren, Fountain of Discontent. The Trent Affair and Freedom of the Seas, Boston 1981; Kenneth Bourne, British Preparations for War with the North, 1861-62, in: *English Historical Review* 76 (1961), S. 600-632.
75 Siehe: R. A. Church, The Great Victorian Boom 1850-1873, Basingstoke, London 4. Aufl. 1986, S. 1-25; Sidney Pollard, Die Herausforderung des Wirtschaftsliberalismus, in: Adolf M. Birke/Günther Heydemann (Hg.), Die Herausforderung des europäischen Staatensystems. Nationale Ideologie und staatliches Interesse zwischen Restauration und Imperialismus, Göttingen, Zürich 1989, S. 76-95, hier S. 94; Koss, Political Press, S. 93-97.
76 Zur enormen Steigerung des britischen Außenhandels, vor allem des wichtigen Re-Exports siehe: B. R. Mitchell, Abstracts of British Historical Statistics. With the collaboration of Phyllis Deane. Cambridge 1971, S. 283. Zum britisch-russischen

kam ein wachsendes erfolgreiches Engagement britischer Bankhäuser –
allen vor allem Rothschild und Barings – im Geschäft mit ausländischen
Staatsanleihen und deren Platzierung am Weltfinanzzentrum der Londoner City.[77] Damit verbunden waren zu Beginn der 1860er Jahre Veränderungen der Dispositionen der britischen Handels- und Finanzkreise
gegenüber dem Osmanischen Reich und Russland, die die Wertigkeit
von Palmerstons Krimkriegspolitik in Frage stellten.

Die vor dem Krimkrieg gewachsenen, von manchen Russophoben wie
auch von Palmerston geschürten Erwartungen britischer Kaufleute, im
Osmanischen Reich eine Art wirtschaftliches Eldorado zu finden, wurden nach dem Krimkrieg mit der 1861 zutage tretenden Finanzkrise des
Osmanischen Reiches enttäuscht. Eine Regierungsgarantie für eine neue
Staatsanleihe an das Osmanische Reich war im Unterhaus, wie Palmerston erkannte, nicht mehr durchsetzbar. Seinem Außenminister Russell
gelang es zwar noch im März 1862, erfolgreich für die private Zeichnung
einer türkischen Anleihe zu werben.[78] Aber die 1861 begonnenen und
1862-63 in einer Art Kettenreaktion wachsenden Widerstände und
Aufstände der Balkanvölker gegen die türkische Oberherrschaft und deren kostspielige militärische Gegenreaktionen forcierten bis 1863 eine
weitergehende Krise des Osmanischen Reiches, die in Großbritannien
die Bereitschaft, in die Zukunft der Herrschaft des Sultans im Balkan zu
investieren, weiter minderte.[79] Die innere Krise des Osmanischen Reiches

Handelsvertrag vom Januar 1859, dessen Bedeutung 1860 durch weitere russische
Zugeständnisse an britische Kaufleute erhöht wurde, siehe: L. C. Semenov, Rossija
i Anglija. Ekonomiceskie otnosenija v seredine XIX veka, Leningrad 1975 (der
Verfasser plant eine ergänzende Publikation zur Bedeutung des Vertrages). Zur
Entstehung und Bedeutung des britisch-französischen, sogenannten Cobden-
Chevalier Vertrags vom Januar 1860 siehe: Metzler, Weltmacht in Europa, S. 139-
145; Edsall, Cobden, S. 331-352; Steele, Palmerston and Liberalism, S. 97-98, 200-
201, 247-51; Bernd.-Jürgen Wendt, Freihandel und Friedenssicherung. Zur Bedeutung des Cobden-Vertrages von 1860 zwischen England und Frankreich, in:
Vierteljahresschrift für Sozial- und Wirtschaftsgeschichte 61 (1974), S. 29-64;
Bernhard Semmel, The Rise of Free-Trade Imperialism, Cambridge 1970.
77 Siehe die Übersicht der Staatsanleihen am britischen Kapitalmarkt zu dieser Zeit
bei: Leland Hamilton Jenks, The Migration of British Capital, Nachdruck London
1963 (Erstausgabe 1927) Appendix C, S. 421.
78 Siehe: Jenks, S. 308; D. C. M. Platt, Finance, Trade and Politics in British Foreign
Policy 1815-1914, Oxford 1968, S. 202-204; Hansard's Parliamentary Debates, Third
Series, Bd. 166, Sp. 289-299.
79 Zu den britischen Reaktionen auf die Krise des Osmanischen Reiches bis 1863
siehe: Krein, Last Palmerston Government, S. 77-97; Breeze, British Opinion,
S. 253-278 und im größeren Kontext: Gordon Llewellyn Iseminger, Britain's
Eastern Policy and the Ottoman Christians, 1856-1877, Ph.D. thesis, Norman,
Oklahoma < University Microfilms, Inc,. Ann Arbor, Michigan 1985. Zum seit

war Gegenstand einer am 29. Mai 1863 erfolgenden Unterhausdebatte, nach der Cobden schrieb: »I was very much stuck with the altered feeling toward the Turk. They have not a friend, except Palmerston and his partial imitator Layard.«[80]

Derweil wurde Russland infolge des britisch-russischen Handelsvertrages und weiterer wirtschaftspolitischer Öffnungen des Zarenreiches zu Beginn der 1860er Jahre wieder mehr zu einem der bedeutendsten Handelspartner Großbritanniens. Dies nicht nur aufgrund seines wachsenden Anteils an Volumen und Wert des britischen Außenhandels, sondern auch aufgrund der sich durch den Bürgerkrieg in den USA seit 1861 erhöhenden Abhängigkeit Großbritanniens vom Weizenimport aus Russland.[81] Cobden verwies 1863 zu Recht darauf, dass Großbritannien ein neuer Krieg mit Russland bei der eigenen Lebensmittelversorgung schaden würde. »We draw food for two or three millions of our people yearly from Russia.«[82]

Die britischen Banken, vor allem die großen Bankhäuser Rothschild und Barings, engagierten sich seit 1859 verstärkt bei russischen Staatsanleihen.[83] Die anfänglich schnelle Zeichnung der vom Bankhaus Baring im August 1859 platzierten russischen Staatsanleihe am Londoner Kapi-

1862 bezüglich der ägyptischen Baumwolle wachsenden gesonderten wirtschaftlichen und finanziellen britischen Engagement in Ägypten siehe: David S. Landes, Bankers and Pashas. International Finance and Economic Imperialism in Egypt, London 1974.
80 Schreiben Cobdens an Chevalier, 2.6.1863, in: Morley, Life of Richard Cobden, S. 559-560, hier S. 560.
81 Zur Bedeutung und zum Anstieg des britischen Außenhandels mit Russland – insbesondere auch des britischen Exports und Re-Exports – seit 1859/60 siehe: Mitchell, Abstracts of British Historical Statistics, S. 315-324; B.R. Mitchell, European Historical Statistics, Basingstoke, London 1975, S. 571-572. Zu seiner zeitgenössischen Wahrnehmung siehe: »Report on the Present State of Trade between Great Britain and Russia. Presented to both Houses of Parliament by Command of Her Majesty 1866«, The National Archives (TNA) – HC 1/3076 und die beigefügten statistischen Übersichten. Zum enormen Anstieg des britischen Getreideimports und der seit 1861 wachsenden britischen Abhängigkeit vom russischen Getreideexport nach Großbritannien siehe auch: Church, Victorian Boom, S. 28-30; John Clapham, An Economic History of Modern Britain, Free Trade and Steel 1850-1886, Cambridge 4.Aufl. 1967, S. 218-219; H.-M. Link, Industrialisierung und Außenpolitik. Preußen-Deutschland und das Zarenreich von 1860-1890, Göttingen 1977, S. 58-64; L. Jurowsky, Der russische Getreideexport. Seine Entwicklung und Organisation, Stuttgart 1910, S. 6.
82 Cobden an Chevalier, 22.6.1863, in: Morley, Life of Richard Cobden, S. 560.
83 Siehe: »Report on the Finance, Commerce, Shipping and Agriculture of the Russian Empire« im Annex zum Schreiben Erskins an Hammond vom 28.12.1860, TNA-PRO FO 65/556; Philip Ziegler, The Sixth Great Power. Barings 1762-1929. London 1988, S. 175; Jenks, Appendix C, S. 421.

talmarkt wertete ein Zeitungskommentar im *Spectator* bereits als Beweis für einen positiven Wandel in der Haltung der britischen öffentlichen Meinung bezüglich des Zarenreiches unter Zar Alexander II. Die Mehrzahl der britischen Zeitungskommentare war aber noch kritischer.[84] Im Endergebnis war diese Anleihe für Barings noch kein großes Geschäft.[85] Die nach langen Vorbereitungen 1861 in Russland erfolgende erste große Reform – die Befreiung der Leibeigenen – fand in der britischen Presse zunächst ein sehr geteiltes, nur teilweise positives Echo.[86] Aber die damit verbundenen russischen Bemühungen um neue Staatsanleihen erhielten in London auch aus wirtschaftlichen Gründen nun größeren Zuspruch. Vor dem Hintergrund der zu Lasten britischer Kapitalanleger gehenden Finanzkrise des Osmanischen Reiches verwies die den Banken der City nahestehende *Times* im Dezember 1861 auf die besondere Zahlungsmoral des Zarenreiches, das selbst während des Krimkrieges zu Gunsten seiner britischen Gläubiger seine Schulden bedient habe.[87] Zudem konnte das Zarenreich seinen Gläubigern eine bedeutende Sicherheit bieten, nämlich Gold, das, wie in Russland 1860 beklagt wurde, nun in größeren Mengen ins Ausland abfloss.[88] Im Wettkampf mit Barings übernahm das Londoner Bankhaus Rothschild 1862 die nächste russische Staatsanleihe.[89]

Problematisch wurde die von Palmerston im Verbund mit Russell bisweilen am Kabinett vorbei geführte Außenpolitik in ihren Relationen zur Entwicklung der öffentlichen Meinung vor allem im Rahmen zweier im Jahre 1863 kurz nacheinander aufbrechender internationaler Krisen – der sogenannten polnischen Krise und der Schleswig-Holstein-Krise.

Der im Januar 1863 im polnischen Teil des russischen Zarenreiches beginnende Aufstand der nationalrevolutionären polnischen »Roten«

84 Siehe: Allison, British Views, S. 142-143.
85 Siehe: Ziegler, Sixth Great Power, S. 175.
86 Siehe: Allison, British Views, S. 152-216; Breeze, British Opinion, S. 276-278.
87 Siehe: Allison, British Views, S. 143
88 Siehe den vorgenannten »Report« im Annex zu: Erskine an Hammond, 28. 12. 1860, TNA-PRO FO 65/556 und zum weiteren Abfluss russischen Goldes ins Ausland bis 1863: Dietrich Geyer, Der russische Imperialismus. Studien zum Verhältnis von innerer und auswärtiger Politik 1860-1914, Göttingen 1977, S. 37. Siehe auch Palmerstons Bericht über ein diesbezügliches Gespräch zwischen ihm und Lionel de Rothschild: Palmerston an Russell, 19. 2. 1864, Russell Papers, TNA-PRO 30/22/23, f. 38-39.
89 Siehe: Loan Russia, 1822-1875, Rothschild-Archive London, XIII/206/2; Bonds Russian Loan 1862-1907, ebenda XIII/224/1. Zum damaligen Wettkampf zwischen dem Londoner Bankhaus Rothschild und Barings siehe: Ziegler, Sixth Great Power, S. 175. Zur Entwicklung und Bedeutung des Londoner Bankhauses Rothschild siehe: R. W. Davies, The English Rothschilds, 1799-1915, London 1983.

hatte gegenüber der russischen Armee auch mangels Unterstützung seitens der bäuerlichen polnischen Bevölkerung ohne die Hilfe einer fremden Macht keine Aussichten auf Erfolg. Internationale Bedeutung erlangte er mit der von Bismarck dem Zaren nahezu aufgedrängten preußisch-russischen Alvensleben-Konvention vom 8. Februar 1863 zur gemeinsamen Bekämpfung der Aufständischen und schließlich der dagegen gerichteten Agitation der öffentlichen Meinung in Großbritannien und in Frankreich durch die dortigen polnischen Emigranten. Die Regierung Napoleons III. engagierte sich schon bald aus verschiedenen Gründen in besonderem Maße für die polnischen Aufständischen. Die von ihr dann seit März/April unternommenen Planungen und Vorbereitungen eines militärischen Feldzuges gegen Russland über die Ostsee gaben der Regierung Palmerston in der nun wachsenden internationalen Krise eine entscheidende Rolle. Das britische Kabinett war nicht kriegsbereit und mehrheitlich im Einklang mit der Königin für eine Politik der Nichteinmischung. Im Unterhaus und in der Presse konnte die vor allem die britische Arbeiterschaft erfassende polnische Agitation zwar ebenfalls keine mehrheitliche Kriegsbereitschaft wecken, wohl aber – auch aufgrund britischer Unkenntnis der Ziele der Aufständischen – propolnische Sympathien, antirussische Ressentiments und wachsende Forderungen an die Regierung, sich zugunsten der polnischen Aufständischen und nicht gegen sie zu engagieren.[90]

Vor diesem Hintergrund gelang es Palmerston, das Kabinett zum Verzicht auf eine frühzeitige öffentliche Erklärung der Friedensbereitschaft zu bewegen, was ihm im Verbund mit Russell die Möglichkeit gab, die Haltung der britischen Regierung nach außen für eine Zeit mysteriös offen zu halten und von Mai bis Juni 1863 zu versuchen, die Regierung Zar Alexanders II. mit dem »Bluff« einer scheinbaren britischen Bereit-

90 Siehe hierzu und zum folgenden: Den namentlich nicht gekennzeichneten Beitrag »We are talking about politics, not humanity«. Europa und der nationalpolnische Aufstand 1863, in: Jost Dülffer/Martin Kröger/Rolf-Harald Wippich (Hg.), Vermiedene Kriege. Deeskalation von Konflikten der Großmächte zwischen Krimkrieg und Erstem Weltkrieg 1856-1914, München 1997, S. 95-110; William E. Echard, Napoleon III and the Concert of Europe, Baton Rouge, London 1983, S. 191-201; Krein, Last Palmerston Government, S. 98-118; Hans-Werner Rautenberg, Der polnische Aufstand von 1863 und die europäische Politik im Spiegel der deutschen Diplomatie und der öffentlichen Meinung, Wiesbaden 1979; J.F. Kutulowski, Mid-Victorian Public Opinion, Polish Propaganda and the Uprising of 1863, in: Journal of British Studies 8 (1969), S. 86-110; R.F. Leslie, Reform and Insurrection in Russian Poland, 1856-1865, London 1963; Werner Eugen Mosse, England and the Polish Insurrection of 1863, in: The English Historical Review 71 (1956), S. 28-55.

schaft zur Unterstützung der französischen Interventionsdrohungen zu einer Beendigung ihrer Niederschlagung des Aufstandes zu bewegen. Sein »Bluff« war nicht nur erfolglos, sondern in vielem geradezu kontraproduktiv. Er stärkte die russische Abwehr gegen ausländische Einflussnahme und weckte in Frankreich und bei den polnischen Aufständischen Hoffnungen auf britische Unterstützung einer französischen Intervention über die Ostsee, die Palmerston nicht erfüllen wollte und konnte und letztlich im Juli öffentlich enttäuschen musste. Mehr noch, er weckte Widerstände gegen seine die Kriegsgefahr fördernde Politik seitens der britischen Handels- und Finanzkreise.[91]

Die *Times* hatte zu Beginn der Krise die Regierung Palmerston am 10. Februar 1863 gemahnt: »It is for the people, for the press, for private men in Parliament to express sympathy and antipathy; but for Ministers of the Crown there is one golden rule in foreign policy – either to do something or to say nothing.«[92] Ende Juli warnte die *Times* – animiert durch die Sorgen der britischen Wirtschafts- und Finanzkreise, insbesondere die des Bankhauses Rothschild, das die russische Staatsanleihe von 1862 übernommen hatte – die Regierung Palmerston klar und deutlich davor, einen neuen Krieg mit Russland zu fördern.[93] Tatsächlich bestand dazu bei der Mehrheit des Regierungskabinetts keine Absicht, aber die Warnungen der *Times* offenbarten Russell und Palmerston die einer kriegerischen Intervention gegen Russland entgegenstehende »current of commercial opinion«.[94] Nachdem Palmerston auch öffentlich von einer Unterstützung der französischen Pläne Abstand genommen und sich die Regierung Napoleons III. daraufhin Anfang August gegen eine kriegerische Intervention entschieden hatte, mahnte der Herausgeber der *Times*, Delane, den Kabinettsminister Charles Wood im Oktober 1863: »I think this country has passed the warlike phase of its existence […] and will never again support a great war. […] You must keep us out of wars as we shall soon lose the fictitious reputation on which all our power is based.«[95]

91 Siehe die vorangegangenen Hinweise. Die Bezeichnung des politischen Spiels Palmerstons als »Bluff« folgt: Mosse, England, S. 47.
92 Zit. nach Breeze, British Opinion, S. 295.
93 Siehe die vorangegangenen Hinweise und: W. F. F. Grace, Russia and the Times in 1863 und 1873, in: The Cambridge Historical Journal 1 (1923-25), S. 95-102.
94 Russel an Palmerston, 3.8.1863 zit. nach Krein, Last Palmerston Government, S. 114.
95 Zit. nach E. D. Steele, Palmerston's Foreign Policy and Foreign Secretaries 1855-1865, in: K. M. Wilson (Hg.), British Foreign Secretaries and Foreign Policy: From Crimean War to First World War, London u. a. 1987, S. 25-84, hier S. 61.

VOM KRIMKRIEG ZUR »POLICY OF NON-INTERVENTION«

Bei dem ansatzweise schon im Frühjahr und letztlich dann im November 1863 neu entflammten deutsch-dänischen Konflikt in der Schleswig-Holstein-Frage lagen – ungeachtet der Tatsache, dass die Ursache des Konflikts Maßnahmen der dänischen Regierung waren, die gegen die internationalen Londoner Vereinbarungen von 1852 verstießen – die Sympathien der mit der Problematik kaum vertrauten öffentlichen Meinung in Großbritannien weitgehend auf dänischer Seite. Dies animierte Palmerston und Russell schließlich im Winter 1863/64 zu einer Parteinahme zu Gunsten Dänemarks verbunden mit antideutschen Interventionsdrohungen, die ihnen eine Beilegung des Konflikts erschwerten. Dies nicht nur, weil sie damit ihre Politik in Europa isolierten, sondern auch weil ihre militante Interventionsbereitschaft von der eine Berücksichtigung der deutschen Position fordernden Königin und einer friedensgeneigten Mehrheit des britischen Kabinetts abgelehnt wurde. Dies auch nach dem Beginn des deutsch-dänischen Krieges im Februar 1864. Die dann vom 25. April bis 25. Juni 1864 in London stattfindende internationale Konferenz, die im Versuch einer friedlichen Beilegung des Schleswig-Holstein-Konflikts scheiterte, offenbarte der britischen Öffentlichkeit die Schwächen und Probleme der interventionistischen Politik Palmerstons und Russells.[96]

Schon vor dem Ende der Konferenz wuchs im Parlament, in den Wahlkreisen und in den Handelskammern vehementer Widerstand gegen einen Krieg. Die Entwicklung dieses Widerstandes in der Woche vor der von Palmerston für den 27. Juni angekündigten Bekanntgabe der Entscheidung der Regierung vermittelte Cobden den Eindruck,»[...] that we have achieved a revolution in our foreign policy«.[97] Er beschrieb sie folgendermaßen:

»[...]then came up from the country such a manifestation of opinion against war, that day after day during that eventful week Member after Member from the largest constituencies went to those who acted for the Government in Parliament, and told them distinctly that they would not allow war on any such matters as Schleswig and Holstein.

---

96 Zur britischen Politik siehe: Krein, Last Palmerston Government, S. 120-169; Keith A. P. Sandiford, Great Britain and the Schleswig-Holstein Question, 1848-1864: A Study in Diplomacy, Politics and Public Opinion, Toronto, Buffalo 1975, S. 56-146; Werner Eugen Mosse, Queen Victoria and Her Ministers in the Schleswig-Holstein Crisis 1863-1864, in: The English Historical Review 78 (1963), S. 263-264. Zur Haltung Russlands siehe: Emanuel Halicz, Russian Attitude towards the Conflict between Denmark and Germany. A. Gorcakov's Letters to Olga Nikolayevna, in: East European Quarterly XXIII (1989), S. 63-70.
97 Zit. nach Morley, Life of Richard Cobden, S. 585.

Then came surging up from all the great seats and centers of manufacturing and commercial activity one unanimous veto upon war for this matter of Schleswig-Holstein.«[98]

Als Palmerston am 27. Juni im Unterhaus die ihm und Russell von der Mehrheit des Kabinetts abgerungene Entscheidung gegen einen Krieg bekannt gab, war die Stimmung aller Fraktionen, wie Cobden notierte, von einem weitreichenden »pacific sentiment« bestimmt: »It is quite different from what it was previous to the Crimean War«.[99] Die konservative Opposition achtete bei der Vorbereitung ihres Misstrauensantrags gegen die Regierung Palmerston darauf, ihn so zu formulieren, dass sie sich damit nicht dem Vorwurf aussetzen würde, für einen Krieg einzutreten. Ein solcher Vorwurf notierte seitens der Konservativen Lord Stanley »[...] would lose us the middle class, the towns and many supporters in all ranks«.[100]

Vor diesem Hintergrund wurde die parlamentarische Debatte über die Politik der Regierung Palmerston in der Schleswig-Holstein Krise zu einer vom 4.-8. Juli 1864 reichenden Grundsatzdebatte über die britische Außenpolitik, in der nicht nur die Konservativen, sondern auch alle liberalen Fraktionen, die Art und Methoden der Außenpolitik Palmerstons und Russells seit 1863 heftiger Kritik unterzogen und eine neue friedensorientierte *policy of non-intervention* forderten. »One dominant factor stood out from the beginning: The House of Commons had become ultra-pacific.«[101] Über mehrere Tage demonstrierte die Debatte »a revulsion in England against the policy of Palmerston and Russell«[102], gegen Russells außenpolitische Inkompetenz und »against the methods of Palmerstonian diplomacy«[103].

Palmerstons Regierung rettete, dass die Debatte bei außenpolitischer Übereinstimmung aller Fraktionen am Ende durch die Solidarisierung der liberalen Fraktionen gegen die Konservativen entschieden wurde. Dies weil Palmerston auf eine Verteidigung seiner Außenpolitik verzichtete und stattdessen die finanz und wirtschaftspolitischen Leistungen seiner Regierung im Gefolge des Engagements Gladstones und Cobdens

---

98 Zit. nach Morley, Life of Richard Cobden, S. 585.
99 Schreiben Cobdens vom 27.6.1864, in: Morley, Life of Richard Cobden, S. 589-590, hier S. 590.
100 Notiz Lord Stanleys vom 6.6.1864, in: Vincent (Hg.), Disraeli, Derby, S. 218.
101 Sandiford, Great Britain, S. 137
102 Werner Eugen Mosse, The European Powers and the German Question 1848-1871. With special reference to England and Russia, Cambridge 1958, S. 212.
103 Sandiford, Great Britain, S. 139.

herausstellte. Parteipolitisch war die Einigung aller liberalen Fraktionen gegen die Konservativen »a vote for Mr. Gladstone«.[104]

Außenpolitisch markierte die Debatte vom Juli 1864 zeitgenössisch für konservative und liberale Meinungsführer eine Art Wendepunkt – den Niedergang des Palmerstonism der Krimkriegszeit und den Bedeutungsgewinn des Cobdenism, da Cobdens Forderungen nach einer friedlichen *policy of non-intervention* nun in und außerhalb des Parlaments als wegweisend betrachtet wurden. Er schrieb am 5. November 1864: »Henceforth we shall observe an absolute abstention from continental politics. Non-intervention is the policy of all future governments in this country. So let the Grand Turk take care of himself, for we shall never fight his battle again.«[105] In ähnlicher Weise äußerte sich der in Großbritannien überparteilichen Zuspruch gewinnende »progressive conservative« Lord Stanley im Oktober 1864 in einer Rede in seinem Wahlkreis: »... unless I greatly mistake it, the debate of 1864 will mark the beginning of a new era in the history of British diplomacy.«[106]

Tatsächlich zeigte die weitere Entwicklung der Relationen britischer Außenpolitik und öffentlicher Meinung bis zum Beginn der konservativen Regierung Derby 1866 einen wachsenden Konsensus in der Etablierung einer friedlichen *policy of non-intervention*.«[107] Lord Stanley, der – mit großem Zuspruch seitens der Zeitungspresse, insbesondere der *Times* – Außenminister der im Juli 1866 geformten konservativen Regierung Derby wurde, erklärte gleich zu Beginn seiner Amtszeit im Unterhaus nicht nur bezüglich des Deutschen Krieges, sondern übergreifend, dass die Regierung eine friedliche *policy of non-intervention* verfolgen werde, und er fand damit, wie er antizipiert hatte, weitgehende Unterstützung in der Presse und im Parlament.[108]

Befördert wurde die Etablierung einer friedlichen britischen *policy of non-intervention* in Europa von 1864 bis 1866 nicht nur durch die begrenzten außenpolitischen und militärischen Möglichkeiten Groß-

104 Krein, Last Palmerston Government, S. 169. Siehe auch: Michael Winstantley, Gladstone and the Liberal Party, London, New York 1990, S. 40-41.
105 Cobden an Chevalier, 5.11.1864, in: Morley, Life of Richard Cobden, S. 591.
106 Zit. nach Christopher Howard, Britain and the Casus Belli 1822-1902. A Study of Britain's International Position from Canning to Salisbury. London 1974, S. 65.
107 Siehe: Hildebrand, No intervention, S. 119-183; Metzler, Weltmacht in Europa, S. 240-259.
108 Richard Millman, British Foreign Policy and the Coming of the Franco-Prussian War, Oxford 1965, S. 37. Siehe zur Haltung der Presse, insbesondere der *Times*: Stanleys Notiz vom 27.6.1866, in: Vincent (Hg.), Disraeli, Derby, S. 253; Kenneth Bourne, The Foreign Secretaryship of Lord Stanley, July 1866 – December 1868, Ph.D.thesis masch. London 1955, S. 5.

britanniens, sondern auch durch die wirtschaftliche Prosperität, die die sich nun verstärkt der friedlichen Förderung des britischen Außenhandels und der Interessen der britischen Handelskammern in Europa widmende Außenpolitik der Regierungen Großbritannien bescherten.[109] »Nothing except a war can check our prosperity«, notierte Stanley am 1. Januar 1867 im Blick auf die gewachsenen Staatseinnahmen.[110] Gleichzeitig erfolgte in den Jahren 1864-66 eine neue positive Perzeption Russlands und der russischen Politik in großen Teilen der britischen Presse. Sie führte dazu, dass die in dieser Zeit beginnende Expansion des Zarenreichs in Zentralasien in der britischen Presse nicht nur kaum Proteste weckte, sondern vielfach relativ wohlwollend kommentiert wurde, was kritischere Kommentatoren irritierte.[111]

Die Gründe für den Russland betreffenden Wandel in der britischen öffentlichen Meinung in den Jahren 1864-66 waren vielfältig. Der Außenhandel mit Russland hatte für Großbritannien soweit an Bedeutung gewonnen, dass sich 1864-66 alle britischen Außenminister – Lord Russell, Lord Clarendon und Lord Stanley – für einen Ausbau der britisch-russischen Handelsbeziehungen engagierten und der Vorsitzende der »Association of Chambers of Commerce of the United Kingdom« 1865 mit einer Delegation nach Russland reiste, um die dortigen Anfänge einer Freihandelsdiskussion zu befördern.[112] Die Probleme, die das Londoner Bankhaus Rothschild bei der Platzierung der russischen Staatsanleihe von 1862 während der polnischen Krise 1863 gehabt hatte, endeten 1864 und im selben Jahr begann ein bis 1866 zunehmender Wettkampf zwischen den britischen Bankhäusern Rothschild und Barings um die Übernahme russischer Staatsanleihen, die Barings 1864 und 1866 mit großem Erfolg platzierte.[113]

Bedeutsam waren in den Jahren 1864-66 zudem einige in Großbritannien besonders öffentlichkeitswirksame Maßnahmen der Regierung Zar

109 Vgl. Müller, Weltmacht in Europa, S. 240-259 und zu den 1864 erfolgenden institutionellen Veränderungen mit der Einrichtung eines eigenen Commercial Department im britischen Foreign Office, ebenda, S. 224-232.
110 Notiz Stanleys am 1.1.1867, in: Vincent (Hg.), Disraeli, Derby, S. 283
111 Vgl. Breeze, British Opinion, S. 314-320.
112 Siehe: Russell an Buchanan (den britischen Vertreter in St. Petersburg), 22.11. 1864, no. 2, TNA-PRO FO 181/425; Russell an Buchanan, 7.3.1865, no. 43, TNA-FO 181/433; Clarendon an Buchanan, 26.12.1865, Commercial, no. 16, Confidential, TNA-PRO FO 181/438; Stanley an Buchanan, 7.9.1866, no.1, Commercial, Confidential, TNA-PRO FO 181/450; »Report on the Present State of Trade between Great Britain and Russia. Presented to both Houses of Parliament by Command of Her Majesty, 1866«, TNA- HC 1/3076.
113 Ziegler, Sixth Great Power, S. 175.

Alexanders II. Deren Bemühungen, der polnischen Agitation der öffentlichen Meinung in Westeuropa entgegenzuwirken, hatten 1864 eine Erweiterung erfahren. Dies in Form der in Russland erstellten »Correspondence Russe«, eines Wochenblattes, das in französischer, deutscher und englischer Sprache die russische Sicht politischer Entwicklungen präsentierte und seit Ende 1864 auch an 18 britische Zeitungen geliefert wurde.[114] Die britische Presse erhielt auch damit 1864-66 einen näheren Einblick in neue Reformen des Zaren, wie etwa die neue Justizordnung, die Liberalisierung der Pressezensur und die Einführung städtischer Selbstverwaltung, die seiner Regierung nun ein überaus positives Image in der britischen Presse bescherten.[115]

Zehn Jahre nach dem Ende des Krimkrieges schrieb Lord Clarendon dem britischen Botschafter in St. Petersburg am 18. April 1866 in einem Privatbrief: »[…] such bitterness as the war produced ten years ago has long been obliterated here – the old wish for cordial relations founded on reciprocal interests has revived and the Emperor (Alexander II., R. A.) is associated in the minds of the English people with progress and reasonable reform […].«[116]

Fazit

Der Einfluss öffentlicher Meinung auf die Außenpolitik der britischen Regierungen in Europa bestand in den Jahren 1853-66 vor allem bei: ihren Dispositionen insbesondere gegenüber Russland, Frankreich und dem Osmanischen Reich, aber auch anderen Staaten sowie verschiedenen nationalen Bewegungen; der Bewertung politischer und wirtschaftlicher Interessen; der Intervention oder Nichtintervention in auswärtigen Konflikten sowie Fragen von Krieg und Frieden. Er war besonders bedeutsam bei neuen einheitlichen Formierungen öffentlicher Meinung außerhalb des Parlaments und/oder ihren neuen Mehrheitsbildungen im Unterhaus, gerade wenn in den Kabinetten und den sie stützenden Unterhausfraktionen Uneinigkeiten bestanden. Er konnte in solchen Fällen Premierminister zu einer Abkehr von der von ihnen präferierten Ausrichtung der Außenpolitik zwingen (so 1854, 1863-64) beziehungsweise den

---

114 Siehe: Martin McCauley/ Peter Waldron, The Emergence of the Modern Russian State, 1855-81, Basingstoke, London 1988, S. 163-164; A. F. Miller, Dmitrii Miliutin and the Reform Era in Russia, Charlotte, North Carolina 1968, S. 163-165.
115 Allison, British Views, S. 227-294.
116 Clarendon an Buchanan, 18.4.1866, Privatbrief, Abschrift, Clarendon Papers, Bodleian Library Oxford (BLO), Clar. dep., C -143, f. 34-36.

Regierungen Abstimmungsniederlagen im Unterhaus bereiten und sie damit auch stürzen (so 1855 und 1858). Dabei gestaltete er sich in verschiedenen Phasen der Entwicklung britischer Außenpolitik und ihrer Herausforderungen in den Jahren 1853 bis 1866 auch im Wandel der Formierungen öffentlicher Meinung und ihrer jeweiligen Bedeutungen in verschiedener Weise.

Im Vorfeld und während des Krimkrieges wuchs der außenpolitische Einfluss der britischen Zeitungspresse nicht nur als Medium, sondern auch als Agitator öffentlicher Meinung, der mit dem Krieg größere Auflagen erzielte. Er wuchs 1853 im Gefolge des russisch-türkischen Krieges mit einer verschiedentlich begründeten Vereinheitlichung der britischen Presse in einer russlandfeindlichen kriegerischen Positionierung und Agitation gegen den im Kabinett strittigen russlandfreundlichen und friedensorientierten Kurs des Premierministers Aberdeen. Der einheitliche Druck der Presse hatte wesentlichen Anteil daran, dass Aberdeens liberale Koalitionsregierung im März 1854 zusammen mit Frankreich Russland den Krieg erklärte, dass die konservative Opposition dem nolens volens zustimmte und die radikalliberalen Verfechter einer Nichtinterventionspolitik um Richard Cobden im Unterhaus isoliert waren. In der Folge bewirkte die britische Presse mit ihrer Agitation der öffentlichen Meinung gegen die Schwächen der Kriegführung der Regierung Aberdeen und die Inkompetenz der aristokratischen Militärs eine Art Aufstand gegen die politische Führung des Landes, eine Abstimmungsniederlage der Regierung Aberdeens und den Rücktritt des Premierministers.

Die relativ einheitlich kriegstreibende Agitation der Presse beförderte den Machtgewinn seines außenpolitischen Gegenspielers, Palmerston, und ihre Unterstützung der palmerstonschen Politik und Kriegsziele einer weit gehenden Reduzierung des Zarenreiches trug wesentlich dazu bei, dass er damit großen Zuspruch in und außerhalb des Parlaments fand.

Nach dem Großbritannien im Frühjahr 1856 durch eine französisch-russische Verständigung aufgezwungenen und die Erwartungen der britischen öffentlichen Meinung enttäuschenden internationalen Friedensschluss blieb die britische Presse weiterhin großenteils russlandfeindlich und kriegerisch. Ihr Einfluss auf die Gestaltung der britischen Außenpolitik bestand nun darin, dass sie eine aus vielen Gründen – dem Machtgewinn Frankreichs, dem Bedeutungsverlust Russlands und dem inneren Reformkurs des neuen Zaren Alexander II. – erforderliche beziehungsweise mögliche Neuausrichtung der britischen Außenpolitik blockierte und Palmerston zu einer Fortführung seiner Politik verhalf. Sie behinderte 1856-57 die Bemühungen des neuen russischen Außenministers, mit besonderer internationaler Öffentlichkeitsarbeit auch eine neue britisch-russische Verständigung zu erzielen, und verschaffte Palmerston Möglichkeiten, die britische Presse weitgehend in der Unterstützung seiner Regierung bei einer Art Nachkrieg gegen Russland zu vereinnahmen und seine anderweitigen Herausforderungen erwachsende Kriegführung gegen Persien 1856-57 mit der vermeintlichen Notwendigkeit einer weiteren Eindämmung Russlands zu rechtfertigen. Mehrheitliche Formierungen öffentlicher Meinung gegen Palmerstons Außenpolitik entwickelten sich 1857-58 im Unterhaus des Parlaments. Sie waren von unterschiedlicher Art und Bedeutung. Der Abstimmungserfolg einer Koalition konservativer und liberaler Gegner der kriegerischen Außenpolitik Palmerstons im März 1857 war kurzlebig, weil Palmerstons Regierung die nachfolgenden Unterhauswahlen gewann. Zum Rücktritt gezwungen wurde sie dann 1858 durch die Formierung einer Mehrheit des Unterhauses gegen ein von Palmerston auf Druck Frankreichs betriebenes Gesetzesvorhaben, das außen- und innenpolitische Gegner seiner Politik vereinte und das liberale Regierungslager spaltete.

Die sich in der Zeit der liberalen Koalitionsregierung Palmerstons 1859-65 entwickelnde zunehmende Befürwortung einer friedlichen Politik der Nichtintervention in Europa folgte Veränderungen der internationalen Lage, einer regionalen Ausweitung und Differenzierung der britischen Presselandschaft und einem Einflussgewinn der Handels- und Finanzzentren auf die britische Außenpolitik. Die Möglichkeiten britischer Kriegführung in Europa waren, wie die 1859 durch französische Drohungen in Großbritannien ausgelöste *war scare* gezeigt hatte, sehr begrenzt und die den Bürgerkrieg in den USA seit 1861 begleitenden britischen Sorgen vor einem Angriff der Union auf Britisch-Kanada trugen das ihre dazu bei, die Bereitschaft der britischen Öffentlichkeit zu einem militärischen Engagement in Europa erheblich zu verringern. Gleichzeitig erhöhten die den neuen britischen Handelsverträgen mit Russland (1859) sowie mit Frankreich (1860) folgende Ausweitung des britischen Außenhandels in Europa und die Ausweitung des Engagements der großen britischen Bankhäuser bei Staatsanleihen europäischer Staaten das Interesse der großen Handelskammern im Lande und der großen Banken der Londoner City an der Bewahrung des Friedens und einer friedlichen Gestaltung britischer Außenpolitik in Europa.

Bei der 1863 dem polnischen Aufstand gegen die russische Herrschaft erwachsenden internationalen Krise konnte die polnische Agitation der öffentlichen Meinung in Großbritannien zwar deren Sympathien mit den Aufständischen wecken, aber keine Bereitschaft zu einem neuen Krieg gegen Russland. Palmerstons kurzzeitiger Bluff mit der Möglichkeit einer militärischen Unterstützung Frankreichs gegen Russland weckte Widerstand seitens der britischen Banken, die über die *Times* die Regierung warnten. Beim 1863 wachsenden deutsch-dänischen Konflikt in der Schleswig-Holstein-Frage, der 1864 zu einem Krieg eskalierte, lagen die Sympathien der britischen öffentlichen Meinung bei weitreichender Unkenntnis der Hintergründe des Konflikts auf dänischer Seite. Aber Palmerstons eine frühzeitige Beilegung des Konflikts erschwerende kriegerische Interventionsdrohungen gegen die deutschen Staaten und sein Drängen auf einen britischen Eintritt in den Krieg zeitigten im Sommer 1864 einen aus den Wahlkreisen und den Handelskammern ins Unterhaus getragenen Aufstand der öffentlichen Meinung gegen die interventionistischen Methoden der Politik Palmerstons und für eine unzweideutige friedliche *policy of non-intervention*. Ein Aufstand, der alle Fraktionen des Unterhauses erfasste, Palmerston zu einer außenpolitischen Kehrtwende im Sinne einer Anlehnung an Cobden zwang und von konservativen wie liberalen Gegnern der früheren Krimkriegspolitik Palmerstons als ein Wendepunkt der britischen Außenpolitik betrachtet wurde.

Mehr als zuvor formierten von 1864-66 die wirtschaftlichen Interessen der Banken und der Handelskammern die für die Außenpolitik der Regierungen relevante öffentliche Meinung, der diese soweit folgten, dass ihre Außenpolitik in dieser Zeit vor allem eine Außenhandelspolitik wurde. Zugleich vollzog sich ein grundlegender Wandel der Haltung der britischen öffentlichen Meinung gegenüber Russland verbunden mit einer neuen Wertschätzung Zar Alexanders II. Dies geschah nicht nur aufgrund der Ausweitung der Wirtschaftsbeziehungen zum Zarenreich und der Wertschätzung der neuen Reformen des Zaren, sondern auch aufgrund einer verbesserten internationalen Öffentlichkeitsarbeit der russischen Regierung auch in Großbritannien, wo seit 1864 einige Zeitungen mit in englischer Sprache verfassten Berichten über die Entwicklungen in Russland beliefert wurden.

Dem Tode Palmerstons 1865 folgte eine Neubelebung der mit dem Krimkrieg vertagten und danach von Palmerstons Whigs und den Konservativen behinderten Vorbereitungen einer neuen Wahlrechtsreform. 1867 begann mit dieser eine neue Zeit der Entwicklung des Einflusses der öffentlichen Meinung auf die britische Außenpolitik.

Das Paradox der Geheimdiplomatie
Offizielle Außenpolitik und Öffentlichkeit vor 1914

Friedrich Kiessling

»In der Tradition liberaler Grundsätze und Argumente fällt der Aufweis politischer Geheimnisse heute – von Ausnahmen wie den staatlichen Geheimdiensten abgesehen – praktisch zusammen mit ihrer Verdammung. Das Geheimnis […] ist eine negative Kategorie geworden, die, sobald sie politisch in Erscheinung tritt, auch schon die Aufhebung des Zustandes fordert, den sie bezeichnet.«[1] Lucian Hölschers Sätze von 1979 über den Zusammenhang von öffentlich und geheim in der Moderne beschreiben das bis heute gültige Bild vom Bedeutungsgewinn der Öffentlichkeit in der Politik im 19. und 20. Jahrhundert. Indes fragt Hölscher auch nach den Grenzen dieser Entwicklung. Sein eigentliches Argument lautet so auch nicht, dass das Geheime in der Politik nicht mehr existiert, vielmehr haben sich die Argumentationshierarchien umgekehrt. Nicht das Öffentliche bedarf der Rechtfertigung. Es ist das Geheime, das im liberalen Staat eine ganz besondere Begründung benötigt. Politische »Arkanbereiche« sind seitdem nur noch vorläufig zu denken. Sie sind es, die dem »Begründungszwang« unterliegen.[2]

Hölschers Überlegungen zielen ganz allgemein auf das Verhältnis zwischen Staat und Gesellschaft. Die Außenpolitik spielt für ihn nur am Rande eine Rolle. Der eingangs zitierte Hinweis auf die Geheimdienste deutet allerdings an, dass die Unterscheidung nach Politikfeldern sinnvoll bleibt. Im Bereich der internationalen Beziehungen vor 1914 jedenfalls, so wird dieser Beitrag argumentieren, blieb das Verhältnis zwischen offizieller Politik beziehungsweise Diplomatie und Öffentlichkeit spannungsreich. Auf der einen Seite partizipierte Außenpolitik an dem, was die Forschung die Fundamentalpolitisierung der Jahrzehnte um 1900 genannt hat.[3] Auf der anderen Seite behielt das Geheime gerade aus Akteursperspektive eine besondere und, wie es manchmal scheint, sogar zunehmende Bedeutung.[4]

---

1 Lucian Hölscher, Öffentlichkeit und Geheimnis. Eine begriffsgeschichtliche Untersuchung zur Entstehung der Öffentlichkeit in der frühen Neuzeit, Stuttgart 1979, S. 7.
2 Ebd., S. 154.
3 Z. B. Hans-Peter Ullmann, Politik im deutschen Kaiserreich, München 2005, S. 25.
4 Der Beitrag baut auf einigen meiner früheren Arbeiten zu den internationalen Beziehungen vor 1914 auf, in denen das Verhältnis von Außenpolitik und Öffentlich-

Öffentlichkeit und das »Außenpolitische« im langen 19. Jahrhundert

Die europäische Politik durchlief gerade in den letzten Jahrzehnten vor 1914 massive Transformationen. Dies betraf die Partizipation an Politik ebenso wie deren Medialisierung. War Mitte des 19. Jahrhunderts das Wahlrecht, wenn es denn überhaupt existierte, noch auf wenige, meist durch Besitz definierte Gruppen beschränkt gewesen, so kam es in den Jahrzehnten danach zu massiven Ausweitungen. Am Vorabend des Ersten Weltkriegs existierte im Deutschen Reich, Frankreich, Italien oder Österreich das allgemeine Männerwahlrecht. In Großbritannien war es zumindest beinahe erreicht. Selbst das bis dahin verfassungslose Russland war im Zuge der ersten russischen Revolution 1906 zu einem – allerdings stark ungleichen und 1907 noch einmal zugunsten der Land besitzenden Schichten veränderten – allgemeinen Wahlrecht für Männer übergegangen. Mit den Wahlen kamen die Wahlkämpfe, die sich angesichts der Ausweitung der Wahlberechtigten an ein Massenpublikum zu richten hatten. Im engen Zusammenhang mit diesen Prozessen standen die Veränderungen der Medienlandschaft. Alphabetisierung und drucktechnische Entwicklungen hatten bereits im frühen 19. Jahrhundert die Verbreitung der Presse stark ansteigen lassen. Etwa Mitte des Jahrhunderts kamen nach und nach immer billigere Formate, etwa die so genannte *Penny press*, auf. Das Zeitalter der Massenpresse begann. Vor Ausbruch des Ersten Weltkriegs gab es zum Beispiel im Deutschen Reich über 4.000 Zeitungen. Die Gesamtauflage betrug bis zu 25,5 Millionen Exemplare.[5] Hinzu kam seit dem Ende des 19. Jahrhunderts eine Ausweitung der Bildberichterstattung. Nun, da sich auch die technischen Möglichkeiten zum Abdruck von Fotografien erleichtert beziehungsweise verbilligt hatten, boomten auch die sogenannten illustrierten Zeitungen. Zwar war die Bilderflut noch weit von der heutigen entfernt, doch konnten sich immer mehr Menschen auch auf diese Weise ein

---

keit immer wieder angesprochen worden ist, ohne dieses allerdings systematisch zu behandeln. Ich bin den Herausgebern deshalb sehr dankbar, diesen Aspekt einmal im Zusammenhang darstellen zu können. Vgl. insbesondere: Friedrich Kießling, Gegen den »großen Krieg«. Entspannung in den internationalen Beziehungen 1911-1914, München 2002; ders., Self-Perception, the Official Attitude toward Pacifism, and Great Power Détente. Reflections on Diplomatic Culture before World War I, in: Jessica C. E. Gienow-Hecht (Hg.), Decentering America, New York/Oxford 2007, S. 345-380; sowie ders., Wege aus der Stringenzfalle. Die Vorgeschichte des Ersten Weltkriegs als »Ära der Entspannung«, in: Geschichte in Wissenschaft und Unterricht 55 (2004), S. 284-304.

5 Zahlen aus: Rudolf Stöber, Deutsche Pressegeschichte. Von den Anfängen bis zur Gegenwart, Konstanz ²2005, S. 160 f.

»Bild« von der Welt machen. Wie Corey Ross es in seiner Darstellung zum Aufstieg der illustrierten Massenmedien in Deutschland um 1900 formuliert hat: »Seeing was believing, and photographs in particular gave a sense of ›direct‹ experience that the written word could not match.«[6] Die Ausweitung des Wahlrechts, die damit verbundenen Wahlkämpfe, die neue Medienstruktur veränderten auch die Praxis der Politik, das »Politische«.[7] Politik spielte sich in vorher nicht bekannter Weise als Auseinandersetzung in der Öffentlichkeit ab. Politik wurde mehr und mehr zu einem öffentlich sichtbaren Aushandlungsprozess, statt zu Entscheidungen einer von der Gesellschaft sinnvoll abgrenzbaren Regierung. Diese Entwicklungen waren ein breiter internationaler Trend. Auch wenn weiterhin umstritten ist, ob damit auch jeweils Schritte zu einer Demokratisierung einhergingen,[8] ist doch unumstritten, dass die Jahrzehnte um 1900 in vielen Teilen Europas die Entstehung eines »politischen Massenmarktes« sahen. Wie Johannes Paulmann gezeigt hat, bemühten sich angesichts solcher Entwicklungen selbst die Dynastien um eine neue Art von Legitimation. Medial vermittelt und in neuer Art inszeniert, suchten sie nun Legitimation in Ansprache an die Massen-Nation und deren Identifikation mit der Monarchie.[9]

Medien- oder Parlamentsöffentlichkeit beschränkten sich selbstverständlich nicht auf innenpolitische Themen. Zwar schwankte der Anteil von Auslandsberichterstattung und beim Konstatieren von generellen Entwicklungen sollte man entsprechend vorsichtig sein. Im Verlauf des 19. Jahrhunderts nahm der Anteil von nationalen Nachrichten vermut-

6 Corey Ross, Media and the Making of Modern Germany. Mass Communications, Society, and Politics from the Empire to the Third Reich, Oxford/New York 2008, S. 30.
7 Zum Begriff des »Politischen«, der Politik vor allem als kommunikativen Akt konzipiert, mit dessen Hilfe Gesellschaften Präferenzen, Werte und letztendlich auch Entscheidungen in einem vielschichtigen Prozess »aushandeln«: Barbara Stollberg-Rilinger (Hg.), Was heißt Kulturgeschichte des Politischen?, Berlin 2005. Darin zu Wahlkämpfen: Thomas Mergel, Wahlkampfgeschichte als Kulturgeschichte. Konzeptionelle Überlegungen und empirische Beispiele, S. 355-376.
8 Für das Deutsche Reich etwa hat sich in der Forschung für die Jahre um 1900 die Frage nach dem besonderen Ausmaß des Obrigkeitsstaates mehr und mehr zu der nach dessen Grenzen sowie dem genauen Ausmaß zivilgesellschaftlicher Momente verschoben. Zu den damit verbundenen Kontroversen: Frank Bösch, Grenzen des »Obrigkeitsstaates«. Medien, Politik und Skandale im Kaiserreich, in: Sven Oliver Müller/Cornelius Torp (Hg.), Das Deutsche Kaiserreich in der Kontroverse, Göttingen 2009, S. 136-153 u. ebd.: James Retallack, Obrigkeitsstaat und politischer Massenmarkt, S. 121-135.
9 Johannes Paulmann, Pomp und Politik. Monarchenbegegnungen in Europa zwischen Ancien Régime und Erstem Weltkrieg, Paderborn u. a. 2000.

lich eher zu, wobei insgesamt der Prozentsatz der politischen Nachrichten sank, der von außereuropäischen allerdings stieg.[10] Berichte über außenpolitische bzw. diplomatische Aktionen, über Staatsbesuche oder Kriege gehörten dennoch ganz selbstverständlich zu den wichtigsten Medienmeldungen des späten 19. und frühen 20. Jahrhunderts und trugen zur häufigen Konstituierung entsprechender Medienereignisse bei.[11] Ähnliches gilt für die nationalen Parlamente und deren Debatten, und zwar wiederum auch für Länder, in denen die Parlamente nur beschränkten Einfluss auf die Außenpolitik hatten.[12] Auch dort wurde Außenpolitik häufig und oft ebenso grundsätzlich wie kontrovers diskutiert. Vor allem Haushaltsdebatten gaben im Berliner Reichstag oder in der österreichischen beziehungsweise ungarischen Delegation den Anlass dafür. Damit verband sich dann auch ein recht selbstbewusstes Auftreten der neuen »Gewalten«. Verleger und Journalisten waren sich ihrer Macht bewusst und formulierten das gelegentlich auch explizit.[13] In den Parlamenten warfen sozialistische oder linksliberale Abgeordnete den Regierungen regelmäßig vor, eine längst anachronistisch gewordene Geheimdiplomatie zu betreiben, und forderten eine größere Offenheit sowie die Stärkung der parlamentarischen Mitsprache. Ähnliches gilt, allerdings mit weniger Bedeutung für die politische Praxis, für die verzweigte Friedens- und Verständigungsbewegung der Zeit.[14]

Aus systemischer Perspektive ist die veränderte Zusammensetzung beziehungsweise Struktur der internationalen »Akteure« entscheidend für die zunehmende Bedeutung der Öffentlichkeit in den Außenbeziehun-

10 Vgl. z. B. Jürgen Wilke, Grundzüge der Medien- und Kommunikationsgeschichte, Köln u. a. ²2008, S. 272 f.
11 Zu Logik und Mechanismen internationaler Medienereignisse z. B.: Christian Morgner, Weltereignisse und Massenmedien. Zur Theorie des Weltmedienereignisses. Studien zu John F. Kennedy, Lady Diana und der Titanic, Bielefeld 2009.
12 Martin Mayer, Geheime Diplomatie und öffentliche Meinung. Die Parlamente in Frankreich, Deutschland und Großbritannien und die erste Marokkokrise 1904-1906, Düsseldorf 2002. Zur Rolle von nationalistisch-imperialistischen Verbänden bzw. der des Flotten-Vereins in den deutschen Reichstagswahlen: Axel Grießmer, Massenverbände und Massenparteien im wilhelminischen Reich. Zum Wandel der Wahlkultur 1903-1912, Düsseldorf 2000.
13 Ein relativ frühes Beispiel gibt: Ute Daniel, Der Krimkrieg 1853-1856 und die Entstehungskontexte medialer Kriegsberichterstattung, in: dies. (Hg.), Augenzeugen. Kriegsberichterstattung vom 18. zum 21. Jahrhundert, Göttingen 2006, S. 40-67, hier S. 55.
14 Vgl. z. B. M. S. Anderson, The Rise of Modern Diplomacy 1450-1919, London/New York 1993, S. 143 ff.; Keith Robbins, The Abolition of War. The »Peace Movement« in Britain, 1914-1919, Cardiff 1976, S. 21; Verena Steller, Diplomatie von Angesicht zu Angesicht. Diplomatische Handlungsformen in den deutsch-französischen Beziehungen 1870-1919, Paderborn u. a. 2011, S. 363 f.

gen im Verlauf des 19. Jahrhunderts. Von einem System von monarchischen Staaten, in denen dynastische Außenpolitik im Zentrum stand, wandelte sich das Staatensystem zu einem System von Nationalstaaten mit einer Vielzahl von sich weiter pluralisierenden politischen wie gesellschaftlichen Akteuren. Zu ihnen gehörten die Parlamente ebenso wie Parteien, Verbände, einzelne Intellektuelle oder eben Presse und Öffentlichkeit. Hinzu kam ein Verständnis von Außenpolitik, dass die Interessen der kollektiv gedachten »Nation« zum Ausgangspunkt machte. Es waren »Nationen«, die in den zeitgenössischen Vorstellungen um Einfluss in den außereuropäischen Expansionsgebieten kämpften. Es waren »Nationen«, die sich auf Weltausstellungen darstellten, oder »Nationen«, die 1914 gegeneinander in den Krieg zogen.[15]

Was die zunehmende Bedeutung der Öffentlichkeit als konkreter ereignishistorischer Faktor anbelangt, so gibt es im 19. Jahrhundert eine ganze Reihe von klassischen Beispielen, an denen diese gezeigt oder diskutiert worden ist. Dazu gehört der Krimkrieg mit einer neuartigen Art von Kriegsberichterstattung, die zumindest teilweise die neuen Kommunikationsmöglichkeiten nutzte und so in der Lage war, im Extremfall noch laufende Ereignisse zu beeinflussen.[16] Über die kriegsauslösende Wirkung der Öffentlichkeit ist auch im Falle des amerikanisch-spanischen Krieges von 1898 viel diskutiert worden.[17] Schließlich ist der Kriegsausbruch von 1914 zu nennen, bei dem eigentlich schon immer gefragt worden ist, welche Rolle die »Massenleidenschaften« oder der »unkontrollierbare Druck einer entfesselten Öffentlichkeit«[18] gespielt hatten. In den letzten Jahren hat die historische Forschung die kriegstreibende Rolle der Öffentlichkeiten eher relativiert, ohne allerdings deren grundsätzliche Bedeutung für die Außenpolitik am Anfang des 20. Jahrhunderts in Frage zu stellen. Die europäische Öffentlichkeit im Juli und August 1914 war keineswegs durchgehend in der kriegerischen Stim-

---

15 Anselm Doering-Manteuffel sprach von der »Idee von Staat und Nation als einer dynamischen Einheit« als grundlegendem politisch-ideologischem Prinzip des Staatensystems im späten 19. und in der ersten Hälfte des 20. Jahrhunderts. Anselm Doering-Manteuffel, Internationale Geschichte als Systemgeschichte. Strukturen und Handlungsmuster im europäischen Staatensystem des 19. und 20. Jahrhunderts, in: Wilfried Loth/Jürgen Osterhammel (Hg.), Internationale Geschichte. Themen – Ergebnisse – Aussichten, München 2000, S. 93-115, hier S. 101.
16 Ute Daniel, Der Krimkrieg; Georg Maag u. a. (Hg.), Der Krimkrieg als erster europäischer Medienkrieg, Berlin 2010.
17 Z.B. Paul T. McCartney, Power and Progress. American National Identity, the War of 1898, and the Rise of American Imperialism, Baton Rouge 2005.
18 Klaus Hildebrand, Das vergangene Reich. Deutsche Außenpolitik von Bismarck bis Hitler 1871-1945, Stuttgart 1995, S. 305f.

mung, wie es manchem Beobachter – vor allem im Nachhinein – erschien.[19]

Möchte man die skizzierten Entwicklungen auf den Punkt bringen, so waren auch die Außenbeziehungen eines Landes im frühen 20. Jahrhundert dem medialen Massenmarkt unterworfen. Über Außenpolitik wurde öffentlich in den Parlamenten diskutiert, was dann von den Medien aufgenommen bzw. begleitet wurde. Sie wurde in Wahlkämpfe und Parteistrategien integriert oder sie wurde Gegenstand medialer Spekulationen und Kommentare. Dies alles galt nun dauerhaft und war getragen nicht nur von einer »Gelehrtenöffentlichkeit«, sondern von einer Öffentlichkeit, in der gut organisierte Institutionen und Organisationen mitspielten und ein wählendes Massenpublikum erreichten. Damit einher ging der Einfluss eines an den Medien orientierten Regelsystems auf die Außenpolitik. Dieses betraf Sprache und Begrifflichkeit ebenso wie Geschwindigkeiten, Aufmerksamkeitsspannen oder das *Agenda setting* in den internationalen Beziehungen. Medienlogiken bestimmten die internationalen Beziehungen mit.

Offizielle Außenpolitik und die Macht der Öffentlichkeit vor 1914

Politiker und Diplomaten haben die Wandlung des Außenpolitischen vielfach wahrgenommen, sie haben darauf reagiert und die Veränderungen mit (voran)getragen. Es gab für die meisten der Verantwortlichen vor 1914 allerdings auch eine Grenze des Öffentlichen, bei deren Überschreiten sie um die Möglichkeit guter Außenpolitik überhaupt fürchteten. Oder wie es der französische Diplomat Paul Cambon im Nachhinein formulierte: »[S]o muss man sich klar darüber sein, daß, wenn keine geheimen Verhandlungen mehr stattfinden werden, es überhaupt keine Unterhandlungen mehr geben wird.«[20]

Zitate von maßgebenden Außenpolitikern über die wachsende Bedeutung der Öffentlichkeit lassen sich recht früh finden. Die öffentliche Meinung, schrieb etwa Klemens Wenzel von Metternich 1808, sei »eine der stärksten Waffen, die ähnlich der Religion in die verschwiegensten Ecken dringt«.[21] Ebenso gibt es viele Beispiele, wie Öffentlichkeiten

---

19 Z. B. Bernhard Rosenberger, Zeitungen als Kriegstreiber? Die Rolle der Presse im Vorfeld des Ersten Weltkriegs, Köln u. a. 1998 u. William Mulligan, The Origins of the First World War, Cambridge u. a. 2010, S. 133-176.
20 Paul Cambon, Der Diplomat, Berlin 1927, S. 29.
21 Clemens Metternich, Aus Metternich's Nachgelassenen Papieren. Bd. 2, S. 192. Zitiert nach: Henry A. Kissinger, Das Gleichgewicht der Großmächte. Metternich,

bewusst in die eigene politische Strategie eingebaut wurden. William Gladstones Midlothian-Kampagne von 1879/80 zählt ebenso dazu wie die »Emser Depesche« Bismarcks, die ja gerade auf die Wirkung in der Öffentlichkeit berechnet war und auf die Zwangslage setzte, die sich daraus für die kaiserlich-französische Regierung ergab. Dazu gehört, dass in den Außenministerien der europäischen Großmächte nach und nach Pressabteilungen entstanden, die über die selbstverständlich bereits bestehenden inoffiziellen Kontakte zu Herausgebern und Journalisten hinaus die Öffentlichkeitsarbeit nun zu systematisieren versuchten.[22]

Die Beispiele zeigen vor allem zweierlei: Zum einem, in welch hohem Maße Außenpolitiker die Adressierung der »Öffentlichkeit« – und zwar einer Öffentlichkeit als Faktor – lange vor dem Beginn des 20. Jahrhunderts in ihr politisches Handlungsrepertoire aufgenommen hatten. Gerade Bismarck betrieb Außenpolitik dabei nicht nur über verschiedene Schattierungen von Pressearbeit, sondern etwa auch indem er die im Reichstag repräsentierte deutsche Nation für seine auswärtige Politik in Anspruch nahm. Mag man hierin, wie Jürgen Osterhammel es getan hat, vor allem noch eine »Manipulation« der Öffentlichkeit erkennen,[23] so änderten sich damit darüber hinaus doch auch die Formen der Politik. Die seit den 1890er Jahren in Postkarten, Bildbänden oder »Ereignissen« wie den sorgsam inszenierten Stapelläufen neuer Großkampfschiffe ins Bild gesetzte deutsche Flottenpolitik ist ein gutes Beispiel dafür, wohin dieser Formwandel am Übergang vom 19. und 20. Jahrhundert führen konnte.[24]

Auch in den internationalen Beziehungen der letzten Jahre vor dem Kriegsausbruch von 1914 lassen sich viele Beispiele bewusster Pressepolitik finden. So wurde im Frühjahr 1913 während der Balkankriege die österreichisch-russische Einigung über die Reduzierung der Truppenbereitschaft in den beiderseitigen Grenzgebieten öffentlichkeitswirksam

Castlereagh und die Neuordnung Europas 1812-1822, Neuauflage, Düsseldorf u. a. 1991, S. 25.
22 Einen kurzen Überblick über diese Institutionalisierung der Pressekontakte gibt: Keith Hamilton/Richard Langhorne, The Practice of Diplomacy. Its Evolution, Theory and Administration, London/New York 1995, S. 125-128. Bis 1914 verzichtete unter den Großmächten allein das Foreign Office auf die formale Einrichtung einer entsprechenden Abteilung.
23 Jürgen Osterhammel, Die Verwandlung der Welt. Eine Geschichte des 19. Jahrhunderts, München ²2009, S. 721.
24 Johannes Etmanski, »Blaue Jungens« und Schlachtflottenbau. Die Flottenpropaganda des Admiral Tirpitz 1897-1900. Die Genese eines modernen Propagandakonzepts in Deutschland, in: Thilo Eisermann (Hg.), Von der Macht des Wortes zur Macht der Bilder, Hamburg 1998, S. 103-131.

mit einem gleichlautenden Pressekommuniqué verkündet, das die Einigung überdies mit der Übergabe eines persönlichen Handschreibens von Kaiser Franz Joseph an den russischen Zaren durch einen Sonderbotschafter verknüpfte und damit als Ergebnis der guten monarchischen Beziehungen darstellte. In der Sache war das nicht begründet. Die Einigung fand jenseits der Mission des Sonderbotschafters statt. Die Inszenierung diente der Darstellung nach außen und der öffentlichen Betonung der monarchischen Solidarität der beiden Kaiserhäuser – das Einzige, worauf man zu diesem Zeitpunkt zwischen Österreich-Ungarn und Russland noch setzen konnte. Entsprechend zielte die österreichische Diplomatie darauf ab, »daß das skizzierte Ergebnis als Folge des direkten Gedankenaustausches zwischen beiden Monarchen hingestellt werde, was mit Rücksicht auf die eminente Bedeutung der in Rede stehenden Vorkehrungen für den europäischen Frieden in den Augen der Öffentlichkeit von großem Wert für die monarchische Idee sein könnte.«[25] Ähnlichen Zwecken dienten die »Flottenbesuche«, Gipfeltreffen oder auch diplomatischen »Audienzen« der Zeit, die jeweils breit von der europäischen Presse kommentiert wurden und bei denen es immer wieder zu regelrechten Gegeninszenierungen kam. So organisierte die französische Außenpolitik im unmittelbaren Vorfeld des deutsch-russischen Kaisertreffens in Baltisch Port im Sommer 1912 eine Audienz ihres St. Petersburger Botschafters beim Zaren, die von der Presse wunschgemäß wahrgenommen wurde. Gleichzeitig reiste eine russische Militärdelegation nach Frankreich. Und als wenige Wochen später der französische Ministerpräsident nach Russland kam, bemühte sich die deutsche Regierung ihrerseits um eine Audienz des eigenen Vertreters, die auch direkt nach der Abreise Raymond Poincarés gewährt wurde. Die deutsche Presse kommentierte wunschgemäß. Die Aktion hatte der deutsche Botschafter mit dem Argument vorgeschlagen, es ginge darum, »die mit viel Lärm und durchsichtiger Tendenz verbreitete […] Nachricht über angebliche russisch-französische Flottenkonvention in Deutschland« zu konterkarieren. Allein die Tatsache des Empfangs, so der deutsche Staatssekretär, werde die Wirkung nicht verfehlen.[26]

25 Reichskanzler Bethmann Hollweg an Kaiser Wilhelm II., 24.2.1913. Die Große Politik der europäischen Kabinette 1871-1914. Sammlung der Diplomatischen Akten des Auswärtigen Amtes. Im Auftrag des Auswärtigen Amtes hgg. v. Johannes Lepsius u. a., 40 Bde. in 54, Berlin 1922-1927. Bd. 34. Die Londoner Botschafterkonferenz und der Zweite Balkankrieg. 1. Teil, Berlin 1926, Dok.-Nr. 12891.
26 Vgl. jeweils mit Hinweisen auf weitere »Parallelaktionen«: Kießling, Gegen den »großen Krieg«, S. 117 f.

Wie stark Medienlogiken griffen – und bedient wurden, zeigt etwa die Agadir-Krise von 1911. Sowohl der »Panthersprung«, bei dem die deutschen Staatsbürger, die gerettet werden »mussten«, im Vorfeld extra nach Agadir anreisten, als auch die Mansion-House-Rede des britischen Schatzkanzlers Lloyd George, die der Krise die eigentliche internationale Dynamik gab, waren Akte, die Ansprüche öffentlich und damit in entsprechend berechneter Weise zum Ausdruck brachten. Beides zeigt, dass die Kabinette zum öffentlichen symbolischen Handeln in der Lage waren. »Endlich eine Tat, eine befreiende Tat«, hat Thomas Mayer als Zitat seiner Arbeit über das Kalkül der deutschen Reichsleitung in der zweiten Marokkokrise vorangestellt. Mit dem Panthersprung versuchte die kaiserliche Regierung das öffentliche Signal zu geben, dass sie handlungsfähig war. Es war mindestens ebenso dem diplomatisch-politischen Kalkül entsprungen, wie es an die eigene Öffentlichkeit gerichtet war, die vermeintlich eine solche »befreiende Tat« forderte.[27]

Die Marokkokrise von 1911 zeigt aber auch eine andere Facette des Verhältnisses von Öffentlichkeit und offizieller Außenpolitik am Vorabend des Ersten Weltkrieges. Alle Kabinette waren erschrocken über das, was sie ausgelöst hatten. Öffentlichkeit ließ sich 1911 nicht einfach »ein- und ausknipsen«[28]. Sie gehorchte ihren eigenen Regeln, die dann wieder außenpolitisch relevant wurden. Die Akte symbolischer Außenpolitik ließen sich in ihrer Deutung durch die Öffentlichkeit nur schwer kontrollieren.[29] Der deutsche Staatssekretär des Äußeren, Alfred Kiderlen-Wächter, war in der von ihm initiierten Marokkokrise keineswegs »bereit zum Krieg«. Er fand sich aber in einer Situation wieder, in der ein europäischer Krieg allgemein für möglich gehalten wurde und am Ende tatsächlich drohte. In Zukunft würden die Kabinette vorsichtiger sein und eine Reaktion bestand in Versuchen, die Wirkungen nationalistischer Tendenzen in der Öffentlichkeit zu minimieren. In einer Reihe von Fällen kam es in der Folgezeit zu einer Kooperation der offiziellen Außenpolitik über die Ländergrenzen hinweg gegenüber der eigenen Öffentlichkeit. So trafen die deutsche und französische Regierung im Frühjahr 1913 zwei Vereinbarungen, die den Umgang mit unbeabsichtigten Grenzübertritten sowie mit nationalistischen Theateraufführungen zum Inhalt hatten. Beides hatte im Vorfeld immer wieder zu deutsch-franzö-

---

27 Thomas Mayer, »Endlich eine Tat, eine befreiende Tat ...« Alfred von Kiderlen-Wächters »Panthersprung nach Agadir« unter dem Druck der öffentlichen Meinung, Husum 1996, z. B. S. 305 f.
28 Osterhammel, Die Verwandlung der Welt, S. 721.
29 Zu diesem Problem der »Deutungskontrolle« auch: Paulmann, Pomp und Politik, z. B. S. 343.

sischen Pressefehden geführt. Der britische Außenminister und der deutsche Reichskanzler sprachen im Herbst 1911 im Zuge der Beilegung der Marokkokrise ihre jeweiligen Parlamentsreden im Vorfeld miteinander ab. Als im Herbst 1913 die Feiern zum 100. Jahrestag der Völkerschlacht von Leipzig anstanden, bemühte sich das Auswärtige Amt mit Rücksicht auf die öffentliche Meinung in Frankreich, allzu chauvinistische Darstellungen geschlagener französischer Soldaten zu verhindern. Mit der Sache war schließlich auch Reichskanzler Bethmann Hollweg befasst.[30]

Die aus Akteurssicht heikle Mischung zwischen Öffentlichkeit und diskreter beziehungsweise geheimer Außenpolitik wird in den diplomatischen Aktivitäten während der beiden Balkankriege 1912/13 besonders deutlich. Die Außenministerien der Großmächte hatten das Konfliktpotential lange vor dem Kriegsausbruch im Oktober 1912 kommen sehen. Seit Sommer 1912 verhandelten die Großmächte im Stillen über die Möglichkeiten, den Krieg zu verhindern. Nach Kriegsbeginn ging es vor allem darum, die Auswirkungen auf das europäische Allianzsystem und damit auf den europäischen Frieden zu minimieren. Insbesondere Österreich-Ungarn und Russland drohten teilweise direkt in die Auseinandersetzungen verwickelt zu werden. Zum Mittel des Krisenmanagements wurde schließlich ein diplomatisches Instrument, das aus Sicht der Beteiligten sehr genau Chancen und vermeintliche Gefahren von Diplomatie in Zeiten von (Massen-)Öffentlichkeiten berücksichtigte. Die »Londoner Botschafterkonferenz«, die von Dezember 1912 bis zu ihrer endgültigen »Vertagung« im August 1913 in unterschiedlicher Intensität beriet, war im diplomatischen Formenarsenal der Zeit die niederschwelligste Form einer internationalen »Konferenz«. Sie war aber sehr wohl öffentlich sichtbar. Anders als eine Delegierten-Konferenz (wie 1906 im spanischen Algeciras) oder gar ein europäischer Kongress, mit feststehender An- und Abreise der Teilnehmer, führten die Verhandlungen der diplomatischen Vertreter vor Ort aber nicht automatisch zu weitreichenden Spekulationen der europäischen Zeitungen. Vor allem die Länge der Besprechungen war zeitlich offen. Der Ergebnisdruck blieb insofern begrenzt. Es ließen sich aber auch so deutliche Signale an die Öffentlichkeiten senden. So wurden gelegentlich Kommuniqués über erzielte Ergebnisse an die Presse gegeben. Eine Notwendigkeit dafür bestand allerdings nicht.

Die Öffentlichkeit ließ sich aber ebenso in den internen Verhandlungen als Druckmittel nutzen. Mehrmals drohten Teilnehmer, die Konferenz platzen zu lassen und dies publik zu machen. Die Logik verfing.

30 Kießling, Gegen den »großen Krieg«, S. 99 bzw. S. 195 ff.

Keine Regierung mochte sich öffentlich sagen lassen, am Scheitern der Besprechung Schuld zu tragen. Insgesamt folgte das Modell der Botschafterbesprechung so dem »An- und Ausknipsen« der Öffentlichkeit, wie es im frühen 20. Jahrhundert jedenfalls noch der Ideallösung vieler Diplomaten entsprach. Und im Vorfeld war genau dieser Vorteil diskutiert worden, wenn Sir Edward Grey vom fakultativen Informieren der Öffentlichkeit sprach, ansonsten aber strikte Geheimhaltung der Besprechungen vereinbart wurde. Geheimhaltung, so auch der deutsche Staatssekretär im Gespräch mit dem britischen Botschafter in Berlin, »would give entire freedom of discussion to the Ambassadors without fear of tentative suggestions being represented by the press as definite proposals which could not be withdrawn or modified«. Um diesen Effekt zu erzielen, versuchte Grey im Vorfeld sogar, den Begriff »Konferenz« wieder aus der Diskussion zu nehmen. Das Wort löse aus seiner Sicht bereits zu viele Erwartungen in der Öffentlichkeit aus. Aus dem gleichen Grund entschied man sich, die Besprechungen in den normalen Amtsräumen des Foreign Office abzuhalten und keinen besonderen Ort zu wählen, wie es etwa die gleichzeitig tagende Friedenskonferenz über den Balkankrieg im St. James Palace tat. Die Örtlichkeiten des Foreign Office, so das Kalkül, würden »besonderes Aufsehen« vermeiden.[31] Insgesamt geht die Interpretation sicher nicht zu weit, dass schließlich alle Beteiligten nur deswegen der Botschafterkonferenz zustimmten, weil sie dieses halböffentliche Verfahren zuließ. Eine andere Form der Konferenz war nicht durchsetzbar. Sie hätte aus Sicht der Beteiligten den Erfolg von vornherein ausgeschlossen. Die Botschafterbesprechungen schufen den als notwendig erachteten Freiraum für die traditionelle Diplomatie unter den Bedingungen der Öffentlichkeit.

Das Beispiel der Botschafterkonferenz zeigt einmal mehr, dass die Akteure der offiziellen Außenpolitik Öffentlichkeit und deren Logiken in hohem Maße in ihre Kalküle einbezogen. Gleichzeitig versuchten sie aber, diplomatische Freiräume zu schaffen, in denen nicht nur Verhandlungen, sondern auch Entscheidungen ohne den eigenständigen Einfluss der Öffentlichkeit getroffen werden konnten. Die öffentliche Meinung geriet hier zum Störfaktor, dessen Einfluss es zu minimieren galt. Leopold Graf Berchtold, Gemeinsamer Außenminister der Habsburgermonarchie, hat es in seinem vor Widerwillen gegenüber Presse und öffentlicher Meinung geradezu strotzenden »Tagebuch« während der Balkankriege einmal so ausgedrückt: Die aktuelle Aufgabe der Habs-

---

31 Zur »Logik« der Botschafterkonferenz aus Sicht der Diplomaten vor allem: ebd., S. 187 ff. bzw. S. 182 f. Dort auch die entsprechenden Nachweise.

burger Außenpolitik bestünde in der »unverdrossene[n] Fortführung einer der internationalen Lage Rechnung tragenden Friedenspolitik«, die es gegen einen Großteil »unserer öffentlichen Meinung, deren Erregung in der Luft liegt, die sich aufbäumt gegen Beeinträchtigung unserer Großmachtstellung, gegen Verunglimpfung unserer Exponenten, gegen Entstellung unserer Intentionen« durchzuhalten gelte.[32]

Öffentlichkeit und offizielle Außenpolitik vor 1914: Zwei unterschiedliche Sphären?

In Zitaten wie dem des Gemeinsamen Außenministers der Habsburgermonarchie deutet sich eine Spannung an, die man nicht kleinreden sollte: Auf der einen Seite waren sich Außenpolitiker und Diplomaten der Rolle der Öffentlichkeit sehr bewusst. Sie beobachteten diese genau und der Umgang mit Presse und öffentlicher Meinung gehörte zu ihrer politisch-diplomatischen Praxis. Das wird in den veröffentlichten Dokumentensammlungen nicht immer so deutlich, weil viele entsprechende Passagen von ereignisorientierten Herausgebern ausgelassen wurden. Die diplomatischen Archivbestände aber sind voll nicht nur von Presseberichterstattung, sondern auch von Bearbeitungsspuren der jeweiligen Artikel und Dokumente, die zeigen, dass diese keineswegs nur in der Ablage landeten, sondern offenbar von den Entscheidungsträgern sehr genau studiert wurden. Zur diplomatischen Lageeinschätzung gehörte die Auswertung der öffentlichen Meinung konstitutiv hinzu, wobei diese, folgt man den Analysen der diplomatischen Beobachter, vor allem aus Presseöffentlichkeit sowie einer diagnostizierten allgemeinen »Stimmung« bestand. Immer wieder fand aber auch die Parlamentsöffentlichkeit Eingang in die Bewertungen.[33] Einen interessanten Einblick in die Entscheidungsstrukturen und die Rolle der Öffentlichkeit bietet auch hier das schon erwähnte »Tagebuch« Leopold Graf Berchtolds. Im Umkreis der entscheidenden diplomatischen Phase des Zweiten Balkankrieges im Juli und August 1913 vermerkt es nicht nur die zahlreichen diplomatischen Kontakte des Außenministers und die Einbeziehung des ungarischen Ministerpräsidenten, des Kaisers sowie des Thronfolgers in

---

32 Haus-, Hof- und Staatsarchiv Wien, Nachlass Berchtold, Kt. 1, »Memoiren«, 3.12.1912.
33 Auf dieser Basis hielt man im Auswärtigen Amt Ende 1913/Anfang 1914 z. B. Frankreich für »friedlich«. Z. B. Politisches Archiv des Auswärtigen Amtes, Bericht aus Paris, 11.12.1913, AA/PA Frankreich 102, Bd. 60 oder auch Bericht aus Paris, 15.11.1913, Große Politik der europäischen Kabinette, Bd. 39, Nr. 15657.

die Entscheidungsfindung, sondern auch Beobachtungen zu ausgewählten Zeitungsartikeln sowie ein Gespräch mit einem der außenpolitischen Berichterstatter der Delegationen. Berchtold gab an, sich über die »Stimmung« dort informieren zu wollen, streute aber gleichzeitig auch Andeutungen über die Haltung der Regierung.[34] Auf der anderen Seite steht Berchtold mit seiner ebenfalls in den Tagebüchern regelmäßig ausgedrückten großen Distanz gegenüber der öffentlichen Meinung keineswegs allein. Ein Beispiel sind nicht nur die (oftmals selbst heraufbeschworenen) nationalistischen »Störmanöver« der Presse im Verlauf der zweiten Marokkokrise, sondern – sozusagen am anderen Ende der öffentlichen Meinungsskala – ebenso die diplomatischen Einschätzungen von Friedensbewegung und öffentlichen Verständigungsbemühungen.[35] Beides wurde vor allem als ein Problem der öffentlichen Meinung verstanden und, gleichgültig ob in der österreichischen, der deutschen oder der britischen Diplomatie, es waren aus Sicht der Ministerien Störversuche von Amateuren, die das Geschäft der Diplomaten bedrohten, die vielleicht sogar guten Willens waren, aber am Ende selbst bei Friedensinitiativen zur Gefahr wurden. Wenn der britische Assistant Under-Secretary Eyre Crowe einmal »Nothing of value« auf einen Ordner mit Material der *Interparlamentarischen Union* schrieb, war das schon sehr freundlich. Ein anderer britischer Diplomat hielt 1912 öffentliche Verständigungskomitees (von denen es gerade in dieser Phase eine ganze Reihe gab) für schlicht gefährliche »amateur diplomacy«, weil sie am Ende die britische Position schwächten.[36] Der österreichische Diplomat Otto Graf Czernin bezeichnete die Presse im März 1914 als das »Hauptübel unserer Tage«.[37] Und am schönsten sind wie immer die Zitate von Kaiser Wilhelm II., der regelmäßig »Blödsinn« oder »Quatsch« an den Rand von Berichten über publizistische Verständigungsbemühungen schrieb.[38]

Wenn Diplomaten und Politiker öffentliche Verständigungsbemühungen in ihr Kalkül einbezogen, dann ganz überwiegend als Teil ihres Spiels, nicht als eigenständigen Faktor, den man nach seinen eigenen Re-

---

34 Haus-, Hof- und Staatsarchiv Wien, NL Berchtold, Kt. 2, Memoiren, z. B. Einträge von 24. 7. u. 18. 8. 1913.
35 Dazu ausführlich: Kießling, Self-Perception.
36 The National Archives London, Vermerk Crowe zu Eingaben der »Interparlamentarischen Union, 17. 4. 1912, FO 372/373 sowie ebd. FO 371/1378, Bericht aus München, 21. 9. 1912.
37 Haus-, Hof- und Staatsarchiv Wien, Bericht aus St. Petersburg, 9. 3. 1914, P. A. X/140.
38 Z. B. Politisches Archiv des Auswärtigen Amtes Berlin, Bericht aus Washington, 19. 5. 1913, PA Europa Generalia 37, Bd. 15.

geln beurteilte. Wenn sie geschickt und »diskret« betrieben würden, dann, so ein Kollege Crowes im Foreign Office im April 1912, könnten Verständigungskomitees zumindest keinen großen Schaden anrichten.[39] Was öffentliche Meinung und Presse allgemein anbelangt, so verwiesen Diplomaten im Gespräch mit ihren ausländischen Kollegen durchaus häufig darauf, in den meisten Fällen aber als zusätzliches Argument, dass die eigene Position stärken sollte. Presse und öffentliche Meinung wurden dann in die eigene diplomatische Argumentation eingebaut und danach beurteilt.

Dem gezeichneten Bild entsprechen auch Vorbehalte, die verschiedene Außenminister gegenüber öffentlichen Reden immer wieder äußerten. Leopold Graf Berchtold, der sich Anfang 1912 mit dem Argument gegen seine Berufung zum Gemeinsamen Außenminister der Habsburgermonarchie wehrte, er sei für öffentliche Reden unbrauchbar, stand hier nicht allein. Von Grey kennen wir ähnliche Vorbehalte. Öffentliche Auftritte suchte er nicht, sondern er vermied sie, wenn er konnte. Wie Keith Robbins und Sarah Steiner zusammengefasst haben: Grey war sich natürlich bewusst, dass die öffentliche Meinung existierte (»Sir Edward Grey, of course, believed that ›public opinion‹ existed«), wichtige außenpolitische Entscheidungen schienen ihm aber sehr viel besser bei sich und im Foreign Office aufgehoben. Sie brauchten »secrecy and discretion«.[40]

Genau hier setzte dann auch das Paradox der Geheimdiplomatie ein. Gerade in Zeiten der zunehmenden Bedeutung der Massenöffentlichkeit schien Außenpolitik und Diplomatie mehr denn je des Geheimen zu bedürfen, um erfolgreich zu sein. Die »Geheimdiplomatie« war aus dieser Sicht zu Beginn des 20. Jahrhunderts längst nicht nur ein Mittel, um den diplomatischen Gegner zu täuschen, sondern eine Notwendigkeit, um außenpolitische Aktionsfähigkeit zu erhalten. Aus Sicht vieler Außenpolitiker und Diplomaten waren Geheimdiplomatie und zunehmende Bedeutung der Öffentlichkeit damit zwei Seiten einer Medaille. Das galt umso mehr, als viele Diplomaten der Öffentlichkeit in der aufgeladenen außenpolitischen Situation vor 1914 im Gegensatz zum eigenen Tun grundsätzlich eine gewollt oder ungewollt konfliktverschärfende Wirkung zuschrieben. »When the historian of the future writes about our days«, dozierte der österreich-ungarische Botschafter Graf Mensdorff im Frühjahr 1914 in einem Vortrag in London und beschrieb

39 The National Archives London, FO 371/1650, Vermerk Parker vom 10.4.1913.
40 Zara S. Steiner, Britain and the Origins of the First World War, Basingstoke/London 1995, S. 174 sowie Keith Robbins, Public Opinion, the Press, and Pressure Groups, in: ders., Politicians, Diplomacy, and War in Modern British History, London 1994, S. 127. Siehe auch: Kießling: Self-Perception, S. 358.

damit sein Selbstbild, »he will perhaps admit that the quiet and unobtrusive activity of diplomacy has done some good, if only perhaps in gaining time when popular feeling is running high, in narrowing down certain irritating questions to their real limits – sometimes infinitely smaller than they appear in the excitement of public discussion – and working in this way in the interest of the peace of the world and the harmony of nations which must be the chief aim of all statesmen and diplomatists of our age.«[41] Unter solchen Umständen wurde nicht nur das Krisenmanagement der Großmächte während der Balkankriege unter strikter Geheimhaltung und ohne förmliche Konferenz in das Halbdunkel der Londoner Botschafterbesprechungen verlegt. Auch die deutsch-englischen Verständigungsbemühungen litten darunter, dass man sich ab einem bestimmten Zeitpunkt gar nicht mehr an die Öffentlichkeit traute, da man den möglichen Deutungsverlust fürchtete.[42] Geradezu zum Musterbeispiel dieser Flucht ins Geheime, weil man um die Bedeutung der Öffentlichkeit wusste, wurde die britische Allianzpolitik in den letzten Jahren vor 1914, bei der trotz aller Kritik von Presse und Parlamentariern an den »Eigenmächtigkeiten« der Regierung selbst Kabinettsmitglieder bis in die Julikrise über getroffene Militärabsprachen im Unklaren gelassen worden waren.[43] »Je heftiger die Krise«, so Verena Steller zur von ihr ebenso beobachteten Konjunktur des Geheimen in den offiziellen Außenbeziehungen vor dem Ersten Weltkrieg, »desto mehr schien sich die Diplomatie aus der Öffentlichkeit zurückzuziehen.«[44]

Warum gelang es vielen Repräsentanten der offiziellen Außenpolitik nicht, öffentliche und diplomatische Sphäre zu integrieren? Warum erkannten sie zwar Medienlogiken und bezogen diese auch immer wieder ein, behielten aber gerade im Zweifelsfall ihre gewohnten diplomatischen Handlungsmuster bei? Die Antwort kann meines Erachtens nur in einer kulturhistorischen Beschreibung der Diplomatie der Zeit liegen, die das Selbstverständnis der außenpolitisch-diplomatischen Elite ebenso einbezieht, wie sie eine »dichte Beschreibung« der diplomatischen Praxis der

---

41 Haus-, Hof- und Staatsarchiv Wien, Rede Mensdorffs vor der Fisher Society, London, 7.5.1914, Nachlass Mensdorff, Kt. 3.
42 Vgl. Richard Langhorne, The Collapse of the Concert of Europe. International Politics 1890-1914, New York 1981, S. 105.
43 Zu diesem, von ihm als »Tiefpunkt« der Transparenz bezeichneten Moment britischer Außenpolitik in den Jahren vor 1914: Mayer, Geheime Diplomatie, S. 330. Das bedeutet freilich auch hier nicht, dass an anderer Stelle der Kontakt mit bestimmten Pressevertretern systematisch gesucht werden konnte. Dazu eingehend: Andreas Rose, Zwischen Empire und Kontinent. Zur Transformation britischer Außen- und Sicherheitspolitik im Vorfeld des Ersten Weltkrieges, München 2011.
44 Steller, Diplomatie von Angesicht zu Angesicht, S. 487.

Vorkriegsdiplomatie liefert. Die Konsequenzen der daraus resultierenden Situation lassen sich dann wiederum ziemlich traditionell ereignis- bzw. politikhistorisch betrachten.

Woher der Widerwillen gegen die Medienlogiken kam, lässt sich erklären, wenn man sich die außenpolitisch-diplomatische Praxis der Vorkriegsjahre genauer ansieht. Diplomaten und Außenpolitiker betrieben ihre Politik im 19. und frühen 20. Jahrhundert als ein ausgeklügeltes System traditioneller – fast möchte man sagen traditionaler – Formen und Regeln. Liest man sich die endlosen Debatten zwischen den europäischen Regierungen durch, dann ging es zum Beispiel monatelang um die Frage, wie eine Demarche bei einem dritten Staat durchzuführen sei. Die Spanne der Möglichkeiten war weit. Demarchen konnten gleichzeitig und mit identischem Text vorgenommen werden oder mit identischem Text, aber einzeln. Dabei waren dann die Reihenfolge und der zeitliche Abstand bedeutsam. Es konnte aber auch eine Macht im Namen der anderen handeln. In diesem Fall handelte es sich um eine besonders förmliche »Kollektiv-Demarche«. Schließlich konnte man sich auf einzelnes Vorsprechen, nacheinander und mit eigenem Text verständigen. Bis sich die Großmächte im italienisch-türkischen Krieg im Frühjahr 1912 auf eine Demarche in Konstantinopel einigten, dauerte es unter diesen Umständen vier Monate intensiver Verhandlungen unter Beteiligung der Staatssekretäre und Außenminister.[45] Hinzu kam eine ausgeklügelte Terminologie. Da wurde genau zwischen »normalen«, »guten«, »freundschaftlichen« und »herzlichen« Beziehungen unterschieden, ganz zu schweigen von ganz groben Unterscheidungen wie »Allianz«, »Entente« oder »Détente«. In öffentlichen Verlautbarungen achteten die diplomatischen Beobachter ganz genau auf eine Trias von Erinnerung an die vergangenen Beziehungen, Beschreibungen des aktuellen Standes sowie einem Ausblick in die Zukunft. Fehlte eines dieser Momente, erhielt das für die diplomatischen Gegenüber erhebliche politische Bedeutung. Natürlich war bei solchen Verlautbarungen auch die Reihenfolge wichtig, in der die anderen Mächte erwähnt wurden. Wenn sie auf die internationalen Beziehungen zurückblickten, erinnerten sich die Diplomaten an dieselben Ereignisse und Probleme. Insgesamt ergab sich damit ein Set von Regeln, Erinnerungsstücken, Redeweisen, das die diplomatisch-außenpolitische Elite teilte, ein Gewebe von Bedeutungen und Deutungen, in das sie eingesponnen waren, und aus dem sie zu einem Gutteil ihre Identität bezogen.

45 Vgl. Kießling, Self-Perception, S. 360 f.

Das Entscheidende an diesem Formel-, Regel- und Bedeutungssystem ist aber, dass in jeder dieser Entscheidungen aus Sicht der Beteiligten die Frage von Krieg und Frieden berührt sein konnte. Die Frage der genauen Form einer Demarche in Cetinje, der Hauptstadt Montenegros, war keine Kleinigkeit. An ihr konnte sich aus der Sicht der Außenministerien das Gebäude des europäischen Bündnissystems insgesamt entscheiden und somit das Schicksal der eigenen Nation auf dem Spiel stehen.

Man muss sich dieses diplomatische Regelsystem klar machen, diese politisch hoch aufgeladene Formensprache, um die Irritationen über und die Vorbehalte gegen einen publizistischen Massenmarkt zu verstehen, der sich nicht kontrollieren ließ und der anderen Deutungsmustern folgte. Das begann mit der Terminologie. Wenn die Vertreter der offiziellen Außenpolitik von »note verbale«, »note collective« bzw. »note identique« sprachen, von »Entente«, »Allianz«, »Détente« oder »rapprochement«, dann konnten sie sicher sein, dass ihre Kollegen in den anderen Hauptstädten die mit diesen Instrumenten mitgelieferten feinen Bedeutungsunterschiede verstanden.[46] Der Öffentlichkeit waren solche Unterschiede meist gleichgültig. Grey versuchte während der Botschafterbesprechungen in London entsprechend erfolglos, das Wort »Konferenz« wieder aus dem allgemeinen Sprachgebrauch zu tilgen. Die Kunst der Diplomatie wiederum bestand darin, dass jeweils passende Instrument auszuwählen und genau zu benennen. In offiziellen Verlautbarungen und der diplomatischen Konversation wurde, wie erwähnt, genau zwischen »freundlichen«, »guten« oder »normalen« Beziehungen unterschieden. Als 1912 ein neuer deutsche Botschafter in London in seiner ersten Audienz beim britischen Außenminister von »freundlichen« deutsch-britischen Beziehungen sprach, verstand Grey dies entsprechend sofort als das, was es war, nämlich eine außenpolitische Avance. Noch in der Besprechung relativierte er diese Bezeichnung, indem er von Großbritanniens »wahren Freunden«, Frankreich und Russland, sprach.[47]

Zu dieser überkommenen Formensprache und dem damit transportierten Bedeutungssystem kam vor dem Ersten Weltkrieg das von großem Selbstbewusstsein gekennzeichnete Selbstbild der Vertreter der offiziellen Außenpolitik, das noch nicht vom Scheitern der Diplomatie im Sommer 1914 erschüttert war. Zu diesem Selbstbewusstsein trug die soziale Zusammensetzung des diplomatischen Corps bei, bei dem zu-

---

46 Vgl. auch die Ausführlichkeit, mit der solche terminologischen Unterschiede in den zeitgenössischen Diplomatenhandbüchern behandelt wurden. Z. B. Ernest Satow, A Guide to Diplomatic Practice, Vol. I. Second, Revised edition, New York u. a. 1922, S. 68-110.
47 Kießling, Self-Perception, S. 362.

mindest auf den entscheidenden Posten immer noch eine aristokratische Elite dominierte. Von deren Sozialprestige profitierten dann auch andere, die entsprechend die vom diplomatischen Corps verkörperten Werte und Gewohnheiten gerne übernahmen. Beides, tatsächliche soziale Herkunft wie Prestige, erklärt meines Erachtens einen Gutteil des Zusammengehörigkeitsgefühls über die Ländergrenzen hinweg, das auch aus vielen späteren Veröffentlichungen der damaligen Diplomaten spricht und das ebenso das Handlungsmuster prägte.[48] Das professionelle Selbstbewusstsein speiste sich darüber hinaus aus einer Art institutionellem Gedächtnis der europäischen Diplomatie. Nicht nur »erinnerten« sich Diplomaten und Außenpolitiker an dieselben internationalen Ereignisse, Krisen und Konferenzen, sie gingen auch davon aus, dass ihre Art der Außenpolitik in den zurückliegenden Jahren, ja Jahrzehnten, grundsätzlich funktioniert hatte. Aus ihrer Sicht gab es bis 1914 daran nichts zu ändern. Die traditionelle Diplomatie funktionierte. Zu dieser wiederum gehörte das Vertrauliche und Geheime substantiell dazu – unter den Bedingungen des modernen politischen Massenmarktes mehr denn je.

Stärker systematisch gesprochen, folgten Presse und Öffentlichkeit damit einem anderen Regel- und Deutungssystem. Sie hatten eine andere Sprache und folgten nicht zuletzt anderen Zeitlogiken. Diplomaten rechneten bei ihren Bemühungen in Wochen und Monaten. Die Presse war nach einigen Tagen enttäuscht, dass nicht mehr passierte und posaunte aus Sicht der Außenministerien von Diplomaten nur vorsichtig angedachte Möglichkeiten sofort in alle Welt. Das obige Zitat von Graf Mensdorff macht viele dieser Aspekte deutlich. Es fallen wichtige Stichworte: Da ist zum Beispiel vom Faktor »Zeit« die Rede, Zeit, die die Diplomatie gewinnen könne. Vor allem aber ist es eine Beschreibung von zwei unterschiedlichen Sphären, der Öffentlichkeit (»public discussion«) auf der einen Seite und der Diplomatie auf der anderen. Während der Öffentlichkeit Aufregung, Emotionen und Übertreibungen zugeschrieben werden, arbeitet die Diplomatie nicht nur am Frieden, sondern leistet eine ruhige, unaufdringliche und die Dinge realistisch einschatzende Arbeit. Man muss Mensdorff bei den Zielen, die er inhaltlich für die Vorkriegsdiplomatie formuliert, selbstverständlich nicht folgen. Die Trennung zwischen diplomatischer Sphäre und Öffentlichkeit, die sich aus der Akteursperspektive ergab, wird man aber ernst nehmen müssen. In vielen Situationen erlebten die außenpolitischen Eliten die Öffentlichkeit als das »andere«, mit dem zu rechnen war, das es, wenn möglich,

---

48 Neben Cambon, Der Diplomat, z. B. auch: Harold Nicolson, Kleine Geschichte der Diplomatie, Frankfurt 1955, S. 95-103.

auch zu nutzen galt, gegen das die Diplomatie im Zweifelsfall aber abgeschottet werden musste, um Handlungsspielraum zu wahren. »Die Ansprüche einer bürgerlichen Öffentlichkeit« standen damit letztendlich »denen der Diplomatie gegenüber.« Während für jene »Publizität und Vertrauen« zusammengehörte, konnte für diese Öffentlichkeit Vertrauen zerstören beziehungsweise beharrte diese darauf, die jeweiligen »Stufen der Offenlegung und Sichtbarmachung« selbst zu bestimmen.[49]

Von heute aus betrachtet, hat die beschriebene diplomatische Praxis die Handlungsmöglichkeiten der offiziellen Außenpolitik nicht erweitert, sondern beschränkt. Das Vertrauen der außenpolitischen Akteure auf traditionelle diplomatische Methoden, ihr Misstrauen gegenüber der Öffentlichkeit, der sie sich gleichzeitig immer wieder ausgeliefert sahen, gehört zu den strukturellen Belastungen der internationalen Beziehungen vor 1914. Es war in dieser Hinsicht ein internationales System im Übergang, in dem das Geheime außenpolitisch trotz aller Veränderungen des Politischen letztlich seinen hohen Stellenwert behielt. Nach dem Ersten Weltkrieg, nach dem offensichtlichen Scheitern des Systems der »old diplomacy«, sollte das Verhältnis zwischen öffentlich und geheim in den internationalen Beziehungen neu ausgehandelt werden. Explizite Gesten der Transparenz, wie die von 1938, als der britische Premier Neville Chamberlain auf seiner Rückkehr von München noch auf dem Flugplatz die deutsch-britische Erklärung in die Höhe hielt und in die aufgestellten Mikrophone sprach, waren so vor 1914 jedenfalls nicht denkbar.

Fazit und offene Fragen

Die immense Bedeutung der Öffentlichkeit in den internationalen Beziehungen zu Beginn des 20. Jahrhunderts ist unverkennbar. Außenpolitik war vielfach mit der Öffentlichkeit verschränkt. Medienlogiken bestimmten in hohem Maße die diplomatische Praxis. Außenpolitische Aktivitäten, diplomatische Krisen und Kriege wurden zu internationalen Medienereignissen. Wahlkämpfe, Parlamentsdebatten, Forderungen von Verbandsvertretern spielten in der Politikformulierung eine Rolle. »Pressefehden« wurden zu eigenständigen außenpolitischen Ereignissen. Sieht man sich die intensive Presseberichterstattung der Diplomatie sowie deren Berücksichtigung in den außenpolitischen Lageanalysen an, ist

---

49 Steller, Diplomatie von Angesicht zu Angesicht, S. 485.

zudem die Beobachtung plausibel, dass die Medienöffentlichkeit längst auch für Außenpolitiker wirklichkeitskonstituierend wirkte.⁵⁰ Das Bild modifiziert sich, sobald man die Akteursperspektive der staatlichen außenpolitischen Eliten untersucht. Bei ihnen behielt die traditionelle Diplomatie, und damit das Geheime beziehungsweise die Geheimdiplomatie, einen die Handlungsmuster prägenden, eigenständigen Wert. Auch Diplomaten, Regierungschefs und Außenminister erkannten die Bedeutung der Öffentlichkeit, die sie meist als Medienöffentlichkeit sowie als allgemeine »Stimmung« in der Bevölkerung erlebten und einzufangen versuchten. In ihrer außenpolitischen Praxis bezogen sie die sich daraus ergebenden Logiken ein und versuchten diese regelmäßig zu bedienen beziehungsweise zu nutzen. Gleichzeitig blieben sie aber von der Überlegenheit der traditionellen diplomatischen Methoden, die auf einem ganz anderen Regelsystem beruhten, überzeugt. In vielen Fällen fungierte die Öffentlichkeit so als das »andere«, dem man misstraute, das nur schwer oder gar nicht zu steuern war und dessen Einfluss es gerade in heiklen Situationen zu minimieren galt. Außenpolitik war aus dieser Sicht auch noch am Beginn des 20. Jahrhunderts bei der traditionellen Diplomatie und ihren Vertretern am besten aufgehoben. Da die wachsende Bedeutung der Öffentlichkeit aber unübersehbar war, tendierten Diplomaten und Außenpolitiker, gestützt auf ein hohes professionelles Selbstbewusstsein, dazu, sich noch mehr in ihre Welt zurückzuziehen. Anders formuliert: Die Diplomaten beharrten darauf, das Spiel von öffentlich und geheim nach ihren Regeln zu spielen. Als das nicht gelang, wurde ihre Geheimdiplomatie unter dem wachsenden Druck der Öffentlichkeit und deren Regeln noch »geheimer«. Die Hoffnung, die die Diplomaten damit verbanden, erfüllte sich nicht. Medienlogiken ließen sich nicht umgehen. Mehrmals machte man die Erfahrung, dass sich vermeintliche Erfolge der herkömmlichen Diplomatie in Luft auflösten, sobald sie in die Sphäre des politischen Massenmarktes traten. Die internationalen Beziehungen im frühen 20. Jahrhundert zeigen so eine ganz spezifische Konstellation im Verhältnis von Außenpolitik und Öffentlichkeit. »Medienprofis« in einem heutigen Sinn waren sicher die wenigsten der beteiligten Akteure. Sie wollten es auch gar nicht sein.

Vor diesem Hintergrund sehe ich vor allem zwei große weiterführende Probleme. Das eine betrifft die diachrone Einordnung der Befunde. Be-

50 Vgl. Dominik Geppert, Pressekriege. Öffentlichkeit und Diplomatie in den deutsch-britischen Beziehungen (1896-1912), München 2007, S. 434. Dagegen schätzt M. S. Anderson die durch die Massenöffentlichkeit bewirkten Änderungen in den internationalen Beziehungen eher gering ein. Anderson, The Rise of Modern Diplomacy, S. 136-147.

kanntlich hat es zum Beispiel für die Zeit des Kalten Krieges nicht an Stimmen gefehlt, die die Bedeutung der Öffentlichkeit für die Außenpolitik relativierten. Daraus ergibt sich die Frage, inwieweit wir es mit einer kontinuierlich verlaufenden Entwicklung zwischen Öffentlichkeit und Außenpolitik zu tun haben, die etwa entlang der wichtigen medien- und kommunikationshistorischen Veränderungen darstellbar ist.[51] Der zweite, aus meiner Sicht offene Punkt schließt hier direkt an. Ich habe ganz überwiegend aus der Perspektive der Vertreter der offiziellen Außenpolitik aus argumentiert. Daraus mag sich der Eindruck ergeben, bei der Untersuchung des Verhältnisses von Öffentlichkeit und Außenpolitik ginge die Dynamik der Veränderungen vor allem vom Wandel der öffentlichen Kommunikation in den Jahrzehnten um 1900 aus. Das muss nicht unbedingt so sein. Um die Konstellationen zwischen Öffentlichkeit und Außenpolitik weiter zu beschreiben, bedürfte es vielmehr der Ergänzung durch die Perspektive der Vertreter von Öffentlichkeit und Medien. Erst dann ließe sich beurteilen, ob es sich auf dem Feld der Außenpolitik um ein spezifisches Verhältnis von Öffentlichkeit und Diskretion beziehungsweise Geheimhaltung im Sinne Lucian Hölschers handelt.

Für die Jahre vor dem Ersten Weltkrieg ist mein Eindruck, dass sich die offizielle Außenpolitik im Vergleich zu anderen Politikfeldern besonders schwer mit der veränderten Mediensituation tat. Die Ursache liegt meines Erachtens in den besonders starken institutionellen Prägungen, die in der außenpolitisch-diplomatischen Welt wirkten, sowie in den damit verbundenen, traditionell beglaubigten und stabilen Handlungs- und Deutungsmustern der diplomatischen Welt. Politiker in vergleichsweise neuen Politikbereichen wie Alfred Tirpitz in der deutschen Flottenpolitik oder Lloyd George als moderner Sozialpolitiker hatten es da einfacher. Doch es bleibt die Frage nach der Perspektive der Medienvertreter. Inwieweit schrieben oder verhielten sich Journalisten und Verleger anders, wenn es um Außenpolitik ging, und zwar auch unter den Bedingungen des politischen Massenmarktes im 20. Jahrhundert? Inwieweit gab und gibt es einen übergreifenden außenpolitischen Diskurs, in den Medienvertreter ebenso wie herkömmliche außenpolitische Entscheidungsträger eingebunden sind und der dann auch das Verhältnis von öffentlich und geheim in diesem Bereich bestimmt? Erst auf der Basis der Beantwortung solcher Fragen ließe sich beurteilen, ob bei einer

---

51 Einige Überlegungen dazu in: Friedrich Kießling, (Welt-)Öffentlichkeit, in: Jost Dülffer/Wilfried Loth (Hg.), Dimensionen internationaler Geschichte, München 2012, S. 85-106.

umfassenderen Geschichte von Öffentlichkeit und Außenpolitik neben der Mediengeschichte in Zukunft auch die spezifische Logik des außenpolitischen Feldes stärker zu berücksichtigen wäre – und das nicht nur für die letzten Jahre vor 1914.

Der politische Raum Londons und die öffentlichen Beziehungen zwischen England und Deutschland vor 1914

ANDREAS ROSE

> »*The Press, Watson, is a most valuable institution, if you only know how to use it.*«[1]

Was der berühmteste Detektiv aller Zeiten seinem loyalen Assistenten zu Beginn des 20. Jahrhunderts als Ratschlag an die Hand gab, entsprach einem weitverbreiteten Empfinden. In den *Adventures of the Six Napoleons*, die Sir Arthur Conan Doyle im Mai 1904 im *Strand Magazine* veröffentlichte, begriff sein Held, Sherlock Holmes, die Presse nicht mehr als bloße Informationsquelle. Vielmehr nutzte Holmes den Blätterwald an der Themse als Transportmedium lancierter Botschaften, um bestimmte Wirkungen in der Londoner Unterwelt zu provozieren. Diese über die reine Informationsgewinnung hinausgreifenden Möglichkeiten waren auch den politischen Entscheidungsträgern um die Jahrhundertwende längst bewusst. Die Presse und insbesondere ihre exponierten Vertreter agierten spätestens seit den 1890er Jahren zunehmend als politische Akteure und wurden im politischen Betrieb auch als solche wahrgenommen.

Hätte man in den Jahren vor 1914 Diplomaten und Politiker gefragt, welche Faktoren die internationalen Beziehungen am meisten belasteten, so hätten sie vermutlich – neben dem Wettrüsten – kaum etwas so häufig genannt wie »die Presse«.[2] Gegenüber dem britischen Militärattaché Herbert Napier fasste Zar Nikolaus II. seine Sorge um den wachsenden Einfluss einer unkontrollierten Presse wie folgt zusammen: »When one reads the same calumnies day after day, one's own ideas insensibly take the colour of what one reads, and the control of these irresponsible people who compose the newspapers, is one of the most difficult questions of the present time«.[3] Der Zar beschrieb damit eine Sorge, die der

---

1 Sherlock Holmes in: The Adventure of the Six Napoleons by Arthur Conan Doyle, in: The Strand Magazine 27 (1904), S. 487-495, S. 490.
2 Vgl. etwa: Wilhelm II. an Nikolaus II., 8.5.1909, Die Große Politik der Europäischen Kabinette. Sammlung der diplomatischen Aktenstücke des Auswärtigen Amtes, hg. von Johannes Lepsius et al., Berlin 1922-1927, Bd. XXVI/2, Nr. 9533, S. 786-788.
3 Napier an Nicolson, 25.4.1907, British Documents on the Origins of the War, 1898-1914, hg. von G. P. Gooch et al., London 1926-1938, Bd. IV, Nr. 266, S. 288 ff.

Historiker Sidney B. Fay für die Vorkriegsepoche omnipräsent sieht. So fände sich wohl kein einziges anderes Thema derart kontinuierlich in der politischen Korrespondenz der Vorkriegsepoche, wie die gefährlichen Tendenzen in der Presse, die Nationen gegeneinander aufzuwiegeln.[4] Dem Historiker Christopher Hill scheinen die Entscheidungsträger geradezu »besessen« von der öffentlichen Meinung.[5] Zara Steiner und Keith Neilson zufolge repräsentiere die Beschäftigung mit der veröffentlichten Meinung und ihrer politischen Vernetzung nun schon seit einigen Jahren »one of the richest veins in current historiography«.[6]

Tatsächlich konnten jüngere Studien belegen, dass auch die Londoner Führungselite alles andere als immun gegenüber den Meinungen der Pressevertreter der *Fleet Street* war und einen regen Austausch mit diesen pflegte.[7] Jahrzehnte hatte die Forschung hier einen Sonderfall angenommen. Während für Frankreich, die USA sowie Deutschland und mit Blick auf panslawistische Einflüsse etwa der *Novoje Vremja* sogar im Falle Russlands längst von bedeutenden Beziehungen zwischen Außenpolitik und Öffentlichkeit ausgegangen worden ist,[8] glaubte die Wissenschaft ausgerechnet für England, dem Inbegriff eines parlamentarischen Systems vor 1914, an eine klare Trennung zwischen dem sogenannten »official mind« und der »world outside«.[9] Aber auch an der Themse verbreitete sich gegen Ende des 19. Jahrhunderts das Gefühl, wenn nicht von

---

4 Sidney B. Fay, The Influence of the Pre-War Press in Europe, in: Proceedings of the Massachusetts Historical Society, Bd. 63/3 (1931), S. 3-32, S. 8; ebenso: Alan J. P. Taylor, The Struggle for Mastery in Europe 1848-1918, Oxford 1954, S. 569.
5 Christopher Hill, Public Opinion and British Foreign Policy, in: Opinion Publique et Politique Extérieure 1870-1915, Mailand und Rom 1981, S. 63-74, S. 73 f.
6 Zara Steiner/Keith Neilson, Britain and the Origins of the First World War, Cambridge 2003, S. vii; vgl. Dominik Geppert, Pressekriege. Öffentlichkeit und Diplomatie in den deutsch-britischen Beziehungen (1896-1912), München 2008; Martin Mayer, Geheime Diplomatie und Öffentliche Meinung. Die Parlamente in Frankreich, Deutschland und Großbritannien und die erste Marokkokrise 1904-06, Düsseldorf 2002.
7 Vgl. D. Geppert, Pressekriege; Frank Bösch, Öffentliche Geheimnisse. Skandale, Politik und Medien in Deutschland und Großbritannien 1880-1914, München 2009; Andreas Rose, Zwischen Empire und Kontinent. Die britische Außenpolitik vor dem Ersten Weltkrieg, München 2011.
8 Vgl. u. a. Elfie Ambler, Russian Journalism and Politics, 1861-1881. The Career of Aleksey S. Suvorin, Detroit 1972; Manfred Hagen, Die Entfaltung der politischen Öffentlichkeit in Russland, 1906-1914, Wiesbaden 1982; David Wetzel, Duell der Giganten, Bismarck, Napoleon III. und der Deutsch-Französische Krieg 1870-1871, Paderborn 2005. Silvia Daniel, A Brief Time to Discuss America. Der Ausbruch des Ersten Weltkrieges im Urteil amerikanischer Politiker und Intellektueller, Bonn 2008.
9 Zara Steiner, The Foreign Office and Foreign Policy, 1898-1914, Cambridge 1969.

den Pressevertretern allmählich verdrängt zu werden, so doch zumindest mit deren Mitsprache in politischen Angelegenheiten rechnen zu müssen. Ehemalige Arkanbereiche staatlicher und gesellschaftlicher Herrschaft gerieten spätestens seit den 1890er Jahren unter immer stärkeren Druck, sich Kräften zu öffnen, die im Namen der Allgemeinheit Zugang zu bis dahin exklusiven Handlungsfeldern traditioneller Eliten verlangten. Regierungen sahen sich herausgefordert, selbst Kerngebiete ihrer Zuständigkeit wie die Außenpolitik gegenüber dem Ansturm der Publizität zu behaupten. Der langjährige britische Premier und Außenminister Lord Robert Salisbury beneidete seine Nachfolger keineswegs, wenn er 1901 zu dem Schluss kam: »The diplomacy of nations is now conducted quite as much in the letters of special correspondents as in the despatches of the Foreign Office«.[10]

Der folgende Beitrag möchte die Aufmerksamkeit im Wesentlichen auf drei Aspekte dieser Entwicklung lenken. Zunächst soll es erklärend um die generelle Bedeutungszunahme der Öffentlichkeit im politischen Umfeld seit dem letzten Drittel des 19. Jahrhunderts gehen. Im zeitgenössischen Sinne werden darunter alle nichtstaatlichen Ausdrucksformen in Form publizierter Erzeugnisse, aber auch Äußerungen und Stellungnahmen in Parlamenten, Ausschüssen, Salons, Gesellschaften und Gentlemen Clubs, bei Demonstrationen, Feierlichkeiten, Lobbygruppen, Universitäten etc. subsumiert, also auch das, was wir heute mit den Begriffen Encounter- und Versammlungsöffentlichkeit bezeichnen. In einem weiteren Schritt wird auf die strukturellen Diskrepanzen des deutschen und englischen Medienumgangs verwiesen, die Dominik Geppert so treffend als den Unterschied zwischen »deutscher Pressepolitik« und »englischer Klüngelei« beschrieben hat.[11] Schließlich geht es drittens um ein typisch deutsch-britisches Fallbeispiel, einen Dauerbrenner vor 1914 sozusagen; in dem sich die bilateralen Beziehungen vor allem öffentlich im politischen Raum Londons widerspiegelten: den sogenannten *navy scares* zwischen 1904-1909.[12]

---

10 Salisbury, 6.9.1901, zit. nach: William L. Langer, The Diplomacy of Imperialism 1890-1902, New York 1954, S. 755.
11 Vgl. Geppert, Pressekriege, passim.
12 Ausführlicher dazu: Rose, Empire und Kontinent, S. 27-106, S. 171-278, S. 385-423.

Die Presse als politischer Faktor

Beim Blick auf die Außenpolitik und Öffentlichkeit scheinen die Jahre vor 1914 heute viel weniger eine »Welt von gestern«[13] denn ein beginnendes Heute. Sie markieren vielmehr den Anfang jenes Spannungsverhältnisses zwischen Massenöffentlichkeit und Außenpolitik, das wir heute kennen – und zwar in mehrfacher Hinsicht: So ist für die späten 1880er und frühen 1890er Jahre *erstens* eine geradezu explodierende Zeitungs- und Medienlandschaft von kleinen, vornehmlich regionalen, bis hin zu überregionalen Blättern zu konstatieren, bei denen Massenauflagen von weit über 100 000 bis zu einer Millionen Exemplaren keine Seltenheit waren. Die *Daily Mail* etwa, das Flaggschiff des englischen Boulevardjournalismus, erreichte gegen Ende des Jahrhunderts eine Millionenauflage. Damit einher gingen *zweitens* ein grundsätzlich gewandeltes Selbstverständnis der Journalisten, Medienmacher und ihrer Vertreter sowie ein neues Selbstbewusstsein, was die Art und Weise, sowie die Intention ihrer publizistischen Tätigkeit anbetraf. *Drittens*, auch dies hing unmittelbar damit zusammen, veränderte sich auch die Wahrnehmung der Medienlandschaft durch die Regierung. Schließlich veränderte sich *viertens* das Binnenverhältnis beider Seiten zueinander.[14]

Das späte 19. Jahrhundert, das ist hinlänglich bekannt, erlebte eine Revolution der Kommunikationswege, die das Verhältnis von Presse und Außenpolitik einschneidend veränderte. Benötigten Lord Castlereagh und Fürst Metternich in der Kongressära zwischen 1815 bis 1822 mitunter Tage und Wochen, um miteinander über Kuriere zu kommunizieren, so stand die zweite Hälfte des Jahrhunderts ganz im Zeichen beschleunigter Kommunikation. In keinem anderen Land waren die Modernisierung und die Professionalisierung wie auch die räumliche Konzentration der Medien so weit vorangeschritten wie in Großbritannien. Die Eisenbahn, die Telegrafie, später das Telefon und der Funkverkehr sorgten für einen deutlich verkürzten Zeitraum zwischen einem Ereignis und seiner Berichterstattung, zunächst von Wochen auf wenige Tage, später auf Stunden oder gar Minuten. Von 1888 bis 1906 vergrößerte sich etwa das telegraphische Netzwerk europaweit um nahezu 60%. In Großbritannien wurden 1906 93,8 Millionen Nachrichten durch 56 600 Meilen Kabel übermittelt. Das Telefonnetz verbreitete sich noch atemberaubender. Die

---

13 Stefan Zweig, Die Welt von Gestern. Erinnerungen eines Europäers, Frankfurt am Main, 1982.
14 Stephen E. Koss, The Rise and Fall of the Political Press in Britain: The 19th Century, London 1981; vgl. auch: Jörg Requate (Hg.), Das 19. Jahrhundert als Mediengesellschaft, München 2009.

übermittelten telefonischen Nachrichten stiegen im selben Zeitraum von 766 auf 1 352 Millionen und in Großbritannien wurden alleine 1905 über 550 Millionen Nachrichten übermittelt.[15] Der Aufstieg der Presseagenturen wie Reuters, Havas oder Wolff's Telegraphisches Büro (WTB) wäre ohne diese Entwicklungen undenkbar gewesen. Reuters, die größte britische Presseagentur, verfügte bereits 1894 über 34 Büros auf der ganzen Welt. 1906 waren es bereits 47.[16] Verglichen mit den 48 offiziellen diplomatischen Vertretungen, von denen sich alleine vier im Deutschen Reich befanden, war dies ein beeindruckendes Informationsnetzwerk, von dem auch das Foreign Office einen unschätzbaren Nutzen hatte.[17]

Gleichzeitig erlaubte die Verbesserung der Drucktechnik die raschere und zugleich massenhafte Publikation von Zeitungen und Flugschriften und Broschüren, die über stetig weiter perfektionierte Vertriebswege immer schneller in die Hände der Leser gelangten. Einher ging diese Beschleunigung, Ausdehnung und Verdichtung mit einer Veränderung der Zeitungsformate. Die Qualitätsblätter bekamen immer stärkere Konkurrenz vom Boulevard, der wie die *Daily Mail* auf eine Skandalisierung setzte. Gleichzeitig entwickelte sich der sogenannte *new journalism* mit einer stärker investigativen Recherche.[18] Statt bloßer Berichterstattung und Kommentierung sahen die »neuen Journalisten« es zunehmend als ihre Aufgabe an, Leser und Politik zu konkreten Aktionen, politischen Weichenstellungen und Reformen zu bewegen. In England, wo der technische Fortschritt sich früh entfaltete und zu einer großen Diversifizierung der Zeitungs- und Zeitschriftenlandschaft führte, wirkte sich auch die Konzentration auf das politische wie mediale Zentrum London beschleunigend auf die gegenseitigen Verflechtungen von Politik und Presse aus. Im föderal strukturierten Deutschland verlief diese Entwicklung zunächst etwas schleppender. Die Eigengesetzlichkeiten des Medienmarktes, die Prozesse der Kommerzialisierung, Skandalisierung und allmähliche Lösung von parteipolitischen Bindungen verliefen letztlich aber nicht unähnlich. Dabei profitierten die Zeitungen nicht nur von

15 Alle Zahlen aus: Augustus D. Webb, The New Dictionary of Statistics, London 1911.
16 Donald Read, Power of News. The History of Reuters, 2. Aufl. Oxford 1999, S. 108; Lord Harmsworth, Simultaneous Newspapers, in: North American Review 1/1901, S. 72-90, S. 72.
17 Whitaker's Almanack 1900, S. 84; Zara Steiner, The Last Years of the Old Foreign Office, 1898-1905, in: Historical Journal 6/1 (1963), S. 59-90, S. 66.
18 Anon., The New Journalism: Is there not a Cause? in: The Speaker, 1 (1890), S. 223f.; Henry W. Massingham, The Modern Press and its Public, in: Contemporary Review, 98 (1910), S. 413-424.

neuen technischen Möglichkeiten, sondern insbesondere auch von der Reduzierung des Analphabetismus.[19] Um die Jahrhundertwende erfreuten sich Verleger wie Journalisten eines noch nie zuvor gekannten politischen Einflusses und galten als »His Majesty's Public Councillors«.[20] Während es nach viktorianischem Verständnis eine klare Trennung zwischen Politikern und Journalisten gegeben hatte, demzufolge »the politician did things, and the journalist commented on them«,[21] gestalteten sich die Übergänge zu Beginn des 20. Jahrhunderts allmählich fließend. Zunehmend umwarben Politiker Verleger und Journalisten und lockten sie mit dem Köder des sozialen Aufstiegs und der Akzeptanz in die teilweise jahrhundertealten exklusiven Herrenclubs der City. Der Kommunikationsraum London verdichtete sich. Plötzlich hatten auch Verleger wie die Gebrüder Harmsworth oder Owen Seaman vom *Punch* Zutritt, erhielten den Ritterschlag und strebten selbst danach, in die Politik zu gehen – wenn auch im Falle Harmsworths, alias Lord Northcliffe, mit eher bescheidenem Erfolg. Das Unterhaus zählte kurz nach dem Burenkrieg nicht weniger als 30 Zeitungsbesitzer und Journalisten unter seinen Abgeordneten, während das Ansehen des Journalistenberufs stetig stieg.[22] 1906 stellten Journalisten hinter den Offizieren und Rechtsanwälten sogar die drittstärkste Berufsgruppe im Unterhaus.[23] Fortan rekrutierten sich nicht nur Politiker, Diplomaten und Professoren aus den Colleges von *Oxbridge*, sondern vermehrt auch die Leitartikler der großen Tages- und Wochenpresse. Sie organisierten politische Kampagnen oder traten selbst immer wieder als Redner bei politischen Veranstaltungen in Erscheinung.[24] Hatte der Diplomat Joseph Maria von Radowitz die Presse bereits während des Berliner Kongresses von 1878 als »siebente« europäische Großmacht in Erinnerung,[25] so war dieser Prozess um die Jahrhundertwende im vollen Gange. Presse und Publizistik waren aus dem politischen Beziehungsgefüge sowohl innen- als auch außenpolitisch nicht mehr wegzudenken.

19 Vgl. Norman McCord, British History, 1815-1906, Oxford 1991, S. 255 f.
20 His Majesty's Public Councillors, in: Review of Reviews 12 (1904), S. 593-606.
21 John A. Spender, Public Life, Bd. II, London 1925, S. 116.
22 Vgl. Dennis Griffiths (Hg.), Encyclopedia of the British Press, 1422-1992, New York 1992, S. 34. Zu den bekannten Kommentatoren zählten Henry Norman, Thomas Barclay, William Blunt, Thomas A. Brassey, Charles Dilke oder Herbert Samuel.
23 Ebd., S. 40. Seit 1907 gab es die National Union of Journalists. Herbert Tracey, The British Press. A Survey. A Directory and a Who's is Who, Rochester 1929, S. 75.
24 Vgl. Geppert, Pressekriege, passim.
25 Hajo Holborn (Hg.), Aufzeichnungen und Erinnerungen aus dem Leben des Botschafters Joseph Maria von Radowitz, 2 Bde., Berlin 1925, S. 34.

Journalisten als »diplomats without portfolio«[26]

Anders als im Deutschen Kaiserreich begriffen sich die englischen Verleger und Journalisten bereits Anfang der 1890er Jahre selbstbewusst und ganz selbstverständlich als Teil der »governing class« – der Entscheidungselite des Empire.[27] Im Ausland verstanden sie sich mitunter gar als »diplomats without portfolio« und damit vor dem Hintergrund des Hochimperialismus in erster Linie nicht mehr als Journalisten, sondern komplementäre Interessenvertreter ihres Landes.[28] Da war es auch nur folgerichtig, dass etwa die *Times*-Korrespondenten den Foreign Editor, Valentine Chirol, ihren »Foreign Secretary« nannten.[29] Für den bekannten Journalist William Thomas Stead, selbst Herausgeber der *Review of Reviews* und pazifistisches »enfant terrible«[30] der schreibenden Zunft Londons, bestand daher im April 1898 kein Zweifel: »The Newspaper Correspondent is the Ambassador of Democracy. He manufactures the opinion to which it is the function of the regular ambassador to give effect. It is difficult to overestimate his importance or to measure his influence for weal or for woe«.[31]

Stead hatte diese Meinung keineswegs exklusiv. Auch deutsche Journalisten wie der Berliner Korrespondent Bernhard Guttmann oder der deutsche Botschafter in London, Paul Wolff-Metternich, bestätigten dessen Einschätzung. Für Guttmann leisteten Korrespondenten oftmals bessere Lagenanalysen als die hauptamtlichen Diplomaten. Wolff-Metternich beschwerte sich wiederholt, dass selbst die »lausigsten Journalisten«

26 Vgl. Linda Fritzinger, Diplomat Without Portfolio. Valentine Chirol, His Life and The Times, London/New York 2006.
27 Sidney Low, The Governance of England, London 1906, S. 187.
28 Oron James Hale, Publicity and Diplomacy. With special Reference to England and Germany, Neuaufl. Gloucester, Mass. 1964, S. vi-vii, S. 3-12; vgl. exemplarisch: Diplomacy as a Profession, in: Current Literature, 28/6 (1900), S. 242 f.; Journalists and Diplomatists, in: Living Age, 226/9 (1900), S. 123-125; New Diplomacy, in: Outlook, 22. 7. 1900, S. 202 f.; Diplomacy and Journalism, in: The Spectator, 15. 10. 1898, S. 513 f. Saunders nannte Chirol in seiner Laudatio den »Ambassador« der *Times*. Saunders, 12. 3. 1912, Churchill College Archive Centre Cambridge, Nachlass Saunders SAUN 3/GS/10/15.
29 Als solchen bezeichnete Scott beispielsweise William T. Stead, Scott an Salisbury, 12. 1. 1899, British Library, Nachlass Scott Add. 52303. Buckle bezeichnete Curzon gegenüber Chirol als den »Foreign Secretary of *The Times*«, Buckle an Curzon, 25. 7. 1903, India Office Library, Nachlass Curzon, EUR. F. 111/182.
30 Lavino an Bell, 31. 5. 1899, News International Archives London, Nachlass Moberley Bell; vgl. ebenso: Chirol an Spring-Rice, 3. 10. 1905, Churchill College Archive Centre Cambridge, Nachlass Spring-Rice, CASR 1/11.
31 William T. Stead, The Foreign Press Association, in: Review of Reviews 4 (1898), S. 429.

besser informiert seien und über bessere Informationskanäle verfügten als er selbst.³²

Damit sind weitere Punkte des Spannungsverhältnisses zwischen Außenpolitik und Öffentlichkeit angesprochen: die politischen und diplomatischen Reaktionen auf die Bedeutungszunahme der Öffentlichkeit sowie das sich daraus neu konstituierende Binnenverhältnis zwischen den jeweiligen Akteuren.

Jeder, der sich einmal mit der diplomatischen Korrespondenz seit dem letzten Drittel des 19. Jahrhunderts beschäftigt hat, weiß, wie gründlich die Auslandspresse in den Botschaften und Außenämtern studiert wurde. Gleichzeitig vertraten aber nicht wenige Diplomaten und Politiker die These, die Presse stelle eine ernsthafte Gefahr für den Weltfrieden dar.³³ Noch im Mai 1914 behauptete ein namentlich nicht genannter Botschafter einer der *Entente*-Mächte gegenüber dem *Berliner Lokalanzeiger*, die zügellose Presse Europas stelle eine viel größere Kriegsgefahr dar als die rivalisierenden Großmachtblöcke – »a tyrant without restraint or responsibility«.³⁴ Aber auch von publizistischer Seite waren mitunter kritische Stimmen zu hören. Kaum hatte Stead, wie gesehen, den Einfluss der Presse für die Entwicklung der Demokratie gutgeheißen, kassierte er dieses Lob auch schon wieder ein. Vor dem Hintergrund der Fashodakrise gab er sich nachdenklich:

»The fact is that the intervention of the Press in international disputes tends daily to become more and more hostile to peace and civilization. [...] much of our modern journalism is the most potent weapon yet invented by the devil for banishing peace and goodwill from the earth. Sooner or later the nations will in self-defence have to provide some means of silencing newspaper comment when international questions are in debate, in the same way as English newspapers are promptly forbidden by law to express an opinion upon any case that is before the Courts«.³⁵

Für die Entwicklung und Festigung demokratischer Strukturen schien die Presse also ein wertvolles Instrument, nach außen jedoch eine un-

---

32 Zit. nach: Dominik Geppert, The Public Challenge to Diplomacy: German and British Ways of Dealing with the Press, 1890-1914, in: Markus Mößlang und Torsten Riotte (Hg.), The Diplomats' World: The Cultural History of Diplomacy, 1815-1914, Oxford 2008, S. 133-164, S. 137.
33 Vgl. Fay, The Influence of the Pre-War Press, S. 3-32.
34 Daily Mail, 11. Mai 1914, Kopie in: Library of Congress, Nachlass Wile, Scrapbook, Reel 1.
35 Zit. nach: William L. Langer, The Diplomacy of Imperialism, New York 1954, S. 85.

berechenbare und kaum zu bändigende Größe. Gleichzeitig schienen aber die Möglichkeiten, über die Presse einen bestimmten politischen Kurs zu fahren, offenbar zu verlockend. Stead selbst organisierte nur wenig später, während des Burenkrieges, nicht nur die Empörung der Heimatfront über die »Methods of Barbarism« des Krieges, sondern auch eine Invasionshysterie in der Presse, deren Wirkung die internationalen Beziehungen in der gesamten Vorkriegsphase mitbestimmen sollte. In der *Review of Reviews* streute er dabei das nachhaltig wirksame Gerücht um eine angeblich von Berlin ausgehende, anti-britische Koalition und bevorstehende Invasion der Britischen Inseln.[36] In der Zeichnung eines neuen Feindbildes erkannten auch andere ungeahnte Möglichkeiten, auf den außenpolitischen Kurs Londons einzuwirken.[37] Es wäre indes verfehlt, dahinter bloß kommerzielle Interessen zu vermuten, etwa wenn Lord Northcliffe die Anweisung an seine Redakteure gab, von nun an ausschließlich gegen Deutschland zu schreiben.[38] Vielmehr verbanden sich finanzielle Interessenlagen mit einer neu entwickelten politischen Agenda. Spätestens seit dem Skandal um die Krüger-Depesche Kaiser Wilhelms II. stellte sich neben dem Verkaufsargument der »German Peril« auch die Einsicht ein, dass Deutschland als Partner gegenüber den traditionellen Rivalen schlichtweg zu schwach und kaum vertrauenswürdig sei. Ausgerechnet der alles andere als deutschfreundlich zu nennende *Spectator* brachte die Neubewertung der internationalen Lage zum Ausdruck, wenn er vom geopolitischen Horror des Kaiserreiches berichtete. England, so das Blatt, würde bei der Beurteilung Wilhelms II. stets vergessen, dass es ein wahrhafter Albtraum sein müsse, Deutscher zu sein. Nicht genug, dass die deutsche Mittellage nicht mit der bequemen Sicherheitslage Großbritanniens mithalten könne. Überhaupt scheine das Kaiserreich auch im Vergleich zu anderen Mächten schlechter abzuschneiden. Österreich hätte bei allen inneren Problemen nur einen Feind ernsthaft zu fürchten (nämlich Russland). Dagegen könnten die über-

---

36 Review of Reviews, 15.1.1899, S. 32-34; 15.2.1899, S. 123-125; 15.4.1899, S. 315; Leopold J. Maxse, Episodes of the Month, in: National Review 1/1900, S. 3f. Rosebery warnte daraufhin im House of Lords vor der Invasionsgefahr. Vgl. auch: Langer, The Diplomacy of Imperialism, S. 663.

37 Repington an Hutton, 13.3.1907, zit. nach: Andrew Morris (Hg.), The Letters of Lieutenant-Colonel Charles à Court Repington CMG Military Correspondent of The Times, 1903-1918, London 1999, Nr. 42, S. 116f.; Repington an Marker, 14.4.1907, zit. nach ebd., Nr. 43, S. 117; Repington an Maxse, 11.3.1908, West Sussex Record Office, Nachlass Maxse, MAXSE/458.

38 Andrew Morris, The Scaremongers: The Advocacy of War and Rearmament, 1896-1914, London 1984, S. 6; Paul Kennedy, The Rise and Fall of the Anglo-German Antagonism, 1860-1914, London 1980, S. 362.

nervösen Franzosen wiederum nur von einer Seite überfallen werden. Darüber hinaus seien sie mit einem unbesiegbaren Alliierten verbunden, der ihrem einzigen Feind jederzeit in den Rücken fallen und diesen vernichten könne. Deutschland hingegen müsse jeden Augenblick den Überfall der stärksten Armee Europas fürchten.

»Just think«, so forderte der Autor seine Leser auf, »what that means: It means not that ›Russia would be opposed to Germany‹, which is the way Diplomatists and Journalists put it, but that the most numerous Army in the world, drawn from a population three times that of Germany, would be on German soil ravaging, shooting, burning, levying contributions, and to give it its full credit, fighting desperately hard. Victory might remain with German science, but the loss of life in a succession of Zorndorffs would be something appalling. [...] We say our free system is better, and it is under our circumstances; but if five millions of our strongest enemies could enter Lincolnshire at will, while another two millions were divided from Hampshire by no sea, we take it that the young man who resisted conscription would be deemed a traitor [...]«.[39]

Die Pressevertreter, namentlich George Saunders als Auslandskorrespondent der *Times* und Valentine Chirol, aber insbesondere auch Charles Repington, John Strachey, Leopold Maxse, James Garvin, um nur einige der bekanntesten, wortgewaltigsten und am besten im politischen Raum vernetzten Vertreter der *Fleet Street* zu nennen, kamen in dieser Phase übereinstimmend zu dem gleichen Schluss wie der *Spectator* und trafen mit dieser Einsicht gerade auch die Einschätzung der führenden Liberalen Imperialisten. Während Arthur Balfour und Lord Lansdowne aus der Lage Deutschlands schlossen, dass es keiner weiteren Eindämmungsmaßnahmen Englands bedürfe, hatte Edward Grey bereits kurz vor dem Krüger-Telegramm die Neuorientierung in Richtung Russland und Frankreich als Vorgabe ausgegeben. Nicht unbedingt, weil er in Berlin einen zukünftigen Feind oder potentiellen Hegemon ausgemacht hatte, sondern vor allem, weil er sich von einer Annäherung an den für das Empire weitaus gefährlicheren russisch-französischen Zweibund das größte Entlastungspotenzial für Großbritannien versprach.[40] Der »deutsche Teufel«, den gerade die Presse nach der Jahrhundertwende, wie sich Cecil Spring-Rice ausdrückte, wiederholt »an die Wand malte«, verlieh dem Kaiserreich ein Image, dem das plumpe deutsche Außenverhalten

---

39 Anon., The Nightmare of Germany, in: The Spectator, 18. 5. 1901, S. 728 f.
40 Grey to Buxton, 31. 12. 1895, zit. nach: Henry C. Matthew, The Liberal Imperialist: the ideas and Politics of a post Gladstonian elite, Oxford 1973, S. 202.

zusätzlich Konturen verlieh.[41] Es handelt sich dabei weitgehend um das Ergebnis zunehmend kongruenter Ziele und Methoden der britischen Außenpolitik und Presse. Alfred Harmsworth träumte angesichts der rasanten Entwicklung bereits von einer »simultaneous press«, also von einer gleichgeschalteten Presse, deren politische Macht darin bestehe, »to bring about unity of thought and action«. Der Einfluss, so der Pressebaron, solle sich weniger auf die argumentative Plausibilität gründen als auf die »literation of an idea until it becomes familiar, by the reading matter selected and by the quotation of opinions as news. [...] And this influence is all the more potent because it is indirect, and not perceived by the reader.«[42] Auch wenn dies nicht unmittelbar dazu führte, dass die politischen Eliten die Kontrolle über die militärischen und diplomatischen Beziehungen einbüßten, so bleibt unverkennbar, dass auch die internationalen Beziehungen davon nicht unberührt bleiben konnten. Der *Spectator* forderte dazu sogar Vorgaben in Form gesonderter Informationen, um die britische Öffentlichkeit im Sinne der britischen Interessen zu lenken und auf diese einzuschwören. Zweifellos hatte das Blatt dabei das gerade von britischer Seite beachtete Pressebüro des Deutschen Kaiserreiches im Sinn.[43] Als Nachteile dieser Entwicklung benannte John Hobson, dass die »popularization of the power to read has made the Press the chief instrument of brutality«, welches auch in den Außenbeziehungen zu spüren sei.[44]

Obwohl es dem britischen Regierungsapparat im Vergleich zu den kontinentalen Großmächten an einem offiziellen Pressebüro mangelte, bedeutete dies also nicht gleichsam die völlige Unabhängigkeit der ohnehin stark parteilich orientierten Londoner Presse.[45] Die britische Regierung konnte so zwar stets jede Verantwortung und jede Einflussnahme auf die englische Presse offiziell zurückweisen. »We of cause do not inspire or influence the press« war etwa einer der Standardsätze Edward Greys gegenüber dem deutschen Botschafter.[46] Aber gerade im parlamentarischen System Englands gehörten inoffizielle persönliche Kontakte, der Londoner Klüngel zwischen Politik und Presse, zum Tagesgeschehen und das Netzwerk der *public school boys* aus gemeinsamen Schüler- und

41 Spring-Rice an Chirol, 21. 6. 1907, Churchill College Archive Centre Cambridge, Nachlass Spring-Rice, CASR 1/21.
42 Harmsworth, Simultaneous Newspapers, in: North American Review 1 (1901), S. 72-90, S. 87.
43 Anon., The German Press Bureau, in: Review of Reviews, 41 (1910), S. 251.
44 Hobson, Jingoism, S. 29.
45 Vgl. Wilson, Foreign Office, S. 403-411; Steiner, Foreign Office, S. 186-192.
46 Grey an Lascelles, 3. 12. 1896, The National Archives, FO 800/11. Siehe auch: Geppert, The Public Challenge to Diplomacy, S. 145.

Studententagen funktionierte prächtig.⁴⁷ Benutzten Politiker ihre Verlegerfreunde, spätestens seit den beiden *Midlothian Campaigns* Gladstones (1879/80), als Informations- und Transferinstrument ihrer Ideen und Programme, so ermöglichte dies besonders cleveren und ehrgeizigen Journalisten umgekehrt, sich diesen Dienst mit eigener Einflussnahme auf die politische Linie vergüten zu lassen. Vor allem solch ebenso intellektuell präsenten wie charismatischen und ehrgeizigen Journalisten wie Valentine Chirol, Henry Steed, George Saunders, Charles Repington (*Times*), Emile Dillon (*Daily Telegraph/Contemporary Review*), Henry Spenser Wilkinson (*Morning Post*), John Spender (*Westminster Gazette*), Charles Scott (*Manchester Guardian*), Leopold Maxse (*National Review*), John Strachey (*Spectator*) oder der einflussreiche Starjournalist James Garvin (*Observer/Fortnightly Review*)⁴⁸ nutzten diesen Weg immer wieder, um so ihrerseits Informationen aus erster Hand zu erhalten oder indirekt über gezielt gestreute Informationen auch selbst ein Wort bei der politischen Kursentwicklung der Regierung mitzureden. Inoffizielle Verbindungen wurden kultiviert, in einzelnen Ausnahmen wurde sogar die diplomatische Post mitgenutzt⁴⁹ und man traf sich regelmäßig beim Dinner, im Club oder auf dem Landsitz zur Jagd und tauschte sich aus.⁵⁰

Das Fehlen organisierter Beziehungen erschwert fraglos die historische Arbeit und verlangt einen besonderen detektivischen Spürsinn sowie die genaue Kenntnis der jeweiligen individuellen Beziehungsmuster, um die zumeist sehr persönlichen und informellen Kontakte zwischen einzelnen Entscheidungs- und Funktionsträgern mit den Vertretern der veröffentlichten Meinung nachzeichnen zu können. Erste Ergebnisse haben bereits den dazu nötigen Differenzierungsgehalt zwischen verschiedenen Generationen, Funktionen und Parteizugehörigkeiten aufgezeigt.⁵¹

Während etwa die Generation um Otto von Bismarck und William Gladstone die Presse noch verstärkt als politisches Instrument verstanden hatten, fühlten sich Lord Salisbury, Arthur Balfour und Lord Lansdowne bereits von der Presse negativ beeinflusst und scheuten eine direkte Kontaktaufnahme.⁵² Lord Salisbury etwa, der als junger Mann selbst

---

47 Vgl. Geppert, Pressekriege, S. 59.
48 Jane Courtney, The Making of an Editor. W. L. Courtney, London 1930, S. 161-176; Alfred Gollin, The Observer and J. L. Garvin. A Study of Great Editorship, London 1960, S. 191.
49 Chirol an einen geheimen Informanten, 4.5.1905, News International Archives, FELB 4/60.
50 Kennedy, Antagonism, S. 366; Courtney, Editor, S. 231.
51 Vgl. ebd., passim.
52 George Monger, The End of Isolation. British Foreign Policy 1900-1907, London 1963, S. 122 f.; Salisbury, Memorandum, 29. 5. 1901, British Documents, Bd. II, Nr. 86, S. 68 f.

regelmäßig für die *Quarterly Review* geschrieben hatte, gab sich als Premier- und Außenminister ausgesprochen distanziert. Geradezu demonstrativ wahrte er den Anschein persönlicher Unnahbarkeit. Für den Kontakt zu wichtigen Organen wie der *Times* oder der *Daily Mail* war sein Privatsekretär, Schomberg-McDonnel, zuständig. Thomas Sanderson, einen langjährigen Vertrauten und ständigen Unterstaatssekretär, warnte er sogar wiederholt vor dem Umgang mit Journalisten.[53] Sein Neffe und Nachfolger im Amt des Premiers, Arthur Balfour, kokettierte zwar damit, niemals Zeitungen zu lesen, wusste aber gleichwohl um deren gestiegene Bedeutung. Aber auch er delegierte die Kontaktpflege, etwa mit Ernest Bruce Iwan-Muller vom *Daily Telegraph*, an seinen Privatsekretär John Satterfield Sandars.[54] Lord Lansdowne hingegen fühlte sich von der Presse permanent gegängelt und beschwerte sich zuweilen massiv über ihre unqualifizierten Einmischungen in seine Politik.[55] Von ihm sind auch keine direkten oder indirekten regelmäßigen Pressekontakte bekannt und ließen sich auch nicht aus seinem Nachlass rekonstruieren. Ganz anders verhielt es sich mit Joseph Chamberlain, Admiral Fisher oder dessen Konkurrenten, Admiral Beresford. Allesamt pflegten sie einen regen und unmittelbaren Kontakt zu verschiedenen Journalisten wie Arnold White, Archibald Hurd oder Richard Thursfield, lancierten Artikel oder regelrechte Pressekampagnen und griffen zuweilen sogar selbst zur Feder.[56]

Während die konservative Führungsspitze die zunehmende Bedeutung der Londoner Medienlandschaft eher mit Skepsis und Ablehnung betrachtete,[57] sie zum Teil zu umgehen und zu ignorieren versuchte, zeigten gerade jüngere, vor allem liberale Kräfte einen eher unbefangeneren Umgang mit verschiedenen Presseorganen.[58] Richard Haldane korres-

53 Salisbury an Lascelles, 3.12.1896, The National Archives, FO 800/23; Sanderson an Lascelles, 23.8.1900, The National Archives, FO 800/9.
54 Iwan-Muller, Februar 1906, Bodleian Library Oxford, Nachlass Sandars, MS Eng. hist. 751; vgl. Geppert, Pressekriege, S. 61.
55 John Grenville, Lord Salisbury and Foreign Policy: The Close of the Nineteenth Century 1895-1902, London 1964, S. 437.
56 Vgl. Kennedy Jones, Fleet Street and Downing Street, London 1920, S. 94. Zu Fisher: Fear God and Dread Nought, Bd. II, passim. Zu Beresford: Robert K. Massie, Dreadnought. Britain, Germany and the Coming of the Great War, New York 1992, S. 509.
57 Lansdowne fühlte sich gegängelt und beschwerte sich immer wieder massiv. Grenville, Salisbury, S. 437; Monger, Isolation, S. 122 f.; Salisbury, Memorandum, 29.5.1901, British Documents, Bd. II, Nr. 86, S. 68 f.
58 Keith Wilson, The Making and Putative Implementation of a British Foreign Policy of Gesture, December 1905 to August 1914: The Anglo-French Entente Revisited, in: Canadian Journal of History 21 (1996), S. 227-255.

pondierte zum Beispiel als Kriegsminister immer wieder mit Valentine Chirol oder anderen Medienvertretern.⁵⁹ Herbert Asquith wollte Leo Maxse sogar zu seinem persönlichen Exklusivberichterstatter ernennen⁶⁰ und nutzte später die sogenannte Tweedmouth-Affäre dazu, um seinen Cousin Reginald McKenna in das Amt des zivilen Lords der Admiralität zu bringen.⁶¹ Auch der liberal-imperialistische Außenminister, Sir Edward Grey hatte weit weniger Berührungsängste als seine konservativen Vorgänger. Schon als junger Oppositionspolitiker pflegte er einen engen persönlichen Kontakt nicht nur zu Maxse, sondern insbesondere auch zu John Spender von der *Westminster Gazette*, den er ausdrücklich »seinen Kollegen« nannte.⁶² Kein Wunder also, dass Spender aus einem solchen Lob sowie der daraus resultierenden Nähe zur obersten Regierungselite schlussfolgerte, »that it is impossible to write a chapter upon any aspect of public life without at some point having to consider the activities of the newspapers«. Schließlich sei es »scarcely an exaggeration to say that about six proprietors and a score of writers and editors between them make the entire opinion of the Metropolitan Press that counts«.⁶³ Als Außenminister suchte Grey später immer wieder in der Presse nach Bestätigung und führte die Presse insgesamt wiederholt als Motivationsgrundlage politischer Entscheidungen an.⁶⁴ Seine Politik, dies wird in zahlreichen Aussagen immer wieder deutlich, wollte er von Beginn an ausdrücklich mit der öffentlichen Meinung abgestimmt wissen. Die Öffentlichkeit, so Grey, müsse letzten Endes den »Grad politischer Freundschaften zu anderen Großmächten diktieren«.⁶⁵ Am Beispiel der

---

59 Briefwechsel in: Churchill College Archive Centre, Nachlass Stead, STED 1.
60 Asquith an Maxse, 8.10.1905, Nachlass Leo J. Maxse, West Sussex Record Office, Maxse/453.
61 Asquith an Stanley, 31.10.1914, zit. nach: H. H. Asquith, Letters to Venetia Stanley, Oxford 1982, S. 300; vgl. Massie, Dreadnought, S. 745-747.
62 Grey an Spender, 23.8.1908, British Library, Nachlass Spender, Add. 46389. Gleiches galt auch für Lord Rosebery, für den es eine Selbstverständlichkeit war, dass die Presse die »Doppelfunktion« ausübe, die öffentliche Meinung »zu führen« und »zu repräsentieren«. Rosebery, 5.6.1909, zit. nach: T. H. Hardman, A Parliament of the Press. The First Imperial Press Conference, London 1909, S. 11.
63 Spender, Public Life, Bd. II, S. 95, S. 115. Zu den sechs Verlegern und Zeitungsbesitzern gehörten die Gebrüder Harmsworth, Pearson, Courtney, Strachey und Maxse.
64 Keith Robbins, Public Opinion, the Press and Pressure Groups, in: Francis H. Hinsley (Hg.), British Foreign Policy under Sir Edward Grey, Cambridge 1977, S. 70-88, S. 70; Zara Steiner, Foreign Office, S. 186-192.
65 Grey an Mallet, 25.2.1906, The National Archives, FO 800/35. Die *Nation* zitierte ihn mit den Worten, dass die »[…] public opinion must in the end dictate the degree of intimacy to which this new friendship [mit Rußland, A. R.] attains.« The

sogenannten »ABC-Kampagne« Leo Maxses in der *National Review*, in der in mehreren Aufsätzen zu einem hegemonialen Mächteblock mit Frankreich und Russland aufgerufen wurde, konnte nachgewiesen werden, dass ihm die Aufsätze zuvor zur Korrektur zugespielt worden waren. Dass er sie tatsächlich ausführlich kommentiert an Leo Maxse zurücksandte und überdies auch mit dafür sorgte, dass sie in die richtigen Hände gelangten, zeigt überdies, dass es mit seiner Zurückhaltung gegenüber der Presse nicht so weit her war, wie lange vermutet.[66] Die gewachsene Nähe über gemeinsame Klubabende und politische Orientierungen barg jedoch auch so manches Risiko, verstand sie doch gerade Leo Maxse als Ansporn, politisch immer aktiver zu werden. So sind vor allem die antideutschen und proamerikanischen bzw. prorussischen Pressekampagnen während der Venezuelakrise, der Bagdadbahnfrage, des russisch-japanischen Krieges und der allmählichen Annäherung an Russland im Vorfeld der anglo-russischen Konvention von 1907 und der bosnischen Annexionskrise maßgeblich auf Leo Maxse und Charles Repington von der *Times* zurückzuführen.[67]

Festzuhalten gilt, dass die britische Pressepolitik zwar keinen bürokratischen, sondern vielmehr einen intimen Charakter hatte, abhängig von persönlichen Bekanntschaften, etwa aus gemeinsamen Studientagen, von gemeinsamen Ansichten oder Clubveranstaltungen. Gleiches galt auch für das Beziehungsgeflecht von Diplomaten, Auslandskorrespondenten, Militärs und Journalisten.[68] Stephen Koss ging ganz zu Recht von einem »Byzantine network of relationships« aus.[69] Begünstigt wurden die Verbindungen zweifellos durch den hohen Zentralisierungsgrad in Großbritannien. Die Londoner Presse konzentrierte sich auf die ca. 500 Meter lange Fleet Street zwischen Strand und Ludgate Hill und dem unweit davon gelegenen Regierungsviertel Westminster. Hier befanden sich die wichtigsten Redaktionen, 34 an der Zahl, die Gentlemen's Clubs, Societies sowie die Ministerien und das Parlament. Stellten Journalisten bereits um 1906 mit ca. einem Drittel die größte Berufsgruppe im Unterhaus, so boten sich in Westminster zahllose Möglichkeiten der Kontaktpflege.

Foreign Policy of Sir Edward Grey, The Nation, 3.8.1907, S. 822 f. Zum zeitgenössischen Begriff der »public opinion« vgl. Mayer, Diplomatie, S. 23-57.
66 Rose, Empire und Kontinent, S. 69-81.
67 Ebd., S. 279-312, S. 459-475.
68 Zu den Militärs vgl. Andreas Rose, »Readiness or Ruin?« Der Große Krieg in den britischen Militärzeitschriften 1880-1914, erscheint voraussichtlich im Sommer 2013, in: Stig Förster (Hg.), Der Große Krieg in den europäischen Militärzeitschriften 1880-1914.
69 Stephen E. Koss, The Rise and Fall of the Political Press in Britain, S. 50.

Die deutsche Art des Pressemanagements konnte kaum unterschiedlicher sein. Zwar gab es auch hier sicherlich persönliche Kontakte, doch dominierte weitgehend eine bürokratische Form mit Pressebüros sowohl im Auswärtigen Amt unter Otto Hammann als auch im Reichskolonial- und Reichsmarineamt. Der föderale Charakter des Reiches, ohne ein wirkliches Pressezentrum machte in den Augen Otto Hammanns eine aktive staatliche Pressepolitik »zwingend notwendig«. Denn die Reichsregierung war verfassungsrechtlich an das Vertrauen des Monarchen und nicht an Reichstagsmehrheiten gebunden, operierte also »über den Parteien und verfüge somit auch nicht automatisch über eine eigene Parteipresse wie die Regierungen in England und Frankreich«.[70] Das Pressebüro nutzte dabei direkte Maßnahmen wie eigene offizielle oder halboffizielle Presseorgane oder indirekte Maßnahmen wie Bestechungen oder verschiedene Formen der Belohnungen. Das wichtigste Instrument der Beeinflussung war indes die Selektion von Informationen. Zuckerbrot und Peitsche war dabei ein beliebtes Mittel, die Vertreter der Journaille zu disziplinieren. Nicht selten als »Schafsköpfe«, »Federvieh« oder »Pressebengel« beschimpft,[71] erreichten sie keinesfalls das soziale Prestige ihrer britischen Kollegen. Die deutsche Praxis im Umgang mit der Presse schlug sich auch auf ausländische Organe bzw. die Bewertung der ausländischen Presse nieder. So war es ausgesprochen schwierig, wenn nicht gar unmöglich, zu britischen Journalisten einen vertrauensvollen Kontakt herzustellen. Die Wilhelmstrasse zeigte sich lange uneinsichtig, nach welchen Prinzipien die englische Medienlandschaft funktionierte. Das Resultat daraus war mitunter verheerend. Nicht genug, dass es weder gelang, die eigene Presse dauerhaft im Zaum zu halten, noch einen positiven Draht zur Fleet Street aufzubauen. Jeder Versuch dazu verschlimmerte noch das generelle englische Misstrauen. Das erwies sich vor allem dann als besonders schädlich, wenn es zu einer Eigendynamik der deutschen Presse kam – etwa während des Burenkrieges oder den verschiedenen bilateralen Krisen vor 1914.

Die Unzulänglichkeiten des Pressemanagements wären wohl nicht weiter aufgefallen, hätte es nicht zunehmend transnationale Verflechtungen zwischen den Staaten gegeben, sondern weiterhin voneinander sepa-

---

70 Redeentwurf Otto Hammanns für Bernhard von Bülow: Pressepolitik im Auslande (undatiert, 1908), Bundesarchiv Lichterfelde, Nachlass Otto Hammann (N 2106), Nr. 63.
71 Vgl. z. B. die wiederholten Äußerungen Wilhelms II. zu den »Schafsköpfen« der Presse. Sonja Glaab, Wilhelm II. und die Presse. Ein Medienkaiser in seinem Element?, in: Publizistik 53/2 (2008), S. 200-214, S. 205.

rierte politische Räume und eine traditionelle Geheimdiplomatie.[72] Die beschriebenen technischen Möglichkeiten sowie die Ausdehnung und Verdichtung der Kommunikationsräume hatten jedoch die Arbeitsbedingungen der Diplomatie grundlegend verändert. Es entstand eine neue öffentliche Außenpolitik, bei der sich Entscheidungsprozesse und Einflüsse multiplizierten.

Ein Beispiel für eine solche öffentliche Außenpolitik, bei dem die britische Klüngelei auf die Spitze getrieben wurde und die deutsche Pressepolitik versagte, waren die Invasions- und Spionagehysterien, die zwischen 1904 und 1909 den politischen Raum Londons in Atem hielten.

Die »Navy Scares« und die britische Presse

Die Flottenfrage ist zweifellos eines der zentralen wie klassischen Themenkreise deutsch-britischer Vorkriegsbeziehungen mit einer ebenso klassischen Interpretation: dem Paradigma einer deutschen Herausforderung und einer unweigerlichen englischen Reaktion.[73] Seit den 1930er Jahren schien demnach lange unstrittig, dass sowohl die Umgruppierung der englischen Flottenverbände als auch die Entscheidung zum Dreadnoughtbau einer vermeintlich tödlichen Bedrohung vor der eigenen Haustür durch die deutsche Hochseeflotte geschuldet waren. Mit seiner These, dass die britische Öffentlichkeit, Politik und Admiralität sich spätestens seit Herbst 1902 an der deutschen Flotte ausrichteten, etablierte vor allem Arthur Marder ein Interpretationsmuster, das bis heute vielfach akzeptiert wird. Der primäre Fokus auf die Hochseeflotte scheint dabei nahezu unverrückbar. Erst kürzlich zitierte Matthew Seligmann noch einmal eine Denkschrift vom Dezember 1904, aus der einwandfrei hervorgehe, dass der erste Lord der Admiralität, Lord Selborne und die *Royal Navy* allein die deutsche Flotte gefürchtet hätten.[74] Tatsächlich aber erwähnt das Dokument Deutschland lediglich als eine komplementäre und höchst theoretische Gefahr in Verbindung mit der französisch-

72 Geppert, The Public Challenge to Diplomacy, S. 159-164.
73 Dominik Geppert und Andreas Rose, Machtpolitik und Flottenbau vor 1914. Zur Neuinterpretation britischer Außenpolitik im Zeitalter des Hochimperialismus, in: Historische Zeitschrift 293 (2011), S. 401-437.
74 Matthew S. Seligmann, Switching Horses: the Admiralty's Recognition of the Threat from Germany, 1900-1905, in: International History Review 30 (2008), S. 239-258, S. 242-246; Matthew Seligmann,»New Weapons for New Targets: Sir John Fisher, the Threat from Germany, and the Building of the HMS Dreadnought and HMS Invincible, 1902 - 1907, in: International History Review 30 (2008), S. 303-331.

russischen Allianz. Mehr noch: in einer Marginalie, datiert vom 21. November 1904 findet sich die Aussage Selbornes: »The worst case which can befall us under present conditions is for Germany to throw her weight against us in the middle of a still undecided war between us and France and Russia in alliance«.[75] Auch Selborne, so lässt sich daraus schließen, schien Deutschland vor allem dann als gefährlich, wenn es sich mit den traditionellen Rivalen verbündete. Von einem bipolaren Antagonismus, reduziert auf Deutschland und England, oder dem üblichen Modell deutscher Herausforderung und einer unvermeidbaren britischen Reaktion kann daher kaum noch mit Gewissheit ausgegangen werden. Marinegeschichtliche Spezialstudien äußern nicht umsonst bereits seit einigen Jahren starke Zweifel an dem deutsch-britischen Fokus. Allen voran Jon Sumida und Nicholas Lambert haben immer wieder überzeugend nachgewiesen, dass sich die britische Marinepolitik auch ohne »deutsche Gefahr« aus sich selbst heraus erklären lasse.[76] Daran anknüpfend lässt sich zudem zeigen, dass auch die mediale Begleitmusik in der britischen Öffentlichkeit vielfach eigenen Motiven sowie Strukturmerkmalen und Eigengesetzlichkeiten des politischen Raumes in London folgte.

Ausgangspunkt ist dabei die Beobachtung, dass sogenannte *navy scares* seit Mitte des 19. Jahrhunderts immer wieder geschürt worden waren, um die Relevanz der *Royal Navy* zu unterstreichen und im Streit mit der Armee die Marineetats zu sichern.[77] Der Invasions- und Spionagepanik, zu der Erskine Childers Bestseller Roman *The Riddle of the Sands* (1903) und William Le Queux *The Invasion of 1910* (1906) neben einer Fülle

75 The First Progress Report on the Committee of the Redistribution of the Fleet in Commission. Lord Selborne, Marginalia dated 21.11.1904, The National Archives, ADM I/7736.
76 Jon T. Sumida, In Defence of Naval Supremacy: Finance, Technology and Naval Policy, 1889-1914, London 1989; John T. Sumida, British Naval Administration and Policy in the Age of Fisher, in: Journal of Military History 54 (1/1990), S. 1-26; John T. Sumida, Sir John Fisher and the Dreadnought: The Sources of Naval Mythology, in: Journal of Military History 59 (10/1995), S. 619-638; Nicholas Lambert, Sir John Fisher's Naval Revolution, Columbia 1999; Lambert, Admiral Sir John Fisher and the Concept of Flotilla Defence, 1904-1910, in: Journal of Military History 59/4 (10/1995), S. 639-660.
77 Vgl. u. a. die Debatte zwischen: Earl of Derby, Lord Palmerston, Lord Russel, 16.2.1852, in: Hansard's Parliamentary Debates, Session III, Bd. 119, Sp. 551-553, 562f., 568-581; vgl. Richard Cobden, The Three Panics, London 1862, S. 26-33; Nugent [Col.], Thoughts upon Invasion, in: JRUSI 32/1, 1888, S. 165-173; Debatte am 4.5.1888, in: Hansard's Parliamentary Debates, Session IV, Bd. 325, Sp. 1370-1373; Memorandum: Defence of England: Mobilization of the Regular and Auxiliary Forces for Homed Defence, 17.4.1888, The National Archives, CAB 37/21/6.

von Presseartikeln während und nach der Doggerbank-Affäre die Initialzündung lieferten, folgte dabei einem ähnlichen Muster. Gleichzeitig spielten im pluralistischen System an der Themse noch weitere vielschichtige Motive aus Politik, Wirtschaft, Kultur und Gesellschaft eine Rolle. Um die »German peril«, also die ultimative Bedrohung durch das Kaiserreich, ging es dabei nur am Rande. Dass wird vor allem dann deutlich, wenn man die veröffentlichte Meinung mit den internen Bekenntnissen von Admirälen wie John Fisher und Louis Battenberg oder Marinetheoretikern wie Julian Corbett vergleicht und so hinter die Fassade der politisch-medialen Netzwerke blickt. Nach übereinstimmenden Untersuchungsergebnissen im *Committee of Imperial Defence*, welches sowohl 1905 als auch 1907 bis 1908 ein spezielles *Sub-committee* mit der Frage der deutschen Gefahr betraut hatte, bestand weder 1904 noch 1906, 1907 oder 1908 je eine ernsthafte Bedrohung durch die deutsche Hochseeflotte.[78] Was man dagegen vielmehr fürchtete, war eine Abrüstung durch die radikalliberale Mehrheit im Parlament zugunsten sozialpolitischer Reformen. Erhellend wirken dabei immer wieder die Äußerungen des Ersten Seelords John Fisher. Vor dem Hintergrund der anhaltenden öffentlichen Zweifel an der Verteidigungsfähigkeit der *Royal Navy* betonte Fisher wiederholt gegenüber Lord Tweedmouth, Journalisten wie Arnold White oder auch König Edward VII., dass die britische Sicherheitslage in allen Belangen »magnificently splendid« sei.[79] Dabei fand er sich schnell in dem Dilemma gefangen, sich gleichzeitig der Abrüstungsvorstellungen der Radikalliberalen gegenüberzusehen. Dass es sich bei seinen Äußerungen nicht um bloße Beruhigungsrhetorik handelte, wird erst aus den internen Verlautbarungen klar. So hielt er gegenüber Edward VII. ein von 150 Radikalliberalen unterzeichnetes Pamphlet zur Abrüstung der *Royal Navy* fachlich für eines der »besten Papiere«, die er jemals gelesen hätte. »We are so strong. It is quite true!«. Aber dieses auch öffentlich einzuräumen, hätte das Ende seiner Marinereformen bedeutet: »We don't want to parade all our strength, because if so, we shall have parliamentary trouble«.[80] Während die Armeeadvokaten die vermeintliche »deutsche Gefahr« für die Einführung der Wehr-

---

78 Vgl. Andreas Rose, »The writers, not the sailors« – Großbritannien, die Hochseeflotte und die ›Revolution der Staatenwelt‹, in: Sönke Neitzel/Bernd Heidenreich (Hg.), Das Deutsche Kaiserreich 1890-1914, Paderborn u. a. 2011, S. 221-240.
79 Fisher an Tweedmouth, 5.10.1906, zitiert in: Marder, Fear God, No. 51, S. 95-97.
80 Fisher an Edward VII, 4.10.1907, zit. nach: Arthur Marder (Hg.), Fear God and Dread Nought, London 1952, Bd. II, Nr. 90, S. 139-143; Fisher an Tweedmouth, 26.9.1906, ebd., Nr. 49, S. 90-93; Metternich an Bülow, 3.3.1908, Die Große Politik der Europäischen Kabinette, Bd. XXIV, Nr. 8185, S. 37 f.

pflicht und zulasten des Marineetats zu nutzen versuchten, musste Fisher den Spagat üben. Zum einen durfte er keinen Zweifel an der Stärke der Marine aufkommen lassen. Zum anderen galt es, seine teuren Reformen zu begründen. Auch die Äußerungen der Armeeadvokaten, allen voran Charles Repingtons und Lord Roberts, wirken in diesem Zusammenhang immer wieder entlarvend. So bekannte niemand anderes als Charles Repington im Frühjahr 1907: »The truth is [...] our superiority over Germany is so overwhelming [...] that the Germans know it would be madness for them to provoke war.«[81]

Für den Militärreformer und ständigen Sekretär des *Committee of Imperial Defence* war die Sachlage klar. Nicht die kaiserliche Marine in Wilhelmshaven sei die Ursache für die allgemeine Panik in der britischen Öffentlichkeit, sondern »numerous writers in this country [have been] endeavouring for some time to create a German scare«.[82]

Vor dem Hintergrund sozialdarwinistischer Prämissen fürchteten sie für das 20. Jahrhundert einen bevorstehenden imperialen Endkampf, den Großbritannien nur mithilfe der allgemeinen Wehrpflicht und eines »million-men-standard« bestehen könne.[83] Um der Lethargie nach dem Burenkrieg Einhalt zu gebieten, bedürfe es jedoch eines geeigneten Feindbildes. »To allay fears against Germany is the only means for the people to bestir themselves«.[84] Auffällig war dabei der unterschiedliche Umgang mit der öffentlichen Agitation vonseiten der konservativen und der liberalen Regierung. Während Balfour sich mit der allgemeinen Panikmache auseinandersetzte und sich im Mai 1905 in einem großen Interview an die Bevölkerung wandte, mit der Quintessenz: »Sleep quite in your beds«,[85] ließen die Liberalen Imperialisten die 1906 aufkommende und bis 1909 andauernde Panikwelle um William Le Queuxs Buch, »The Invasion of 1910«, unwidersprochen laufen, obwohl sich die Sicher-

---

81 Repington an Hutton, 13.3.1907, zit. nach: Morris (Hg.), Repington Letters, Nr. 42, S. 116f.
82 Clarke, secret, Distribution of our Naval Forces, Early 1907, British Library, Nachlass Clarke, Add. 50836; Clarke, Note, August 1907, The National Archives, CAB 3/2/1/42A, S. 1.
83 Repington an Maxse, 15.10.1907, zit. nach: Morris (Hg.), Repington Letter, Nr. 48, S. 126.
84 Zit. nach: Keith Wilson, A Study in the History and Politics of the Morning Post, 1905-26, New York 1990, S. 26; ähnlich: Spring-Rice an E. R. Roosevelt, 6.9.1908, Churchill College Archive Centre, Nachlass Spring-Rice, CASR 7/30; Ware an Maxse, 13.3.1909, West Sussex Record Office, Nachlass Maxse, MAXSE/459.
85 The Times, 11.11.1907.

heitslage trotz des Dreadnoughtsprunges nicht verändert hatte.[86] Unterstützt wurde die Kampagne der *Daily Mail* in Form einer konzertierten Presseagitation durch den *Times*-Korrespondenten Charles Repington, James Garvins *Observer* und Leo Maxses *National Review* – allesamt Klubkollegen Edward Greys bei den *Coefficients*. Ihre Forderung: eine allgemeine Aufrüstung, die Wehrpflicht sowie ein anglo-französischrussischer Staatenblock.[87] Die Absurditäten der öffentlichen Aufregung kannten dabei keine Grenzen: So war von 66 000 deutschen Spionen in London und 90 000 Mauser-Gewehren in den Kellern bei *Charing Cross* die Rede, was Anlass genug war den britischen Geheimdienst zu gründen;[88] Fahrradtouren zu möglichen Invasionsstränden wurden organisiert; Lord Northcliffe hatte mit »The Invasion of 1910« ein Buch finanziert, in dem die Invasionsroute der »deutschen Hunnen« zufällig durch all jene Ortschaften führte, in denen die *Daily Mail* besonders hohe Auflagen erzielte; eigens angeheuerte Werbeleute marschierten zudem mit Pickelhauben durch die Londoner Straßen; die *Times* druckte eine Invasionskarte für den Hausgebrauch; Invasionstheaterstücke wie Guy du Maurier's *An Englishman's Home* wurden auf Staatskosten in allen größeren Städten des Landes aufgeführt; das *Committee of Four* um den *Times*-Korrespondenten Repington schämte sich nicht, vor den Sicherheitsexperten im C.I.D. zu behaupten, dass Deutschland über 150 000 Soldaten innerhalb von sechs Stunden unbemerkt an die britischen Küsten bringen könne.[89] Besonders pikant dabei war, dass einer der Autoren dieser Analyse, Charles Repington, nicht nur als Verbindungsmann bei den anglo-französischen Generalstabsgesprächen fungierte, sondern bei seinem Aufenthalt in Paris feststellen musste, dass der französische Generalstab sich selbst nach der *Entente cordiale* noch mit Karten für die Invasion Britanniens beschäftigte.[90] In der Presse münzte er dieses Wissen schließlich auf die deutschen Streitkräfte um. Im privaten Austausch räumte er zwar ein, dass England von Deutschland nichts zu fürchten habe.[91] Um gegenüber

86 Mr. A.J. Balfour before the Sub-Committee on Invasion, 29.5.1908, S. 3-5, The National Archives, CAB 3/2/143A.
87 Zu den Coefficients vgl. Rose, Empire und Kontinent, S. 121-127.
88 Vgl. David French, Spy Fever in Britain, 1900-1915, in: Historical Journal 21/2 (1978), S. 355-370, S. 358.
89 Ewart (D.M.O.), Note, 1.2.1908, The National Archives, WO 106/47B, ID/ 8.
90 Repington an Roberts, 20.11.1907, zit. nach: Morris (Hg.), Repington Letters, Nr. 51, S. 129f.
91 »The truth is our superiority is so overwhelming«. Repington an Hutton, 13.3.1907, zit. nach: ebd., Nr. 42, S. 116f.

der Öffentlichkeit aber die ungeliebte allgemeine Wehrpflicht einzuführen, diene der deutsche Popanz geradezu ideal.[92] Auch der Militärreformer Lord Esher wusste offenbar, dass hier der Zweck die Mittel heilige und Großbritannien eine gelenkte, propagandistisch arbeitende Presse benötige, um sich für die zukünftigen Gefahren zu wappnen: »We require writers and lecturers, *not* labelled as paid agents, but with an appearance of independence. These men *have* to be paid, because those who are most capable are not wealthy enough to do the work gratis, and the work is one of converting the nation [...]«.[93]

Aber es blieb alles beim Alten. Im Gegensatz zu Deutschland wurde weder im *Foreign Office* noch in der Admiralität bis zum Ersten Weltkrieg ein staatlicher Apparat für die Pressepolitik eingerichtet. Man vertraute weiter auf die informellen Instrumentarien. Gleichwohl ist nicht zu übersehen, dass sich die britische Flottenpropaganda unter Fisher dem deutschen Stil annäherte – das betraf sowohl den Lenkungsgrad als auch den Zug des Chaotischen. Denn selbst die beste Klüngelei konnte nicht verbergen, dass etwa die Marine über die Flottenschrecken und die Fisher-Beresford-Fehde[94] tief gespalten war, dass Wehrpflichtanhänger und Wehrpflichtgegner ebenso die Atmosphäre polarisierten wie die radikalliberalen Kritiker Greys, für die die Sorge vor Deutschland bloß einen »great bogey of Edward Grey« darstellte, um sie empfänglich für eine anglo-russische Annäherung zu machen.

Auf der deutschen Seite blieb die Invasions- und Spionagehysterie insgesamt unverstanden. Die englische und deutsche Pressepolitik ähnelte

92 Vgl. Jonathan Steinberg, The Copenhagen Complex, in: Journal of Contemporary History, 3 (1966), S. 23-46, S. 28; Gerhard Ritter, Staatskunst und Kriegshandwerk. Das Problem des Militarismus in Deutschland, München 1964, Bd. 2, S. 195; Repington, World War, Bd. 1, S. 10; Repington, 27.11.1907, Sub-Committee of the C.I.D., The National Archives, CAB 16/3A, S. 33 f. Ein Informant Repingtons war u.a. Major Huguet. Repington an Roberts, 20.11.1907, Morris (Hg.), Repington Letters, Nr. 51, S. 129 f.; Siehe dazu: Bundesarchiv–Militärarchiv, RM 5/1609-1610. Repington an Roberts, 28.7.1906, National Army Museum, Nachlass Roberts, R 62/3. »I am delighted to hear that you are still on the war path and I wish you success in your whole crusade with all my heart. It is most important that some of the leading civilian statesmen should support you for my reading of our modern history is that people of this country will not follow a soldier however eminent unless he is backed by the great guns of the Parliament.« Repington an Roberts, 15.8.1906, Nachlass Lord Roberts, National Army Museum, R 62/6.
93 Esher an Roberts, 28.8.1907, Nachlass Lord Roberts, National Army Museum, R 29/15.
94 Bei dieser Fehde ging es vornehmlich um persönliche Eitelkeiten der beiden führenden Offiziere der Royal Navy, der in Lord Charles Beresfords Vorwurf gipfelte, der erste Seelord John A. Fisher hätte bei der Reform der Seestreitkräfte versagt und Großbritannien damit in Gefahr gebracht.

in dieser Phase oft dem System kommunizierender Röhren. Ging es Bülow in dieser Phase mit seinen Kanzlerinterviews primär um Beruhigung, verstärkte dies nur das Misstrauen der überwiegend germanophoben Presse, weil man darin entweder die Bestätigung der eigenen Sichtweise erblickte, dass die deutsche Presse am Gängelband der Regierung gehalten werde oder dass Deutschland Großbritannien nur in Sicherheit wiegen wolle, um im Verborgenen die Invasion vorzubereiten. In Deutschland fürchtete man sich einerseits vor einem Überraschungsangriff der *Royal Navy*, weshalb der Wiederabdruck englischer Artikel dazu führen sollte, »das Verständnis für die Notwendigkeit einer eigenen Flotte im Land zu verbreiten.« Andererseits kritisierten die *Alldeutschen* sowie der *Kladderadatsch* und selbst die links-liberale *Berliner Morgenpost*, dass Bülow vor England »zu Kreuze krieche«. Auch das Reichsmarineamt versuchte wiederholt und im Widerspruch zum Auswärtigen Amt die Flottenschrecken für eine eigene Agitation zur Seerüstung zu nutzen. Bereits 1897 hatte nämlich Alfred von Tirpitz dem deutschen Marineattaché und Korvettenkapitän von Gülitz den Auftrag erteilt, über die »Bewegung im englischen Volke, die zu der starken Vergrößerung der englischen Marine in den letzten 10-20 Jahren geführt« habe, Untersuchungen anzustellen. Das Ergebnis, ein 141 Seiten starker Bericht, bestätigt, wie sehr sich das Reichsmarineamt in seiner eigenen Propagandatätigkeit am englischen Beispiel orientierte. Gülitz betonte, dass es sich bei der britischen Flottenpropaganda nicht um einen einmaligen Kraftakt handelte, sondern um eine langfristig angelegte, beharrlich verfolgte Strategie, die über Jahre hinweg Rückschläge und Enttäuschungen hinnehmen musste, ehe sie Mitte der 1890er Jahre an ihr Ziel gelangt sei. Erst dann, so Gülitz habe sich in der britischen öffentlichen Meinung gezeigt, dass in Folge »jahrelanger Erziehung überall ein Verständnis für Marinefragen vorhanden« sei.[95] Demzufolge versuchte sowohl das Reichsmarineamt mit Unterstützung des Flottenvereins und der Alldeutschen und nicht selten im Gegensatz zum Auswärtigen Amt und Bülow auch die britische Hysterie für eigene Rüstungen zu instrumentalisieren. Nicht genug, dass die deutsche Seite die britische Regierung hinter den Panikattacken vermutete und die Publizistik dazu als »halb-offiziös« einstufte, weil die britische Presse »viel gebildeter, politisch reifer und disziplinierter« und deswegen auch »leicht für Regierungsdirektiven zu haben« sei, zog Tirpitz den Schluss, dass man offenbar auf dem richtigen Wege sei und die deutsche

---

95 Dominik Geppert, Pressekriege, S. 235-240, S. 238.

Marine den Briten »Furcht einflöße«.[96] Von »Mund halten und Schiffe bauen«[97] war also nicht immer die Rede.

Unmittelbar führte die Invasions- und Spionagehysterie zur Gründung des Secret Service Bureaus, dem Vorgänger des MI 5. Aus zahllosen Leserbriefen rekonstruierte die Abteilung unter dem Motto »every German is a spy« ein regelrechtes Spionagenetz über die Britischen Inseln.[98] Darüber hinaus trug die allgemeine Aufregung dazu bei, dass das deutschenglische Verhältnis zum Dauerbrenner der Vorkriegsepoche wurde und alle anderen Beziehungen, etwa die anglo-russischen Spannungen in Persien oder die anglo-französischen Beziehungen davon überlagert wurden. Cecil Spring-Rice traf den Nagel somit gleich doppelt auf den Kopf, wenn er Valentine Chirol wissen ließ, wie der radikalliberale Widerstand gegen eine Annäherung an Russland gebrochen wurde: »It has been done by painting the German devil on the wall. We are all hard at work at that job, including the Germans themselves«.[99] Drittens führte die allgemeine Panikmache zu einem politischen *Gentlemen's Agreement* sowohl zwischen den beiden liberalen Flügeln als auch den »zwei rivalisierenden Syndikaten«, dem *War Office* und der Admiralität über das ohnehin als knapp empfundene Budget.[100] James Louis Garvin vom *Observer* wies dazu den Weg, als er feststellte, dass die deutsche Gefahr nicht nur der Armee, sondern auch dem Bau von zusätzlichen Dreadnoughts diene.[101] Parteipolitisch konzentrierte sich die liberale Mehrheit der *Radicals* weitestgehend auf innenpolitische Belange und überließ den Liberalen Imperialisten um Grey, Haldane und Asquith die Außen- und Sicherheitspolitik.

Mit der Annexionskrise hatte Greys Politik, die vielen seiner Parteifreunde als »more Russian, than the Russians« vorkam, aber offenbar den Bogen überspannt. Seither begegnete ihm gerade von radikalliberaler Seite eine massive Kritik an seiner einseitigen, als zu anti-deutsch empfundenen Außenpolitik,[102] weshalb er spätestens ab 1911 auf einen Kurs

---

96 Ebd.
97 Alfred von Tirpitz, Politische Dokumente, Bd. 1: Der Aufbau der deutschen Weltmacht, Stuttgart/Berlin 1924, S. 16.
98 Zit. nach: Rose, Empire und Kontinent, S. 97.
99 Cecil Spring-Rice an Valentine Chirol, 21.6.1907, Nachlass Spring-Rice, Churchill Archive Centre Cambridge, CASR 1/21.
100 John Ardagh, Memorandum on the (so-called) scheme of authorized Defence, 19.1.1897, TNA, WO 32/218, S. 8.
101 Garvin an Prothero, 12.11.1908, zit. nach: Morris, Scaremongers, S. 264.
102 »The statesmen have simply been driven to find the material equivalents for a vicious, but really pointless, war of words«, *The Nation*, 29.2.1908, zitiert in: Metternich an Bülow, 29.2.1908, Politisches Archiv des Auswärtigen Amtes, R 5777.

der Entspannung einschwenkte.¹⁰³ Dass gerade dieser Entspannungskurs die generelle Beurteilung der Außenpolitik Greys bis heute bestimmt, hat vor allem mit dem überwiegenden Fokus auf die unmittelbare Vorkriegszeit zu tun. Viertens hatte die allgemeine Aufregung über die deutsch-englische Flottenrivalität unmittelbare Konsequenzen für die Flottenverhandlungen, wie man am Beispiel etwa der Entrevue von Kronberg 1908 zeigen könnte, als Charles Hardinge die Argumentation der sogenannten *Blue Funk School* der Invasionisten eins zu eins umsetzte.¹⁰⁴

Fazit

Die methodische Erweiterung der klassischen Außenpolitikgeschichte um die Mediengeschichte im Analyserahmen des politischen Raumes an der Themse, in dem über Außenpolitik öffentlich diskutiert, und aus dem heraus politische Handlungen erfolgten, hat deutliche Vorzüge gegenüber dem traditionellen Konzept des »official mind«. Sie zeigt nicht nur die Bedeutung des Pressemanagements vor 1914. Sie lässt überdies zweitens weitere komplexe innenpolitische Motivlagen im britischen Fall im hellen Licht erscheinen, die bis heute verborgen blieben. Des Weiteren macht der Bezugsrahmen deutlich, wie sehr die veröffentlichte Meinung insgesamt sowie ihre Vertreter als neue Akteure im diplomatischen Spiel der Mächte wahrgenommen wurden und die jeweiligen Möglichkeitsräume veränderten. Drittens schließt eine mediengeschichtliche Betrachtung geradezu unweigerlich auch kulturgeschichtlich relevante Aspekte wie Wahrnehmungsmuster, Erfahrungsräume und Erwartungshorizonte mit ein. Dabei gerät gerade auch der Bereich von Emotionen und Leidenschaften in den Blick, den eine rein auf nationale Interessen fixierte Diplomatiegeschichte allzu häufig ausklammert.

103 Bei der zweiten Marokkokrise (1911) spricht vieles dafür, dass sich Deutschland und Frankreich bereits auf dem Weg einer Einigung befanden, bevor die *Mansion-House*-Rede David Lloyd Georges die Lage verschärfte. Vor allem dass Lloyd George ursprünglich dem Radikalliberalen Lager angehörte, trug wesentlich zur Anspannung der Situation bei. Vgl. dazu: Christopher M. Clark, The Sleepwalkers. How Europe went to War in 1914, London 2012, S. 204-213.
104 Am Rande der Monarchenbegegnung von Kronberg hatten sich im August 1908 Charles Hardinge und Wilhelm II. über den Stand der deutschen Rüstungen zu Wasser ausgetauscht. Statt sich aber mit den Argumenten Wilhelms II. und den bestätigten Bestandszahlen des *Nauticus* zu beschäftigen, hatte Hardinge diese als willkürlich ignoriert und beharrte auf den in der britischen Presseöffentlichkeit kolportierten Zahlen, die sich allesamt als völlig übertrieben erwiesen. Vgl. Rose, »The writers, not the sailors«, S. 221-240.

Gerade im britischen Fall, dem Inbegriff des parlamentarischen Systems vor 1914, konnten jüngere Forschungsergebnisse auf diese Weise wiederholt zeigen, dass die konventionelle Deutung eines abgegrenzten außenpolitischen Arkanbereichs nicht länger zu halten ist.[105] Der Ansatz des politischen Raumes betont ausdrücklich den prozessualen Charakter politischen Handelns und bietet ein Scharnier sowohl zwischen verschieden politischen Handlungsfeldern wie Innen- und Außenpolitik, Wirtschafts-, Rüstungs- oder Parteipolitik als auch zwischen verschiedenen Handlungsebenen in einem modernen pluralistischen Umfeld an.[106]

Eine Berücksichtigung der gleichermaßen beeinflussten wie einflussnehmenden Presse der Londoner *Fleet Street* als auch der bisher seltener berücksichtigten politischen Fiktion in Form verbreiteter Invasions- und Spionageromane erscheint dabei gerade wegen des starken politischen Einschlags der englischen Publizistik und ihrer engen Verflechtung mit den politischen Entwicklungen des Landes besonders lohnend.[107] Dabei gilt es, sich zunächst einmal der berichtenden und vor allem kommentierenden Funktion und Wirkung der Publizistik als politischem Akteur bewusst zu werden. Ein besonderes Augenmerk kommt nicht nur den öffentlich geäußerten Zielkorridoren für die politisch Handelnden, sondern auch der Kritik und Bewertung des jeweiligen Kurses *Whitehalls* zu.

Darüber erscheint ein Blick hinter die mediale Kulisse zwingend. Mithilfe der Korrespondenzen und Kontakte der wichtigsten Kommentatoren geht der Ansatz den Schritt über den allzu impressionistischen Duktus früherer Arbeiten mit dem Suffix »im Spiegel der Presse« hinaus. Ziel muss es sein, Informationsströme aufzuzeigen und den Möglichkeitsraum zeitgenössischer Deutungen und Maßstäbe der internationalen Politik zu erfassen und insgesamt in die eigene historische Betrachtung mit einzubeziehen.[108] Der besondere Quellenwert der politischen Litera-

---

105 Bösch, Geheimnisse; Geppert, Pressekrieg; Rose, Empire und Kontinent.
106 Vgl. Reinhart Koselleck, »Erfahrungsraum« und »Erwartungshorizont« – zwei historische Kategorien, in: ders., Vergangene Zukunft. Zur Semantik geschichtlicher Zeiten, Frankfurt am Main 1989, S. 349-375.
107 Zentraler Inhalt eines politischen Romans sei nach M. E. Speare, The Political Novel. Its Development in England and America, New York 1924. Political Novel: »[…] where the main purpose of the writer is party propaganda, public reform or exposition of the lives of the personages who maintain government«. Zit. nach: Ulrich Janiesch, Satire und politischer Roman. Untersuchungen zum Romanwerk Benjamin Disraelis, Amsterdam 1975, S. 15; vgl. Hans-Joachim Müllenbrock, Literatur und Zeitgeschichte in England zwischen dem Ende des 19. Jahrhunderts und dem Ausbruch des Ersten Weltkrieges, Hamburg, 1967, S. 216-218.
108 Vgl. Hale, Publicity, S. 3-12.

tur und Publizistik wie auch der politischen Fiktion besteht vor allem darin, neben der Relevanz bestimmter Themen auch die Diskussionsatmosphäre im politischen Raum Londons auszuloten – einem Raum, der durch die politische Elite der Regierungsbeamten und Politiker, Literaten und Journalisten in der City manifest wird, ein Raum, in dem Politik tagtäglich diskutiert und aus dem heraus politisch gehandelt wurde. Im pluralistischen Politiksystem Londons gehörte der permanente Meinungsaustausch zum konkreten Bestandteil der zeitgenössischen Wirklichkeitserfahrung, was schon Norman Angell mit dem Begriff des *public mind* auf den Punkt zu bringen versuchte.[109] Für eine Zeit, als die Lehre von den internationalen Beziehungen weder zum Fächerkanon von *Oxbridge* oder anderen Universitäten zählte, noch das *Royal Institute of International Affairs* als offizielle Gedankenschmiede existierte, kam als Forum der politisch debattierenden Elite somit vor allem der vielfältigen Londoner Presse ein besonderer Stellenwert zu.

---

109 Norman Angell, The Public Mind, London 1927; vgl. Leonard Courtney, Editor, S. 231.

2. Außenpolitik und Propaganda in der Epoche der Weltkriege

Propaganda, Zensur und Medien im Ersten Weltkrieg am Beispiel des U-Boot-Kriegs[1]

MARCUS KÖNIG / SÖNKE NEITZEL

Kriege waren immer auch Medienereignisse. Schon lange vor den Weltkriegen wurde nicht nur mit der Waffe, sondern auch mit dem Wort gegeneinander gefochten. Die Motive änderten sich dabei nicht: Es ging zunächst um das *jus ad bellum*; und als der Krieg dann einmal ausgebrochen war, um das *jus in bello*. Ziel war es stets, dem Anderen List, Tücke und Verbrechen nachzuweisen, um sich selber vor einer realen oder konstruierten Öffentlichkeit in ein gutes Licht zu rücken. Beispiele sind Legion: Denken wir an den Dreißigjährigen Krieg oder die Schlesischen Kriege Friedrichs II. Im Krimkrieg ist der britische Kriegseintritt ohne die Rolle der Presse, insbesondere der *Times*, nicht zu verstehen.[2] Preußen hatte 1870 auch deshalb eine so gute diplomatische Ausgangslage im Krieg gegen Frankreich, weil dieses in der Weltöffentlichkeit als Aggressor galt.[3]

Die technischen Entwicklungen in der zweiten Hälfte des 19. Jahrhunderts brachten eine neue Dynamik auch für die Publizistik. Die Entstehung der Massenpresse (Rotationsdruck), das weltweite Kabelnetz, aber auch die politische Liberalisierung mit der Abschaffung der Vorzensur veränderten den öffentlichen Diskurs grundlegend. Hypernationalismus und Hochimperialismus riefen neue Verschärfungen hervor und förderten die Emotionalisierung der Politik.[4]

Der Erste Weltkrieg war ein Meilenstein in der Medialisierung moderner Kriege. Er war wie kein Konflikt zuvor ein Medienereignis, ein

---

1 Der Aufsatz basiert in Teilen auf der noch unveröffentlichten Dissertation von Marcus König, die 2012 unter dem Titel »Der öffentliche Diskurs über den U-Boot-Krieg im Ersten Weltkrieg« an der Universität Mainz eingereicht wurde.
2 Georg Maag/Wolfram Pyta/Martin Windisch (Hg.), Der Krimkrieg als erster europäischer Medienkrieg, Berlin 2010; Ute Daniel, Der Krimkrieg 1853-1856 und die Entstehungskontexte medialer Kriegsberichterstattung, in: Daniel, Ute (Hg.), Augenzeugen. Kriegsberichterstattung vom 18. zum 21. Jahrhundert. Göttingen 2006, S. 40-67. Siehe auch den Beitrag von Rolf Ahmann im vorliegenden Band.
3 Dazu ausgewogen Winfried Baumgart, Handbuch der Internationalen Beziehungen 1830-1878, Paderborn 1999, S. 397-400.
4 Für den britischen Fall siehe unlängst Andreas Rose, Zwischen Empire und Kontinent. Britische Außenpolitik vor dem Ersten Weltkrieg, München 2011. Zum deutschen Fall zusammenfassend: Sönke Neitzel, Kriegsausbruch. Deutschlands Weg in die Katastrophe 1900-1914, Zürich 2002.

Kampf um Selbst- und Fremddarstellungen.[5] In den allermeisten kriegführenden Staaten hatte das Aufkommen der Massenpresse[6] – und während des Krieges die verstärkte Nutzung neuer Medien, so in großem Maßstab der Fotografie und erstmals auch des Kinofilms[7] – einen politischen Massenmarkt entstehen lassen, auf dem die verschiedenen politischen Richtungen versuchten, ihren Botschaften Gehör und Geltung zu verleihen. Je breiter und aktiver diese politische Medienöffentlichkeit wurde, desto mehr waren die Herrschenden darauf angewiesen, sie zu reglementieren, zu steuern und zu gestalten.

Der Erste Weltkrieg war somit nicht nur ein globaler Konflikt und ein industrieller Massenkrieg, sondern auch ein Krieg der Propaganda – und dies in einem bislang nicht dagewesenen Maße. Dass der Erste Weltkrieg bis zur totalen Erschöpfung geführt wurde und es nicht – wie noch im 19. Jahrhundert üblich – zu einem vorzeitigen diplomatischen Ausgleich kam, war auch eine Folge der Hasspropaganda, die systematisch von allen kriegführenden Mächten betrieben wurde. Wie jede Kriegspropaganda, so arbeitete auch die des Ersten Weltkrieges vor allem mit der »Komplementarität von überhöhtem Selbst- und denunzierendem Fremdbild«, einer kommunikativen Strategie also, die die »Wahrheit dem instrumentellen Kriterium der Effizienz« unterordnet.[8]

Vom ersten Tag an waren die Zeitungen voll von Artikeln, die den Konflikt zum Kampf um »Sein« oder »Nicht-Sein« stilisierten. Eine Flut von Druckerzeugnissen vermochte dem Kampf lange Zeit einen höheren Sinn zu verleihen und überzeugte breite Teile der Bevölkerung davon, gegen das »Böse« schlechthin zu kämpfen.[9] Solche Sinndeutungen waren

5 Siegfried Quandt/Horst Schichtel (Hg.), Der Erste Weltkrieg als Kommunikationsereignis, Gießen 1993. Zu den Fremd- und Selbstbildern: Sven Oliver Müller, Die Nation als Waffe und Vorstellung. Nationalismus in Deutschland und Großbritannien im Ersten Weltkrieg, Göttingen 2002; Matthew Stibbe: German Anglophobia and the Great War, 1914-1918, Cambridge 2001; Aribert Reimann, Der große Krieg der Sprachen, Essen 2000; Michael Jeismann, Das Vaterland der Feinde. Studien zum nationalen Feindbild und Selbstverständnis in Deutschland und Frankreich 1792-1918, Stuttgart 1992. Zur Pressepolitik: Martin Creutz, Die Pressepolitik der kaiserlichen Regierung während des Ersten Weltkrieges, Die Exekutive, die Journalisten und der Teufelskreis der Berichterstattung, Frankfurt a. Main 1996.
6 Martin Kohlrausch spricht sogar von einer »Medienrevolution«. Martin Kohlrausch, Der Monarch im Skandal. Die Logik der Massenmedien und die Transformation der wilhelminischen Monarchie, Berlin 2005, S. 47.
7 Gerhard Paul, Bilder des Krieges. Krieg der Bilder. Die Visualisierung des modernen Krieges, Paderborn u. a. 2004, S. 102-171.
8 Thymian Bussemer, Propaganda. Konzepte und Theorien, Leverkusen 2005, S. 30.
9 Viele deutsche Kommentatoren sahen das Zentrum des Bösen in Großbritannien, dem »klassische[n] Land der Völkerrechtsbrüche« und »Feind aller Staaten« (August

keineswegs nur von »oben« verordnet. Bereits im August 1914 fühlten sich Abertausende Deutsche dazu bemüßigt, in allen denkbaren publizistischen Formen den Kampf von »Gut« gegen »Böse« zu beschwören, »das Deutsche« abzugrenzen vom vermeintlichen Wesen der verfeindeten Nationen, denen die Schuld am Krieg zukomme. Dem eigenen Handeln wurde eine quasi-religiöse Konnotation verliehen: Der Feind wurde als absolut niederträchtig hingestellt, der unehrenhaft und heimtückisch kämpfe.[10] Gemeinsame Werte schien es nicht mehr zu geben, und dies war im Kampf zwischen Christen zuvor so nicht üblich und erinnert eher an die Propaganda in den Türkenkriegen.[11] Eifrig beteiligten sich auch Wissenschaftler und Intellektuelle an den Debatten und verhalfen der medialen Agitation mit ihrer Autorität zu einer noch größeren gesellschaftlichen Anerkennung.[12]

Auf diesen wohl bereiteten Boden konnte die staatliche Propaganda aufbauen. Sie wurde zum »Schwungrad des Krieges«[13] und konnte von der Bevölkerung immer mehr Anstrengungen für den Sieg fordern. Selbst in der zweiten Kriegshälfte, als der Leidensdruck immer größer wurde, wirkte die anfangs evozierte Sinndeutung noch lange nach. Sicherlich sollte man die Wirkungsmächtigkeit der Propaganda auch nicht überbewerten, insbesondere nicht für die Millionen von einfachen Soldaten, deren Dasein nur wenig mit den in der Publizistik beschworenen Welten zu tun hatte. Gleichwohl kannte letztlich nur eine kleine Minderheit der Deutschen das Grauen der Frontkämpfe aus eigener Anschauung, so dass es allzu leicht war, unrealistische Hoffnungen und Erwartungen zu wecken. So war die Massivität des Propagandakrieges durchaus ein zweischneidiges Schwert. Einerseits konstruierte sie die

v. Kirchenheim), das den Weltkrieg »von Anfang an als Vernichtungskrieg geplant« habe und als »Vampir des Festlandes« den Rest Europas aussauge (Graf Ernst zu Reventlow). A. v. Kirchenheim, Völkerrecht und Krieg, in: Deutsche Revue 40 (1915), S. 97-101, hier S. 98 und 100; Ernst Graf zu Reventlow, England als Feind, in: Das Größere Deutschland 3 (1916), S. 257-262, hier S. 261; Ernst Graf zu Reventlow, Der Vampir des Festlandes. Eine Darstellung der englischen Politik nach ihren Triebkräften, Mitteln und Wirkungen, Berlin 1915.

10 Vgl. Arthur Ponsonby, Sammlung von immer wiederkehrenden Argumentationsmustern der Kriegspropaganda. Zitiert bei Anne Morelli, Die Prinzipien der Kriegspropaganda, Springe 2004, S. 5.

11 Vgl. etwa Martin Wrede, Das Reich und seine Feinde. Politische Feindbilder in der reichspatriotischen Publizistik zwischen Westfälischem Frieden und Siebenjährigem Krieg, Mainz 2004.

12 Siehe etwa Sönke Neitzel, Weltmacht oder Untergang. Die Weltreichslehre im Zeitalter des Imperialismus, Paderborn 2000, S. 293-388.

13 Michael Jeismann, Propaganda, in: Gerhard Hirschfeld/Gerd Krumeich/Irina Renz (Hg.), Enzyklopädie Erster Weltkrieg, Paderborn 2009, S. 202.

Einheit und Unbesiegbarkeit der Nation und festigte zunächst die gesellschaftliche Basis für die Reichsleitung. Andererseits wurde die Politik unter einen enormen Zugzwang gesetzt, weil es nahezu unmöglich wurde, Zweifel am eigenen Sieg zu äußern und unterschiedliche Standpunkte über Politik und Strategie in den Medien sachlich zu thematisieren. Damit ist bereits die entscheidende Stoßrichtung des Propagandakrieges im Ersten Weltkrieg angedeutet: Es war der öffentliche Diskurs im *eigenen* Land, die Sinnstiftung für einen Kampf, bei dem die Generäle versuchten, den Gegner im Blut der eigenen Soldaten zu ertränken. Herrschaftssysteme, die Millionen von Menschen in die Hölle des Stellungskrieges schickten und von den Daheimgebliebenen größte Anstrengungen und Entbehrungen verlangten, konnten auf die öffentlich arrangierte Sinnstiftung nicht verzichten. Die Auslandspropaganda stand demgegenüber deutlich zurück. Und dies gilt im besonderen Maße für Deutschland, das nach dem Kriegsausbruch aufgrund der fehlenden Kabelverbindungen keinen Zugang zum Nachrichtenmarkt in Übersee mehr hatte und lediglich versuchen konnte, die europäischen Neutralen im eigenen Sinne zu beeinflussen.

Der öffentliche Kampf um den uneingeschränkten U-Boot-Krieg 1914-1917

Die Wirkung von öffentlichen Diskursen auf die Außenpolitik wird sehr oft unterstellt – auch im Zusammenhang mit dem Ersten Weltkrieg. Konkret nachgewiesen wird der Einfluss freilich selten.[14] Nachfolgend wird ein Fall behandelt, in dem ein massiver Einfluss auf eine der wichtigsten außenpolitischen Entscheidungen des Deutschen Reiches aufgezeigt werden kann. Es geht um den uneingeschränkten U-Boot-Krieg, der am 6. April 1917 zum folgenschweren Kriegseintritt der USA führte. Ohne den uneingeschränkten U-Boot-Krieg und ohne das damit in direktem Zusammenhang stehende Zimmermann-Telegramm ware es zu diesem wirkungsmächtigen Ereignis – so der weitgehende Konsens der neueren Forschung – wohl nicht gekommen. Denn so sehr sich der Außenminister Robert Lansing und Präsidentenberater Edward M. House ein offensives Engagement auf Seiten der Entente wünschten – Wilsons

---

14 Eine Studie, die eine entsprechende »Verschiebung im Gefüge von Öffentlichkeit und Diplomatie« feststellt, hat Dominik Geppert in seiner Untersuchung über die deutschen Beziehungen zu Großbritannien in der Vorkriegszeit vorgelegt. Vgl. Dominik Geppert, Pressekriege. Öffentlichkeit und Diplomatie in den deutschbritischen Beziehungen (1896 - 1912), München 2007, S. 27.

Haltung war dies nicht – zumindest nicht so ohne weiteres. Erst als ihm das Deutsche Reich keinen Ausweg mehr ließ, musste er in den Krieg ziehen, wollte er nicht vollends unglaubwürdig werden.[15] In Deutschland entwickelte sich um die Führung des U-Boot-Krieges einer der schärfsten politischen Konflikte des Ersten Weltkrieges. Im Handelskrieg mit U-Booten sahen Militärs und Siegfriedenspolitiker die entscheidende Waffe zur Niederringung Großbritanniens, das als Hauptgegner, ja als Kraft- und Nervenzentrum der Entente angesehen wurde. Nachdem die Operationen auf dem Lande im Stellungskrieg erstarrten und kaum noch Aussichten auf eine Entscheidungsschlacht bestanden, erhofften sich die deutschen Generäle und Admiräle die Rettung durch den U-Boot-Krieg. Sie nahmen dabei keine Rücksicht auf die drohenden diplomatischen und militärischen Folgen. Reichskanzler Theobald von Bethmann Hollweg und die Diplomaten des Auswärtigen Amts versuchten immer wieder die U-Boot-Forderungen der Militärs abzuwehren, um Deutschlands Stellung im neutralen Ausland nicht noch weiter zu verschlechtern und insbesondere einen Kriegseintritt der USA zu verhindern. Von der überstürzten Erklärung der Gewässer um Großbritannien zum Kriegsgebiet vom 4. Februar 1915 bis zur Proklamation des uneingeschränkten U-Boot-Krieges fast auf den Tag genau zwei Jahre später zog sich der Konflikt hin. Der Glaube an die U-Boot-Waffe und der Siegeswille der Militärs behielten letztlich die Oberhand.

Wenig beachtet wurde bislang, dass der Streit um den U-Boot-Krieg in besonderem Maße ein öffentlicher Konflikt war, denn selten wurde eine militärische Einzelmaßnahme so breit, so heftig und so lange öffentlich diskutiert. Schließlich erschien mit dieser neuen, technisch faszinieren-

15 Obgleich der Stellenwert des uneingeschränkten U-Boot-Krieges für den amerikanischen Kriegseintritt in der Literatur durchaus unterschiedlich bewertet wird, besteht ein weitgehender Konsens darüber, dass ohne ihn eine amerikanische Kriegserklärung nicht vorstellbar gewesen wäre. Zuletzt Justus Doenecke, Nothing Less Than War: A New History of America's Entry into World War, Lexington, Ky, 2011. An älterer Literatur siehe vor allem: Robert F. Ferell, Woodrow Wilson and World War I, 1917-1921, New York 1985; Arthur S. Link, Wilson, Bd. 5, Princeton 1965, insesondere. S. 410-415; Jan W. Schulte Nordholt, Woodrow Wilson. A Life for World Peace, Berkeley 1991, insbesondere S. 222-225; Thomas Knock, To End all Wars. Woodrow Wilson and the Quest for a New World Order, Oxford 1992, insbesondere S. 120f. Dagegen verfolgt Fiebig-von Hase mit strukturgeschichtlichem Ansatz die langfristige Verschlechterung der deutsch-amerikanischen Beziehungen, die einen Krieg immer wahrscheinlicher machte. Ragnhild Fiebig-von Hase, Der Anfang vom Ende des Krieges: Deutschland, die USA und die Hintergründe des amerikanischen Kriegseintritts am 6. April 1917, in: Wolfgang Michalka (Hg.), Der Erste Weltkrieg. Wirkung, Wahrnehmung, Analyse, München 1994. ND 1997, S. 125-158.

den Waffe nach dem enttäuschenden Ausgang der ersten Landoperationen der erhoffte eigene Sieg geradezu mathematisch berechenbar zu sein. Rasch überboten sich Zeitungen in Kalkulationen, wieviele U-Boote, welche Menge an britischen Handelsschiffen vernichten könnten. Zudem gab es nun neue Helden zu bejubeln. Die U-Boot-Kommandanten hatten für jedermann greifbare Erfolge vorzuweisen. Und sie eigneten sich ähnlich wie Jagdflieger mit ihrem vermeintlich ritterlichen Krieg als Identifikationsfiguren und gaben dem Massenkrieg wieder ein individuelles Gesicht.

Es entstand eine mächtige Agitationsbewegung für den uneingeschränkten U-Boot-Krieg, die die Öffentlichkeit gezielt gegen die kompromissbereite Linie der Reichsregierung unter Bethmann Hollweg mobilisierte. Mit allen legalen – und teilweise auch mit illegalen – Mitteln propagierte sie den U-Boot-Krieg als den »Weg zum Endsieg«.[16] Wie inzwischen belegt werden kann, erhielt die Agitationsbewegung dabei tatkräftige Unterstützung von den Marinebehörden, insbesondere vom Reichsmarineamt und vom Admiralstab, sowie von einzelnen Militärbefehlshabern. Insofern ist der Diskurs über den U-Boot-Krieg auch deswegen besonders, weil sich die Propaganda zwei Jahre lang gegen die Reichsleitung richtete. Erst nach der Erklärung des uneingeschränkten U-Boot-Krieges am 1. Februar 1917 stellte sich die klassische Situation ein, in der die Propaganda von der politischen Führung ausging und sich an die Bevölkerung als Rezipienten richtete, denn nun gehörte der U-Boot-Glaube zur Staatsdoktrin und bildete ein wichtiges Element der Durchhaltepropaganda in den letzten anderthalb Kriegsjahren.

Der Gedanke des U-Boot-Handelskrieges wurde durch zwei Schlüsselereignisse in den ersten Kriegsmonaten populär gemacht: Den Startschuss gaben die Torpedos von *U 9* unter dem Kommando von Otto Weddigen. Innerhalb weniger Stunden versenkte das deutsche U-Boot am 22. September 1914 drei englische Panzerkreuzer und machte schlagartig deutlich, was diese neue Waffe leisten konnte. Die Aktion von *U 9* traf einen Nerv und innerhalb kürzester Zeit entwickelte sich eine U-Boot-Begeisterung, in der die Exaltiertheit geradezu zum Markenzeichen avancierte. Die *Kölnische Zeitung* fasste ihren Enthusiasmus für die U-Boote in dem Satz zusammen: »Gegen sie kämpfen Götter selbst vergebens.«[17]

16 Vgl. die Broschüre: Walter Bacmeister, Der U-Bootkrieg als Weg zum Endsieg, Weimar 1917.
17 Das Unterseeboot im Kreuzerkrieg, in: Kölnische Zeitung, 21.10.1914.

Alfred von Tirpitz, der Organisator der deutschen Flottenrüstung, war auf einmal von den U-Booten begeistert, die er bisher als Hilfswaffe für sein Lebenswerk Schlachtflotte eher stiefmütterlich behandelt hatte. In seinem Interview mit dem US-Journalisten Karl von Wiegand am 21. November 1914 drohte er eine »Unterseebootsblockade« an, die »England einschließen und jedes Schiff zerstören«[18] könne. Als der Text einen Monat später in die deutschen Zeitungen kam, schlug er ein wie eine Bombe.[19] Tirpitz hatte seinen Vorstoß weder mit dem Admiralstab geschweige denn mit der Heeresleitung oder mit dem Reichskanzler abgestimmt. Als Staatssekretär des Reichsmarineamtes war er außerdem überhaupt nicht zuständig für den operativen Einsatz der Seestreitkräfte. Doch mit der Autorität des bekanntesten und angesehensten aktiven Militärführers im Rücken verfiel ein Großteil der deutschen Presse innerhalb weniger Tage in eine Begeisterung für das U-Boot, ja in eine U-Boot-Hysterie, die hinter jedem Zögern Landesverrat witterte.

Warum stoppte die Regierung nicht einfach diese ausufernde Pressekampagne, die falsche Hoffnungen weckte und den politischen Handlungsspielraum deutlich einschränkte? Um diese Fragen zu beantworten, muss man zunächst einen Blick auf die strukturellen Voraussetzungen für die staatliche Kommunikationspolitik werfen. Dabei wird sichtbar, dass die amtliche Öffentlichkeitsarbeit sich nicht im gleichen Maßstab wie die Bedeutung der Massenmedien entwickelt hatte. In den Ersten Weltkrieg ging das Deutsche Reich pressepolitisch unvorbereitet. Institutionalisierung und Professionalisierung hatten gerade erst begonnen. Eine Zentralisierung der Öffentlichkeitsarbeit gelang nicht. Die beiden einzigen nennenswerten Institutionen, die vor 1914 pressepolitisch aktiv waren – Auswärtiges Amt und Reichsmarineamt – arbeiteten schon in Friedenszeiten öfter gegeneinander als miteinander und setzten dies auch nach Kriegsbeginn fort. Dazu kam mit Kriegsbeginn noch das antiquierte Recht des Belagerungszustands, das die pressepolitischen Kompetenzen und ihre praktische Handhabung militärischen Stellen übertrug, die dafür überhaupt nicht vorbereitet waren. Die 57 stellvertretenden Generalkommandos, Gouvernements und Kommandanturen, die die

18 Das Interview ist abgedruckt bei Alfred v.Tirpitz, Deutsche Ohnmachtspolitik im Weltkriege, Hamburg, Berlin 1926, S. 623-627, hier S. 623. Vgl. dort auch die Meldung über das Interview vom selben Tag durch Kapitän z. S. Hopman an Admiral v. Capelle. Ebd., S. 621.
19 Vgl. unter anderem Leipziger Neueste Nachrichten, 23.12.1914, zit. n. Der Handelskrieg mit U-Booten. Bearbeitet von Arno Spindler, 5 Bde. Berlin 1932-1966. (Der Krieg zur See 1914-1918, hg. v. Marinearchiv), Bd. 1, Anlage 25, S. 245; Weber: Das Recht der Notwehr, in: Dresdner Nachrichten, 24.12.1914; Beginn der deutschen Unterseeboot-Blockade, in: Kreuzzeitung, 1.2.1915, Abendausgabe.

Exekutivgewalt im Reich übernahmen, waren weder personell noch institutionell auf die kommenden Aufgaben vorbereitet. Den zuständigen Offizieren fehlte in der Regel sowohl Erfahrung als auch Verständnis für Pressearbeit. Außerdem unterstanden sie jeweils direkt dem Kaiser. Noch nicht einmal der Generalstab oder der Kriegsminister konnten den lokalen Oberkommandierenden Befehle erteilen – geschweige denn der Reichskanzler oder das Auswärtige Amt. Was in einem Generalkommando verboten wurde, konnte im nächsten erlaubt sein. Mit der Einrichtung der Oberzensurstelle im Oktober 1914 gab es zwar eine gewisse Vereinheitlichung der Zensurpraxis, doch die Entscheidung über konkrete Sanktionsmaßnahmen blieb bei den Militärbefehlshabern. Dies kam den U-Boot-Agitatoren zugute, teilten sie doch zumeist eine konservativ-nationalistische Grundeinstellung mit den Zensoren. Die Verfassungssituation bündelte die pressepolitischen Rechte und Kompetenzen in den Händen der Militärs. Die zivile Reichsleitung blieb stets ein Bittsteller. Erst im Zuge der Oktoberreformen und der Rückgewinnung des Primats der Politik im Oktober 1918 wurde alle Presse- und Propagandaarbeit der zivilen Reichsleitung, sprich dem Reichskanzler, unterstellt. Hinzu kam, dass während des Krieges immer mehr Behörden und Ämter ihre eigenen Pressebüros unterhielten, über die sie – meist ohne zentrale Koordinierung – ihre Botschaften in die Öffentlichkeit brachten.[20]

Die unüberlegte Ankündigung des U-Boot-Krieges im Februar 1915 war auch auf den von Bethmann Hollweg subjektiv empfundenen Druck der »öffentlichen Meinung« zurückzuführen. Gegenüber Marinekabinettschef Karl Alexander von Müller äußerte der Reichskanzler, dass er sich »unter dem Druck der von Tirpitz eingeleiteten Hetze«[21] für den U-Boot-Krieg entschieden habe. Unterstaatssekretär Arthur Zimmermann bestätigte diese Einschätzung:

»Der Reichskanzler sei bei seiner Rückkehr aus dem Hauptquartier Ende Januar [1915] in weitesten Kreisen Berlins dem Glauben begegnet, daß Deutschland durch den U-Bootskrieg schnell zu Sieg und Frieden gelangen könne. [...] Er habe sich der Wahrnehmung nicht verschließen können, daß die öffentliche Meinung seine ablehnende Haltung nicht verstehe und sich sogar zu der sinnlosen Unterstellung

---

20 Vgl. zur Organisation und Methodik der Presselenkung: Anne Schmidt, Belehrung – Propaganda – Vertrauensarbeit. Zum Wandel amtlicher Kommunikationspolitik in Deutschland 1914-1918, Essen 2006.
21 Tagebucheintrag Müllers, 18. 2. 1915. Georg Alexander v. Müller, Regierte der Kaiser? Kriegstagebücher, Aufzeichnungen und Briefe des Chefs des Marinekabinetts Admiral Georg Alexander von Müller 1914-1918, Göttingen 1959, S. 91.

verstiegen habe, daß er aus Englandfreundlichkeit den U-Bootskrieg hindere«.[22]

Nach dem von der Pressekampagne begleiteten und mit herbeigeführten Beschluss zum U-Boot-Handelskrieg Anfang Februar stellten sich aber sofort die bekannten politischen Komplikationen ein. Wenn Bethmann Hollweg die friedlichen Beziehungen zu den Vereinigten Staaten erhalten wollte, musste er verhandeln und in der U-Boot-Frage kompromissbereit sein. In der Folge kristallisierten sich im publizistischen Konflikt schnell die Fronten heraus: Die begeisterten Anhänger des U-Boot-Krieges fanden sich im politischen Spektrum von den Konservativen über die Nationalliberalen bis hin zu Teilen des Zentrums. Die Position Bethmann Hollwegs und der zivilen Reichsleitung wurde von den (links)liberal ausgerichteten Medien und Akteuren sowie – mit Einschränkungen – von sozialdemokratischer Seite unterstützt. Die U-Boot-Propagandisten verfolgten mit ihrer Kampagne auch von Anfang an eine politische Agenda, die sich gegen die Regierung Bethmann Hollweg und die Politik der Diagonale richtete, weil sie die Tendenz zur Öffnung nach links und zur zunehmenden Demokratisierung ablehnten. Die vorsichtige Verständigungsbereitschaft des Reichskanzlers wurde zur Zielscheibe der Agitatoren der politischen Rechten, die schnell bei der Hand waren mit rabiaten Formulierungen. Die freikonservative *Post* forderte im Frühjahr 1915 den »Krieg bis aufs Messer, ohne Rücksicht, ohne Erbarmen, ohne Zugeständnisse und ohne Verständigung.«[23] Über die geringe Zahl der U-Boote und die einschränkenden Befehle zur Verhinderung weiterer diplomatischer Komplikationen wurde die Öffentlichkeit nicht informiert. Stattdessen versorgte das Nachrichtenbüro des Reichsmarineamts die Zeitungen mit Artikeln, die von gravierenden Auswirkungen des U-Boot-Krieges auf die britische Wirtschaft berichteten, einen baldigen

---

22 Handelskrieg, Bd. 1, S. 80.
23 Zit. n. Deutscher Geschichtskalender. Sachlich geordnete Zusammenstellung der wichtigsten Vorgänge im In- und Ausland. Begr. v. Karl Wippermann. Hg. v. Friedrich Purlitz. Jahrgang 1915, I. Band, S. 172. Das Bild des Messers sollte bei den Agitatoren noch öfter auftauchen, zum Beispiel bei Graf Reventlow: »Keine Sentimentalität! Kampf bis aufs Messer mit dem gemeinen Krämervolk, das den ganzen Weltbrand, jahrelang vorbereitet, jetzt entfacht hat.« So hieß es im Artikel: Kampf bis aufs Messer!, in: Deutsche Tageszeitung, 18.5.1915, Morgenausgabe. Einer ihrer Gegner im publizistischen Konflikt bezeichnete die U-Boot-Agitatoren konsequenterweise als »Messerhelden«. E. Z., Zeitgemäße Betrachtungen, in: Berliner Lokal-Anzeiger, 14.6.1915.

Erfolg in Aussicht stellten und die Einschränkung des U-Boot-Krieges ablehnten.[24]

Die Versenkung des britischen Passagierdampfers *Lusitania* am 7. Mai 1915 bei der knapp 1200 Menschen den Tod fanden, hob den U-Boot-Krieg auf die Tagesordnung der Weltöffentlichkeit. Das Schiff transportierte Munition und war trotz der kurz zuvor erfolgten Warnung in amerikanischen Zeitschriften in die vom Deutschen Reich zum Kriegsgebiet erklärten Gewässer gelaufen. Die Lusitania war völkerrechtlich also durchaus ein legitimes Ziel für ein deutsches U-Boot. Doch es ging in der nun losbrausenden Debatte nicht um eine juristische Interpretation des Falles, sondern einzig darum, wie er für die eigene Seite instrumentalisiert werden konnte.[25] Während die englische Presse tobte, überwog in den deutschen Zeitungsspalten die Freude über diesen spektakulären Erfolg. In der Beurteilung der *Lusitania*-Versenkung trennte damals so unterschiedliche Persönlichkeiten wie den späteren Bundespräsident Theodor Heuss und den radikalnationalistischen Scharfmacher Graf Ernst zu Reventlow nur wenig. Heuss bezeichnete den 7. Mai als »große[n] Tag für unseren U-Boot-Krieg« an dem der »Stolz der Engländer« und »eines der schnellsten Schiffe der Welt« versenkt wurde.[26] In gleichem Maße wie der politische Konflikt zwischen Berlin und Washington an Schärfe gewann, führte die *Lusitania*-Krise dem U-Boot-Diskurs auch innerhalb des Deutschen Reiches neue Energie zu. Der publizistische Konflikt erreichte in diesen Wochen einen ersten Höhepunkt. Die U-Boot-Anhänger versuchten mit allen Mitteln, die deutsche Regierung auf eine kompromisslose Haltung festzulegen. In der Berliner Pressekonferenz ermahnte die Regierung zwar wiederholt die Journalisten, das »Säbelrasseln« einzustellen, aber ohne die Hilfe der Militär-

---

24 Der Artikel »England und die Unterseeboot-Blockade« schaffte es sogar in die *Frankfurter Zeitung* (24. 3. 1915). Der Beitrag wurde dort mit dem Satz eingeleitet: »Von sachverständiger Seite wird uns geschrieben.« BA-MA, RM 2/1127, Bl. 64-65; BA-MA, RM 3/9699, Bl. 119-120.
25 Zur Versenkung der Lusitania siehe zuletzt John Protasio, The Day the World was Shocked. The Lusitania Disaster and Its Influence on the Course of World War I, Philadelphia 2011. An älterer Literatur vor allem Patrick O' Sullivan, Die Lusitania. Mythos und Wirklichkeit, Hamburg 1999.
26 Heuss am 10. 5. 1915 in der *Neckarzeitung*. Zit. n. Torsten Oppelland, Reichstag und Außenpolitik im Ersten Weltkrieg. Die deutschen Parteien und die Politik der USA 1914-1918, Düsseldorf 1995, S. 60; Vgl. Graf E. Reventlow, Lusitania, in: Das Größere Deutschland, 2 (1915), 22. 5. 1915, S. 678-686. Friedrich Naumann schrieb kurz und bündig: »Wer sich auf eine Lafette setzt, wird als Kanonenbestandteil behandelt.« Friedrich Naumann, Kriegschronik, in: Die Hilfe 21(1915), S. 294-295.

behörden war dies ein aussichtsloses Unterfangen.[27] Im Juni 1915 verging kaum ein Tag, in dem in der *Deutschen Tageszeitung* nicht vor Zugeständnissen an die USA gewarnt wurde. Stimmen, wie die des Sozialdemokraten Eduard Bernstein, der im *Vorwärts* sehr deutlich für Nachgiebigkeit plädierte, waren selten zu vernehmen.[28] Erst gegen Ende des Jahres flaute der publizistische Konflikt etwas ab.

Die Beruhigung währte jedoch nicht lange. Zum Jahreswechsel drängten der Admiralstab und die OHL wieder auf den uneingeschränkten U-Boot-Krieg. Die U-Boot-Agitatoren vernetzten sich immer besser und setzten nun auf parlamentarische Gremien, um ihr Ziel zu erreichen. Zuerst erwirkten sie eine Erklärung des preußischen Abgeordnetenhauses im Februar 1916 und Ende März brachten sie Resolutionen in den Reichstag ein, die den U-Boot-Krieg forderten und deutliche Kritik an der bisherigen Politik der Regierung Bethmann Hollweg äußerten. All dies wurde von einer Pressekampagne begleitet, die an Schärfe und Ausmaß alles bisher Dagewesene übertraf.

Bethmann Hollweg hatte schon länger den Verdacht, dass die Agitation in der Öffentlichkeit vom Reichsmarineamt angetrieben wurde. Auch der Chef des Kriegspresseamtes, Major Erhard Deutelmoser, war seit Ende Februar 1916 davon überzeugt, dass Tirpitz und sein Nachrichtenbüro gezielt gegen die Regierung arbeiteten.[29] Außerdem lagen der Reichskanzlei nun auch genügend Beweise vor, so dass Bethmann Hollweg mit Billigung der Heeresleitung und sogar des Admiralstabschefs Henning von Holtzendorff gegen Tirpitz vorgehen konnte. Die Artikel der *Deutschen Tageszeitung*, der *Kölnischen Volkszeitung* und der *Täglichen Rundschau* vom 1. und 2. März 1916 brachten das Fass zum Überlaufen. Wie bestellt, um die Beratungen der Kriegsleitung über den U-Boot-Krieg – von der die Öffentlichkeit ja offiziell nichts wusste – zu beeinflussen, trug vor allem die *Tägliche Rundschau* die Forderung nach dem uneingeschränkten U-Boot-Krieg in ihrem Artikel »In letzter Stunde« in

27 Aufzeichnungen aus der Pressebesprechung, 14.6.1915. BA-MA, RM3/10312, Bl. 52; Aufzeichnungen aus der Pressebesprechung, 25.6.1915. BA-MA, RM3/10312, Bl. 53. Falkenhayn wollte die Heeresleitung aus der öffentlichen Diskussion heraushalten und unterstützte die Regierung nicht bei ihren Forderungen nach schärferer Zensurhandhabung. Montgelas an Jagow, 19.6.1915. PA-AA, R121172; Zimmermann an Bethmann Hollweg, 28.6.1915. BA-B, R43/2406f., Bl. 226.
28 Eduard Bernstein, Ein Mahnwort. An Alle die es angeht, in: Vorwärts, 18.5.1915. Bernstein machte auch die »übelberatene[n] Besprechungen« der *Lusitania*-Versenkung und anderer Vorfälle in der deutschen Presse für die Hassausbrüche gegen Deutsche im Ausland verantwortlich.
29 Tagebucheintrag Deutelmosers, 1.3.1916 und 2.3.1916. Institut für Zeitungsforschung Dortmund, Mikrofilm F13373, Bl. 157-162; Bl. 164-165.

aller Deutlichkeit vor. Während die Menschen den Beitrag in der *Täglichen Rundschau* lasen, begannen im Großen Hauptquartier in Charleville die Besprechungen, die zu einer Entscheidung in der U-Boot-Frage führen mussten. Es mag also in vielen Fällen tatsächlich die gleiche Stunde gewesen sein, in der in Nordfrankreich die Kriegsleitung verhandelte und man in Deutschland las:

»Wir müssen jetzt, in *dieser* Stunde – denn in der nächsten schon ist Uneinbringliches versäumt – uns darüber schlüssig machen, ob wir gegen unseren Erzfeind England, gegen den Anstifter allen Uebels, die einzige Waffe, die wir gegen ihn haben, rücksichtslos und unbeirrt durch lähmende Hemmungen anwenden wollen oder nicht.«[30]

Für die *Tägliche Rundschau* stand mit dieser Entscheidung alles auf dem Spiel, denn es ging darum, »Hammer oder Amboß«[31] zu sein, zu »herrschen oder zu dienen«. Deshalb müsse man die »Hemmungen zu Fall bringen. Völlig und sofort!«[32] Ein inhaltlich ganz ähnlicher Artikel in der *Täglichen Rundschau* war durch eine Korrespondenz verbreitet worden und die Vorlage trug den Stempel: »Zur Veröffentlichung vom Reichs-Marine-Amt zugelassen«.[33] Damit konnte Bethmann Hollweg seinen Standpunkt nun ausreichend beim Kaiser begründen und Falkenhayn um Unterstützung bei den Zensurbehörden angehen. Wilhelm II. befahl, die Marinepressepolitik aus dem Machtbereich von Alfred v. Tirpitz herauszulösen und sie dem Admiralstab zu unterstellen.[34] Tirpitz sah sich als Opfer in einem »Satyrspiel der Intrige«[35] und trat wenige Tage später zurück. Nachdem die Zensuranweisungen vom Januar und Februar zu nichts geführt hatten, erließ die Oberzensurstelle nun noch einmal eine – zumindest dem Buchstaben nach – sehr strenge Anordnung, nach der

30 F.H., In letzter Stunde, in: Tägliche Rundschau, 2.3.1916. BA-B, R43/2406i, Bl. 155.
31 Vgl. den berühmten Ausspruch des Reichskanzlers Bernhard v. Bülow vom 11.12.1899: »In dem kommenden Jahrhundert wird das deutsche Volk Hammer oder Ambos [sic!] sein.« Stenographische Berichte über die Verhandlungen des Reichstags. 10. Legislaturperiode. 1. Session. 1898/1900. Bd. 4. Berlin 1900, S. 3295.
32 F.H., In letzter Stunde, in: Tägliche Rundschau, 2.3.1916. BA-B, R43/2406i, Bl. 155.
33 [Eugen] Kalau vom Hofe, Ein sicheres Mittel die Kriegsdauer abzukürzen, in: Nationalliberale Beiträge 5 (1916), Nr. 31. BA-B, R43/2406i, Bl. 145-147.
34 Als der Kaiser erstaunt war, dass die Presse so schreiben könne, sagte der Gesandte des Reichskanzlers, Carl Georg v. Treutler, zu ihm, das sei Tirpitz' Werk. Nur wenn er ausgeschaltet würde, könne in die Presseverhältnisse wieder Ordnung kommen. Treutler an Jagow, 5.3.1916. PA-AA, R21505, Bl. 276. Vgl. dazu auch Müller, S. 163; Tirpitz, Deutsche Ohnmachtspolitik, S. 487, S. 491 und S. 499-502.
35 Tirpitz, Deutsche Ohnmachtspolitik, S. 486.

eigentlich außer den amtlichen Veröffentlichungen nichts mehr zum U-Boot-Krieg hätte geschrieben werden dürfen.[36] Es brauchte also mehrere Anweisungen der Oberzensurstelle innerhalb weniger Wochen *und* die Entmachtung von Alfred v. Tirpitz, um die Agitation ein wenig zu beruhigen, so dass die amerikanische *Sussex*-Note im April 1916, die in wenig diplomatischem Ton ultimativ die Einstellung des U-Boot-Krieges verlangte, den Umständen entsprechend ruhig aufgenommen wurde. Doch so lange die U-Boot-Frage politisch in der Schwebe blieb, so lange schwelte auch der Konflikt im öffentlichen Diskurs und erzeugte einen ungeheuren Druck. Ein Bericht des Berliner Polizeipräsidenten lieferte ein drastisches Stimmungsbild:

»Wenn, geschützt von Amerika, England sich jetzt weiter verproviantiere, so sei die Folge statt deutschen Sieges allseitiges Verbluten. Die Schuld trage der oberste Reichsbeamte. Gegen diesen speichert sich daher eine Unsumme von Haß an, dem jedes Ventil fehlt. [...] Würde heute Umzugsfreiheit gegeben, so bewegte sich alsbald spontan ein Zug von 100 000 patriotischen Oppositions-Demonstranten nach dem Reichskanzlerpalais. Würde Pressefreiheit gewährt, nur ein kleiner Teil der ganz links stehenden Presse träte für die Regierung ein.«[37]

Im Sommer 1916 verstärkte sich angesichts der schärferen Zensur die Tendenz zur verdeckten Agitation. Die U-Boot-Anhänger bildeten ein weitreichendes Netzwerk von persönlichen Kontakten, das die Eliten aus Wissenschaft, Wirtschaft, Medien und Politik miteinander verband und über diverse Anknüpfungspunkte in die Behörden verfügte.[38] Im Zusammenwirken mit der – bis Ende 1916 eigentlich nicht erlaubten – Kriegszieldiskussion – entstanden Agitationsvereinigungen, wie der »Unabhän-

36 Telegramm der Oberzensurstelle Nr. 6568, 6.3.1916. BA-B, R43/2406i, Bl. 144.
37 61. Stimmungsbericht des Berliner Polizeipräsidenten. Berichte des Berliner Polizeipräsidenten zur Stimmung und Lage der Bevölkerung in Berlin, 1914-1918. Hg. v. Ingo Materna und Hans-Joachim Schreckenbach, Weimar 1987, S. 116.
38 Eine der wichtigsten Verbindungslinien zwischen den Marinebehörden und der U-Boot-Bewegung verlief über Ulrich v. Hassell, den Schwiegersohn von Alfred v. Tirpitz. Hassell fungierte als Kontaktmann des Großadmirals zu Agitatoren wie Wolfgang Kapp, Dietrich Schäfer und Heinrich Claß oder auch zu dem Leiter der einflussreichen *Süddeutschen Monatshefte* in München, Karl Alexander v. Müller. Vgl. vor allem: Raffael Scheck, Der Kampf des Tirpitz-Kreises für den uneingeschränkten U-Boot Krieg und einen politischen Kurswechsel im deutschen Kaiserreich 1916-1917, in: Militärgeschichtliche Mitteilungen 55 (1995), S. 69-91; Dietrich Schäfer, Mein Leben. Berlin 1926, S. 178; Karl Alexander v. Müller, Mars und Venus. Erinnerungen 1914-1919, Stuttgart 1954, S. 124. Zur Person Ulrich v. Hassells allgemein: Gregor Schöllgen, Ulrich von Hassell. Ein Konservativer in der Opposition, München 2004.

gige Ausschuss für einen deutschen Frieden« oder die regionalen »Volksausschüsse für die rasche Niederwerfung Englands«. Die U-Boot-Agitatoren setzten dabei alle verfügbaren Mittel ein. Mit oft unter der Hand verbreiteten Denkschriften und Broschüren propagierten sie ihren Standpunkt in den politisch geneigten Kreisen. Sogar interne Dokumente aus dem Admiralstab wurden »geleakt«, also in den Kreisen der U-Boot-Anhänger verbreitet und – zumindest sinngemäß – für die Kampagne benutzt. Dieses Vorgehen brachte den Agitatoren den Vorwurf Bethmann Hollwegs ein, sie seien »Piraten der öffentlichen Meinung«[39] und rief letztlich auch die Staatsanwaltschaft und die Polizei auf den Plan, was zu Hausdurchsuchungen und strafrechtlichen Ermittlungsverfahren führte.

Als sich im Oktober 1916 die Zentrumsfraktion im Reichstag dem Lager der U-Boot-Anhänger anschloss und damit das Parlament dem Reichskanzler de facto das Misstrauen aussprach, schien die politische Balance endgültig zu kippen. Bethmann Hollweg konnte nur noch vertrösten. Inzwischen war aber – auch auf Wunsch Bethmann Hollwegs – die 3. OHL mit Hindenburg und Ludendorff an die Spitze des Heeres getreten. Der Reichskanzler erhoffte sich von den populären Feldherren auch öffentliche Unterstützung. Und zunächst ging sein Kalkül auf. Im Herbst kam es zu einer Beruhigung in der öffentlichen Diskussion, da Hindenburg erst die Konsolidierung der militärischen Lage in Rumänien abwarten wollte und er in innenpolitischen Fragen mit dem Kanzler kooperierte. Auch die rechten Agitatoren wagten es nach eindringlichen Ermahnungen in dieser Phase nicht, Hindenburg zu attackieren und hofften auf einen baldigen Beginn des uneingeschränkten U-Boot-Krieges, der nach Ablehnung von Bethmann Hollwegs Friedensinitiative konsequent von Hindenburg durchgeführt wurde.

Bei aller Schärfe der öffentlichen Agitation bleibt aber doch genauer zu fragen, ob und inwieweit die kaiserliche Regierung, die ja weder dem Reichstag geschweige denn der »vierten Gewalt« verantwortlich war, in ihren Entscheidungen von der U-Boot-Kampagne beeinflusst wurde.

Der »Druck der öffentlichen Meinung« wurde gezielt in Entscheidungssituationen benutzt. Tirpitz und sein Mitstreiter Admiral Hugo von Pohl führten den Willen des Volkes oder den Druck der Öffentlichkeit in den verschiedenen Besprechungen im Februar 1915 als Argument für den U-Boot-Krieg bzw. gegen seine Einschränkung an. Bei den inter-

---

39 Bethmann Hollweg im Reichstag, 5.6.1916. Verhandlungen des Reichstages. 13. Legislaturperiode. 2. Session. Bd. 307. Stenographische Berichte. Berlin 1916, S. 1511.

nen Beratungen zur Abfassung der *Lusitania*-Noten, insbesondere bei der zweiten Antwortnote, lässt sich nachvollziehen, wie mit peinlichster Sorgfalt jeder Satz darauf geprüft wurde, wie die »öffentliche Meinung« reagieren würde. Vizeadmiralstabschef Paul Behncke erklärte unverblümt, dass dem Reichskanzler und dem Auswärtigen Amt klargemacht werden müsse, »dass eine öffentliche Besprechung des in Frage stehenden Vorgehens ihnen keine Wahl lassen würde.«[40]

Es ist deutlich geworden, dass die Marineführung das Drohen mit der »öffentlichen Meinung« geradezu als Erpressungsinstrument benutzte, um Entscheidungen zu ihren Gunsten zu erwirken. Diese Strategie ging zwar letztlich nicht ganz bzw. erst spät auf, doch sie war zumindest insoweit erfolgreich, als der öffentliche Druck die Leitplanken aufstellte. Weitergehende Kompromissbereitschaft oder etwa die vollständige Einstellung des U-Boot-Krieges waren dadurch fast unmöglich gemacht worden. Diese Strategie war auch deshalb einigermaßen erfolgreich, da sowohl Wilhelm II. als auch die führenden Vertreter der zivilen Reichsleitung die »öffentliche Meinung« tatsächlich als Bedrohung empfanden. Bethmann Hollweg sah sich von vornherein in der Defensive gegenüber dem »Pressefeldzug«[41] der U-Boot-Anhänger. Staatssekretär Gottlieb von Jagow sprach von der »Mobilmachung der öffentlichen Meinung«[42] gegen die Regierung. Wilhelm II. traute sich in der *Lusitania*-Krise nicht, die Einschränkung des U-Boot-Krieges öffentlich zu vertreten. Diese Verantwortung wollte er lieber seinen Untergebenen zuschieben. Er sagte, »das Volk würde in die Höhe gehen, wenn es erführe, daß der Befehl zum Aufgeben des U-Bootskrieges erteilt worden sei. Dafür könne nicht er, sondern müsse der Reichskanzler die Verantwortung übernehmen.«[43]

Inwieweit konnten nun Regierung und Militär ihrerseits den öffentlichen Diskurs beeinflussen? Die dezentralisierte Militärherrschaft und die heftigen Konflikte zwischen den verschiedenen politischen und militärischen Machtzentren machten eine planmäßige Öffentlichkeitsarbeit ungemein schwierig. Zwar wurde ab 1917 eine einigermaßen koordinierte Propagandaarbeit betrieben, doch die Zensurpraxis blieb bis zum Ende des Krieges ein Chaos. Am sichersten war noch der Einfluss der Heeresleitung, die – obwohl nicht weisungsbefugt gegenüber den lokalen Militärbefehlshabern – über eine enorme Autorität und – zumindest in der

---

40 Behncke an Bachmann, 31.7.1915. BA-MA, RM3/46, Bl. 251.
41 Besprechung des Reichskanzlers mit Journalisten, 13.3.1916. BA-MA, RM5/3014, Bl. 273.
42 Jagow an Bachmann, 21.6.1915. BA-MA, RM5/2986, Bl. 31-33.
43 Tagebuch Bachmann, 1.6.1915. Die deutsche Seekriegsleitung im Ersten Weltkrieg. Dritter Band. Bearbeitet von Gerhard Granier, Koblenz 2000, S. 114.

zweiten Kriegshälfte – mit dem Kriegspresseamt über die größte und schlagkräftigste kommunikationspolitische Institution verfügte. Die zivile Reichsleitung hingegen blieb insbesondere in Zensurangelegenheiten stets ein Bittsteller der Militärbehörden.

Für den U-Boot-Krieg war freilich die Marine der zuständige Ansprechpartner. Ihre Behörden beaufsichtigten die Zensur in Seekriegsangelegenheiten und entwickelten die einschlägige Propaganda. Die Öffentlichkeitsarbeit der Marine wurde bis März 1916 vom Nachrichtenbüro des Reichsmarineamts und nach der Entmachtung von Tirpitz und der organisatorischen Umgestaltung von der Presseabteilung des Admiralstabs betrieben. Soweit es irgendwie machbar erschien, vertrat die Marine in ihrer Presse- und Öffentlichkeitsarbeit ihren eigenen Ressortstandpunkt ohne Rücksicht auf die zivile Reichsleitung. In der U-Boot-Frage steuerten Reichsmarineamt und Admiralstab dabei die öffentliche Diskussion nachweislich gegen die Politik Bethmann Hollwegs. Die Marine betrieb also, wenn man so will, systematisch eine oppositionelle Kommunikationspolitik.

Dies bewerkstelligten die Marinebehörden zum einen, indem sie die Zensur in ihrem Bereich sehr selektiv und parteiisch ausübten. Zum anderen versorgten das Nachrichtenbüro und die Presseabteilung die Redaktionen ständig mit eigenen Artikeln oder regten Beiträge an, die für den uneingeschränkten U-Boot-Krieg eintraten. Es gelang der politischen Führung also nie, die ihre Absichten konterkarierende Pressepolitik der Marine zu beenden. Bethmann Hollweg hatte der Öffentlichkeitsarbeit bereits vor dem Krieg nicht den erforderlichen Stellenwert eingeräumt und musste nun feststellen, dass er angesichts der organisatorischen und politischen Verhältnisse in die Defensive gedrängt wurde. Dabei zeigte er durchaus Einsatz auf pressepolitischem Gebiet: In den Berliner Pressekonferenzen[44] beispielsweise informierten und lenkten die Vertreter des Auswärtigen Amts, so gut es ging, die Berichterstattung der großen Zeitungen. Im Reichstag nahm Bethmann Hollweg deutlich Stellung gegen die Agitation von rechts. Die zivile Reichsleitung unterhielt enge Kontakte zu wichtigen und angesehenen Blättern, wie der *Frankfurter Zeitung*, dem *Berliner Tageblatt* und dem *Berliner Lokal-Anzeiger*. Außerdem setzte sich Bethmann selbst auch immer wieder bei den Zensurbehörden, bei der OHL und beim Kaiser dafür ein, dass der U-Boot-Propaganda Grenzen gesetzt wurden. Mehrmals erwirkte er nach hartnäckigem Insistieren bei Generaloberst Gustav von Kessel Maßnahmen

---

44 Vgl. zu dieser Institution insbesondere Creutz (wie Anm. 4), S. 52 ff. und Kurt Koszyk, Deutsche Pressepolitik im Ersten Weltkrieg, Düsseldorf 1968, S. 186-218.

gegen die *Deutsche Tageszeitung* oder andere Presseorgane, die auf dieser Linie lagen. In mehreren Interviews traten Bethmann Hollweg und Jagow öffentlich für ihre Politik ein, was damals keineswegs üblich war. Schließlich gelang es dem Reichskanzler, beim Kaiser die Entmachtung seines – gerade auch in der Pressepolitik – ärgsten Gegners Tirpitz durchzusetzen.

Allerdings hatte Bethmann Hollweg nie für längere Zeit Ruhe an der publizistischen Front. Sein Einsatz für eine Verschärfung der Zensur in der U-Boot-Frage scheiterte regelmäßig an Ausflüchten seitens der Militärbehörden oder verpuffte in halbherzig ausgesprochenen Ermahnungen an die Presse. Viele Versuche, die eigene Position in der Öffentlichkeit zu propagieren, wie zum Beispiel die Lancierung von inspirierten Artikeln, offizielle Erklärungen in der offiziösen *Norddeutschen Allgemeinen Zeitung* oder die Gründung des »Deutschen Nationalausschusses für einen ehrenvollen Frieden«, scheiterten oder fachten den Konflikt nur noch mehr an. Bis zur Wende der U-Boot-Politik musste Bethmann Hollweg also einen mühsamen »Abwehrkampf« gegen die öffentliche Agitation führen, in dem er manchmal schon zufrieden war, wenn man ihm »vorläufig noch nicht die Fenster einwerfen«[45] würde.

Dem Entschluss zum uneingeschränkten U-Boot-Krieg vom 9. Januar 1917 liegt zweifellos eine komplexe zweijährige Entwicklung zugrunde, die man nicht ausschließlich auf die öffentliche Debatte zurückführen kann. Und dennoch hat diese das bekannte Ergebnis außerordentlich gefördert. Die Debatte über den U-Boot-Krieg ist somit für den Ersten Weltkrieg eines der klassischen Beispiele, wie sehr ein öffentlicher Diskurs die Außenpolitik beeinflussen konnte. Gewiss, es dauerte zwei Jahre, bis die *Pressure group* aus zivilen und militärischen Hardlinern am Ziel war. Bethmann Hollweg ist ihr auch deshalb erlegen, weil er sich zu spät um eine aktive Pressepolitik gekümmert hatte, zu sehr auf Beruhigen, Verhindern und nicht auf das aktive Gestalten aus war – und dies trotz seiner Erfahrungen als Kanzler seit 1909. Resigniert schrieb er in seinen Betrachtungen zum Weltkrieg:

> »Nie konnte die Stimme der so aufgerufenen Öffentlichkeit zum Schweigen gebracht werden. Fortgesetzt habe ich die den unbeschränkten Ubootkrieg propagierende Presse zu zügeln versucht. [...] Alle Versuche, die Agitation einzudämmen steigerten nur ihre Heftigkeit.«[46]

45 Bethmann Hollweg an Valentini, 26.3.1916. BA-B, R43/2406, Bl. 18.
46 Theobald von Bethmann Hollweg, Betrachtungen zum Weltkriege. (Enth.: Teil 1. Vor dem Kriege. Teil 2. Waehrend des Krieges). Hg. v. Jost Dülffer, Essen 1989, S. 211.

Vereinte Fronten: Die U-Boot-Debatte 1917/18

Am 1. Februar 1917 war es so dann weit: Das Deutsche Reich erklärte den uneingeschränkten U-Boot-Krieg. Danach stand die staatliche Öffentlichkeitsarbeit unter völlig anderen Vorzeichen. Der Konflikt zwischen ziviler Reichsleitung und Marine bestand nun nicht mehr. Das lange Taktieren, Intrigieren und Lavieren hatte ein Ende. Da nun Regierung, OHL, Marine und auch die Generalkommandos klar zur U-Boot-Entscheidung standen, war zum ersten Mal ein einheitlicher Wille von Politik und Militär zu erkennen. Insofern kippten auch die Machtverhältnisse im öffentlichen Diskurs eindeutig zur Seite der U-Boot-Anhänger. Der Glaube an den siegbringenden U-Boot-Krieg gehörte fortan zur offiziellen Doktrin. Die Skeptiker und Zweifler wurden nach Möglichkeit marginalisiert.

Ganz im Sinne der deutschen Kriegsleitung feierte ein Großteil der Zeitungen und Zeitschriften die neue Offensive der Unterseeboote wie ein zweites Augusterlebnis. Endlich – so dachten die U-Boot-Anhänger – wurde in einer beherzten Aktion die überlegene Waffe eingesetzt, die angesichts der erdrückenden britischen Seeblockade einzig noch den Erfolg bringen konnte. Und die Euphorie war aus zeitgenössischer Sicht auch durchaus begründet: In den ersten Wochen und Monaten übertrafen die gemeldeten Versenkungsleistungen bei weitem die Prognosen der Marine, so dass der Sieg scheinbar in greifbare Nähe rückte.[47]

Man beschwor die Erneuerung des Burgfriedens und das Wiedererstarken der Hoffnung, die angesichts des nicht enden wollenden Leids und der schweren Entbehrungen im Schwinden begriffen war. Die offizielle Kommunikationsstrategie setzte deshalb darauf, keine unerwünschten Nachfragen, Kritik oder Zweifel aufkommen zu lassen und den Glauben an die baldige Wirkung des U-Boot-Krieges zu festigen. Eine breite Koalition von Presseorganen von der Mitte bis zur Rechten folgte zunächst dieser Linie.[48] Abweichende Ansichten darüber, was das deutsche Volk dachte, wurden unterdrückt, wie das Verbot der *Freien Presse*

---

47 Im Februar 1917 meldete der Admiralstab 781.000 Bruttoregistertonnen und im April sogar 1,09 Mio. BRT. Die Zahlen waren jedoch grob überschätzt, wie die Neuberechnungen durch Bodo Herzog (Feb. 1917: rund 500.000 BRT und April 1917: rund 840.000) gezeigt haben. Bodo Herzog, Deutsche U-Boote 1906-1966, Herrsching 1990, S. 111. Vor dem Beginn des uneingeschränkten U-Boot-Krieges war der Admiralstab immer von einer möglichen monatlichen Versenkungsleistung von 600.000 BRT ausgegangen.

48 Vgl. zum Beispiel den Pressespiegel im *Vorwärts*: Die Presse zum uneingeschränkten U-Boot-Krieg, in: Vorwärts, 2. 2. 1917.

aus Elberfeld belegt. Das Blatt hatte behauptet, die schweigende Mehrheit der Deutschen sei gegen den uneingeschränkten U-Boot-Krieg.[49]

Die Zensuranweisungen zum U-Boot-Krieg aus dem Jahr 1916 waren immer noch in Kraft und wäre es nach dem 1917 erschienenen offiziellen Zensurbuch gegangen, dann wären »Erörterungen über Weiterentwicklung und Fortgang des U-Bootkrieges [...] verboten«[50] worden. Davon konnte freilich gar keine Rede sein. Die Presseabteilung des Admiralstabs versuchte, so viele Artikel über den Fortgang des U-Boot-Krieges wie möglich in die Presse zu bringen – vorausgesetzt sie fielen positiv aus.

Diese Aufgabe konnte die Abteilung jetzt erst richtig angehen, nachdem die politische Entscheidung gefallen war. Ihr Leiter, Karl Boy-Ed, glaubte an die »kriegsentscheidende Bedeutung«[51] der öffentlichen Meinung und setzte sich seit seinem Amtsantritt energisch dafür ein, dass sich diese Ansicht auch in seiner eigenen Waffengattung durchsetzte. Ihm gelangen wesentliche Fortschritte in Richtung einer Professionalisierung der Marineöffentlichkeitsarbeit. Die anfänglich sehr große Nachfrage nach Material zum U-Boot-Krieg erleichterte diesen Prozess. Boy-Ed verstärkte die Kooperation mit anderen Reichsbehörden, insbesondere mit dem Reichsamt des Innern, wo ein Großteil der Artikel zu den wirtschaftlichen Aspekten der U-Boot-Wirkung erarbeitet wurde. Er nutzte die neu etablierten Publikationswege, wie zum Beispiel die vom Kriegspresseamt herausgegebenen Korrespondenzen *Deutsche Kriegsnachrichten* und *Deutsche Kriegswochenschau*. Im Jahre 1917 verbreitete die Presseabteilung rund 2000 Artikel in der deutschen Presse und brachte mehr als 700 Beiträge in die ausländischen Blätter. Gleichzeitig verbesserte man die Zielgruppenorientierung des Propagandamaterials. So entwarf man gezielt Argumentationsstrategien, die für die Feldpresse oder für das Arbeitermilieu bestimmt waren. Dabei spielte auch die stilistische Ausdifferenzierung der Beiträge eine wichtige Rolle. Die Abteilung reagierte auf das Bedürfnis der Redakteure und Verleger nach mehr Material mit Anschauungs- und Unterhaltungswert. Sie versuchte die Zusammenarbeit mit der Presse partnerschaftlich zu organisieren, wie die Abstimmung in der Pressekonferenz über die Veröffentlichungsmodalitäten der Versenkungsergebnisse im Februar 1918 exemplarisch belegt. Persönliche Kontakte mit den Journalisten wurden unter anderem durch die Teilnahme an den neu eingerichteten Bezirkspressebesprechungen ausgebaut.

49 Stellvertretendes Generalkommando Münster an Preußisches Kriegsministerium, 3.2.1917. BA-B, R1501/112277, Bl. 136.
50 Pressekonzentration und Zensurpraxis im Ersten Weltkrieg. Texte und Quellen. Hg. v. Heinz-Dietrich Fischer, Berlin 1973, S. 268.
51 Umlauf Holtzendorff, 1.11.1917. BA-MA, RM5/3737, Bl. 193.

Die Presseabteilung übernahm außerdem die Koordination des Vaterländischen Unterrichts in der Marine und sorgte für einen Ausbau des Vortragswesens, denn es hatte sich gezeigt, dass die direkte Ansprache der Adressaten durch möglichst charismatisch auftretende Redner oft mehr bewirken konnte als weitere Presseartikel. In Kooperation mit der Presseabteilung wurden eine ganze Reihe von Büchern und Broschüren zum U-Boot-Krieg publiziert, denen mit behördlicher Unterstützung eine große Verbreitung garantiert wurde.[52] Auch die Nutzung der Bild- und Filmmedien wurde intensiviert, wobei die Presseabteilung hier eher den der OHL unterstehenden Spezialabteilungen, insbesondere dem Bild- und Filmamt, zuarbeitete.

Nach der Kampagne zum Jahrestag des uneingeschränkten U-Boot-Krieges im Februar 1918 stießen die Presseabteilung und die U-Boot-Propaganda allerdings immer mehr an die Grenzen ihrer Leistungsfähigkeit. Da seit Sommer 1917 die Zweifel am U-Boot-Konzept zunahmen und die Enttäuschung über das Ausbleiben des Erfolges um sich griff, sah sich die Marinepropaganda zunehmend in die Defensive gedrängt. Da das öffentliche Interesse am U-Boot-Krieg zurückging, musste die Presseabteilung verstärkt darum kämpfen, das Thema auf der Tagesordnung zu halten. Die Abteilung konnte ihre personellen und materiellen Ressourcen kaum noch ausbauen. Die Masse des inhaltlich ähnlichen Propagandamaterials führte zu einer starken Uniformierung der Presse, so dass die Redaktionen immer häufiger Marineartikel ablehnten, weil sie keinen Nachrichtenwert boten oder bereits in anderen Blättern erschienen waren.

Die Zensur konzentrierte sich vor allem darauf, die Zweifel an der Wirksamkeit des U-Boot-Krieges zu bekämpfen. Allerdings prägten weiterhin Kompetenzstreitigkeiten und Ausführungsprobleme die Zensurpraxis, so dass manche erstaunlich offene Kritik veröffentlicht werden konnte und sogar sensible Informationen wie die Zahl der vorhandenen U-Boote in Umlauf kamen.

---

52 Zwei Beispiele seien hier genannt: Karl Hollweg, Unser Recht auf den U-Bootskrieg, Berlin 1917. Diese in Kooperation mit der Presseabteilung des Admiralstabs entstandene Schrift wurde zum Start des uneingeschränkten U-Boot-Krieges unter anderem in der Berliner Pressekonferenz verteilt. Aufzeichnungen aus der Pressebesprechung, 5.2.1917. RM3/10313, Bl. 4; Die Presseabteilung empfahl die Broschüre Wilhelm Möller, Baldiger U-Boot-Friede?, Dresden [1917] an 92 Zeitungsredaktionen. Vordruck, 12.9.1917. BA-MA, RM5/3766, Bl. 200-201. Auch die für den »Vaterländischen Unterricht« zuständigen Offiziere erhielten Möllers Broschüre. HStA Stuttgart, M1/3, Bd. 499.

Zusammenfassung

Das Deutsche Reich hat den Propagandakrieg der Jahre 1914 bis 1918 verloren. Es gelang nicht, die Meinungsbildung in den neutralen Staaten wesentlich zu beeinflussen und eine eigene Deutung der Ereignisse zu etablieren. Der fehlende Zugang zu den Überseekabelverbindungen war dabei nur ein Faktor. Mindestens ebenso bedeutend war, dass es das Deutsche Reich während des gesamten Krieges nicht vermochte, die zuweilen grotesk anmutende Polykratie der Öffentlichkeitsarbeit zu beenden. Das hochmoderne Pressewesen war von einer heillos veralteten Struktur umrahmt, die eine effiziente Leitung und Lenkung der veröffentlichten Meinung unmöglich machte. Niemand hatte es für notwendig erachtet, das preußische Gesetz über den Belagerungszustand vom 4. Juni 1851 den modernen Medienverhältnissen anzupassen. So präsentierte sich das Kaiserreich einmal mehr als modern und rückwärtsgewandt zugleich, mit einer allenfalls überschaubaren Fähigkeit zu Reformen.

Der eigentliche Pressekrieg Deutschlands fand im Inneren statt – und auch ihn hat die Regierung verloren. Bethmann Hollweg vermochte es nicht, die Deutungshoheit an sich zu reißen, sondern war binnen kurzem einem publizistischen Trommelfeuer aus den Reihen konservativer und nationalliberaler Kreise ausgesetzt. Einer der zentralen Diskurse war dabei das Für und Wider des U-Boot-Krieges. Zwei Jahre lang – von Februar 1915 bis April 1917 – hielt er Öffentlichkeit und Politik in Atem. Auffällig war dabei, wie sehr es den Militärs und ihren Unterstützern immer wieder gelang, *agenda setting* zu betreiben, Verbote zu umgehen und massiven Druck auf die zivile Reichsleitung auszuüben. Diese verlor durch ihre ungeschickte Pressepolitik erheblich an Spielraum und dies obwohl der Reichskanzler offiziell nur dem Kaiser verpflichtet war. Doch wie gezeigt werden konnte, hatte die Propagandaagitation rechter Kreise erheblichen Anteil daran, dass am 1. Februar 1917 der uneingeschränkte U-Boot-Krieg wieder aufgenommen wurde, womit der Kriegseintritt der USA nicht mehr aufzuhalten war. Außenpolitik und Öffentlichkeit waren also – wie schon in den internationalen Krisen vor 1914 – im Ersten Weltkrieg eng miteinander verwoben. Dieser Befund gilt gewiss nicht nur für das Deutsche Reich – für dieses aber in besonderem Maße.

Die Konsequenzen lagen für den aufmerksamen Beobachter auf der Hand. Nur die konsequente Zentralisierung, die alle Macht der Medienlenkung in die Hände der Reichsregierung legte, konnte Sorge tragen dafür, es das nächste Mal besser zu machen. Die Nationalsozialisten hatten diese Lektion gelernt.

Ein früher Medienpolitiker?
Stresemanns Außenpolitik und die Öffentlichkeit

KARL HEINRICH POHL

Außenpolitik und außenpolitische Entscheidungen werden durch verschiedene Faktoren beeinflusst, sind jeweils in komplizierte Netze eingebunden. Zum einen ist es das außenpolitische Feld, das die Entscheidungen prägt. In diesem Kontext spielen Akteure wie Auswärtige Ämter und Diplomaten eine wichtige Rolle. Zum anderen ist aber Außenpolitik nicht nur *Außen*politik, sondern sie ist in hohem Maße und zugleich auch (verlängerte) Innenpolitik, wird durch innenpolitische Konstellationen unterschiedlicher Art maßgeblich (mit)beeinflusst.[1] Insofern sind Innen- und Außenpolitik immer eng miteinander verflochten. Für die Gestaltung der Außenpolitik spielt daher auch die Öffentlichkeit eine wichtige Rolle, da sie innere Stimmungen aggregiert und Wahrnehmungen über andere Länder maßgeblich prägt. Es gibt eine Fülle von Affinitäten und Interaktionen. Dabei ist die Richtung dieser Interaktionen, also: – wer wirkt auf was und wen in welcher Weise und mit welcher Stärke? – oft schwer zu bestimmen. Zudem verlaufen die Interaktionen nicht nur in eine Richtung, sondern auch im »Gegenverkehr«, manchmal wiederum eher kreisförmig. Zudem ist nicht immer klar, von wo und von wem Impulse kommen und wie diese aufgenommen und umgesetzt werden. Die Anstöße können sich verselbständigen, eine eigene Dynamik gewinnen, geradlinig oder mit Umwegen verlaufen. Nicht zuletzt: Viele dieser Interaktionen verlaufen im »Halbdunkel«, sind schwer zu fassen und kaum dokumentiert.[2]

Zur Analyse dieses diffizilen Komplexes bieten sich vor allem zwei Perspektiven an. Zum einen kann man versuchen, den Einfluss der Öffentlichkeit auf die Außenpolitik zu analysieren. Dabei geht es etwa um die öffentliche Auseinandersetzung um die außenpolitischen Ziele und die Art der Gestaltung. Es geht um das Durchsetzen von »öffentlichen« Forderungen, um Kritik oder Zustimmung, um Schwerpunktsetzungen,

---

1 Zu dieser Problematik schon vor 50 Jahren Ekkehart Krippendorff, »Ist Außenpolitik *Außenpolitik?*«, in: PVS 3 (1963), S. 243-266. Zu Weimar siehe Peter Krüger, Das doppelte Dilemma. Die Außenpolitik der Republik von Weimar zwischen Staatensystem und Innenpolitik, in: German Studies Review 22 (1999), S. 247-267.
2 Hans Rattinger/Joachim Behnke/Christian Holst (Hg.), Außenpolitik und öffentliche Meinung in der Bundesrepublik. Ein Datenhandbuch zu Umfragen seit 1954, Frankfurt am Main 1995, S. 18 f.

spezielle Wünsche. Zum anderen kann man die Perspektive der Akteure, also der Außenpolitiker, in den Mittelpunkt stellen. In diesem Fall geht es um Fragen des Verhältnisses zur Öffentlichkeit, um öffentliche Inszenierung, bewusste Beeinflussung, Manipulation mit Hilfe der verschiedenen politischen Mittel, etwa Indiskretion, gezielte Irreführung, Verbreitung von Halbwahrheiten, Bevorzugung bestimmter Themen. Dies alles dient jeweils dazu, die Öffentlichkeit in die Außenpolitik einzubinden, sie auf die Durchsetzung der eigenen Ziele vorzubereiten und gegebenenfalls dafür zu nutzen.

In den folgenden Darlegungen steht dieser zweite Aspekt, also der Einfluss der (außen)politischen Akteure auf die Öffentlichkeit, im Mittelpunkt. Untersucht werden soll dieser Einfluss für die mittlere Phase der Weimarer Republik. Diese Periode wird hier, wie häufig in der historischen Forschung, »personalisiert« durch die Gestalt des langjährigen Außenministers und Parteipolitikers Gustav Stresemann. Der an sich wünschenswerte »ringförmige« Prozess der gegenseitigen Beeinflussung von Politik und Öffentlichkeit wird durch diesen Ansatz allerdings vernachlässigt. Das stellt eine erhebliche Einschränkung dar.

Hinzu kommt eine weitere Eingrenzung. Bei der Analyse liegt der Schwerpunkt auf einem einzigen Medium, nämlich der Presse. Sie steht hier gewissermaßen synonym für »Öffentlichkeit« insgesamt. Diese Verengung ist allerdings insofern vertretbar, als die Presse im späten 19. und frühen 20. Jahrhundert ein Leitmedium für die öffentliche politische Kommunikation darstellte und Stresemann auf diesem Feld eine besonders hohe Kompetenz bewies.[3] Radioauftritte – gerade von Stresemann – sind noch rar,[4] können also kaum als zentrales Medium gelten. Stresemanns Umgang mit der Presse bietet sich daher an, wenngleich, und dies eine letzte und besonders wichtige Einschränkung, zur Rezeption seiner »Pressearbeit« beim Empfänger, keine belastbaren Aussagen gemacht werden können.[5]

Das Thema soll in fünf Schritten behandelt werden. Am Anfang stehen einige Bemerkungen zum außenpolitischen Akteur Gustav Strese-

---

3 Jörg Requate, Journalismus als Beruf. Die Entstehung des Journalistenberufes im 19. Jahrhundert. Deutschland im internationalen Vergleich, Göttingen 1995; derselbe (Hg.), Das 19. Jahrhundert als Mediengesellschaft. Zur Wechselwirkung medialer und gesellschaftlicher Veränderungen in Deutschland und Frankreich, München 2009.
4 Ausnahmen sind etwa die Tonaufnahmen vom 20. Mai 1928 (DRA, Weimar – Das Scheitern einer Demokratie. Tonaufnahmen von 1918 bis 1932, sowie seine Rede im Jahre 1923, dokumentiert in der Radiosendung des NDR, »Zeitzeichen«, vom 11.1.2008).
5 Meinungsumfragen liegen z. B. nicht vor.

mann. Den Mittelpunkt bildet dabei seine frühe Affinität zur Presse- und Öffentlichkeitsarbeit. Es folgt eine Beurteilung der Rahmenbedingungen für die von Stresemann geleitete Außenpolitik. Daran schließen sich einige Bemerkungen zur Struktur der Presselandschaft und ihrer Bedeutung an. Anschließend geht es um Stresemanns »Pressearbeit«, also die Art und Weise, wie er versuchte, sich mit der Presse zu arrangieren oder aber sie für seine außenpolitischen Ziele zu instrumentalisieren. Zur Konkretisierung sollen in einem letzten Schritt zwei Fallbeispiele aus dem Kontext der deutschen Locarnopolitik vorgestellt werden, um die Technik Stresemanns im Einzelnen erkennbar zu machen. Dabei dürfte deutlich werden, welch hohen Stellenwert Stresemann der Öffentlichkeitsarbeit beimaß.

Politischer Aufstieg mit journalistischem Engagement

Der im Jahre 1878 geborene Stresemann entstammte einer Bierverleger- und Schankwirtschaftsfamilie[6] Seine frühe Jugend wurde durch einen sehr bescheidenen Wohlstand geprägt. Er konnte allerdings erhebliches kulturelles Kapital erwerben, absolvierte das Realgymnasium, nahm das Studium im heimatlichen Berlin auf, um es anschließend in Leipzig fortzusetzen. Dort promovierte er in Nationalökonomie bei Karl Bücher. Seit der Jahrhundertwende machte er eine rasante ökonomische *und* politische Karriere, erst in Dresden und später in Berlin.[7] Überschattet wurde dieser Aufstieg allerdings immer durch seinen labilen Gesundheitszustand.[8]

Der heftige Streit, ob Stresemann in der Weimarer Republik ein unbelehrbarer Monarchist gewesen sei oder sich zum »geläuterten Republika-

---

6 Stresemann und sein Leben sind von einer Fülle von Biografien beleuchtet worden. Vgl. zuletzt Jonathan Wright, Gustav Stresemann, Weimars Greatest Statesman, Oxford 2002 (deutsch, 2006); Eberhard Kolb, Gustav Stresemann, München 2003 und John P. Birkelund, Gustav Stresemann. Patriot und Staatsmann, Hamburg 2003. Neuere Überlegungen zu seiner Biografie in: Karl Heinrich Pohl, Gustav Stresemann: A German Bürger?, in: Volker R. Berghahn/Simone Lässig (Hg.), Biography between Structure and Agency. Central European Lives in International Historiography, New York/Oxford 2008, S. 51-71.
7 Die folgende kurze Zusammenfassung und die weiterführenden Überlegungen zu Stresemanns Leben sowie zur Einschätzung seiner Politik stammen aus dem Zusammenhang einer neuen Biografie über Stresemann, an der ich gegenwärtig arbeite.
8 Kurt Koszyk, Gustav Stresemann. Der kaisertreue Demokrat. Eine Biographie, Köln 1989, S. 212 ff.

EIN FRÜHER MEDIENPOLITIKER?

ner« entwickelt habe, scheint überwunden zu sein.[9] An seinem ehrlichen Engagement für die parlamentarische Demokratie wird gegenwärtig in Wissenschaft, Politik und Öffentlichkeit kaum noch gezweifelt. Der wilde »Kriegstreiber« von 1914 wandelte sich, so die herrschende Meinung, zu einem außenpolitischen Realisten, der in seiner Politik seit 1923 friedliche Formen der Auseinandersetzungen bevorzugte.[10] Er wird als großer Europäer geehrt. Innenpolitisch sei er spätestens seit dem Jahre 1923 zum geläuterten Republikaner geworden, und somit zu einer der wenigen Stützen des Weimarer Systems.[11] Die positive Wertung geht sogar so weit, dass man ihm zutraut, er hätte möglicherweise, wenn er nicht so früh gestorben wäre, den Aufstieg des Nationalsozialismus verhindern können.[12]

Für die hier behandelte Thematik ist neben der positiven Beurteilung seiner Politik besonders wichtig, dass Stresemann die Bedeutung der Presse für politisches Wirken bereits sehr früh erkannte, ein Aspekt, der in der Stresemannliteratur bislang eher selten im Mittelpunkt steht.[13] Stresemann entdeckte seine Kompetenzen für Presse- und Öffentlichkeitsarbeit also nicht erst als Außen- und Parteipolitiker in der Weimarer Republik, sondern er entwickelte sie bereits frühzeitig als Jugendlicher und dann als Partei- und Wirtschaftspolitiker im Königreich Sachsen.[14] Presse spielte in dieser frühen Phase eine gleichgewichtige Rolle neben Politik und Ökonomie. Stresemann wollte ursprünglich Journalist und nicht etwa Industriesyndikus oder Politiker werden. Auf dem Gebiet der Presse erhoffte er sich eine größtmögliche persönliche Freiheit und zugleich die notwendige Resonanz, um seine liberalen Vorstellungen in der Gesellschaft umsetzen zu können. Dieses Urteil über die bedeutende Rolle der Presse hat ihn sein ganzes Leben lang begleitet.

9 Vgl. dazu Karl Heinrich Pohl (Hg.), Politiker und Bürger. Gustav Stresemann und seine Zeit, Göttingen 2002.
10 Wolfgang Michalka, Stresemann im Lichte seiner gegenwärtigen Biographien: Stresemann aus deutscher Sicht, in: Pohl (Hg.), Politiker und Bürger, S. 267-289.
11 Vorzügliche Zusammenfassung dieser Position durch Peter Krüger, Zur europäischen Dimension der Außenpolitik Gustav Stresemanns, in: Pohl (Hg.), Politiker und Bürger, S. 194-228. Zum »Europäer« Gustav Stresemann vgl. Heinz Duchhardt (Hg.), Europäer des 20. Jahrhunderts. Wegbereiter und Gründer des »modernen« Europa, Mainz 2002.
12 Das ist die Essenz des pointiert formulierten Essays von Henry Ashby Turner jr., Überlegungen zu einer Biographie Stresemanns, in: Pohl (Hg.), Politiker und Bürger, S. 290-297. Vgl. auch Wright, Gustav Stresemann, S. 520 f.
13 Eine rühmliche Ausnahme stellt hier Kurt Koszyk mit seiner Biografie dar. Dies ist wohl kein Zufall, da Koszyk als ausgesprochener Pressespezialist gilt.
14 Zu diesem Komplex Koszyk, Gustav Stresemann, S. 26 ff., der sich besonders mit dem jungen Stresemann auseinandergesetzt hat.

Für seine besondere Affinität zur Presse spricht, dass Stresemann bereits als Oberstufenschüler Autor bei der *Dresdner Volkszeitung* wurde, einem freisinnigen Organ. Später, als 20-jähriger Verbindungsstudent, avancierte er zum Chefredakteur der *Allgemeinen Deutschen Universitätszeitung*, eine Position, die er aufgrund seines jugendlichen Alters noch gar nicht hätte einnehmen dürfen. Im Jahre 1904 gründete er schließlich seine erste, aber bei weitem nicht letzte Zeitung, die *Sächsische Industrie*, das Sprachrohr des Verbandes Sächsischer Industrieller (VSI), »seines« Industrieverbandes.[15]

Als (Neu)Begründer einer modernen Nationalliberalen Partei und als wichtigster industrieller Verbandssyndikus in Sachsen waren seine journalistischen Kenntnisse und seine Vorstellungen von deren politischen Bedeutung von großer Wichtigkeit: Wollte er die dortige Honoratiorenpartei zu einer starken Mitglieder-, ja zu einer bürgerlichen Volkspartei umwandeln, spielte die Mobilisierung der Öffentlichkeit eine große Rolle. Sie war umso wichtiger, als der VSI und die Nationalliberalen über keine direkten Beziehungen zur Regierung verfügten, um dort erfolgreiche Lobbyarbeit betreiben zu können.

Es gelang Stresemann, die Parteibasis der Nationalliberalen Partei deutlich zu erweitern und zugleich auch einen erheblichen politischen Druck auf die Regierung und ihre Politik auszuüben.[16] Dabei halfen ihm, neben seiner Tätigkeit als Parteiagitator und Redner, sein Einfluss bei der *Sächsischen Industrie*, aber auch sein frühes finanzielles Engagement bei der *Dresdner Zeitung*, dem *Leipziger Tageblatt* und dem *Deutschen Kurier*, mit dem er die Blätter auf nationalen und vor allem strikt nationalliberalen Kurs zu bringen versuchte. Dieses Engagement endete im Ersten Weltkrieg allerdings mit einem finanziellen Fiasko.[17] Lange bevor Stresemann im Jahre 1912 die USA besuchte, um sich dort über moderne Öffentlichkeitsarbeit zu informieren, galt er in Sachsen als ein

---

15 Zu der frühen Zeit Stresemanns in Sachsen vgl. Holger Starke, Dresden in der Vorkriegszeit. Tätigkeitsfelder für den jungen Gustav Stresemann, in: Pohl (Hg.), Politiker und Bürger, S. 86-113; Karl Heinrich Pohl, Sachsen, Stresemann und der Verein Sächsischer Industrieller: »Moderne« Industriepolitik zu Beginn des 20. Jahrhunderts?, in: Blätter für deutsche Landesgeschichte 134 (1998), S. 407-440.
16 Wright, Gustav Stresemann, S. 42.
17 Vgl. das Schreiben Stresemanns an Justizrat Marwitz, 20.03.1918, PA AA Berlin, NL Stresemann 198. Harsche Kritik an Stresemann und seinen finanziellen Gebaren von dem Nervenarzt Dr. Ritter (Ritter an Dr. Hamann, 26.12.1918, PA AA Berlin, R 3234 (Sachsen)), »Der junge, unerfahrene Abgeordnete Dr. Stresemann und einige Großindustrielle hier, die vom Zeitungswesen gar nichts verstanden, haben 200.000 Mark verpulvert.«

moderner Public-Relations-Experte, der sich der Presse wohl zu bedienen wusste. Seine Wahlkampfführung bei den Reichstagswahlen im Jahre 1907 galt als geradezu legendär.[18]

Bereits in dieser frühen Phase Stresemannschen Wirkens zeichnen sich einige Elemente seiner Pressearbeit ab, die ihn bis zu seinem Tode im Jahre 1929 begleiten sollten: Neben dem direkten Einfluss auf verschiedene Presseorgane war es sein Geschick, sich gewissermaßen selbst multiplizierend zu vermarkten. Die Texte, die er den (liberalen) Zeitungen lieferte, basierten zumeist auf eigenen Vorträgen des glänzenden Redners, dessen Vorträge eine ungeheure Wirkung auf sein Auditorium ausübten.[19] Da Stresemann ein ausgesprochener Vielredner war, wurde nun die Reichweite seiner Reden durch die Verbreitung in Büchern, Broschüren und Zeitungsartikeln noch einmal deutlich vervielfacht.[20] Bei der Gestaltung der Texte, der redaktionellen Arbeit und sogar dem Vertrieb, ließ er besondere Sorgfalt walten, kümmerte sich um jede Kleinigkeit. Er überprüfte etwa die Korrekturfahnen, achtete auf den pünktlichen Versand, registrierte die Resonanz und sorgte auch dafür, dass eine Vielzahl von (Ansichts-)Exemplaren, manchmal geradezu peinlich andienend, an wichtige Multiplikatoren geschickt wurde.[21]

Die ganze Bedeutung des Kampfes um die öffentliche Meinung wurde Stresemann aber wohl erst im Ersten Weltkrieg bewusst. Zum einen war er von der heimatlichen Kriegspropaganda wegen ihrer relativen Wirkungslosigkeit enttäuscht. Zum anderen faszinierten ihn die Leistungen der alliierten Kriegspropaganda. Dass es der deutschen Propaganda nicht gelungen war, eigene Positionen international hoffähig zu machen, das Reich als Opfer der Alliierten darzustellen und der Kampf um die Vereinigten Staaten (auch) publizistisch verloren ging – all das sah er als schweres Defizit der deutschen Öffentlichkeitsarbeit an.

---

18 Karl Heinrich Pohl, Politischer Liberalismus und Wirtschaftsbürgertum: Zum Aufschwung der sächsischen Liberalen vor 1914, in: Simone Lässig/Karl Heinrich Pohl (Hg.), Sachsen im Kaiserreich. Politik, Wirtschaft und Gesellschaft im Umbruch, Weimar/Köln/Wien 1987, S. 101-131, bes. 108 ff.
19 Vgl. dazu aus der Sicht eines Freundes: Rochus Freiherr von Rheinbaben, Stresemann. Der Mensch und der Staatsmann, Dresden 1930, S. 79 ff. Die rednerische Fähigkeit war es auch, die Stresemann immer wieder in Spannung zwischen Rücksichtnahme auf seine angeschlagene Gesundheit einerseits und Pflichten als Minister und Parteipolitiker andererseits brachte. Ganz zweifellos hat die Überbeanspruchung als Redner sein frühes Ende mit beschleunigt.
20 Gerhard Zwoch, Gustav-Stresemann-Bibliographie, Düsseldorf 1953.
21 Vgl. dazu sein Schreiben an den Bürgerschullehrer Meissner, 9.3.1918, PA AA Berlin, NL Stresemann 198.

Persönlich kann man also durchaus von einer doppelten Niederlage sprechen, die die Ereignisse von 1918/19 für ihn darstellten. Zum einen war es der Zusammenbruch des (geliebten) kaiserlichen Systems im Jahre 1918, der ihn ein halbes Jahr nahezu arbeitsunfähig machte, zum anderen das Versagen der deutschen Kriegspropaganda, also die Misserfolge in seinem ureigensten Interessensgebiet. Das alles bestätigte ihn darin, dass die Politik in Zukunft noch viel stärker auf gezielte Öffentlichkeitsarbeit setzen müsse. Diese Erkenntnis begleitete ihn dann in seiner gesamten politischen Tätigkeit in der Weimarer Republik.

Insofern kann man in einem ersten Fazit dem Urteil des Pressespezialisten Kurt Koszyk über Stresemann in vielem zustimmen: »Genau genommen war Stresemann in seinem Habitus und seinem Denken ein Journalist und Publizist, dessen Kompetenz sich auf die Wirtschaft bezog und der die Gunst der Stunde kreativ nutzte und Außenpolitiker wurde [...]. Stresemanns persönliche wie kommunikative Allgegenwart basierte auf raffinierten Publikationspraktiken. Sie gewähren Einblick in das, was den Informationsprozess unserer Epoche wesentlich ausmacht: Politik als öffentliches Handeln für nichtöffentliche Interessen.«[22] Dieses Urteil kann gewissermaßen als Ausgangsbasis für das Thema »Stresemann, die Öffentlichkeit und die deutsche Außenpolitik« stehen.

Rahmenbedingungen für Stresemanns Öffentlichkeitsarbeit

In welche Kontexte sind nun Stresemann und die von ihm betriebene Außenpolitik einzuordnen? Welchen allgemeinen Zwängen und Rahmenbedingungen war sie ausgesetzt? Welche Aspekte sind für die hier verfolgte Fragestellung von Bedeutung? Dazu einige knappe Bemerkungen.

Erstens: Als Außenpolitiker war Stresemann vor allem in der Zeit zwischen 1923 und seinem Tode im Jahre 1929 aktiv. Allerdings wirkte er auch schon vorher als Parteiführer auf die deutsche Außenpolitik ein und entwickelte bereits im Kaiserreich sehr konkrete Vorstellungen zur Außenpolitik.[23]

Zweitens: Seit Beginn seiner politischen Karriere war Stresemann in erster Linie Parteipolitiker (und Industrielobbyist). Dies gilt partiell auch für die Periode in der er Kanzler und Außenminister war. Sein politisches

---

22 Koszyk, Gustav Stresemann, S. 17.
23 Thomas Wagner, »Krieg oder Frieden – Unser Platz an der Sonne«. Gustav Stresemann und die Außenpolitik des Kaiserreichs bis zum Ausbruch des Ersten Weltkrieges, Paderborn 2007.

Agieren ist immer in dieser dreifachen Perspektive zu sehen: Außen-, Innen- und Parteipolitik.

Drittens: Durch die Einführung des demokratischen Wahlrechtes war die Notwendigkeit einer öffentlichen Zustimmung für Stresemann als Parteipolitiker gegenüber der Vorkriegszeit noch gestiegen. Diese gesteigerte Bedeutung gilt umso mehr, als Stresemann seit Gründung der DVP im Jahre 1919 deren Zugpferd darstellte, ja diese Partei als Person geradezu zu verkörpern schien.[24]

Viertens: Die Regierungstätigkeit in einer parlamentarischen Demokratie ist immer mit einer hohen Interaktion von Politik und Öffentlichkeit verbunden. Sie wird stets intensiv und kontrovers diskutiert. Das Gebiet der Außenpolitik stellte in Weimar jedoch einen Bereich dar, der nach dem verlorenen Krieg und dem Frieden von Versailles von der Öffentlichkeit ein besonders hohes Maß an Interesse beanspruchte. Kaum ein anderes Thema war mit einer so hohen Emotionalität verknüpft, wurde so kontrovers diskutiert, wie die deutsche Außenpolitik. Um fast keinen anderen Bereich fand daher auch eine derart intensive öffentliche Auseinandersetzung statt.

Fünftens: Kaum ein anderer führender Politiker dieser Zeit hat so intensiv sowohl an dem alten kaiserlichen System gehangen als sich zugleich auch dem neuen demokratischen System angenähert und hat dort so viel politische Verantwortung übernommen. Kaum ein anderer Politiker ist dabei so wirkungsmächtig gewesen und hat im In- und Ausland so stark im Blickpunkt gestanden. Kaum ein anderer Politiker ist daher aber auch so massiv von den Anhängern des alten wie auch des neuen Systems, zugleich aber auch von der Öffentlichkeit, angegriffen worden. Es gab daher nur wenige Politiker in der Weimarer Zeit, die in dem Maße wie Stresemann immer wieder neu die Gunst der Öffentlichkeit für sich und ihre Politik gewinnen mussten.

Diese Rahmenbedingungen zeigen sehr deutlich, in welchem Ausmaß Öffentlichkeit, die Person Stresemanns und die deutsche Außenpolitik miteinander verbunden, die verschiedenen Bereiche miteinander verwoben waren.

---

24 Am besten kommt dies in den Wahlkampfplakaten der DVP zum Ausdruck. Vgl. dazu auch Wright, Gustav Stresemann, S. 224 und Thomas Mergel, Parlamentarische Kultur in der Weimarer Republik. Politische Kommunikation, symbolische Politik und Öffentlichkeit im Reichstag, Düsseldorf 2002, S. 355 ff.

Stresemanns Dilemma

Worum ging es der deutschen Außenpolitik? Welche Ziele verfolgte sie? Welche Aspekte waren in der Öffentlichkeit besonders umstritten? Wie wirkten Außenpolitik und Öffentlichkeit auf- und miteinander? Ein Schlüssel zum Verständnis der deutschen, und damit auch der Stresemannschen Außenpolitik stellt der Versailler Vertrag dar. Nahezu keine politische und gesellschaftliche Gruppierung in Deutschland akzeptierte nach 1919 den »alliierten Siegfrieden«, hielt ihn mit der »Ehre und Würde« des deutschen Volkes für vereinbar und war bereit, ihn freiwillig anzuerkennen. Bei dieser Ablehnung spielte die tatsächliche Substanz des Vertrages, die Deutschland immerhin die Option eröffnete, auch weiterhin europäische Großmacht zu bleiben, kaum eine Rolle.[25]

Die Außenpolitik nahezu aller Weimarer Außenpolitiker bestand daher vor allem darin, eine Revision dieses Vertrages erreichen zu wollen. Wie tief diese Vorstellung bereits in die Strukturen des Auswärtigen Amtes eingegriffen hatte, zeigt sich schon daran, dass direkt nach dem Kriege ein eigenes, dem Auswärtigen Amt angegliedertes »Kriegsschuldreferat« eingerichtet worden war. Dessen Ziel bestand einzig und allein darin, partei- und länderübergreifend mit publizistischen Mitteln die Grundlagen des Artikels 231 des Versailler Vertrages zu untergraben, also des Artikels, der die Kriegsschuld Deutschlands festlegte und der den meisten Deutschen als Wurzel allen Übels erschien.[26]

Damit endete allerdings auch die Übereinstimmung. Es waren vor allem der Weg zu dieser Revision, die Mittel, um das Ziel zu erreichen, das Tempo und die Art und Weise seiner Verwirklichung, über die fortlaufend innenpolitische Auseinandersetzungen entflammten. Darüber wurde nicht nur im Parlament und bei den Wahlen, sondern während der gesamten Periode öffentlich gestritten und zwar in einer höchst aufgeladenen politischen Atmosphäre. Die Protagonisten der jeweils verschiedenen Positionen geizten dabei nicht mit aggressiven negativen Zuschreibungen für die andere Seite.

Stresemann gehörte zur Gruppe der »Real- und Verständigungspolitiker«. Er wollte, nicht zuletzt nach den Erfahrungen der Ruhrbesetzung, konsequent den Weg von Verhandlungen gehen. An deren Ende hoffte er, die in Öffentlichkeit und Politik geforderte »Befreiung Deutschlands vom Versailler Joch« allmählich erreichen zu können. Darin sah er den

---

25 Zum Versailler Vertrag vgl. bereits 1993 Peter Krüger, Versailles. Deutsche Außenpolitik zwischen Revisionismus und Friedenssicherung, München 1993.
26 Hans Jürgen Müller, Auswärtige Pressepolitik und Propaganda zwischen Ruhrkampf und Locarno (1923-1925), Frankfurt am Main 1991, S. 41f.

einzig möglichen Weg, da das Land für eine etwaige militärische Option viel zu schwach war. Diese »Verständigungspolitik« betrieb er keineswegs aus innerer Überzeugung, wohl aber als flexibler Liberaler, Realist und in Anerkennung der tatsächlichen Machtverhältnisse in Europa und der Welt.

Um seine Politik mit Erfolg durchführen zu können, benötigte Stresemann die Unterstützung von Politik *und* Öffentlichkeit. Er war also nicht nur auf die Unterstützung der immer wieder schwankenden DVP und der Sozialdemokratie angewiesen, die für eine solche Politik relativ leicht zu gewinnen war, sondern vor allem auf die der bürgerlich-nationalen Mitte. Diese wiederum bildete zugleich die wichtigste Klientel seiner eigenen Partei, der DVP. Gerade hier aber war die Skepsis gegenüber der eingeschlagenen Außenpolitik erheblich.

Diese Konstellation machte außenpolitische Erfolge, auch aus innenpolitischer Perspektive, außergewöhnlich schwer. Stresemann konnte seine Ziele nur verwirklichen, wenn er rasche Erfolge erzielte. Er musste also die öffentliche Meinung so lange wie möglich beruhigen, in der Hoffnung, sie später, wenn tatsächliche Erfolge zu verzeichnen waren, zu einer Tolerierung zu veranlassen. Gerade schnelle und nach außen sichtbare Erfolge waren auf dem von ihm beschrittenen Weg (und unter den gegeben Bedingungen des außenpolitischen Feldes) jedoch nur schwer zu erreichen. Hinzu kam der Balanceakt, dass Stresemann in einer doppelten Verantwortung, als Außenminister und als Parteivorsitzender stand. Fazit: Die Verständigungspolitik Stresemanns stand, richtet man den Blick auf die deutsche Öffentlichkeit, von Anfang an vor einem fast unlösbaren Dilemma.

Stresemanns Medienpolitik

Wie sah nun die Stimmung in der Öffentlichkeit im Einzelnen aus? Welche Mittel standen dem Außenminister zur Beeinflussung der öffentlichen Meinung zur Verfügung? In Deutschland gab es, im Gegensatz etwa zu Großbritannien, eine enorme politische Bandbreite von auflagenstarken Zeitungen. Diese Vielfalt stellte eine »entscheidende Basis für eine polarisierte politische Öffentlichkeit« dar und schuf »ein Klima der parlamentarischen Lagerkämpfe und weltanschaulichen Gegensätze«.[27]

---

[27] Bernhard Fulda, Die Politik der »Unpolitischen«: Die Boulevard- und Massenpresse in den zwanziger und dreißiger Jahren, in: Frank Bösch/Norbert Frei (Hg.), Medialisierung und Demokratie im 20. Jahrhundert, Göttingen 2006, S. 32-56, S. 48; danach (S. 48) auch das folgende Zitat.

Das bezog sich sowohl auf die Legitimität der Weimarer Verfassung als auch auf die Außenpolitik. Es ist nicht übertrieben zu sagen, dass im Bereich der Außenpolitik »die politische Tagespresse den Meinungskampf deutlich intensiver austrug als das Parlament selber«. Bereits dort wurde aber höchst intensiv, häufig sogar außerhalb aller parlamentarischen Regeln gestritten.[28]

Die Öffentlichkeit war sich, wie die meisten Politiker, grundsätzlich darüber einig, dass der Vertrag von Versailles nicht nur vollständig, sondern vor allem schnell zu revidieren sei. Die Politik Stresemanns, mit schrittweisen Veränderungen dies Ziel erreichen zu wollen, besaß daher von vornherein nur geringe Chancen auf öffentliche Zustimmung. Insofern war die Möglichkeit, die Öffentlichkeit zur Unterstützung der Außenpolitik zu nutzen, gering. Immerhin, in bestimmten Phasen außenpolitischer Auseinandersetzungen, mochte die strikte Opposition eines großen Teils der Presse hilfreich sein, um den ausländischen Verhandlungspartnern die Notwendigkeit zu verdeutlichen, der deutschen Außenpolitik ein wenig entgegen zu kommen.

Auf welche Weise konnte Stresemann nun in diesem Kontext agieren? Es gab vor allem institutionelle Möglichkeiten des Amtes: Ein wichtiges Mittel stellte etwa die Presseabteilung des Auswärtigen Amtes dar, die sich unter anderem der Betreuung ausländischer Zeitungskorrespondenten widmete und die Politik des Ministers offensiv nach außen vertrat.[29] Insgesamt gesehen hat sich Stresemann jedoch während seiner Amtszeit »auf einen geschäftsmäßigen Umgang mit der Presseabteilung« beschränkt und keinen bestimmenden Einfluss auf ihre Tätigkeit genommen.[30] Diese Zurückhaltung hing wahrscheinlich damit zusammen, dass er nur wenig von diesem Instrumentarium hielt und zudem deutliche Antipathien gegenüber den, jeweils beim Kanzler angesiedelten, leitenden Beamten, pflegte. Da er auf deren Auswahl nur einen geringen Einfluss besaß, herrschte hier nicht immer ein Grundkonsens.[31]

---

28 So schon früh Michael Stürmer, Koalition und Opposition in der Weimarer Republik, 1924-1928, Düsseldorf 1967; aus anderer Perspektive Thomas Mergel, Parlamentarische Kultur in der Weimarer Republik.
29 Müller, Auswärtige Pressepolitik, S. 32 ff.; ferner: Kurt Koszyk, Deutsche Presse 1914-1945. Geschichte der deutschen Presse, Teil III, Berlin 1972, S. 107 ff.
30 Müller, Auswärtige Pressepolitik, S. 45.
31 Heinz Starkulla, Organisation und Technik der Pressepolitik des Staatsmannes Gustav Stresemann (1923 bis 1929). Ein Beitrag zur Pressegeschichte der Weimarer Republik, Phil. Diss. (ungedruckt) München 1951. S. 79 ff. Diese frühe und quellenreiche Dissertation stellt noch immer eine Fundgrube für das Thema »Stresemann und die Presse in der Weimarer Republik« dar.

Stresemann nutzte jedoch das Instrument Presseabteilung insofern, als er 1924 die Institution des »Pressetees« einführte. Dabei handelte es sich um ein jeden Freitag stattfindendes Treffen, bei dem er die in Berlin tätigen ausländischen Journalisten über die Außenpolitik informierte.[32] Hierbei vertrat er seine Politik nach außen hin sicherlich überzeugend, auch wenn man das überschwängliche Lob der älteren Dissertation von Heinz Starkulla nicht unbedingt teilen muss: »Kaum einer verfügte, wie er, über das persönliche Fluidum, das ihn die Herzen der Presseleute im Fluge gewinnen ließ. Als Meister der Rede wusste er den Meinungsaustausch über die bedeutenden politischen Tagesfragen stets so zu leiten, dass eine sprühende Diskussion zustande kam, die auch ihm reiche Anregungen vermittelte«.[33] Zutreffend ist aber wohl, dass Stresemann gerade bei der ausländischen Presse ein hohes Ansehen genoss.

Bedeutend für die Stresemannsche Pressepolitik war auch WTB (Wolffs Telegraphen Büro). Über diese weltweit vernetzte Nachrichtenagentur konnte das Auswärtige Amt Einfluss auf die allgemeine Presseberichterstattung ausüben. WTB war nämlich nicht nur von staatlichen Subventionen abhängig, sondern wurde auch im redaktionellen Bereich vom Auswärtigen Amt mitgestaltet. Zugleich ersetzten und ergänzten die WTB-Meldungen außenpolitische Berichte aus Ländern, in denen der diplomatische Apparat wenig ausgebaut war. Der Dienst dieser in Deutschland nahezu konkurrenzlos agierenden Nachrichtenagentur verpflichtete sich etwa, »der Presseabteilung alle wichtigen Meldungen vor ihrer Veröffentlichung vorzulegen, sowie Nachrichten auf Verlangen der Presseabteilung im In- und Ausland zu verbreiten oder ihre Verbreitung zu unterlassen«.[34] Zudem besaß das Amt auch personalpolitisch einen maßgeblichen Einfluss auf WTB.

Wegen dieser Monopolstellung konnten sich konkurrierende Unternehmen, trotz zum Teil besserer technischer Leistungen, nur schwer behaupten.[35] Viele der deutschen Kleinzeitungen profitierten nämlich vom

---

32 Starkulla, Organisation und Technik, S. 80.
33 Starkulla, Organisation und Technik, S. 96. Ferner, S. 98: »So darf man denn diese originale und persönliche ›Pressepolitik‹ Stresemanns als die höchste, einzigartige und zugleich wirksamste journalistische Leistung des deutschen Staatsmannes bezeichnen. Er hat mit diesem Verfahren, wo er irgendwie konnte, eine vertrauensvolle Fühlungsnahme zwischen sich und den Organen der Öffentlichkeit angebahnt, so dass eine aufgeklärte Presse Vertrauen zu ihm und seinen Taten haben konnte«.
34 Müller, Auswärtige Pressepolitik, S. 50; danach auch die folgenden Gedanken.
35 Der Konkurrenz Telegrafen Union (TU), unter Einfluss Hugenbergs stehend, gelang es nur partiell, WTB auszustechen. Vgl. Heidrun Holzbach, Das »System Hugenberg«. Die Organisation bürgerlicher Sammlungspolitik vor dem Aufstieg der NSDAP, Stuttgart 1981, S. 282f.

WTB und vor allem von den damit verbundenen amtlichen Berichterstattungen. Nicht zuletzt auch aus diesem Grunde wurde WTB in der Ära Stresemann vom Auswärtigen Amt in verschiedener Weise, etwa durch verbilligte Postgebühren, massiv bevorzugt.[36] Trotzdem war es aber für beide Seiten wichtig, die Unabhängigkeit von WTB (nach innen und außen) zumindest scheinbar zu wahren: WTB besaß daher formal alle notwendigen Freiheiten, um seine Glaubwürdigkeit zu sichern. Insgesamt wird man aber sagen können, dass WTB versuchte, die Außenpolitik Stresemanns nach innen und außen durch eine gezielte Informationspolitik zu unterstützen.

Die parteipolitischen und persönlichen Presseressourcen Stresemanns waren demgegenüber eher beschränkt. Die alten, den Liberalen zugeneigten Organe, waren nach der Revolution weitgehend zur DDP oder der DNVP abgeschwenkt. In der Zeit bis 1923, als sich die DVP noch in der Opposition befand, konnten Stresemann und seine Partei immerhin noch mit der Unterstützung der rechtsgerichteten Presse rechnen.[37] Dies hing auch damit zusammen, dass sie sich, was die Frage der Legitimität der Verfassung und den Weg der deutschen Außenpolitik anging, noch höchst sybillinisch verhielten und keine klare Positionen bezogen.

Seitdem Stresemann jedoch 1923 Kanzler und damit gewissermaßen staatstragend geworden war, eine Große Koalition mit der SPD geführt hatte und zudem noch den »nationalen Ruhrkampf« »national unwürdig«, »feige« abgebrochen hatte, fiel diese Unterstützung weitgehend weg. Die Zeitungen, die bis dahin DNVP und DVP gleichermaßen unterstützt hatten, schlugen sich nun voll auf die Seite der DNVP. Stresemann konnte sich jetzt nur noch auf das relativ schwache Pressepotential der DVP stützen, etwa auf den *Hannoverschen Kurier*, die *Kölnische Zeitung* oder die *Königsberger Allgemeine Zeitung*. Durch direkte Kontakte zu den Chefredakteuren und Verlegern versuchte Stresemann darüber hinaus auch noch Einfluss auf das *8 Uhr Abendblatt*, *Die Nationalzeitung* und den *Deutschen Kurier* zu gewinnen.[38]

Laut einer Umfrage von 1926 betrachteten sich im selben Jahr aber nur etwa 2% der 3.552 deutschen Zeitungen als nationalliberal bzw. der DVP nahe stehend. Von diesen wenigen Blättern lehnten zudem fast 50% die Außenpolitik Stresemanns prinzipiell ab.[39] Starkulla kommt nach intensiven Recherchen daher zu dem Schluss, »dass die DVP-Presse keineswegs das starke Agitations- und Propagandainstrument der Partei war, das die

---

36 Müller, Auswärtige Pressepolitik, S. 48 ff.
37 Wright, Gustav Stresemann, S. 153 ff.
38 Müller, Auswärtige Pressepolitik, S. 45; Koszyk, Gustav Stresemann, S. 161.
39 Wright, Gustav Stresemann, S. 281.

Partei- und Staatspolitik nachhaltig zu unterstützen oder gar zu tragen imstande gewesen wäre. Anders als die DDP- und auch die DNVP-Presse, die geradezu das Rückgrat ihrer Parteien bildete, war die volksparteiliche Presse – von der Partei her gesehen – nicht mehr als notwendige Ergänzung«.[40] Allerdings muss man hinzufügen, dass sich bei der Umfrage gerade die bürgerlichen Blätter als »überparteilich« definierten und insofern der Rückhalt der DVP sicherlich größer war.

Schließlich sei noch der direkte Einfluss Stresemanns auf bestimmte Presseorgane genannt: Der Außenminister hatte bereits seit seiner sächsischen Zeit versucht, Zeitungen direkt für seine publizistische Tätigkeit zu gewinnen, sich als Zeitungsunternehmer zu engagieren und sich (und von ihm animierte industrielle Geldgeber) bei verschiedenen Zeitungen finanziell zu beteiligen. Diese Taktik verfolgte er auch in der Weimarer Republik. Besonders intensiv war sein Engagement bei den *Deutschen Stimmen*, der *Deutschen Allgemeinen Zeitung*, der *Zeit* und der *Täglichen Rundschau*. Die *Deutschen Stimmen* etwa, 14-tägig erscheinend und im Zentralverlag der DVP, dem Staatspolitischen Verlag verlegt, galten als »repräsentatives, offiziöses Organ des Parteiführers und der Reichsleitung der DVP«.[41] Allerdings erzielte das halbintellektuelle Organ nur eine höchst geringe publizistische Wirkung.

Die *Zeit*, 1921 gegründet, von der Industrie (u. a. von Otto Wolff) subventioniert, lebte geradezu von den monatlichen Zuwendungen, um die Stresemann allerdings nahezu täglich ringen musste. Sie galt, wie die *Deutschen Stimmen*, als dem Außenminister nahe stehend.[42] Allerdings stützte die Redaktion, vor allem in außenpolitischen Fragen, seinen Kurs nie ganz verlässlich. Der ständige Kampf um die Finanzierung, für den Stresemann auch seinen eigenen privaten Pressefonds einsetzte, endete schließlich im Jahre 1925 mit dem Eingehen der Zeitung.[43]

Die *Tägliche Rundschau* wiederum, 1881 gegründet, wurde nach verschiedenen »Häutungen« seit Anfang der 20er Jahre »Stresemann-offiziös«, genau so wie die zuvor eingegangene *Zeit*, die von der *Täglichen Rundschau* übernommen worden war. Die Zeitung unterstützte den Locarnokurs des Außenministers. Aus diesem Grunde ist sie im Übrigen im

---

40 Starkulla, Organisation und Technik, S. 16.
41 Starkulla, Organisation und Technik, S. 25.
42 Rudolf Schneider an Bernhard, 14. 9. 1923, PA AA Berlin, NL Stresemann 264; Stresemann an von Stauss, 26. 3. 1924, PA AA Berlin, NL Stresemann 257; Stresemann an Litwin, 29. 2. 1922, PA AA Berlin, NL Stresemann 116 und Stresemann an Litwin, 10. 7. 1920, wegen eines Darlehns für die *Deutschen Stimmen* und den *Berliner Politischen Tagesdienst*, PA AA Berlin, NL Stresemann 215.
43 Müller, Auswärtige Pressepolitik, S. 45; danach auch die folgenden Gedanken.

Stresemann-Nachlass überproportional berücksichtigt. Aber auch diese Zeitung musste wegen Erfolglosigkeit 1928 das Erscheinen einstellen. Auch in diesem Fall zeigte sich, dass die (schwerindustriellen) Geldgeber nicht bereit waren, die Zeitungen des Industriefreundes Stresemann wegen der von ihnen abgelehnten Außenpolitik weiter zu stützen. Diese an sich schon schwierige Lage verschlechtert sich noch deutlich, wenn man die allgemeine Presselandschaft in Deutschland zu dieser Zeit untersucht. Der Großteil der deutschen Presse – mit Ausnahme der sozialdemokratischen Parteipresse – war, wie bereits erwähnt, von Anfang an gegenüber der außenpolitischen Tätigkeit Stresemanns skeptisch eingestellt. Seit Mitte der zwanziger Jahre veränderte sich dies aber noch weiter zu seinen Ungunsten.[44] Mit dem Aufbau des Hugenbergschen Zeitungskonzerns erwuchs sowohl der Person als auch der Politik Stresemanns ein mächtiger politischer und publizistischer Gegner, der die DNVP und den Zeitungsmarkt immer stärker zu Ungunsten Stresemanns und der DVP veränderte.[45] Neu an dem Konzern war nicht, dass mit ihm industrielle Kreise Einfluss auf die Presse zu nehmen versuchten, neu war auch nicht, dass die Zeitungen politisch instrumentalisiert wurden, neu war vor allem, neben der geballten Macht des Konzerns, dass hier unter rein unternehmerischen Gesichtspunkten ein Presseimperium aufgebaut wurde, das dezidiert zur politischen Beeinflussung genutzt werden sollte – und zwar (auch) gegen die Stresemannsche Außenpolitik.[46]

Hugenberg schuf ein Pressesystem, das vor allem außerhalb Berlins einen enormen Einfluss besaß. Er kontrollierte, nachdem er 1916 den Scherl Verlag mit schwerindustriellem Geld gekauft hatte, eine Fülle von Provinzzeitungen sowie die Nachrichtenagentur Telegrafenunion (TU) und war zugleich wichtiger Teilhaber an WTB. Zudem beherrschte er mit Hilfe seines Materndienstes über 600 Zeitungen und konnte damit

---

44 Vgl. dazu Jörg Requate, Medienmacht und Politik. Die politischen Ambitionen großer Zeitungsunternehmer – Hearst, Northcliffe, Beaverbrock und Hugenberg im Vergleich, in: AfS 41 (2001), S. 79-96; derselbe, Zwischen Profit und Politik. Deutsche Zeitungsverleger im ersten Drittel des 20. Jahrhunderts, in: Dieter Ziegler (Hg.), Großbürger und Unternehmer. Die deutsche Wirtschaftselite im 20. Jahrhundert, Göttingen 2000, S. 167-186.
45 Zum Hugenberg-Konzern Heidrun Holzbach, Das »System Hugenberg« und Dankwart Guratzsch, Macht durch Organisation. Die Grundlegung des Hugenbergschen Presseimperiums, Düsseldorf 1974.
46 Diese Gedanken wurden übernommen von Requate, Zwischen Profit und Politik, S. 175.

EIN FRÜHER MEDIENPOLITIKER?

zweifellos einen erheblichen Meinungsdruck ausüben.[47] Der Besitz der größten deutschen Filmgesellschaft, der UFA, verlieh dem Konzern noch zusätzliche Medienmacht. Hugenberg bekämpfte die von Stresemann geführte Außenpolitik mit aller Schärfe und ließ auch »seine« DNVP immer mehr nach rechts abdriften. Unter diesen Umständen war seit Mitte der 20er-Jahre nicht mehr an eine gemeinsame Außenpolitik von DVP und DNVP zu denken. Der Druck von Hugenbergs Presse und dessen innerparteilicher Machterwerb führten die DNVP unumkehrbar in die Opposition zu Stresemann und seiner DVP.[48] Diese Opposition wurde noch durch die geradezu pathologische persönliche Feindschaft Hugenbergs gegenüber Stresemann verstärkt.[49] Die Presse des Hugenberg-Konzerns schoss sich somit immer doppelt auf Stresemann ein, zum einen auf die Person und zum anderen auf den Außenpolitiker.

Die Wirkung dieser öffentlichen Meinungsmache ist allerdings schwer einzuschätzen. Insofern ist noch einmal auf ein Problem und zugleich auf ein erhebliches Manko der bisherigen Forschung hinzuweisen. Welchen tatsächlichen Einfluss diese Medienmacht Hugenbergs auf die öffentliche Meinung, vor allem in Bezug auf die deutsche Außenpolitik ausübte, also auf die Seite der Presserezipienten, ist bislang kaum erforscht.[50] Ein einfaches »Stimulus – Response Modell« ist sicherlich nicht zutreffend.[51] In jedem Fall aber wird man wohl sagen können, dass von einer öffentlichen Zustimmung zu Stresemanns Außenpolitik keine Rede sein kann.

Das Beispiel Locarno-Vertrag

Zum Schluss soll das Zusammenspiel von Öffentlichkeit und Außenpolitik am Beispiel der Auseinandersetzungen um den Vertrag von Locarno im Jahre 1925 konkretisiert werden. Dabei soll die Beeinflussung der deutschen Presse durch Stresemann selber im Mittelpunkt stehen.

47 Hans-Ulrich Wehler, Deutsche Gesellschaftsgeschichte, Bd. 4: Vom Beginn des Ersten Weltkriegs bis zur Gründung der beiden deutschen Staaten 1914-1949, München 2003, S. 478.
48 Larry Eugene Jones, German Liberalism and the Dissolution of the Weimar Party System, 1918-1933, Chapel Hill/London 1988, S. 291 ff.
49 Wright, Gustav Stresemann, u. a. S. 49.
50 Requate, Medienmacht und Politik, S. 93: »Im Endeffekt wird sich aber auch hier festhalten lassen, dass den Möglichkeiten, Zeitungsmacht in politische Macht umzusetzen, engere Grenzen gesetzt waren, als er [Hugenberg, K. H. Pohl] und viele andere erwarteten«.
51 Fulda, Die Politik, S. 50.

Ein erster, eher klassischer Aspekt, die Öffentlichkeit im Sinne der eingeschlagenen Politik zu beeinflussen, stellte die direkte und indirekte Pressearbeit Stresemanns dar. Der Außenminister wirkte in der Presse auf verschiedenen Wegen nicht nur »aufklärend«, er verfasste nicht nur, wie bereits erwähnt, unter eigenem Namen eine Fülle von Artikeln, die seine Politik zu erklären versuchten, sondern er war noch lebhafter unter verschiedenen Pseudonymen tätig. Diese waren zum Teil der Öffentlichkeit bekannt, blieben ihr aber zum Teil auch unbekannt. Der Bericht im *Hamburger Fremdenblatt* vom 10. April 1925, in dem die (spätere) Locarnopolitik von einem Anonymus verständnisvoll und sachgerecht diskutiert wurde, kann dafür geradezu klassisch stehen.[52] Auf diese Weise versuchte Stresemann, seine Politik gewissermaßen aus unabhängiger, »objektiver« Sicht darzustellen und damit öffentlich zu fördern.

Ein besonderes Beispiel stellt in diesem Kontext der berühmte Kronprinzenbrief vom September 1925 dar, der schon unter vielerlei Aspekten sehr sorgfältig, kaum aber unter dem speziellen Gesichtspunkt Stresemannscher Pressearbeit analysiert worden ist.[53] Ein Ziel dieses Briefes war es, den Kronprinzen für die Ziele seiner Außenpolitik zu gewinnen, um über ihn in der rechten Öffentlichkeit Stimmung für die deutsche Sicherheitspaktinitiative zu machen. Politisch zielte das auf die DNVP-Anhänger und das konservative Milieu, für das die politische Meinung des Kronprinzen von Bedeutung sein mochte.[54]

Wichtig im Kontext der Pressebeeinflussung ist nun, wie Stresemann hier vorging. Zum einen versuchte er den Kronprinzen sachlich zu überzeugen. Dabei passte er seine Argumentation den Nationalisten sehr stark an, so dass er bis hart an die Grenze der Verfälschung (oder eben auch nicht?) seiner eigenen Absichten ging. Dies hat ihm harsche Kritik in der Historiografie eingetragen.[55] Sein Ziel war es, auf diese Weise beim Kronprinzen Verständnis und einen geeigneten Resonanzboden für seine

---

52 Müller, Auswärtige Pressepolitik, S. 204 ff.
53 Vgl. dazu u. a. Karl Heinrich Pohl, Der »Kronprinzenbrief« Gustav Stresemanns von 25. September 1925. Ein Beispiel für wissenschaftsnahe Quelleninterpretation an der Oberstufe des Gymnasiums, in: Geschichtsdidaktik 8 (1983), S. 152-163.
54 Rudolf Olden, Hat Stresemann betrogen?, in: Die Sammlung 2 (1934/35), S. 231-241, S. 237: »Es ist ein Werbebrief, eine geschriebene Agitationsrede und zwar eine Agitationsrede an die Nationalisten, denen Stresemann auf direktem Weg schon lange nicht mehr nahe kommen konnte, die er auf Umwegen bearbeiten musste«.
55 Am schärfsten die Kritik von Wolfgang Ruge, Stresemann – ein Leitbild? In: Blätter für deutsche und internationale Politik 14 (1969), S. 468-484. Zum Gesamtkomplex Annelise Thimme, Einmal um die Uhr. Die Stresemann-Kontroverse von 1927-1979, in: Hartmut Lehmann (Hg.), Historikerkontroversen, Göttingen 2000, S. 31-85.

Politik zu schaffen, in der Hoffnung, der Kronprinz könne dann als Multiplikator von Nutzen sein. Zum anderen aber versuchte Stresemann den Kronprinzen dadurch zu gewinnen, dass er in seinem Brief unabhängige, tendenziell rechtsgerichtete Journalisten als Befürworter seiner Politik zitierte, die seine Politik ebenfalls unterstützen. Der von ihm in dem Brief als Kronzeuge genannte Dr. Hans Schumann war aber niemand anders als Stresemann selber, der unter diesem Pseudonym publizierte. Das konnte der Kronprinz jedoch nicht wissen. Mit Hilfe dieses Tricks versuchte Stresemann das Gewicht seiner Argumentation zu stärken und (wissenschaftlich) zu »objektivieren« – ein Verfahren, das er häufig angewendet hat.

Ein zweites Feld stellte Stresemanns Umgang mit dem Faktor »Zeit« dar. Dieser Faktor bildete, wie erwähnt, ein extrem wichtiges Element, um die Öffentlichkeit für die Außenpolitik zu gewinnen und diese aktiv zu gestalten. Die Locarnopolitik war öffentlich nur zu vermitteln, wenn relativ rasche und sichtbare Erfolge zu erzielen waren, die auch nach außen hin kommuniziert werden konnten. Diese Tatsache, allerdings nicht nur sie allein, hatte ganz deutliche Auswirkungen auf die praktizierte Locarnopolitik. Sie bestärkte nämlich den Außenminister darin, diese so lang wir möglich geheim zu halten. Durch das Verschweigen seiner Sicherheitsinitiative gegenüber den deutschnationalen Ministern, dem Reichskanzler und der Öffentlichkeit suchte er Zeit zu gewinnen, Zeit, um den lästigen Fragen und Vorstellungen des rechten Koalitionspartners DNVP zu entgehen, Zeit aber auch, um den diplomatischen Freiraum ungestört von der kritischen Öffentlichkeit nutzen zu können.

Er benötigte diese arkane Zeit, um dadurch, wie er zu recht vermutete, den langwierigen Prozess der diplomatischen Aushandlungen der Öffentlichkeit gegenüber gewissermaßen optisch »verkürzen« zu können. Statt am 10. Januar 1925 begann die Sicherheitsinitiative für die Öffentlichkeit daher gewissermaßen erst Ende März, als sie schließlich publik wurde. Dadurch wurde die Zeit bis zum Abschluss der Verhandlungen nach außen hin erheblich verkürzt. Jeder Tag jedoch, an dem die Sicherheitsinitiative noch nicht bekannt war, stellte einen der Öffentlichkeit abgerungenen Tag dar, an dem die Presse noch keine Angriffe auf seine Politik führen konnte. Dieser Zeitgewinn war umso wichtiger, als für die DNVP und die ihr nahe stehende Hugenberg-Presse der Vertrag von Locarno (und vorher bereits der Dawes-Plan) mindestens ein »zweites« und »drittes«, diesmal sogar freiwilliges Versailles darstellte. An dieser Fundamentalkritik änderten alle wirtschaftspolitischen Zugeständnisse an die DNVP nichts, mit denen Kanzler und Außenminister die Partei zu ködern suchten.⁵⁶ Nur unter der Berücksichtigung (auch) dieses öffentlichen Erfolgsdruckes ist daher zu verstehen, mit welcher Dynamik und Schnelligkeit das Auswärtige Amt die Verhandlungen zum Sicherheitspakt vorantrieb und binnen weniger Monate ein Vertragswerk erarbeitete, das man geradezu als »diplomatisches Meisterwerk« bezeichnen kann.⁵⁷

Ein besonderes Dilemma Stresemanns bestand nun aber darin, dass er die realen (und beachtlichen) Erfolge, die im Vertragswerk durchgesetzt worden waren, nicht allzu deutlich öffentlich benennen konnte.⁵⁸ Dass mit diesem Vertrag etwa die Westgrenze Polens deutlich destabilisiert worden war und Polen seine Verbündeten faktisch verlor, entsprach zwar den Wünschen der öffentlichen Meinung, konnte aber in dieser Schärfe nur intern, aber nicht öffentlich so deutlich gesagt werden, wollte man damit die Vertragspartner nicht düpieren.⁵⁹ Immerhin konnte Stresemann jedoch Anweisungen an alle Gesandt- und Botschaften erteilen, in ihren Bereichen »aufklärende« Pressearbeit zu veranlassen, die er dann auf die deutsche Öffentlichkeit wirken lassen konnte. Das war als Versuch zu werten, die deutsche Öffentlichkeit gewissermaßen von außen zu beruhigen.

Auf den konkreten, öffentlich besonders intensiv diskutierten Feldern hingegen, etwa bei der raschen Räumung der besetzen Gebiete, waren jedoch Erfolge, die die Öffentlichkeit beruhigt hätten, nicht in dem gewünschten Maße schnell zu erzielen. Das Problem der »Rückwirkungen« von Locarno machte dem Außenminister daher extrem zu schaffen und hat ihn bis zu seinem Tode bewegt. Der permanente Druck Stresemanns auf seine Verhandlungspartner, seine Rastlosigkeit, sein geradezu undiplomatisches Fordern – aber auch seine spätere Resignation – sind da-

---

56 Karl Heinrich Pohl, Weimars Wirtschaft und die Außenpolitik der Republik 1924-1926. Vom Dawes-Plan zum Internationalen Eisenpakt, Düsseldorf 1979, insbesondere S. 135 ff.
57 Vgl. dazu auch Krüger, Zur europäischen Dimension, in: Pohl (Hg.), Politiker und Bürger, S. 194-228.
58 Vgl. dazu von Schubert an die Deutsche Gesandtschaft in Bern, 28. 10. 1925, PA AA Berlin, Gesandtschaft Bern, Rep. Sicherheitsfragen, Bd. 472/3. »Die erforderliche Aufklärung ist von hier aus schon in die Wege geleitet worden, würde aber wesentlich gefördert werden, wenn es gelänge, neutrale Persönlichkeiten, insbesondere Völkerrechtslehrer von Ruf, dazu zu gewinnen, dass sie sich in Pressartikeln über die Bedeutung des Vertragswerks für Deutschland äußern. Das würde namentlich den Vorteil haben, dass dabei der Nutzen des Vertragswerks für Deutschland offener ins rechte Licht gesetzt werden kann, als dies aus nahe liegenden außenpolitischen Gründen von deutscher Seite möglich ist.«
59 Karl Heinrich Pohl, Deutschland und Polen. Überlegungen zur »Europäischen Verständigungspolitik« Gustav Stresemanns, in: Studia Historica Slavo-Germanica XXVI (2006), S. 223-244.

her nicht nur durch die politische Konstellation zu erklären, etwa um die DNVP bei der Stange zu halten. Sie hängen auch nicht nur mit politischem Kalkül, nicht nur mit seiner fortschreitenden Krankheit und dem frühen Erkennen seines baldigen Ablebens und dem Wunsch zusammen, seine Erfolge noch selber erleben zu können. Sie sind vielmehr auch durch das Bewusstsein zu erklären, der Öffentlichkeit unbedingt Erfolge vorweisen zu müssen, um das Gesamtwerk nicht zu gefährden. Die polaren öffentlichen Auseinandersetzungen sollten durch Erfolg überwunden, die Richtigkeit der Verständigungspolitik dargelegt werden.[60] Dieser Aspekt ist in der bisherigen Stresemannforschung zweifellos noch nicht gebührend gewürdigt worden.[61]

Somit lässt sich bilanzieren, dass die Mehrheit der deutschen Presse, das gilt in erheblichem Maße auch für die katholisch und vollständig für die kommunistisch beeinflusste, nicht aber für die sozialdemokratische Presse, die Außenpolitik Stresemanns vehement bekämpft hat. Neben den rechten politischen Parteien stellte diese Öffentlichkeit einen großen Hemmschuh für die Durchsetzung der Stresemannschen Verständigungspolitik dar. Diese Feststellung gilt, obwohl Stresemann mit großer Intensität und den verschiedensten, hier knapp skizzierten Mitteln, versuchte, seinen Einfluss auf die deutsche Presse geltend zu machen.

Hervorzuheben ist, in welch hohem Maße Stresemann die Rolle der Presse würdigte, ihre Bedeutung für die Durchführung (auch) der Außenpolitik erkannte und als wichtigen Faktor auf dem politischen Feld einordnete. Zweifellos war er einer der (wenigen) Politiker in der Weimarer Republik, die das Instrumentarium moderner Medienpolitik bereits sehr gut beherrschten. Der »gelernte Journalist« Stresemann stand allerdings vor dem Dilemma, dass der größte Teil der deutschen Presse mit rationalen Argumenten nur schwer zu erreichen war und dass die aufgeladene politische Atmosphäre, die von ihm angestrebte Kooperation zwischen Auswärtigem Amt und deutscher Presse deutlich erschwerte.

In den Fällen jedoch, in denen eine rationale Kooperation möglich erschien, etwa im Umgang mit weiten Teilen der ausländischen Presse, erwies er sich als ein glänzender Medienpolitiker, der auf der Klaviatur der Medienbeeinflussung exzellent zu spielen imstande war. Die öffentliche Reaktion im Ausland auf seinen Tod belegt sehr deutlich, welch

60 Vgl. dazu auch Ursula Büttner, Weimar. Die überforderte Republik 1918-1933. Leistung und Versagen in Staat, Gesellschaft, Wirtschaft und Kultur, Stuttgart 2008, S. 360.
61 Vgl. hierzu zuletzt Ralph Blessing, Der mögliche Frieden. Die Modernisierung der Außenpolitik und die deutsch-französischen Beziehungen 1923-1929, München 2008, der diesem Aspekt eine eher geringe Bedeutung beimisst.

große internationale Reputation Stresemann besaß – und welchen hohen Anteil die von Stresemann durch seine gezielte Pressearbeit bevorzugt behandelte ausländische Presse daran hatte.[62] Das Verhältnis von Öffentlichkeit und Außenpolitik, die gegenseitige Beeinflussung, die Dynamik der Auseinandersetzungen und die Medienpolitik Stresemanns, sind bislang allerdings noch weitgehend unerforscht geblieben. Bei einer genaueren Analyse würden möglicherweise nicht nur neue Akzente in der Beurteilung Stresemanns und seiner Außenpolitik gesetzt werden können, sondern auch der Blick von einem eher politikgeschichtlich bestimmten Ansatz hin zu einer auch kulturgeschichtlich beeinflussten Perspektive geöffnet werden. Ein solcher Ansatz könnte die Forschungen über Stresemann und die Außenpolitik von Weimar sicherlich befruchten.

62 Dazu Karl Heinrich Pohl, Gustav Stresemann (1878-1929). Eine liberale Leitfigur in der Geschichte der Bundesrepublik?, in: Jahrbuch zur Liberalismus-Forschung 24 (2012), S. 69-88, S. 82 f.

»Frieden in Europa« im Konzept der hegemonialen NS-Politik
Zur Eigendynamik außenpolitischer Propagandakommunikation

BERND SÖSEMANN

Die öffentlichen und medialen Verhältnisse in autoritären und totalitären Gesellschaften scheinen wenig kompliziert und besonders in der Retrospektive leicht zu erkennen, zu interpretieren und darzustellen zu sein. Dies liegt überwiegend darin begründet, dass der gesamte Staat, oder wie auch immer das Herrschaftsgebilde von den Machthabern verfassungsrechtlich offiziell definiert wird, nicht föderalistisch, sondern zentralistisch aufgebaut und hierarchisch geordnet ist. Dabei ist es gleichgültig, ob »Staat« oder »Reich« sich traditionell oder »revolutionär« definieren, »ständisch« oder »völkisch«: In allen Fällen liegt es im Interesse des Präsidenten, »Führers« oder »Generalsekretärs« einer Monopolpartei, über Entscheidungsfreiheit, Alleinkompetenz und unbeschränkte Exekutivgewalt zu verfügen. Der Zentralismus und ein überall gültiges »Führerprinzip« sollen eine absolute »Gefolgschaftstreue« gewährleisten. Die Macht wird jedoch nicht allein durch diese Prinzipien und die oberste Verfügungsgewalt über das Militär und Polizei gesichert, sondern auch durch das Informationsmonopol und eine umfassende Nachrichtensteuerung, propagandistische Aktivitäten und eine dichte Folge von straff organisierten Plebisziten, Staatsfesten, öffentlichen Feiern und Kulten. Solche eindeutig geregelten Verhältnisse schienen den Zeitgenossen oft allen anderen Staatsformen in ihrer Effizienz überlegen zu sein, machten diktatoriale Abläufe berechenbarer und ließen ihre Folgen in einem hohen Grad kalkulierbar anmuten. Bei dieser Einschätzung wird jedoch meist die kontraproduktive Eigendynamik übersehen, die ein solches System entfalten kann – und zwar sowohl aus Gründen der Effizienz oder auch der Unwirksamkeit.

Mein Beitrag führt zunächst in die Propagandakommunikation der NSDAP insgesamt ein, um dann anhand von zwei miteinander eng verknüpften außenpolitisch relevanten Leitbegriffen, »Frieden« und »Europa«, aufzuzeigen, wie propagandakommunikatorische Maßnahmen im nationalsozialistischen Regime abliefen. Dabei werde ich weniger außenpolitische Fragen als vielmehr die an das Ausland gerichtete diktatoriale Propaganda im Medienverbund untersuchen. Da sich diese Steuerungs- und Beeinflussungsversuche aber in nicht geringen Teilen zugleich nach

Innen richteten, haben sich daraus entsprechende Spannungen und substanzverändernde Korrekturnotwendigkeiten ergeben. Die Effekte auf Inhalte und Methoden sollen zusätzlich noch mit Blick auf die unterschiedlichen kommunikationspolitischen Entscheidungs- und Verantwortungsstrukturen der verschiedenen Gestaltungs-, Wirkungs- und Rezeptionsebenen erfasst werden. Ein multiperspektivischer Ansatz wird es gestatten, den dabei zu erwartenden Folgen für die verantwortlichen Propagandisten ebenso nachzugehen, wie den Veränderungen auf der Seite der Medien, Kommunikatoren und der Adressaten.

Propagandakommunikation im Nationalsozialismus

Bei der Analyse dieser Strukturen und Wechselwirkungen in der NS-Diktatur wird der Terminus »Propagandakommunikation« bevorzugt, weil er konzeptionell, thematisch und inhaltlich weit ist. Er verweist auf die Komplexität des Gegenstands und seiner Rahmenbedingungen. Er unterstreicht eindringlich die Notwendigkeit, die zentralen Frage- und Problemstellungen der Untersuchung in ihrer Multiperspektivität zu berücksichtigen. »Propagandakommunikation« lenkt nachdrücklich den Blick auf die Herrschaftsstrukturen und die Wechselbeziehungen zwischen den propagierenden Institutionen. Mit ihm lassen sich sowohl Kenntnisse gewinnen über die allgemeinen öffentlichen Verhältnisse als auch über die speziellen Publika – seien es Kneipen-, Straßen-, Arena- und Massen-Öffentlichkeiten –, als auch Einsichten über die Adressatenorientiertheit der Aktionen und über die Rezeptionsbedingungen. Der formierten Öffentlichkeit einer Diktatur bleiben alle jene Bereiche der Machtausübung sowie sämtliche Vorgänge verborgen, die unmittelbar oder auch nur indirekt dazu beitragen könnten, Herrschaftsverhältnisse zu destabilisieren. Dabei gehe ich davon aus, dass es auch in Diktaturen wie der nationalsozialistischen Formen von Öffentlichkeit gegeben hat. Sie waren in die »Volksgemeinschaft« eingebettet und entsprechend formiert.[1]

Da das Prinzip politischer Transparenz einem diktatorischen Regime grundsätzlich fremd ist, kann jedes Thema und jeder Vorgang jederzeit

---

1 An Stelle von Einzelnachweisen s. hier und im Folgenden: Bernd Sösemann/Marius Lange (Hg.), Propaganda. Medien und Öffentlichkeit in der NS-Diktatur. Eine Dokumentation und Edition von Gesetzen, Führerbefehlen und sonstigen Anordnungen sowie propagandistischen Bild- und Textüberlieferungen im kommunikatorischen Kontext und in der Wahrnehmung des Publikums , 2 Bde. Stuttgart 2011; hier: Bd. 1, S. XIX-LIX.

und überall zum Arkanum erklärt werden. Der »Führer« oder »Die Partei« muss sich für keine Entscheidung rechtfertigen, weil alles Handeln *per se* »zum Wohl des Volkes« geschieht. Versteht man »Propagandakommunikation« als ein Konglomerat werbender Prozesse, dann umfasst sie als Kollektivsingular Themen und Inhalte öffentlicher Aktionen, alle Formen medialer Gestaltung sowie sämtliche Techniken und Methoden der offiziellen Präsentation. Es handelt sich zumeist um verbal und bildlich einfach geformte sowie höchst emotional gestaltete Inhalte. Das Reichsministerium für Volksaufklärung und Propaganda und die Reichspropagandaleitung der NSDAP, die drei Waffengattungen der Wehrmacht, die Gestapo und SS waren an Meldungen über die Wirkung ihrer propagierenden Maßnahmen, über die Haltung und Einstellung der Bevölkerung interessiert. Sie werteten die offiziellen Informationen zur Lage und die Stimmungsberichte des SD ebenso akribisch aus wie ihre selbst generierten Quellen. Goebbels ließ sich in angespannten innen- und außenpolitischen Situationen sogar Sammlungen mit Briefausschnitten vorlegen, die er von Privatpersonen erhalten hatte. Der Hörfunk rief nicht als einziges Medium in seinen »Wunschkonzerten« und ähnlich populären Sendungen seine Hörer zur Beteiligung auf. Arbeitskreise im Propagandaministerium werteten diese Korrespondenzen aus, um das Programm sowohl weltanschaulich zu optimieren als auch seine Unterhaltungswerte zu steigern. In der Kultur-, Literatur- und Filmpolitik orientierten sich die Verantwortlichen ebenfalls am Geschmack, an der Mentalität und an den Erwartungen des Publikums. Die »von Seiten des Auswärtigen Amtes [...] vorgetragenen Wünsche« lehnten die Propaganda-Fachleute wiederholt mit dem Argument ab, sie seien nicht zu realisieren. In einer Ministerkonferenz unterstellte Goebbels den Diplomaten eine wirklichkeitsfremde Auffassung vom deutschen Publikum. Es bestehe »nicht etwa aus gelehrten Geheimräten, sondern aus ganz einfachen, primitiven Menschen. Diesen Menschen muß eine klare, holzschnittartige Darstellung gegeben werden. Feine Nuancierungen gehen über das Begriffsvermögen des kleinen Mannes hinaus. [...] Wir beschränken uns vielmehr auf wenige lapidare und allgemeinverständliche Grundthesen [...].«[2]

Diese konzeptionellen und methodischen Überlegungen und die mit ihnen zusammen angedeuteten Konkretisierungsansätze ermöglichen die Beantwortung der Frage nach der Vorbereitung außenpolitischer Entscheidungen. Wie nimmt die formierte Öffentlichkeit in einer Diktatur

---

2 Zit. nach: Willi A. Boelke (Hg.), Wollt ihr den totalen Krieg? Die geheimen Goebbels-Konferenzen 1939-1943, München 1969, Protokoll vom 26.3.1943.

außenpolitische Themen und Entscheidungen wahr? Auf welche Weise, mit welcher Intensität und mit welchem Effekt wirken die beteiligten Politiker, Journalisten respektive Publizisten und ihre Medien an der Auswahl und Konstituierung von außenpolitischen Themen, ihrer öffentlichen Ausformung und Profilierung mit? In welchem Ausmaß entwickeln diese Prozesse und ihre (Zwischen-)Ergebnisse bereits früh eine Eigendynamik, die entweder als konform zu den Zielvorstellungen zu beurteilen oder als kontraproduktiv einzuschätzen ist?

Im Bereich aller propagierenden Aktivitäten im Bezugsfeld Öffentlichkeit und Außenpolitik ist zwischen mindestens vier Hauptkategorien zu unterscheiden – je zwei im Inland und Ausland –, weil die Rahmenbedingen in jeder einzelnen Kategorie stark differieren. Innerhalb des direkt beherrschbaren Machtbereichs handelt es sich um den gemeinsamen Wahrnehmungs- und Handlungsraum der Parteianhänger und der übrigen Bevölkerung. Davon sind jene Aktivitäten getrennt zu sehen, die sich einerseits an Publika freundlich gesinnter oder neutraler Nationen richten und andererseits diejenigen Bemühungen, die auf die Rezipienten feindlich eingestellter Länder zielen. Der Schriftsteller und freie Mitarbeiter der *Deutsche Allgemeine Zeitung*, Paul Fechter, veröffentlichte seine Erfahrungen in einem Leitartikel, der am 11. März 1933, also sogleich nach der in der deutschen Geschichte erstmals vorgenommenen Gründung eines eigenen Propagandaministeriums, veröffentlicht wurde:

> »Die Idee ist ausgezeichnet: hier wird ein Ministerium geschaffen, an dessen Spitze ein wirklicher Fachmann kommt. Wenn einer etwas von Propaganda versteht, so ist es der Doktor Goebbels: die Gefahr des Dilettantismus ist hier ausgeschlossen. Worüber man sich bei der Organisation dieser Zentralstelle der deutschen Werbung klar sein muß, ist lediglich dies: daß es *zwei Arten* der Propaganda gibt: eine für drinnen und eine für draußen, und daß zwischen diesen beiden ein gewaltiger Unterschied ist. Die für drinnen ist politisch und Parteipropaganda mit ganz bestimmten volkspsychologisch fundierten Mitteln: die für draußen ist eine allgemein deutsche mit ebenfalls volkspsychologisch fundierten Mitteln, die aber nun auf völlig andere und völlig verschiedene Volksseelen draußen wirken will. Die eine kommt von Führenden zu den Massen – die andere erreicht kaum Massen, sondern wesentlich Führende, Oberschichten der anderen Völker [...].«[3]

Vor dem Hintergrund der diktatorialen Strukturen und Praktiken sind die folgenden näheren Ausführungen zu verstehen. Ich gehe dabei von

---

3 Deutsche Allgemeine Zeitung, 11.3.1933.

den weltanschaulich-ideologischen Kernaussagen des Nationalsozialismus aus, nach denen es dem »Führer« allein vorbehalten blieb, die ideologischen Grundlagen weiter zu entwickeln, die Rahmenbedingungen verbindlich zu gestalten und die konkreten Realisierungsmodalitäten zu bestimmen. Hitler tat es vorzugsweise für den Einzelfall. Er war nie an einer prinzipiellen Lösung der Schwierigkeiten zwischen Amann, Bouhler, Goebbels, Ribbentrop, Rosenberg oder auch Rust interessiert. Auf diese Weise blieben ihm die Führungs- und außerordentlichen Entscheidungskompetenzen uneingeschränkt erhalten. Lediglich die propagandistische Hauptfrage, ob dem Auswärtigen Amt die Alleinkompetenz für das Ausland zufalle, entschied er in der »Chefbesprechung« vom 24. Mai 1933 zu Gunsten einer starken Mitbeteiligung des Reichsministeriums für Volksaufklärung und Propaganda:

»Für einen gut arbeitenden Propagandaapparat ist kein Betrag zu hoch. Die Presseabteilung des Auswärtigen Amts wird sich in Zukunft auf ihre bisherige überlieferte Tätigkeit beschränken. Die aktive Auslandspropaganda übernimmt das Reichsministerium für Volksaufklärung und Propaganda, das sich eine eigene Pressestelle aufbaut. Die Wichtigkeit dieser Propagandaarbeit erläutert der Reichskanzler anhand einer Darstellung unserer außenpolitischen Lage. Wir befinden uns in einer weltpolitischen Isolierung, aus der wir nur herauskommen, wenn wir die Stimmung im Ausland verbessern können.«[4]

Die klassischen Darstellungen zur Außenpolitik des Nationalsozialismus haben dieser Propagandakommunikation wenig Beachtung geschenkt.[5] Dabei zeigte schon Peter Longerich frühzeitig, in welchem Maße auch das Auswärtige Amt unter Ribbentrop seine Auslandspropaganda organisatorisch ausgebaut hatte: sei es durch

- das Einbinden von deutschen Kultur-, Wissenschafts- und Wirtschaftsinstituten im Ausland,
- die Instrumentalisierung von Auslandskorrespondenten,
- den Rückgriff auf das pressepolitische Potential der Botschaften,
- die Gründung von offiziellen oder verdeckten Nachrichtenagenturen oder Auslandssendern oder

---

4 Zitat nach: Sösemann/Lange, Propaganda, Bd. 1, Nr. 78.
5 Vgl. zum Forschungsstand: Marie-Luise Recker, Die Außenpolitik des Dritten Reiches, München 2010; Rainer F. Schmidt, Die Außenpolitik des Dritten Reiches 1933-1939. Stuttgart 2002. Eher implizit wird die Propagandakommunikation des AA erwähnt in: Eckart Conze u. a., Das Amt und die Vergangenheit. Deutsche Diplomaten im Dritten Reich und in der Bundesrepublik, Berlin 2010, S. 26 f.

– den stark subventionierten globalen Vertrieb von Spiel- und Dokumentarfilmen in den Jahren vor 1939.[6]

Die Nationalsozialisten adaptierten unter pragmatischen Gesichtspunkten Agitations- und Kommunikationsformen der Sozialdemokratie, der Kommunistischen Internationalen und generell ausländischer Institutionen und Organisationen. Sowohl bei ihrer Informations- und Medienlenkung als auch bei der Nachrichtenbearbeitung beachteten sie kontinuierlich und in großem Umfang die Handhabung durch die ausländischen Regierungen.[7] Die Informationssteuerung in der Regierungspressekonferenz, aber auch in den zahlreichen auf spezielle fachliche Bedürfnisse ausgerichteten Sonderkonferenzen zeigt, mit welcher Akribie die Bewegungsräume der Schriftleiter durch »Presseanweisungen«, »(Tages-)Parolen«, »Glossen«, »Sonderinformationen« und »Vertrauliche Informationen« festgelegt wurden.[8] Nicht allein bei international bedeutsamen Ereignissen wie den Olympischen Spielen, sondern sogar bei diplomatischen Situationen ungleich geringeren Gewichts tasteten sich die Ministerialbeamten aus den Bereichen des Auswärtigen, der Propaganda und der Presse oftmals über mehrere Tage mit kleinen Schritten vor. Solange sich dabei die Erkenntnisse aus der Auslandsbeobachtung mit den Interessen der deutschen Politik nicht in eine annähernd befriedigende Übereinstimmung hatten bringen lassen, hielten sich die Verantwortlichen bedeckt. Sie empfahlen, verlangten bzw. forderten – ganz nach Notwendigkeit, Termindruck und Tatbestand – die Kommunikatoren auf, das Ereignis vorläufig zu ignorieren oder noch nicht aktiv zu kommentieren, respektive die Sachverhalte moderat, sorgsam abwägend, entschieden bewertend bzw. dringlich einfordernd zu gestalten. Diese Vorgehensweise wurde im Laufe der Jahre so ausdifferenziert, dass sich die täglichen Presseanweisungen innerhalb von sechs Jahren, von 1933 bis 1939, mehr als verachtfachten, von 47 im Monat auf 385. Dadurch drohten alle Beteiligten, Produzenten und Empfänger, den Überblick zu verlieren. Die Zahl der Irrtümer und damit auch der Ermahnungen, Rügen und Strafen stieg an. Es erhöhte sich der Informations- und

---

6 Peter Longerich, Propagandisten im Krieg. Die Presseabteilung des Auswärtigen Amtes unter Ribbentrop, München 1987.
7 Vgl. Frank Bösch, Medien im Nationalsozialismus: Transnationale Perspektiven, in: Geschichte in Wissenschaft und Unterricht (GWU) 62 (2011), S. 517-529.
8 Vgl. dazu die Festlegungen betr. Großbritannien und Polen in: Hans Bohrmann/ Gabriele Toepser-Ziegert (Hg.), NS-Presseanweisungen der Vorkriegszeit. Edition und Dokumentation. 7 Bde., München 1984-2001; hier: Bd. 3/II: 1935, oder betr. Flottenfrage und Rheinlandbesetzung: ebd., Bd. 4/I: 1936.

Schulungsbedarf; allgemein nahmen die Rückfragen der Verunsicherten und Vorsichtigen zu.[9]

Friedenspropaganda und der Übergang zum Krieg

Der schon zu Beginn der zwanziger Jahre von der NSDAP entschlossener als von allen anderen Parteien aufgenommene Kampf gegen das »Diktat von Versailles« zeigte nach der Regierungsübergabe die Kernelemente von Hitlers Taktik deutlich. In den Monaten der Hitler-Papen-Hugenberg-Koalition und in den ersten Jahren nach der Vereinigung des Reichspräsidentenamts mit dem des Reichkanzlers war Hitler sorgsam darauf bedacht, die Öffentlichkeit im In- und Ausland über seine Außenpolitik generell und insbesondere über Konkreta seiner Revisionspolitik zu täuschen. Denn die ausländische Öffentlichkeit, aber auch die deutsche war anderthalb Jahrzehnte nach dem Friedensvertrag mehrheitlich friedensliebend. Lediglich Claqueure in den Straßen Berlins und die sorgsam ausgesuchten Besucher von Manövern begeisterten sich an den ersten Panzer-Paraden und Waffenschauen, die seit 1935 sogar ins Programm des jährlich auf dem Bückeberg bei Hameln gefeierten Reichserntedankfestes gehörten.[10]

Hitler und Goebbels beteuerten bei jeder Gelegenheit Deutschlands generelle Friedfertigkeit, seine Vertragstreue und Konsensbereitschaft. Der deutsch-polnische Nichtangriffspakt vom 26. Januar 1934 und das ihm folgende Presse-Abkommen (24. 2. 1934), das eine versöhnliche Verständigung auch für die Medien vereinbarte, stärkten trotz der ungelösten Korridor-Frage Hitlers Glaubwürdigkeit und schufen eine gewisse Beruhigung.[11] Trotz der Missachtung einzelner Bestimmungen des Versailler Vertrags bei der Wiedereinführung der allgemeinen Wehrpflicht und des Baus von Panzern und Flugzeugen, erklärte Hitler, dass er keine aggressive Revisionspolitik verfolge. Er bekräftigte in zahlreichen Reden seine Bereitschaft, zusammen mit anderen europäischen Staaten den Frieden nachhaltig sichern zu wollen. Nur ein starkes Deutschland könne dazu einen angemessenen Beitrag leisten. Der Einmarsch in die ent-

9   Sösemann/Lange, Propaganda, Bd. II, S. 1049-1138; insbes.: ebd., Nrr. 1046f.
10   Bernd Sösemann, Appell unter der Erntekrone. Das Reichserntedankfest in der nationalsozialistischen Diktatur, in: Jahrbuch für Kommunikationsgeschichte 2 (2000), S. 113-156.
11   Zum Presseabkommen vgl. Karyna Pryt, Befohlene Freundschaft. Die deutsch-polnischen Kulturbeziehungen 1934-1939, Osnabrück 2010; da Polens Presse nicht gelenkt war, war ein Presseabkommen hier ohnehin problematisch.

militarisierte Zone des Rheinlands stellte den ersten und zugleich einen äußerst kritischen Kulminationspunkt dieses Kurses dar, der die wichtigste Voraussetzung für die ungestörte geheime Aufrüstung bildete. Mit dem Frühjahr 1936 endete diese Phase.

Der nächste Abschnitt reichte nur bis in den Herbst 1938, für die Öffentlichkeit jedoch bis zum Angriff auf Polen. Schon bei der Vorbereitung des »Anschlusses« von Österreich und in den Anfängen der Aggression gegenüber der Tschechoslowakei sah sich die NS-Regierung in ihrem außenpolitischen Handeln durch eine zurückhaltende Medienberichterstattung und überwiegend distanzierte Öffentlichkeit im westlichen Ausland nicht unerheblich eingeschränkt. Die jahrelang anhaltenden nationalsozialistischen Rechtfertigungs- und Friedenskampagnen hatten eine unerwartet starke Wirkung gezeigt. Nicht nur im Kreis der Hitler wohlwollenden *Appeasement*-Politiker, sondern sogar im Reich selbst beherrschten Bilder friedfertiger Besonnenheit und maßvollen Entgegenkommens die politische Atmosphäre. Die Beschwörung der Kriegsgefahr durch Emigranten war im Ausland bislang sogar in den Exilländern selbst weitgehend wirkungslos geblieben. Die Exil-Presse erreichte nur einen sehr kleinen Teil der deutschen Bevölkerung. Von ähnlich geringem Einfluss blieben die im Untergrund verbreiteten Flugschriften und Broschüren sowie selbst eine professionell vertriebene klandestine Publizistik wie die des Stuttgarter *Sonntagsblatts*. Es enthielt Beiträge eines untergetauchten Sozialisten, die zwar regelmäßig außen- und wirtschaftspolitische Themen behandelten, aber wegen der Zensur so verdeckt formuliert werden mussten, dass ihre Rezeption darunter litt.[12] Der Hoßbach-Niederschrift und ähnlichen Überlegungen Hitlers aus jenen Monaten lässt sich entnehmen, wie sehr die NS-Führung darauf bedacht war, Vorbereitungen für die in absehbarer Zeit für unumgänglich gehaltene kriegerische Durchsetzung deutscher Herrschafts- und Hegemonieansprüche zu treffen.[13] Der »Führer« und der innere Kreis der Propagandastrategen sahen sich als Gefangene ihre eigenen jahrelangen friedenspolitischen Beteuerungen. Dazu ist ein unzweideutiges Doku-

---

12 Zu den Erfahrungen Helmut von Rauschenplats s. Bernd Sösemann, Journalistischer Kampf gegen den Nationalsozialismus im deutschen Untergrund und französischen Exil, in: Ders. (Hg.), Fritz Eberhard. Rückblicke auf Biographie und Werk, Stuttgart 2001, S. 123-192.
13 »Das Ziel der deutschen Politik sei die Sicherung und die Erhaltung der Volksmasse und deren Vermehrung. Somit handele es sich um das Problem des Raumes. [...] Zur Lösung der deutschen Frage könne es nur den Weg der Gewalt geben. [...] Wie die Lage in den Jahren 1943/45 tatsächlich sein würde, wisse heute niemand: Sicher sei nur, daß wir nicht länger warten können«; Akten der deutschen auswärtigen Politik, Serie D: 1937-1941, Bd. 1. Baden-Baden 1951, S. 25-32.

ment überliefert, das den Start in einen neuen Abschnitt der Propagandakommunikation offenbart. Hitler markierte ihn im Spätherbst 1938 mit einer programmatischen Rede.

Die Hitler-Regierung schätzte seit dem Frühsommer 1938 die mentale Verfasstheit der deutschen Bevölkerung, ihre Stimmung bzw. die öffentlichen Meinung als so »pazifistisch« ein, dass sie dieser »Fehlentwicklung« mit einer reichsweiten und propagandistisch möglichst wirkungsmächtigen Aktion gegenzusteuern trachtete. Hitler war bereits in seinem unveröffentlicht gebliebenen »Zweiten Buch« davon ausgegangen, dass der öffentlichen Meinung zwar eine relativ hohe Bedeutung zukomme, wenn es gelte, ein außenpolitisches Thema oder ein Programm durchzusetzen, doch habe die Öffentlichkeit keineswegs Grundsätze der Außenpolitik mitzugestalten.[14] Deshalb versicherte sich Hitler zur Wiedergewinnung seiner vollen Verfügungsgewalt am 10. November 1938 der Unterstützung der Medien, Verleger und der Kommunikatoren in den wichtigsten deutschen Redaktionen. Über 400 ausgewählte Personen hatte er zu einer programmatischen Rede nach München einladen lassen. Ihnen eröffnete er:

»Wir haben uns [...] einige Aufgaben gestellt in diesem Jahr, die wir durch unsere Propaganda – und hier darf ich die gegenwärtige Presse mit an die Spitze der Instrumente stellen – erreichen wollen. [...] Die Umstände haben mich gezwungen, *jahrzehntelang* fast nur vom Frieden zu reden. [...] Es ist selbstverständlich, daß eine solche jahrzehntelang betriebene Friedenspropaganda auch ihre bedenklichen Seiten hat; denn es kann nur zu leicht dahin führen, daß sich in den Gehirnen vieler Menschen die Auffassung festsetzt, daß das heutige Regime an sich identisch sei mit dem Entschluß und dem Willen, den Frieden unter *allen* Umständen zu bewahren. Das würde aber nicht nur zu einer falschen Beurteilung der Zielsetzung dieses Systems führen, sondern es würde vor allem auch dahin führen, daß die deutsche Nation, statt den Ereignissen gegenüber gewappnet zu sein, mit einem Geist erfüllt wird, der auf die Dauer als Defaitismus gerade die Erfolge des heutigen Regimes nehmen würde und nehmen müßte. [...] Es war nunmehr notwendig, das deutsche Volk psychologisch allmählich umzustellen und ihm langsam klarzumachen, daß es Dinge gibt, die, wenn sie nicht mit friedlichen Mitteln durchgesetzt werden können, mit Mitteln der Gewalt durchgesetzt werden *müssen*. Dazu war es aber notwendig, nicht etwa nun die Gewalt als solche zu propagieren,

---

14 Gerhard L. Weinberg (Hg.), Hitlers Zweites Buch. Ein Dokument aus dem Jahr 1928, Stuttgart 1961, S. 133-144; hier: S. 143.

sondern es war notwendig, dem deutschen Volk bestimmte außenpolitische Vorgänge so zu beleuchten, daß die *innere Stimme* des Volkes selbst langsam nach der Gewalt zu schreien begann. [...] Irgendwie glaube ich, hat sich diese Platte, die pazifistische Platte, bei uns abgespielt. Man hätte wahrscheinlich diese Melodie nicht mehr gehört oder ihrem Inhalt nicht mehr geglaubt. Ich war der Überzeugung, daß es jetzt nur noch den anderen Weg gibt, nämlich den, ganz *brutal* und *rücksichtslos* die Wahrheit zu sagen, nicht mehr und nicht weniger.«[15]

Die Kampagnen setzten im geforderten Umfang in der gelenkten Presse ein. Doch die Stimmungsberichte zeigen, dass beim deutschen Angriff auf Polen die von Hitler beklagte Zurückhaltung in der Öffentlichkeit noch nicht völlig geschwunden war. Die Situation änderte sich zu Gunsten des NS-Regimes erst nach den »Blitzkriegen«. Hitler verstärkte diesen Effekt durch ein Friedensangebot, enthüllte aber bei diesem Anlass keineswegs sein außenpolitisches Programm. Er knüpfte damals in seinen Reden und auch nach seinem Angriff auf die Sowjetunion lediglich an seine Darlegungen aus dem Jahr 1933 über die »wahrhaft europäische Mission« Deutschlands an.[16]

»Das neue Europa marschiert«

Dass der Europagedanke keineswegs nur ein Kind demokratischer Einigungsbestrebungen nach 1945 war, sondern schon durch die nationalsozialistische Propaganda popularisiert wurde, ist in letzter Zeit vielfach betont worden.[17] Hitler verzichtete auch aus Rücksicht auf seinen Hauptverbündeten Italien auf ein inhaltlich klar konturiertes Europa-Konzept, wenn er allgemein von der Neuordnung des Kontinents sprach. Ebenso wenig wie es Mussolini auf der großen faschistischen Europa-Konferenz, dem »Convegno Volta« in Rom (14.–20.11.1932), getan hatte, verstörte Hitler die Teilnehmer des nationalsozialistischen Europa-Kongresses

---

15 Sösemann/Lange, Propaganda, Bd. 2, Nr. 1048 – die hier kursiv gesetzten Hervorhebungen finden sich in der Vorlage.
16 Rede Hitlers im Reichstag, 17. Mai 1933 (Völkischer Beobachter/Norddeutsche Ausgabe 138, 18. Mai 1933).
17 Zu den vielfältig erforschten nationalsozialistischen Europaentwürfen vgl. zuletzt die Beiträge im Themenheft »Antiliberales Europa« der Zeithistorische Forschungen 9.3 (2012), insbesondere die Beiträge von Dieter Gosewinkel und Peter Schöttler.

am 25. November 1941 mit seinen Hegemonialvorstellungen.[18] Er und Ribbentrop sowie Goebbels und Reichswirtschaftsminister Walter Funk variierten vielmehr gut aufeinander abgestimmt die pathetischen Ausführungen ihrer Vorredner: die fachlichen Darlegungen des Staatssekretärs im Reichs- und Preußischen Ministerium des Innern, Wilhelm Stuckart, aus der Vorbereitungsphase,[19] und die triumphierenden Begrüßungsworte des Reichsaußenministers, der seine Kongressrede sogleich im Druck verbreiten ließ. Unter der Parole »Das neue Europa marschiert« hatte Ribbentrop über die »Zukunft der Kulturvölker« und ihren Hauptfeind, den es gemeinsam zu vernichten gelte, gesagt:

>»Die Völker dieses Kontinents werden das neue Europa aufbauen und sich dabei – ob Krieg oder nicht – von niemandem stören lassen. [...] An der gewaltigen Front, die vom Eismeer bis zum Schwarzen Meer reicht, kämpfen in treuer Waffenbrüderschaft und zu jedem, auch dem höchsten Opfer bereit, Deutsche und Italiener, Finnen und Rumänen, Ungarn und Slowaken, Legionäre aus Spanien, Freiwillige verschiedener Länder und verschiedener Zunge und geben ein leuchtendes Beispiel der bereits vorhandenen und ständig wachsenden sittlichen Einheit Europas in der neuen Ordnung, die unsere großen Führer angekündigt und für die Zukunft der Kulturvölker vorbereitet haben. Hierin liegt die tiefere Bedeutung des Krieges gegen den Bolschewismus. Er ist das Zeichen der geistigen Erhebung Europas.«[20]

Die Vor- und Nachbereitungen der Konferenz standen ganz im Zeichen der »Blitzkrieg«-Erfolge und einer Propaganda, deren Großmacht-Visionen sich mit dem als bevorstehend gehandelten Triumph über Stalins jüdisch-bolschewistische Weltverschwörung verbanden. Mit populär geschriebenen Büchern und Broschüren, mit Aufsätzen in Illustrierten und Zeitschriften sowie Artikeln in den Politik-, Wirtschafts- und Feuilleton-Teilen der Zeitungen sowie mit Karten und Plakaten wurde großspurig das Kriegsziel multiperspektivisch vermittelt. Zur gleichen Zeit wurde mit großem propagierenden Aufwand der meisten Ministerien und der Ver-

18 Hier und im Folgenden nach: Bernd Sösemann, »L'idea dell'Europa«. Die faschistische Volta-Konferenz von 1932 und der nationalsozialistische Kongreß von 1941 im Kontext der Europa-Konzeptionen des 20. Jahrhunderts, in: Vigonianae 1 (2010), S. 49-95; hier: S. 71-78.
19 Wilhelm Stuckart, Die Neuordnung der Kontinente und die Zusammenarbeit auf dem Gebiet der Verwaltung, in: Reich, Volksordnung, Lebensraum, Bd. I. Darmstadt 1941, S. 3-28.
20 Völkischer Beobachter/Norddeutsche Ausgabe 332, 28. November 1941, S. 4; dazu auch Wolfgang Michalka, Ribbentrop und die deutsche Weltpolitik 1933-1940, München 1980, S. 303-309.

bände der NSDAP ein weiteres teures »europäisches« Projekt gestartet und realisiert: In kürzester Zeit ersetzte man fast flächendeckend die Fraktur-Schrift durch die Antiqua.[21] Alle Verlautbarungen des Großgermanischen Reiches sollten zukünftig global leicht rezipierbar sein. Die NSDAP gründete parallel dazu mehrere europäisch ausgerichtete Vereinigungen und Gesellschaften für Literaten und Wissenschaftler, Schriftleiter und Lehrer; sie veranstaltete Vortrags- und sogar mitten im Krieg mehrtägige Vergnügungs-Rundreisen durch das Deutsche Reich.[22] Vorerst konnten die Propagandisten nur wenige Mitglieder außerhalb des Kreises der verbündeten Staaten gewinnen, doch die aus den neutralen Staaten angelockten Interessenten ließen auch hier Hoffnungen entstehen.

Abbildung 1 zeigt den »Wochenspruch der NSDAP« (10.-16. Mai 1941), herausgegeben von der Reichspropagandaleitung der NSDAP. Die »Wochensprüche« hingen von 1937 bis 1944 in Rathäusern, Gaststätten, Arztpraxen, Ämtern, Schulen oder Betrieben aus. Sie sollten mit nationalsozialistischen Parolen und klassischen Zitaten von Beethoven und Clausewitz bis zu Bismarck und Schiller jene »Volksgenossen« gewinnen, die der NSDAP immer noch fremd gegenüberstanden.[23]

Radio-Programme und Bild-Serien in Illustrierten, Fotografien in Magazinen und Wochenschauen gestalteten das Thema ebenso dramatisch wie Filme. Sie waren stärker ins Militärische gerichtet (»Europas Schicksalsschlacht in der Steppe« oder »Verteidigung der Heimat«), kulturelle Werte (»Europa den Europäern«) oder appellierten an das politische Zusammengehörigkeitsgefühl (»Europas unverbrüchliche Einheit«).[24] Die Medien warnten unisono vor der »Sowjetisierung ganz Europas« und dokumentierten die »totale« Bedrohung des gesamten Kontinents. Sie riefen alle Europäer zur Verteidigung ihrer Kultur und Werte auf.[25] 1941

21 Selbst beim »Wochenspruch der NSDAP« verzichtete die Reichspropagandaleitung der NSDAP zunehmend auf Fraktur-Schrifttypen, obwohl man ihr die weitere Nutzung ausdrücklich zugestanden hatte.
22 Frank-Rutger Hausmann, »Dichte, Dichter, tage nicht!« Die Europäische Schriftsteller-Vereinigung in Weimar 1941-1948, Frankfurt am Main 2004.
23 Archivbestand der AKiP im Friedrich-Meinecke-Institut der Freien Universität Berlin. Vgl. Christoph Ziegler, Versuchte Massenführung – Kommunikationsstrategie der NS-Propaganda am Beispiel des Wochenspruchs der NSDAP, in: Patrick Merziger et al. (Hg.), Geschichte, Öffentlichkeit, Kommunikation, Festschrift für Bernd Sösemann, Stuttgart 2010, S. 419-432.
24 Vgl. etwa Karl von Wiegand, Europa den Europäern: Adolf Hitler zur Weltlage des Frankreichfeldzuges, Berlin 1940.
25 Dazu sei exemplarisch auf die Europa-Berichterstattung von »Signal« verwiesen, nach denen das Deutsche Reich den Kampf für das »Neue Europa« zugunsten aller Völker Europas übernommen habe. Vgl. Rainer Rutz, Signal. Eine deutsche Auslandsillustrierte als Propagandainstrument im Zweiten Weltkrieg, Essen 2007, S. 253-316.

Abb. 1: NS-Wochenspruch zu Europa (10.–16.5.1941), herausgegeben von der Reichspropagandaleitung der NSDAP, München.

änderte das Oberkommando der Wehrmacht den Untertitel des von ihm seit 1940 herausgegebenen Jahrbuchs *Die Wehrmacht* von *Der Freiheitskampf des großdeutschen Volkes* in *Um die Freiheit Europas*. 1941/42 wurden ein *Europäischer Wissenschafts-Dienst* und die Zeitschrift *Europäische Literatur* begründet. Das ehrwürdige Organ des Deutschen Akademischen Austauschdienstes und der Deutschen Kommission für geistige Zusammenarbeit, die *Hochschule und Ausland*, erschien seit 1941 mit deutlich stärker weltanschaulich-politisch akzentuierten Beiträgen unter dem neuen Titel *Geist der Zeit. Wesen und Gestalt der Völker. Monatsschrift für Kulturpolitik und zwischenstaatliche geistige Zusammenarbeit*.

Auch die *Frankfurter Zeitung*, die sich von Anfang an dieser Propagandakommunikation mit redaktionellen und Gast-Beiträgen, Leserbriefen und Kommentaren beteiligt hatte, bediente sich im Verlauf der Kampagne zunehmend ähnlicher Durchhalte-Parolen wie die NS-Presse. Unter einer zurückhaltend formulierten Überschrift wie »Die Völker Europas sind näher zusammengerückt« hieß es auf der Titelseite: »Deutschland kann der weiteren Entwicklung der Dinge mit Gelassenheit entgegensehen. Es hat keine Veranlassung, Friedensfühler auszustrecken. Es kämpft bis zum Ende für den völligen Sieg.« Die künftige Friedensordnung zeichne sich bereits ab: In Ostasien bereite Japan die neue Ordnung vor und in Europa seien die Völker an der Seite des Deutschen Reiches zum ersten Male auf dem Weg zu ihrer Einigung.[26] Deutschitalienische Gemeinschaftsproduktionen behandelten in diesem Sinn europäische Themen in nahezu allen Bereichen, in Literatur und Kunst, Musik und Philosophie, politischer Theorie sowie in Staats- und Gesellschaftswissenschaften.[27] Doch selbst Beiträge in romanistischen Fachzeitschriften oder von Spezialisten herausgegebenen Sammelbänden kamen selten über ein Mittelmaß, und ihre Argumentationen kaum über das Niveau von Klischees hinaus:

»Das kulturelle Europa muß im Lager des faustischen Menschen stehen, da das mephistophelische Prinzip die Antithese des europäischarischen ist. Hier Führer und Volk, dort Tyrann und Kollektiv. – Die kulturelle Achse Europas geht wie seit 1000 Jahren von Nord nach Süd, weil der Faschismus und der Nationalsozialismus das Lebensgesetz Europas verwirklichen, das sich im Spannungsraum der drei Größen erfassen läßt: Schöpferische Persönlichkeit – Leistungsaristokratie – Sozialismus.«[28]

Den professionellen Propagandisten gelang im Verein mit Wissenschaftlern und Publizisten die Verfestigung eines auf Dauer konzipierten und auffallend emotional gestalteten Europa-Enthusiasmus im Medienverbund. Diese Begeisterung erreichte die Verbündeten. Sie hatten ein großes Interesse daran, in ihrer eigenen Bevölkerung die Europa-Idee zu popularisieren, weil mit ihrer Zustimmung die Kampfmoral und der Widerstand steigen würden. Außerdem schienen die Aussicht auf Gewinne in einer europäischen Wirtschafts- und Freihandelszone und der damit eingeschlossene Schutz vor den sowjetischen Heeren die Fantasie aller positiv anzuregen. Wenn die Abteilung Wirtschaftspolitik des AA formulierte, es gehe ihr um eine nationalsozialistische »europäische

---

26 Frankfurter Zeitung / Reichsausgabe Nr. 608-609, 28.11.1941.
27 Hier seien genannt: Leo Bruhns u. a., Deutschland, Italien und das Neue Europa (Veröffentlichungen des Deutschen Auslandswissenschaftlichen Instituts 12). Berlin 1943, und der Sammelband »Deutschland, Italien und das neue Europa« (Berlin 1943), an dem sich u. a. Karl Brandi und Friedrich Baethgen mit Beiträgen über »Dante und Europa« und »Das Reich und Italien« beteiligten.
28 Albert Prinzing, Faschismus und Nationalsozialismus, in: Bruhns, Deutschland (wie Anm. 27), S. 148-174, S. 173.

Familie«, dann klingen die Erläuterungen wie eine Beschreibung der Europäischen Wirtschaftsgemeinschaft in den frühen fünfziger Jahren nach den Römischen Verträgen: »Die europäische Preisgestaltung für landwirtschaftliche Erzeugnisse, und zwar vor allem für Brotgetreide, Futtermittel und Ölsaaten, muß von dem sogenannten ›Weltmarktpreis‹ unabhängig gemacht werden.« Deutschland sei bereit, der europäischen Landwirtschaft die jetzt über den Weltmarkt liegenden Preise nach dem Krieg weiterhin zu zahlen, um den Bauern aller beteiligten Staaten eine stetige Weiterentwicklung ihrer Produktionskräfte zu sichern. Denn: »Würde die europäische Landwirtschaft nach dem Kriege in freie Konkurrenz mit den überseeischen Staaten treten, so würde das in manchen europäischen Ländern ihren Zusammenbruch bedeuten«[29]

Die Reichsjugendführung initiierte Mitte 1942 die Filmschau »Junges Europa«, die nach ihrem erfolgreichen Start als »Ufa-Sonderproduktion« in kurzer Zeit eine außerordentliche Verbreitung erfuhr. Sie wurde seit Ende August in jedem Kino vor dem Hauptfilm zusammen mit der Wochenschau oder statt des bislang ebenfalls obligatorischen Kulturfilms gezeigt. Die Presse lobte »Junges Europa« als originelle und eindrucksvolle »Geschichtsschreibung unserer Zeit«: »Eine Jugend kommt durch den Film zur Sprache, die das junge Europa präsentiert«. Alfred Weidenmann, der vielgefragte Leiter der Hauptabteilung Film der Reichsjugendführung, wenn es um »jungendpublizistische Führungsmittel« ging, führte Regie in acht Filmen und verfasste zahlreiche begleitende Jugendschriften.[30] Die Vorbereitungen für die Gründung eines »Europäischen Jugendverbands« in Wien im Herbst 1942 steigerten das öffentliche Interesse am europäischen Zusammenhalt nochmals. Spätestens 1943 war das Thema in der Öffentlichkeit multimedial fest etabliert. Die am 26. Juni eröffnete siebte »Große Deutsche Kunstausstellung« (26.6.1943) griff ebenfalls »Europa« auf und zeigte unter dem Titel »Kunst im europäischen Schicksalskampf« über 1.100 Kunstwerke von 650 Künstlern: »Auf der einen Seite steht der weltbeherrschende Anspruch anglo-amerikanischen und bolschewistischen Materialismus, auf der anderen Seite das unter der Führung Deutschlands kämpfende Europa, das eine Lebensanschauung verteidigt, die in den Leistungen der Kultur den höchs-

---

29 Zitiert nach Salewski, Europa, S. 103; Martin Seckendorff, Entwicklungshilfeorganisation oder Generalstab des deutschen Kapitals? Bedeutung und Grenzen des Mitteleuropäischen Wirtschaftstages, in: 1999. Zeitschrift für Sozialgeschichte des 20. und 21. Jahrhunderts 8 (1993), S. 10-33; dazu auch: Reinhard Opitz (Hg.), Europastrategien des deutschen Kapitals 1900-1945, Bonn 1994.
30 Boguslaw Drewniak, Der deutsche Film 1938-1945. Ein Gesamtüberblick, Düsseldorf 1987, S. 597f.

ten Ausdruck des völkischen Daseins und das Ziel menschlichen Lebens schlechthin sieht.«[31]

Die Europa-Euphorie war zwar bis zur Jahreswende 1944/45 auch außerhalb Deutschlands ungebrochen. Dabei verselbstständigte sie sich in der letzten Kriegsphase, so dass sie nicht mehr eng mit des Deutschen Reiches Schicksal verbunden zu sein schien. Hitlers Verbündete scheuten sich nicht, eigenständige Europa-Entwürfe zu konzipieren. So organisierte ein Jahr nach dem Berliner Europa-Kongress in Italien einer der Mussolini-Vertrauten, Camillo Pellizzi, der Herausgeber der *Civiltà Fascista*, dem Leitorgan des »Instituto Nazionale di Cultura Fascista«, im November 1942 den »Convegno die Gruppi Scientifici«. Die Teilnehmer dieses Europa-Kongresses entwarfen in einer vom Veranstalter unerwarteten Kehrtwendung ein europäisches Staatensystem, in dem allen Mitgliedern politische und wirtschaftliche Gestaltungsfreiheit und die Wahrung ihrer verfassungsrechtlichen Individualität ausdrücklich zugestanden wurden. Die inneritalienische Diskussion entfernte sich im Nachgang zu dem Kongress zunehmend von den im Deutschen Reich publizierten Europa-Vorstellungen. Zwei Beiträge eines Geistlichen, Francesco Orestano, und ein Artikel des Präfekten Giovanni Selvi in der von Mussolini 1921 gegründeten Zeitschrift *Gerarchi* zeigen die inhaltliche Veränderung, respektive Eigenständigkeit deutlich. Sie popularisierten ihre Europa-Thematik unter den Titeln »Nuovo ordine europeo« und »Vita religiosa nella nuova Europa« (Januar und Dezember 1942) bzw. »Basi dell'ordinen novo« (ebd., April/Mai). Die Quintessenz bestand darin, dass Orestano den nationalsozialistischen Rasse- und Kulturbegriff für Europa verwarf, Deutschland als antichristlich und antireligiös charakterisierte und das religiöse Italien als den einzigen »authentischen Interpreten der europäischen Seele« ansah. Selvi formulierte apodiktisch, allein die faschistische Lehre weise die »Universalität wesentlicher Prinzipien [auf]«, die an verschiedene Staatengemeinschaften« sich anpassen lasse.

Auf dem Europa-Kongress 1941 hatte Hitler den Spagat zwischen einer Bekräftigung der Einheit unter den Verbündeten mit der Kampfparole »Für ein geeintes Nachkriegs-Europa« und seinem Verzicht auf substantielle Festlegungen noch bewältigen können, indem er zusammen mit seinem Wirtschaftsminister die Prosperität einer großen Wirtschaftszone in leuchtenden Farben beschworen hatte. Umso mehr musste der NS-Führung 1942/43 daran gelegen sein, eine öffentliche Debatte über die politischen, geographischen oder völkerrechtlichen Strukturen nach dem »Endsieg« solange zu vermeiden, wie alliierte Bombergeschwader erfolg-

---

31 Die Kunst im Deutschen Reich (Juli/August 1943), S. 139-143; hier: S. 139.

reich und deutsche Heere im Osten und in Nordafrika auf dem Rückzug waren. Denn eine zu deutliche Betonung von Hitlers entschiedenen Willen zur hegemonialen Position des Großgermanischen Reiches hätte vermutlich bündnispolitisch und militärisch negative Reaktionen provoziert. Außerdem wären dadurch als Spätfolge alle Verhandlungen mit potentiellen Mitgliedern eines wie auch immer strukturierten Staatenverbands unter deutscher Führung unnötig erschwert worden. Wiederholt und am stärksten hat Mussolini damals seine Absicht bekundet, sich auf die territoriale Abgrenzung der Einflusssphären zu einigen. Deshalb versuchten das Reichsministerium für Volksaufklärung und Propaganda und das Auswärtige Amt den »Wildwuchs« von Europa-Initiativen zu beschneiden oder wenigstens zu steuern.

Im März 1943 verfassten Goebbels und Ribbentrop verbindliche Leitsätze für ein »Neues Europa«.[32] Doch war die kontraproduktive Eigendynamik der Debatte inzwischen so mächtig geworden, dass die beiden Minister vom Konzept Hitlers in zentralen Punkten meinten abweichen zu müssen. In einem gravierenden Umfang geschah es mit der Feststellung, dass ein »europäischer Staatenbund« auf der Basis von »Gleichheit« und »Freiwilligkeit« entstehen solle; das Gebilde könne sogar unterschiedliche Verfassungen, Regierungsformen und Gesellschaftsordnungen in sich vereinen. Offensichtlich hatten die Ministerien darauf verzichtet, Hitlers Zustimmung vorab einzuholen. Dieser hätte weder den konzeptionellen Rahmen noch Begriffe wie »traditionelle Demokratie« akzeptiert. Ebenso wenig hätte er ein Europa der Nationalstaaten oder irgendein kollektives Entscheidungsgremium an Stelle des für Hitler allein denkbaren deutschen Protektorats gebilligt. Folglich blieb auch der vom Außenministerium initiierte Vorstoß erfolglos, die Hitler-Mussolini-Begegnung am 7. April 1943 in Salzburg zu einer deutsch-italienischen Europa-Erklärung zu nutzen, um National-, Souveränitäts- und Unabhängigkeitsprinzipien festzuschreiben. Ebenso erwies sich die Vorstellung der italienischen Delegation als wirklichkeitsfremd, Ribbentrop die selbständige Führung in europapolitischen Fragen und Japan eine Vermittlerrolle anzudienen, die dazu führen sollte, dass Hitler den kleineren Staaten irgendwelche Zugeständnisse machte.

Nach dem militärischer Desaster von Stalingrad und dem Scheitern des »Unternehmen Zitadelle«, der Offensive am Kursker Bogen und mit dem ersten großen Zusammenbruch der öffentlichen Stimmung im

---

32 Hier und im Folgenden nach: Monica Fioravanzo, Die Europakonzeptionen des Faschismus und Nationalsozialismus (1933-1943), in: Vierteljahrshefte für Zeitgeschichte 58 (2010), S. 509-541.

Abb. 2: Die Auslandsillustrierte »Tele«, Nr. 1, Okt. 1944, Stockholm: »Hörtsol över Berlin«, (S. 15).

Sommer 1943 gewann »Europa« als Integrations- und Motivationsparole den höchsten Stellenwert in der nationalsozialistischen Propagandakommunikation. »Europa« wurde von nun an stärker beschworen als die Parole »Kampf gegen die jüdisch-bolschewistische Weltverschwörung«. Bis Ende Juli 1943, also bis zum Sturz Mussolinis (25.7.), konnte Hitler es vermeiden, sich auf eine klare Fixierung der Interessen von Deutschland und Italien festlegen zu müssen: territoriale Grenzen, Formen politischer Mitwirkung aller europäischer Staaten, wirtschaftliche und finanzielle Kooperationen und militärische Entscheidungsgewalt. Doch in der sich jetzt zuspitzenden Situation musste er handeln, wollte er nicht das erste Opfer der von ihm geförderten Europa-Propaganda werden. Nachdem »der größte Sohn des italienischen Bodens seit dem Zusammenbruch der antiken Welt« von »gesinnungslosen Putschisten auf entwürdigende

Abb. 3: »Panorama«-Monatsschau Nr. 3 (Ende 1944): »Weinlese« (nach Fuhrmann, Panorama [wie Anm. 34]), S. 121.

Weise« gestürzt worden war, wie es offiziell zu Mussolinis schmachvollem Ende hieß, gab Hitler jede Rücksichtnahme auf und orientierte sich wieder an dem bereits Mitte der zwanziger Jahre formulierten Grundsatz: »*Duldet niemals das Entstehen zweier Kontinentalmächte in Europa*«.[33] Hitler beließ es bei dieser Korrektur. Er befahl vermutlich ebenfalls in jenen Monaten dem Außen- und Propagandaministerium die Vorbereitung einer neuen umfassenden, personell und finanziell aufwendigen Propaganda-Offensive, die bislang kaum bekannt ist.[34] Sie war zwar ebenfalls auf das Thema »Neues Europa« fokussiert, war jedoch nicht

---

33 Adolf Hitler, Mein Kampf, München 1940, S. 754 (Hervorhebung in der Vorlage); siehe dazu auch Weinberg, Hitlers zweites Buch (wie Anm. 14), S. 174.

34 Hier und im Folgenden nach: Sösemann/Lange, Propaganda, Nr. 1245-1248, und auf Grund einer ersten Auswertung der Text- und Film-Kopien in der Forschungsstelle AKiP des Friedrich-Meinecke-Instituts der Freien Universität Berlin. – Die vier *Panorama*-Filme befinden sich im »Institut für den wissenschaftlichen Film«, Göttingen, die *Tele*-Zeitschrift (schwedisch) und die Nullnummer (deutsch) sowie ergänzende Materialien befinden sich in der Stadtbibliothek in Stockholm; s. auch: Hans-Peter Fuhrmann, Die *Panorama* Monatsschau 1944/45. Erschließung und kritische Filmanalyse, Weimar 2010, sowie Wiltrud Ziegler, Die Phantom-Zeitschrift Tele. Ein Beitrag zur Publizistik der letzten Jahre des Dritten Reiches, Diss. phil., Mainz 1989.

nur enger und präziser gefasst, sondern konzeptionell, inhaltlich und technisch innovativ. Sie richtete sich mit neuen Medien ausschließlich an das Ausland. Es handelte sich um die großformatige, themenreiche und farbig illustrierte Kulturzeitschrift *Tele* und die in jeder Hinsicht überaus anspruchsvolle farbige monatliche Filmschau *Panorama*. Dafür wurden zwei journalistisch hochkarätige Redaktionen gebildet. Ihre kriegswichtige Arbeit genoss hohe Priorität. Die gesamte Aufmachung beider medialer Neuschöpfungen und besonders die für *Panorama* eingesetzte kostspielige Technik (Lichtton auf Nitrocellulose[35]) sollten alle Welt restlos beeindrucken. In Anbetracht der desaströsen militärischen Lage des Reiches in den ersten Monaten des Jahres 1945 dürfte die öffentliche Präsentation im Ausland geradezu sensationell gewirkt haben. Das Kulturmagazin war monatelang mit großem publizistischem Erfolg auf dem schwedischen Markt erprobt worden – seine letzte Ausgabe erschien übrigens erst in den Tagen nach der deutschen Kapitulation. Die vier überlieferten *Panorama*-Fassungen zeigen eine ähnliche Freizügigkeit in Form- und Themenwahl wie *Tele*, aber auch in Text- und Bild-Inhalten sowie in den Darstellungen stehen sie dem Kulturmagazin in wenig nach.

Alles deutet darauf hin, dass beide Medien an die seit April 1940 ebenfalls mehrsprachige und reich illustrierte Propaganda-Zeitschrift *Signal* anknüpften, die in den besetzten Ländern wie auch in den neutralen Ländern Europas einen großen Leserkreis gefunden hatte. Beide Medien vermitteln nicht nur ein anschauliches Bild vom Selbstverständnis des Großgermanischen Reiches, sondern auch den klaren Anspruch einer Kulturhoheit in Europa nach dem »Endsieg«. Hitler ließ mit ihnen den Weg zur Durchsetzung seiner hegemonialen Ambitionen auf kultureller Ebene vorbereiten. Von der Monatsschau liegen Fassungen in deutscher, spanischer, französischer, dänischer, norwegischer, ungarischer Sprache und eine sogenannte internationale Ausgabe vor, die nicht vertont wurde. Es ist noch unklar, in welchen Städten die 9 bis 15 Minuten langen *Panorama*-Filme noch vor Kriegsende öffentlich vorgeführt werden konnten. *Panorama* und *Tele* sparten die aktuellen Kriegsereignisse nicht aus, behandelten sie aber marginal und durchgängig positiv: Fallschirmspringen, Schnellboote im Einsatz, Reparatur eines Panzers oder das Manöver einer Kosakeneinheit und den Aufstieg von Gebirgsjägern zu ihren Stellungen. Die Redaktionen zeigten die Zerstörung deutscher Städte oder Industrieanlagen nicht, aber auch keine Propaganda-Veranstaltun-

---

35 1908 von Kodak entwickelt und 1935 perfektioniert. Das Verfahren gestattete auch außerhalb von Städten preisgünstige Kinoaufführungen. Das für *Panorama* benutzte Material war in der Farbwiedergabe dem von Kodak überlegen.

gen der NSDAP, Reden von Hitler oder Auftritten anderer NS-Politiker. Ebenso wenig finden sich antisemitische oder rassepolitischen Themen. Es fehlen aufdringliche »Durchhalteparolen« oder NS-Embleme in Überfülle. Stattdessen konzentrierten *Tele* und *Panorama* sich auf Dreierlei:

- die Bevorzugung »gesamteuropäischer« Themen wie Technik und Geschichte, Sport und Mode, Film und Theater, Freizeit, Hobby und Humor;
- das publizistische, künstlerische und journalistische Niveau – selbst dann, wenn es lediglich um den »Alltag« ging, um Spiel, Sport und Freizeit oder Landschaftsaufnahmen, Heuernte und Weinlese;
- die Qualität aller farbigen Illustrationen und besonders des Farbfilmmaterials.

Mit *Tele* und *Panorama* war ein Ausweg aus der krisenhaften Zuspitzung der an sich höchst erfolgreichen »Europa«-Propaganda gefunden worden. Mit Hilfe der beiden neuen Medien konnte das NS-Regime die Oberhoheit über die Kriegszieldiskussion mit dem Thema »Europa« wieder gewinnen. Dieser neue Anlauf war dringend nötig geworden, nachdem die innerdeutsche und ausländische Propagandakommunikation »Pro-Europa« zwar die erwünschten starken Mobilisierungs- und Agitationseffekte ausgelöst hatte, aber trotz der anscheinend so effizienten diktatorialen Strukturen und asymmetrischen Kommunikationsverhältnisse sich kontraproduktiv hatte entwickeln können. In dem nun folgenden knappen halben Jahr bis zum 7. Mai 1945 stieg die Europa-Propaganda zum Außenpolitik-Ersatz auf.

Insgesamt hat sich gezeigt, dass propagandistische Aktionen in Diktaturen nur auf den ersten Blick leicht steuerbar erscheinen. Tatsächlich offenbarten die Fallstudien, wie einmal gesetzte Begriffe und Semantiken, wie »Frieden« und »Europa« und das hegemoniale Konzept »Frieden in Europa«, in der Propagandakommunikation rasch eine starke Eigendynamik entwickeln konnten. Dieses Ergebnis kam aus mehreren Gründen zustande. Es gelang ein verbindliches Verständnis von Zentralbegriffen in der formierten Öffentlichkeit im NS-Sinn frühzeitig umzuformen. Das Regime hatte den Wortsinn respektive das weltanschaulich geprägte, zumeist höchst emotional vermittelte »Gedanken-Bild« auf der Basis der jeweiligen, also keineswegs starren Herrschaftsabsicht entwickelt. Die Führung bemühte sich anschließend, mit Hilfe des Instrumentariums einer weitreichenden Informations- und Medienlenkung Einsichten und »Glaubenssätze« zu etablieren und zu stabilisieren. Denn die Propagandakommunikation hatte grundsätzlich auf Verbindlichkeit, auf Aussage- und Richtungskonsistenz zu achten, wenn sie das für den Erfolg unbedingt notwendige Grundvertrauen ihrer Adressaten nicht einbüßen wollte. Jede nicht zu umgehende Änderung höherer Qualität – und diese Herausforderung ergab sich im Zusammenhang mit den abgehandelten Beispielen – erwies sich auch in der Diktatur als eine nur schwer zu steuernde Herausforderung.

3. Internationale Beziehungen und Kommunikation nach 1945

Chance oder Risiko?

Die Außen- und Deutschlandpolitik der DDR im deutsch-deutschen Kommunikationsraum

HERMANN WENTKER

Den wechselseitigen Einflüssen von Außenpolitik und Öffentlichkeit nachzuspüren, ist zweifellos für demokratisch und semidemokratisch verfasste Staaten, aber auch für plebiszitäre Regime wie etwa das Napoleons III. von Frankreich ein lohnendes Unterfangen. Denn demokratische Regierungen müssen für ihre Wiederwahl um Mehrheiten kämpfen, und plebiszitär legitimierte Regierungen sind ebenfalls vom Wohlwollen des Wahlvolkes abhängig. Die Außenpolitik dieser Regierungen muss daher die eigene Öffentlichkeit bei der Formulierung ihrer Außenpolitik einbeziehen; umgekehrt kann die öffentliche Meinung insbesondere durch Medienmacht versuchen, Einfluss auf den außenpolitischen Kurs ihres Landes zu gewinnen – kurzum: Es besteht ein Wechselverhältnis, das freilich in den jeweils konkreten politischen Situationen unterschiedlich ausfällt. Wesentliche Voraussetzung für eine solche Wechselbeziehung ist indes auf der einen Seite ein Staat, der seine Außenpolitik überwiegend selbst gestaltet, und auf der anderen Seite die Existenz einer weitgehend autonomen Öffentlichkeit mit Parteien und politischen Milieus, wie sie in der Zeit des Kalten Krieges in den westlichen Gesellschaften existierten.[1]

Bei der DDR handelte es sich jedoch um eine ostmitteleuropäische Diktatur unter sowjetischer Hegemonie. Diese Diktaturen zeichneten sich dadurch aus, dass ihre Regierungsform den Völkern oktroyiert und im Wesentlichen mit militärischem Zwang und innerer Repression aufrechterhalten wurde. Mit der Zeit arrangierten sich die Gesellschaften freilich mit ihren Regimes, so dass diese auf offene Gewaltanwendung meistens verzichten konnten, wenngleich Gewaltandrohung als Mittel zur Herrschaftserhaltung bestehen blieb. Außenpolitisch waren sie alles andere als autonom, sondern abhängig von den Vorgaben aus Moskau, so dass selbst die jeweilige politische Führung geschickt agieren musste, um Gestaltungsspielraum für sich zu gewinnen. Konnte es unter diesen

---

[1] Vgl. Thomas Lindenberger, Geteilte Welt, geteilter Himmel? Der Kalte Krieg und die Massenmedien in gesellschaftsgeschichtlicher Perspektive, in: Klaus Arnold/ Christoph Classen (Hg.), Zwischen Pop und Propaganda. Radio in der DDR, Berlin 2004, S. 27-44, hier S. 29.

Bedingungen zu einem ähnlichen Wechselverhältnis zwischen Außenpolitik und Öffentlichkeit wie in demokratischen oder semidemokratischen Staaten kommen?

Um sich dem Problem anzunähern, muss zunächst geklärt werden, inwiefern man in der DDR von Öffentlichkeit überhaupt sprechen kann. Zweitens soll knapp darauf eingegangen werden, wie sich Außenpolitik in der DDR im Verhältnis zur Öffentlichkeit konstituierte, um drittens danach zu fragen, inwiefern und unter welchen Bedingungen Öffentlichkeit für diese Außenpolitik relevant wurde.

Öffentlichkeit in der DDR

Die Literatur über Öffentlichkeit in der DDR ist, was nicht weiter verwundert, dünn gesät.[2] Das liegt unter anderem an der vielfach benutzten, stark medienbezogenen Definition von Christian Führer, Knut Hickethier und Axel Schildt, die unter Öffentlichkeit »ein durch Medien strukturiertes Geflecht von mehr oder weniger offenen Räumen« verstehen.[3] Außerdem herrscht in den wenigen Texten, in denen das Thema erwähnt wird, Konsens darüber, dass es in der DDR keine autonome Öffentlichkeit mit unterschiedlichen Parteien und politischen Milieus und ergebnisoffenen Entscheidungen geben konnte, weil der öffentliche Raum parteistaatlicher Kontrolle unterworfen war. Jörg Requate hat daher geschrieben, dass die »Nicht-Existenz autonomer Öffentlichkeiten [...] zu den konstitutiven Merkmalen [gehört], mit denen Diktaturen von demokratisch verfassten Gesellschaften unterschieden werden«.[4]

Doch trotz dieser klaren Aussage, derzufolge die Existenz einer autonomen Öffentlichkeit ein Unterscheidungsmerkmal von Demokratie und Diktatur darstellt, suchen einige Zeithistoriker weiter nach Elementen von Öffentlichkeit in Ostblockstaaten wie der DDR. Denn sie sind der Auffassung, dass die totalitäre Herrschaftsabsicht letztlich nicht völ-

---

2 Den Eindruck einer umfassenden Untersuchung für die 1980er Jahre erweckt auf den ersten Blick Nicole Weisheit-Zenz, Öffentliche Meinung im Dienste des Regimes? Soziale Kontrolle und ›Opposition‹ in der DDR in den letzten Jahren ihre Bestehens, Berlin 2010. Die Arbeit enthält jedoch keinerlei Begriffsklärung und befasst sich mit dem Verhältnis von öffentlicher Meinung und Diktatur nur in höchst allgemeiner und unzureichender Weise.

3 Christian Führer/Knut Hickethier/Axel Schildt, Öffentlichkeit – Medien – Geschichte. Konzepte der modernen Öffentlichkeit und Zugänge zu ihrer Erforschung, in: Archiv für Sozialgeschichte 41 (2001), S. 1-38, hier S. 18.

4 Jörg Requate, Öffentlichkeit und Medien als Gegenstände historischer Analyse, in: Geschichte und Gesellschaft 25 (1999), S. 5-32, hier S. 26.

lig realisiert, dass also trotz eines diktatorischen Herrschaftssystems die Gesellschaft nicht stillgelegt wurde, sondern auch im Staatssozialismus weiter existierte und ein kompliziertes Verhältnis mit dem Staat einging.[5] Welche Wege müssen also eingeschlagen werden, um in der DDR noch so etwas wie Öffentlichkeit auszumachen?

Eine Möglichkeit besteht darin, Öffentlichkeit nicht als Akteur zu definieren, sondern als einen Raum oder eine Sphäre, genauer: als einen öffentlichen Raum, der durch Kommunikation strukturiert wird. Auch im sowjetischen Herrschaftsbereich gab es solche Räume, die das Regime zu beherrschen suchte. In diesem Raum inszenierte das System seine Herrschaft; er war, wie Jan Behrends geschrieben hat, »zugleich Klassenzimmer und Theatersaal«. Das Regime benötigte die Öffentlichkeit als Resonanzboden für seine Propaganda; es war bestrebt, mittels Inszenierung »die Fiktion einer geschlossenen Gesinnungsgemeinschaft von Arbeitern, Bauern und Funktionären [zu erzeugen], die sich affirmativ in den Medien äußerten«.[6] Wie Dauerpropaganda und Belehrung letztlich aufgenommen wurden und welchen Erfolg diese Maßnahmen zeitigten, lässt sich kaum sagen: Aussagekräftige Quellen zur Rekonstruktion der öffentlichen Meinung konnten unter den Bedingungen des diktatorischen Systems kaum entstehen.

Dieser Weg endet in unserem Zusammenhang in einer Sackgasse, da Öffentlichkeit hier vor allem in Abhängigkeit vom Regime gedacht wird. Es könnte jedoch weiterführend sein, folgende zwei Überlegungen zu kombinieren. Zum einen erscheint es wenig sinnvoll, die Existenz *einer* Öffentlichkeit vorauszusetzen, sondern vielmehr segmentäre Öffentlichkeiten zu definieren: Auch in demokratisch strukturierten Systemen geht man »von Teilöffentlichkeiten und verschiedenen nebeneinander bestehenden öffentlichen Sphären« aus, die leichter zu fassen sind als *die* eine Öffentlichkeit.[7] Die andere Überlegung lautet, dass »unterhalb der Ebene der inszenierten Öffentlichkeit selbst der härteste Wille zur Unterdrückung unweigerlich auf die Grenzen der Diktatur« stieß.[8] Vor diesem

5 Vgl. etwa Ralph Jessen, Die Gesellschaft im Staatssozialismus. Probleme einer Sozialgeschichte der DDR, in: Geschichte und Gesellschaft 21 (1995), S. 96-110.
6 Vgl. Requate, Öffentlichkeit und Medien, S. 8f.; Jan C. Behrends, Repräsentation und Mobilisierung. Eine Skizze zur Geschichte der Öffentlichkeit in der Sowjetunion und in Osteuropa (1917-1989), in: Ute Daniel/Axel Schildt (Hg.), Massenmedien im Europa des 20. Jahrhunderts, Köln/Weimar/Wien 2010, S. 229-254, die Zitate S. 231f.
7 Vgl. Requate, Öffentlichkeit und Medien, S. 11.
8 Vgl. Martin Sabrow, Politischer Skandal und moderne Diktatur, in: ders. (Hg.), Skandal und Diktatur. Formen öffentlicher Empörung im NS-Staat und in der DDR, Göttingen 2004, S. 7-32, hier S. 21. Zum Konzept der »Grenzen der Diktatur« vgl. Richard Bessel/Ralph Jessen (Hg.), Die Grenzen der Diktatur. Staat und Gesellschaft in der DDR, Göttingen 1996.

doppelten Hintergrund beginnt die etwas mühsame Suche nach Spuren von Öffentlichkeit in der DDR. In der einschlägigen Literatur stößt man dabei vor allem auf vier Begriffe.

Erstens auf den Begriff der Gegenöffentlichkeit: Er wird zwar von Hans-Ulrich Wehler schon für das Kaiserreich benutzt, um die sozialdemokratische und katholische Öffentlichkeit zu charakterisieren, aber das ist mit einem gewissen Recht von Jörg Requate abgelehnt worden.[9] Für die DDR lässt sich hingegen mit gutem Grund von Gegenöffentlichkeit sprechen, die sich eben dadurch auszeichnete, dass sie sich der inszenierten Öffentlichkeit bewusst entgegenstellte oder unbewusst entzog.[10] Freilich wird sie von Martin Sabrow direkt mit dem Beiwort »randständig« versehen.[11] Jan Behrends benutzt zwar diesen Begriff nicht, spricht jedoch auch von gesellschaftlicher Kritik an der »repräsentativen Öffentlichkeit« seit den 1960er Jahren. Dissidenten und Oppositionelle hätten sich im darauf folgenden Jahrzehnt durch *Samizdat* und *Tamizdat* (gemeint sind Auslandspublikationen) verständigt und versucht, sich im öffentlichen Raum Gehör zu verschaffen; es habe sich aber meistens nur um kleine Minderheiten gehandelt.[12] Die millionenfach verbreitete parteiunabhängige Presse in Polen bildete hier eine Ausnahme.

An zweiter Stelle sei die Ersatzöffentlichkeit genannt. Dieser Begriff wird in zwei unterschiedlichen Zusammenhängen gebraucht: erstens im Zusammenhang mit dem Beobachtungsapparat des Ministeriums für Staatssicherheit, der sich, so Sabrow, als »ersatzöffentliche Instanz zur Sammlung und Sichtung der im Betrieb oder auf der Straße geäußerten Meinungen« verstanden habe;[13] zweitens hätten, wie Adelheid von Saldern schreibt, Eingaben und Hörerbriefe eine solche Ersatzöffentlichkeit in der DDR dargestellt.[14] Im ersten Fall wird die Perspektive des Regimes eingenommen, das sich nicht durch Meinungsumfragen unabhängiger

9 Vgl. Hans-Ulrich Wehler, Deutsche Gesellschaftsgeschichte, Bd. 3: Von der »Deutsche Dopplerevolution« bis zum Beginn des Ersten Weltkrieges 1849-1914, München 1995, S. 1243-1249; Requate, Öffentlichkeit und Medien, S. 7
10 Ray Rühle, Entstehung von politischer Öffentlichkeit in der DDR in den 1980er Jahren am Beispiel von Leipzig, Münster 2003, benutzt für die nonkonforme Szene den Begriff »zweite Öffentlichkeit« (S. 59), und bezeichnet nur die »von der ideologisch simulierten Öffentlichkeit unabhängige öffentliche Kommunikation in der simulierten Öffentlichkeit« als Gegenöffentlichkeit (S. 68).
11 Vgl. Sabrow, Politischer Skandal, S. 22.
12 Vgl. Behrends, Repräsentation und Mobilisierung, S. 238 f.
13 Vgl. Sabrow, Politischer Skandal, S. 21.
14 Vgl. Adelheid von Saldern, Öffentlichkeiten in Diktaturen. Zu den Herrschaftspraktiken im Deutschland des 20. Jahrhunderts, in: Günther Heydemann/Heinrich Oberreuter (Hg.), Diktaturen in Deutschland – Vergleichsaspekte, Bonn 2003, S. 442-475, hier S. 455.

Institute, sondern fast nur über seinen geheimpolizeilichen Apparat über die »öffentliche Meinung« informieren konnte,[15] und im zweiten Fall handelte es sich um sehr bewusst gemachte Äußerungen einzelner Menschen, die im Rahmen des bestehenden Systems etwas erreichen wollten. Der Begriff Ersatzöffentlichkeit steht in beiden Fällen daher in enger Beziehung zum SED-Regime.[16] Drittens begegnet uns die Gelegenheitsöffentlichkeit, meistens im Plural benutzt. Solche Gelegenheitsöffentlichkeiten konnten sich in den unterschiedlichsten alltäglichen Situationen, beispielsweise im öffentlichen Nahverkehr, in der Warteschlange, in Klubs und auf Fachtagungen, in der Kneipe und auf dem Sportplatz bilden.[17] Die zwischenmenschliche Kommunikation an diesen Orten ging zwar »von unten« aus; inhaltlich muss jedoch von einer stark eingeschränkten Kommunikation ausgegangen werden, die aufgrund des Entstehungszusammenhangs keine breite thematische Spannweite gehabt haben und überdies aufgrund der latenten Sorge vor Spitzeln beeinträchtigt gewesen sein dürfte.

Die Gelegenheitsöffentlichkeiten überschneiden sich, viertens, mit den sogenannten informellen Öffentlichkeiten, die Adelheid von Saldern wiederum in Betrieben, Klubs und Kulturhäusern, also in einer »Schwebelage zwischen punktueller Selbstbestimmung und systematischer Steuerung« verortet; des Weiteren spricht sie von einer situativen informellen Öffentlichkeit, die sich zum Teil im halböffentlichen Raum zusammenfand (etwa bei Warteschlangen und anderen bereits genannten Gelegenheiten); drittens, und darin unterscheidet sich der Begriff von den Gelegenheitsöffentlichkeiten, habe es sich um Gruppenöffentlichkeiten gehandelt, die in die Privatsphäre abgedrängt worden und erst mit dem Zerfallsprozess der DDR wieder in den öffentlichen Raum der Stadt – beispielsweise in Form von Mahnwachen – zurückgekehrt seien.[18]

---

15 Über die Stimmung in der Bevölkerung berichtete auch der Parteiapparat. Überdies arbeitete das 1966 gegründete Zentralinstitut für Jugendforschung in Leipzig mit Umfragen. Es war allerdings nicht unabhängig, sondern unterstand dem Amt für Jugendfragen beim DDR-Ministerrat. Zwischen 1965 und 1978 bestand ebenfalls ein Institut für Meinungsforschung beim ZK der SED: vgl. Gerd-Rüdiger Stephan, Die Reflexion des Zustands der DDR-Gesellschaft durch Studien des Zentralinstituts für Jugendforschung Leipzig in der zweiten Hälfte der achtziger Jahre, in: Institut für zeitgeschichtliche Jugendforschung (Hg.), Jahresbericht 1993, S. 225-258, hier S. 225-228.
16 Auch Requate, Öffentlichkeit und Medien, S. 27, ist der Auffassung, das mit dem Begriff der Ersatzöffentlichkeit die öffentlichen Kommunikationsstrukturen in der DDR nicht hinreichend analysiert werden können.
17 Vgl. Sabrow, Politischer Skandal, S. 23.
18 Vgl. von Saldern, Öffentlichkeiten in Diktaturen, S. 451-455, das Zitat S. 452.

In all diesen Zusammenhängen lassen sich gewiss Elemente von Öffentlichkeit finden. Doch wie relevant, so muss man sich fragen, waren solche Teilöffentlichkeiten für die Politik? Für die gesellschaftliche Wirklichkeit der DDR waren sie zweifellos von Bedeutung, und auf lokaler Ebene mussten Partei und Staat sie auch in politischer Hinsicht berücksichtigen. Auch die SED-Führung hatte die Stimmungen dieses »Öffentlichkeitssurrogats« im Blick, ohne stets darauf zu reagieren. Jedoch konnte sich nur zweimal in der Geschichte der DDR eine breitere Öffentlichkeit konstituieren und geschichtsmächtig werden, und beide Male spielte ein bisher noch nicht betrachteter Zusammenhang eine entscheidende Rolle: beim Volksaufstand von 1953 und bei der friedlichen Revolution von 1989. In beiden Fällen konstituierte sich eine vom Regime unabhängige Öffentlichkeit zwar durch Oppositionelle, die in die Straßenöffentlichkeit hinein kommunizierten, jedoch gewannen sie durch die Medien des Westens erst eine breite öffentliche Sichtbarkeit. Indem der RIAS im Juni 1953 die Forderungen der Arbeiter in der DDR publik machte und über die Demonstrationen berichtete, verlieh er der Streik- und Demonstrations-Öffentlichkeit eine weithin hörbare Stimme. Der westliche Rundfunk, so die zutreffende Bewertung von Walter Süß, sei damals gewiss nicht die Steuerungszentrale des Aufstands gewesen, habe aber »eine höchst wirksame Ersatzöffentlichkeit« geschaffen. In der friedlichen Revolution wiederum war es vor allem das Westfernsehen, das den Oppositionellen und Ausreisern eine Plattform bot und die Stelle unabhängiger DDR-Medien einnahm.[19] Öffentlichkeit in dieser Form konnte sich in der DDR letztlich nur in den beiden revolutionären Situationen von 1953 und 1989 konstituieren; ganz entscheidend war dabei der Zugang zu den Westmedien. Letztlich konnte nur über die mediale Verbindung zur Bundesrepublik eine Öffentlichkeit hergestellt werden, die den historischen Prozess maßgeblich gestaltete.

Westmedien wirkten durchgehend in die DDR hinein, sie waren, wie etwa der RIAS, »eine mediale Brücke des Westens in die DDR«.[20] Sie unterliefen erfolgreich das Informationsmonopol der SED-Diktatur, da sie sich, wo sie empfangen werden konnten, mühelos gegen die östliche Konkurrenz durchsetzten: Auch in der Diktatur, so lässt sich daran zeigen, war der individuelle Medienkonsum kaum steuerbar. Aber die

---

19 Walter Süß, Von der Ohnmacht des Volkes zur Resignation der Mächtigen. Ein Vergleich des Aufstandes von 1953 und der Revolution von 1989, in: Vierteljahrshefte für Zeitgeschichte 52 (2004), S. 441-477, hier S. 473f., das Zitat S. 473.
20 So zutreffend Bernd Stöver, Radio mit kalkuliertem Risiko. Der RIAS als US-Sender für die DDR, in: Arnold/Classen (Hg.), Zwischen Pop und Propaganda, S. 209-228, hier S. 225.

Interaktion der Westmedien mit der ostdeutschen Gesellschaft war normalerweise eingeschränkt. In einer pluralistischen Gesellschaft mit freien Medien besteht eine Wechselwirkung zwischen Medien und Öffentlichkeit: Die Öffentlichkeit informiert sich durch die Medien, gleichzeitig konstituiert sich die Öffentlichkeit zu einem großen Teil über die Medien. In der DDR hingegen traf nur der erste Teil dieser Aussage zu: Die Westmedien dienten – bis auf die genannten revolutionären Situationen – fast ausschließlich der Informationsbeschaffung. Für die Politik war dies nur insofern von Bedeutung, als die Führung immer mit der Information der Gesellschaft durch die Westmedien rechnen konnte, ja musste.

Grundprobleme der DDR-Außenpolitik im Verhältnis zur Öffentlichkeit

Die Außenpolitik der DDR bewegte sich »in engen Grenzen«.[21] Begrenzt wurde sie vor allem durch die Abhängigkeit von der Sowjetunion, die eine autonome Außenpolitik kaum zuließ, wenngleich hier unterschiedliche Phasen zu identifizieren sind. Die zweite Grenze, auf die die DDR-Außenpolitik stieß, war die Bundesrepublik, von der sie sich, wenn sie nicht untergehen wollte, abgrenzen musste: Die Konkurrenz mit dem in fast jeder Hinsicht überlegenen westdeutschen Staat stellte das zweite Strukturelement ostdeutscher Außenpolitik dar. Dies schloss eine Kooperation auf einzelnen Gebieten, etwa im Handel, nicht aus: Freilich wurde diese Kooperation in den 1980er Jahren so intensiv, dass Ost-Berlin immer mehr Mühe hatte, das nötige Maß an Abgrenzung von der Bundesrepublik aufrechtzuerhalten. Die dritte Grenze stellten die inneren Verhältnisse der DDR dar: Wie für alle Staaten, bildete auch für die DDR die Verfügung über materielle und nicht-materielle Ressourcen die Voraussetzung für außenpolitisches Agieren. Und mit beidem war sie, vor allem im Vergleich zu dem westdeutschen Konkurrenzstaat, nicht besonders reichlich ausgestattet. Das galt für ihre Wirtschaftskraft genauso wie für ihre militärische Macht, aber auch für eine besonders wichtige immaterielle Ressource – die innenpolitische Legitimität. Obwohl es in der Einstellung der Ostdeutschen zu »ihrem Staat« durchaus Schwan-

---

21 Vgl. Hermann Wentker, Außenpolitik in engen Grenzen. Die DDR im internationalen System 1949-1989, München 2007. Inhaltlich lehnen sich die folgenden Ausführungen, wenn nicht anders gekennzeichnet, an zentrale Aussagen aus dieser Darstellung an.

kungen gab,²² muss von einem grundsätzlichen Legitimitätsdefizit der DDR ausgegangen werden: Die dem östlichen Teil Deutschlands oktroyierte SED-Diktatur erhielt nie die innere Zustimmung, die der alten Bundesrepublik oder auch dem NS-Staat zuteil geworden war.

Innerhalb dieser Grenzen machten nur wenige Personen die Außenpolitik der DDR. Es handelte sich um einen kleinen Führungszirkel, der die Entscheidungen traf, eng um den SED-Generalsekretär gruppiert, der außenpolitisch das Sagen hatte. Hier muss jedoch zeitlich zwischen der Ulbricht- und der Honecker-Ära differenziert werden: Während sich unter Ulbricht der sowjetische Einfluss auch in Einzelheiten noch stärker bemerkbar machte und der für die Außenpolitik zuständige Apparat noch ein relativ großes Gewicht besaß, änderte sich dies unter Honecker, dessen persönliche Netzwerke und die in den 1970er Jahren gegründeten Kommissionen ein größeres Gewicht erhielten. Grundsätzlich war der Staatsapparat – also im Wesentlichen das Außenministerium – dem Parteiapparat nachgeordnet, was auch an der untergeordneten Rolle der Außenminister deutlich wird, die anfangs sogar den Blockparteien entstammten und später nie dem SED-Politbüro angehörten. Wenngleich es sich um einen vergleichsweise großen Apparat handelte, zu dem etwa auch die zahlreichen »gesellschaftlichen« Organisationen gehörten, die allerdings unter enger Anleitung der Partei standen, wurden die außenpolitischen Entscheidungen in einem ganz engen Kreis getroffen.²³ Während auch in Demokratien außenpolitische Entscheidungsprozesse bis zu einem gewissen Grad der Geheimhaltung unterliegen, so müssen sich demokratische Regierungen nicht nur gegenüber der Öffentlichkeit, sondern auch in den Parlamenten um Zustimmung zu ihrem außenpolitischen Kurs bemühen, und die außenpolitischen Ausschüsse können ein gewisses Mitspracherecht geltend machen. Da die Volkskammer der DDR mit ihren Ausschüssen die absolute Macht der Führung lediglich verschleierte und überdies an der Formulierung der Politik in keiner Weise mitwirkte, war die ostdeutsche Außenpolitik in einem noch viel stärkeren Maße als die bundesdeutsche klassische Arkanpolitik.

Die deutsch-deutsche Öffentlichkeit kam vor allem als Adressat der ostdeutschen Außenpolitik ins Spiel, insbesondere aufgrund des genann-

---

22 So spricht Jens Gieseke vor allem auf der Grundlage von MfS-Berichten etwa davon, dass in den 1960er und in den 1970er Jahren »die Potenziale der Loyalitätsverweigerung geringer waren als zuvor und danach«. Vgl. ders., Bevölkerungsstimmungen in der geschlossenen Gesellschaft. MfS-Berichte an die DDR-Führung in den 1960er- und 1970er-Jahren, in: Zeithistorische Forschungen 5 (2008), S. 236-257, hier S. 256.
23 Vgl. Wentker, Außenpolitik in engen Grenzen, S. 27-58, 191-210, 367-390.

ten Legitimitätsdefizits der DDR unter den Ostdeutschen. Indem die DDR ihre mangelnde innere Legitimation durch äußere Anerkennung zu kompensieren suchte, hoffte sie, dieses Defizit auszugleichen.[24] Wenn die DDR rückhaltlos anerkannt und die Bundesrepublik endgültig Ausland geworden wäre, hätte die DDR-Führung ruhiger schlafen können. Unter diesen Umständen hätte sie nicht mehr befürchten müssen, dass ihre Bürger in einem relativ unkomplizierten Aufnahmeverfahren in Westdeutschland aufgenommen wurden; erst dies hätte wirkliche Gleichberechtigung bedeutet. Das erklärt die Hartnäckigkeit, mit der die DDR vor 1972 nach internationaler Anerkennung strebte, danach noch im innerdeutschen Verhältnis auf der Herstellung völkerrechtlicher Beziehungen beharrte und im politischen Verkehr mit dem Ausland auf Prestigegewinn bedacht war.

Öffentlichkeit als Faktor der DDR-Außenpolitik

Öffentlichkeit wurde von der DDR-Außenpolitik durchaus genutzt, allerdings weniger im eigenen Land, sondern vor allem im Ausland. Sie war der Adressat ostdeutscher Außenpolitik insbesondere vor 1972, als es Ost-Berlin in seinem Streben nach Anerkennung zunächst darum ging, die öffentliche Meinung der nicht-sozialistischen Staaten für sich einzunehmen, um Druck auf deren Regierungen aufzubauen und diese so zur Aufnahme diplomatischer Beziehungen zu bewegen. Aber auch danach spielte die Beeinflussung der Öffentlichkeit im Ausland eine wichtige Rolle, um das eigene Image – vor allem in Abgrenzung zur Bundesrepublik – aufzupolieren und zu pflegen. All diese Bemühungen werden neuerdings auch in der Geschichtswissenschaft als »public diplomacy« bezeichnet.[25] Aus der einschlägigen Literatur lässt sich entnehmen, dass die »public diplomacy« der DDR, die von einem kostspieligen Apparat betrieben wurde, vor allem drei Besonderheiten aufwies. Bei aller Vielfalt ihrer Formen, wurde sie, erstens, strikt von der SED-Führung oder von ihr eng kontrollierten Instanzen wie der Liga für Völkerfreundschaft

24 Vgl. ebenda, S. 9.
25 Der Begriff stammt aus den 1960er Jahren und wurde von dem US-amerikanischen Diplomaten Hans N. Tuch geprägt. Vor allem seit den 1990er Jahren wird er verstärkt in politikwissenschaftlichen und historischen Arbeiten verwendet. Im Hinblick auf die DDR sind u. a. zwei neuere Veröffentlichungen einschlägig: Nils Abraham, Die politische Auslandsarbeit der DDR in Schweden. Zur Public Diplomacy der DDR gegenüber Schweden nach der diplomatischen Anerkennung (1972-1989), Berlin u. a. 2007; Thomas Brünner, Public Diplomacy im Westen. Die Presseagentur *Panorama* DDR informiert das Ausland, Frankfurt a. M. u. a. 2011.

gelenkt. Zweitens ging es dabei nie um einen regelrechten Austauschprozess, sondern um eine Einbahnstraße von der DDR in das jeweilige Land; und drittens war sie kaum von Erfolg gekrönt.[26] Da auf diesem Gebiet keine grundsätzlich neuen Erkenntnisse zu gewinnen sind, wird hier anhand von vier Fallbeispielen danach gefragt, inwieweit die DDR-Außenpolitik glaubte, die deutsch-deutsche Öffentlichkeit beeinflussen zu können oder auf diese Rücksicht nehmen zu müssen.[27] Dabei werden Bundesrepublik und DDR nicht nur als gemeinsamer Erfahrungsraum[28], sondern auch als gemeinsamer Kommunikationsraum begriffen, der von den Medien der beiden Staaten wechselseitig durchdrungen werden konnte. Der Unterschied bestand dabei freilich in der Nutzung der Medien des jeweils anderen Staates in Ost und West: Während in der Bundesrepublik DDR-Medien kaum zur Kenntnis genommen wurden, verhielt es sich in der DDR umgekehrt. Bereits für Juli 1966 zeigt ein zusammenfassender Bericht des Sektors Rundfunk/Fernsehen der ZK-Abteilung Agitation, dass sich 90 Prozent der Bevölkerung, einschließlich der meisten Parteimitglieder, hauptsächlich aus Westmedien informierten.[29]

Erstes Fallbeispiel: Die Deutschlandpolitik der DDR der späten 1940er und 1950er Jahre

Schon vor der Gründung der DDR verfolgte die SED-Spitze die Wiedervereinigung als zentrales deutschlandpolitisches Ziel.[30] Auch nach der

26   Vgl. neben den in der vorangegangenen Fußnote genannten Arbeiten u. a. Hans-Georg Golz, Verordnete Völkerfreundschaft. Das Wirken der Freundschaftsgesellschaft DDR-Großbritannien und der Britain-GDR Society. Möglichkeiten und Grenzen, Leipzig 2004; Stefan Berger/Noman LaPorte, Friendly Enemies. Britain and the GDR, 1949-1990, Oxford 2010; Ulrich Pfeil, Die »anderen« deutsch-französischen Beziehungen. Die DDR und Frankreich 1949-1990, Köln/Weimar/Wien 2004.
27   Die bereits skizzierten Spurenelemente von Öffentlichkeit in der DDR spielten im Zusammenhang mit der Außenpolitik so gut wie keine Rolle. Eine Ausnahme bildeten die weiter unten thematisierten Friedens- und Bürgerrechtsgruppen, die man als Gegenöffentlichkeit in der DDR bezeichnen kann.
28   Vgl. Andreas Wirsching, Für eine pragmatische Zeitgeschichtsforschung, in: Aus Politik und Zeitgeschichte 3/2007, S. 13-18, hier S. 18.
29   Vgl. Gunter Holzweißig, Klassenfeinde und »Entspannungsfreunde«. West-Medien im Fadenkreuz von SED und MfS, Berlin 1995, S. 7. Holzweißig bezieht sich auf einen Bericht vom 21. 7. 1966.
30   Vgl. dazu Dirk Spilker, The East German Leadership and the Division of Germany. Patriotism and Propaganda 1945-1953, Oxford 2006.

Staatsgründung vom 7. Oktober 1949 hielt sie zunächst daran fest und glaubte auch an deren Realisierbarkeit durch Übertragung der »antifaschistisch-demokratischen Ordnung« auf Westdeutschland. Ihr Optimismus resultierte letztlich aus dem festen Glauben daran, dass sich der Sozialismus aufgrund seiner Überlegenheit über den Kapitalismus durchsetzen werde; unterstützt wurde sie in ihrer Auffassung durch die sowjetischen Siege in China und Korea; außerdem stand der Erfolg der sozialen Marktwirtschaft in der Bundesrepublik zu Beginn der 1950er Jahre noch aus. Der Handlungsspielraum der SED-Führung war zwar durch die Sowjetunion massiv eingeschränkt; in ihrem deutschlandpolitischen Ziel waren sich Moskau und Ost-Berlin jedoch einig.[31] Um es zu erreichen, setzten beide nicht primär auf Diplomatie, sondern auf eine Kombination von öffentlichen Kampagnen und Unterwanderungsversuchen der Bundesrepublik durch die KPD und andere linke Organisationen. Sie appellierten dabei an das gesamtdeutsche Empfinden der Westdeutschen genauso wie an die auch im Westen noch virulente pazifistische Grundstimmung. Auch die Übergabe der Stalin-Note 1952 wurde von einer massiven Propagandakampagne begleitet: Mit Hilfe der westdeutschen Öffentlichkeit sollte in diesem Zusammenhang vor allem die Westintegration der Bundesrepublik verhindert werden.[32]

Wenngleich die Sowjetunion und auch die DDR-Führung nach dem Scheitern der Stalin-Note und insbesondere nach dem Aufstand des 17. Juni 1953 primär die Konsolidierung der DDR anstrebten, setzten beide ihre Kampagne gegen die Westintegration der Bundesrepublik fort und spielten dabei weiterhin die nationale Karte. Auch nachdem 1955 mit der Verkündung der Zwei-Staaten-Theorie durch Chruschtschow deutlich geworden war, dass die Wiedervereinigung nicht mehr auf der Tagesordnung stand, brachte Ulbricht ab 1956 eine Konföderation beider deutscher Staaten ins Gespräch. Dieser Konföderationsplan war alles andere als ernst gemeint, sollte vor allem die SPD in ihrem Kampf gegen Adenauer unterstützen und Ost-Berlin zur Meinungsführerschaft innerhalb der westdeutschen Arbeiterklasse verhelfen.[33] Insgesamt diente er als Propagandainstrument dazu, der eigenen Bevölkerung und der westdeutschen Öffentlichkeit zu suggerieren, dass die SED alles für die Wiedervereinigung tat. Anhand der Deutschlandpolitik der DDR in dieser Zeit lässt sich also zeigen, dass die SED-Führung damals einerseits hoffte, in der westdeutschen Öffentlichkeit, insbesondere aber in der westdeut-

---

31 Vgl. dazu Michael Lemke, Einheit oder Sozialismus? Die Deutschlandpolitik der SED 1949-1961, Köln/Weimar/Wien 2001, S. 114-205.
32 Vgl. neben Lemke auch Wentker, Außenpolitik in engen Grenzen, S. 91-96.
33 Vgl. Lemke, Einheit oder Sozialismus?, S. 241-414.

schen Arbeiterklasse an Einfluss gewinnen zu können; andererseits sah sie sich durch die gesamtdeutsch empfindende Öffentlichkeit in beiden deutschen Staaten veranlasst, solche Kampagnen auch dann noch fortzuführen, als sie selbst ihre politischen Prioritäten hin zur Konsolidierung und Anerkennung der DDR als eigenständiger Staat verschoben hatte.

Zweites Fallbeispiel: Die propagandistische Auseinandersetzung um den Vietnamkrieg

Auch bei der propagandistischen Auseinandersetzung um den Vietnamkrieg von Seiten der DDR ging es um die deutsch-deutsche Öffentlichkeit als Adressat einer politischen Diffamierungs- bzw. Unterstützungskampagne. Nordvietnam war für die ostdeutsche Außenpolitik letztlich von untergeordneter Bedeutung. Als Satellit der Sowjetunion gewährte die DDR jedoch dem bedrängten »Bruderland« und der 1960 gegründeten Nationalen Befreiungsfront für Südvietnam (FNL) für ihre Verhältnisse umfangreiche Unterstützung. Nachdem die Vereinigten Staaten 1964 den Vietnamkrieg auf Nordvietnam ausgedehnt hatten, intensivierte Ost-Berlin seine Unterstützung ab dem folgenden Jahr. Einem Politbürobeschluss vom Februar 1966 zufolge wurde Nordvietnam nicht nur zivile, sondern auch militärische Hilfe geleistet; zu einer Beteiligung von ostdeutschen Truppen an den Kampfhandlungen an der Seite ihrer vietnamesischen Verbündeten kam es jedoch nicht. Nordvietnam wurde damals zum Hauptempfänger von Hilfsleistungen aus der DDR.[34]

Die DDR-Führung hoffte, im deutsch-deutschen Konkurrenzkampf von ihrer Vietnampolitik zu profitieren. Sie nutzte die sich ab Mitte der 1960er Jahre immer weiter verstärkende westliche Kritik an den USA, um sowohl in der westdeutschen als auch in der ostdeutschen Öffentlichkeit zu punkten. Seit 1964 wurde aufgrund von Forderungen der USA nach bundesdeutscher militärischer Unterstützung in Vietnam in den westdeutschen Medien eine Debatte über einen solchen Militäreinsatz ge-

---

34 Vgl. Nguyen van Huong, Die Politik der DDR gegenüber Vietnam und den Vertragsarbeitern aus Vietnam sowie die Situation der Vietnamesen in Deutschland heute, in: Materialien der Enquete-Kommission »Überwindung und Folgen der SED-Diktatur im Prozeß der deutschen Einheit« (12. Wahlperiode des Deutschen Bundestages), hg. vom Deutschen Bundestag, Bd. VIII, Baden-Baden 1999, S. 1301-1361, hier S. 1310-1321; Günter Wernicke, »Solidarität hilft siegen!« Zur Solidaritätsbewegung mit Vietnam in beiden deutschen Staaten Mitte der 60er bis Anfang der 70er Jahre, Berlin 2001, S. 13-19.

führt, der von der öffentlichen Meinung wie von der Bundesregierung unter Ludwig Erhard einmütig abgelehnt wurde. Die DDR klinkte sich in diese ab dem Frühjahr 1965 intensivierte Debatte ein, indem sie am 12. Juni 1965 im *Neuen Deutschland* eine Propaganda-Offensive mit der Unterstellung startete, die Bundesrepublik plane die Entsendung eines Bundeswehrkontingents nach Vietnam. Am 4. September meldete das *Neue Deutschland* wahrheitswidrig den tatsächlichen Einsatz von 120 westdeutschen Luftwaffenangehörigen an der Seite der USA. Die DDR-Führung verfolgte damit zunächst das Ziel, die Wiederwahl der regierenden christlich-liberalen Koalition unter Ludwig Erhard zu verhindern, was freilich nicht gelang: Bei der Bundestagswahl am 19. September konnte die Regierungskoalition ihre Mehrheit verteidigen. Da in der Bundesrepublik weiter über das Thema diskutiert wurde und im Januar 1966 die Bundesregierung die Entsendung eines Hospitalschiffs unter der Flagge des Roten Kreuzes beschloss, verfolgte auch die DDR das Thema weiter. Sowohl die ostdeutsche Propaganda als auch das westdeutsche Fernsehmagazin »Panorama« behaupteten, dies sei der Einstieg in eine militärische Beteiligung. Insgesamt zog die DDR-Propaganda geschickt Parallelen zwischen der realhistorischen Legion Condor und einer virtuellen, angeblich von der Bundesrepublik entsandten »Legion Vietnam«, um sich selbst durch die Parallelisierung des Kampfes der internationalen Brigaden und der nordvietnamesischen Verteidigung gegen den Imperialismus auf der Seite der Sieger der Geschichte zu positionieren.[35]

Die Diffamierungskampagne gegen die Bundesrepublik verband die DDR mit einer Unterstützungskampagne für Vietnam unter der eigenen Bevölkerung. Der seit 1965 im Rahmen des Afro-Asiatischen Solidaritätskomitees tätige »Vietnam-Ausschuss« entfaltete, ebenfalls publizistisch massiv unterstützt, enorme Spendensammelaktivitäten zur Unterstützung von Nordvietnam und der FNL.[36] Unabhängig von möglicherweise vorhandenen Sympathien in der DDR-Bevölkerung für die Vietnamesen, waren diese Aktivitäten alle »von oben« gelenkt, auch wenn der Eindruck spontaner Hilfsbereitschaft erweckt werden sollte. Sie zielten nicht

35 Zur westdeutsch-amerikanischen Debatte über diese Thema vgl. Peter Hoeres, Außenpolitik und Öffentlichkeit. Massenmedien, Meinungsforschung und Arkanpolitik in den deutsch-amerikanischen Beziehungen von Erhard bis Brandt, München 2013, S. 206-233; zur ostdeutschen Propagandakampagne vgl. Carl-Philipp Schäfers, Die Kampagne »Legion Vietnam« als Beispiel für Propaganda im Kalten Krieg, Diplomarbeit Universität Bamberg 2011, S. 76-115, insbesondere S. 80f., 90-93, 110-112.
36 Vgl. Wernicke, Solidarität hilft siegen, S. 12-22. Nach Wernicke, der aus dem DDR-Apparat kommt, entfaltete sich die Hilfsaktivität für Vietnam »als eine ›Bewegung der Solidarität von unten‹«. Ebenda, S. 17.

nur auf materielle Hilfe für den sozialistischen Verbündeten, sondern sollten auch die Einheit von Volk und Führung in der DDR demonstrieren. Es gibt einerseits Indizien für eine teilweise recht weit gehende Einsatzbereitschaft einzelner Ostdeutscher bis hin zu Leserzuschriften, in denen sich einzelne zu einem freiwilligen Kampfeinsatz in Vietnam meldeten,[37] andererseits wurden sicher auch »subtile Zwangsmechanismen« eingesetzt, um die gewünschten Spenden einsammeln zu können.[38] Inwieweit die auch in den Westmedien immer stärker vermittelte, antiamerikanische Vietnamkriegskritik die DDR-Propaganda unterstützte und auch die Einstellungen der Ostdeutschen beeinflusste, ist noch eine offene, aber untersuchenswerte Frage.

Drittes Fallbeispiel: Die Politik gegenüber der Friedensbewegung

Die deutsch-deutsche Öffentlichkeit kam überdies bei der Politik der DDR gegenüber der Friedensbewegung im Westen Ende der 1970er/Anfang der 1980er Jahre ins Spiel. Die Friedenspropaganda der DDR trug damals ein doppeltes Gesicht. Einerseits sollten im Westen und in der Bundesrepublik die Atomwaffen verschwinden beziehungsweise die mit dem NATO-Doppelbeschluss von 1979 drohende Stationierung von Mittelstreckenwaffen verhindert werden. Dies wurde von der DDR nicht nur offen propagiert; darüber hinaus versuchte sie, die westdeutsche Friedensbewegung zu unterwandern, um diese in ihrem Sinne steuern zu können. Zwar gelang es ihr, insbesondere mit Hilfe des MfS, westdeutsche Kommunisten und andere Sympathisanten des Ostens sowohl in zentralen Schaltstellen der Friedensbewegung als auch bei den Grünen zu platzieren und damit jene Strömungen zu verstärken, die für einseitige westliche Schritte plädierten; steuern konnte sie die heterogene Friedensbewegung jedoch nicht.[39] Andererseits setzte die DDR-Führung damals im eigenen Land auf eine Militarisierung der Gesellschaft. Bereits 1975 hatte eine parteiinterne Information erklärt, »die breite Einbeziehung

---

37 Vgl. Schäfers, Kampagne »Legion Vietnam«, S. 123. Auf Weisung des zuständigen ZK-Abteilungsleiters wurden diese Leserbriefe nicht veröffentlicht.
38 So auf der Grundlage von Archivdokumenten Huong, Die Politik der DDR, S. 1337.
39 Vgl. Helge Heidemeyer, NATO-Doppelbeschluss, westdeutsche Friedensbewegung und der Einfluss der DDR, in: Philipp Gassert/Tim Geiger/Hermann Wentker (Hg.), Zweiter Kalter Krieg und Friedensbewegung. Der NATO-Doppelbeschluss in deutsch-deutscher und internationaler Perspektive, München 2011, S. 247-267.

der Bürger in alle Bereiche unserer sozialistischen Landesverteidigung« gehöre zu den wehrpolitischen Erfordernissen der DDR. Sichtbares Zeichen dafür war dann die Einführung eines verpflichtenden Wehrunterrichts mit einer Direktive des Volksbildungsministeriums vom 1. Februar 1978, die auf starken kirchlichen Protest stieß. Mit dem neuen Wehrdienstgesetz vom 25. März 1982 wurde nicht nur ermöglicht, dass Frauen im Mobilmachungs- und Verteidigungsfall »in die allgemeine Wehrpflicht einbezogen« werden konnten; es enthielt überdies einen eigenen Abschnitt, in dem alle bisherigen Maßnahmen zur Militarisierung in Staat, Wirtschaft und Gesellschaft zusammengefasst wurden.[40]

Von den Friedensgruppen in der DDR – einer Gegenöffentlichkeit, die sich durch ihre engen Verbindungen zur westdeutschen Friedensbewegung auszeichnete – wurde der SED-Führung aufgrund dieser Doppelzüngigkeit Unglaubwürdigkeit vorgehalten. Honecker glaubte nach der Bundestagswahl vom 6. März 1983, die die christlich-liberale Koalition bestätigte, immer weniger daran, die Nachrüstung in der Bundesrepublik über die Friedensbewegung verhindern zu können. Daher versuchte er, nun den Friedensgruppen im eigenen Land entgegenzukommen. Das wird daran deutlich, dass am 22. Oktober 1983 im *Neuen Deutschland* der Brief einer ostdeutschen Kirchengemeinde an Honecker mit der Aufforderung zu einseitiger Abrüstung ebenso abgedruckt wurde wie das Schreiben einer westdeutschen Kirchengemeinde mit einer Erklärung »für Frieden und gegen Massenvernichtungswaffen«. Das richtete sich nicht nur an die westdeutschen, sondern auch an die ostdeutschen friedensbewegten Gruppierungen, die in der DDR – und nicht in der Bundesrepublik – ihre wichtigsten Fürsprecher sehen sollten.[41]

Überdies sollte ein anderer friedenspolitischer Schritt der DDR in Richtung Bundesrepublik für sie problematische Konsequenzen zeitigen. Denn im Zuge seiner Suche nach Verbündeten in der Bundesrepublik nahm Honecker auch Kontakt zu den Grünen auf, die im März 1983 in den Bundestag gewählt worden waren. Auf seine Einladung kamen Petra Kelly und andere Grünen-Politiker am 31. Oktober 1983 nach Ost-Berlin, wo sie sich zunächst mit Honecker, am Abend aber in der Wohnung von

---

40 Vgl. Anja Hanisch, Zwischen Militarisierung und abnehmender Systemloyalität. Die ostdeutsche Gesellschaft an der Wende zu den 1980er Jahren, in: Gassert/Geiger/Wentker (Hg.), Zweiter Kalter Krieg, S. 155-173, das Zitat S. 158; Heiner Bröckermann, Landesverteidigung und Militarisierung. Militär- und Sicherheitspolitik der DDR in der Ära Honecker 1971-1989, Berlin 2011, S. 556-562, das Zitat aus dem Wehrdienstgesetz S. 557.
41 Vgl. Hermann Wentker, Zwischen Unterstützung und Ablehnung der sowjetischen Linie: Die DDR, der Doppelbeschluss und die Nachrüstung, in: Gassert/Geiger/Wentker (Hg.), Zweiter Kalter Krieg, S. 137-154, hier S. 148 f.

Pfarrer Rainer Eppelmann mit Protagonisten der ostdeutschen Friedensbewegung trafen.[42] Nach einigen für die DDR-Führung unliebsamen öffentlichen Auftritten der Grünen in der DDR wurden weitere derartige Aktivitäten zwar unterbunden. Jedoch hatten die durch diese Kontaktaufnahme intensivierten Beziehungen zwischen westdeutscher und ostdeutscher Friedensbewegung[43] auch Konsequenzen für die Ost-Berliner Führung, deren Handlungsspielraum dadurch eingegrenzt wurde. Da Honecker in dieser Zeit darauf setzte, die DDR als Friedensmacht zu profilieren – auch unter Inkaufnahme eines begrenzten Konflikts mit der Sowjetunion –, begrenzten diese Beziehungen das repressive Vorgehen gegen Vertreter der ostdeutschen Friedensgruppen. So wurden Bärbel Bohley und Ulrike Poppe aufgrund ihres Engagements bei den »Frauen für den Frieden« am 12. Dezember 1983 verhaftet. Anlass dazu war ein vorangegangenes abendliches Gespräch der beiden mit Jutta Seidel, Irena Kukutz und der Neuseeländerin Barbara Einhorn, die für die END-Bewegung (*European Nuclear Disarmament*) eine Publikation über die Situation der Frauen in der DDR vorbereitete. Bei ihrer Rückkehr nach West-Berlin wurde Barbara Einhorn festgenommen (aber bald wieder freigelassen). Kurz danach erfolgte die Festnahme der vier »Friedensfrauen« in Ost-Berlin, wo ein Ermittlungsverfahren gegen sie wegen Verstoß gegen §99, Absatz 1, des Strafgesetzbuches wegen landesverräterischer Nachrichtenübermittlung eröffnet wurde; Bohley und Poppe wurden in der Untersuchungshaftanstalt des MfS in Berlin-Hohenschönhausen in Untersuchungshaft genommen. Ihnen wurde jedoch nicht der Prozess gemacht, sondern sie wurden bereits am 24. Januar 1984 aufgrund eines offenen, in der *Frankfurter Rundschau* abgedruckten Briefs von Vertretern von Friedensorganisationen aus aller Welt freigelassen. Dazu trug sicher auch bei, dass der Brief am 17. Januar gleichzeitig mit der Eröffnung der Konferenz über Vertrauensbildende Maßnahmen und Abrüstung in Europa in Stockholm der dortigen DDR-Botschaft übergeben

---

42 Zu dem Treffen mit Honecker vgl. das Gedächtnisprotokoll von Renate Mohn und den Gesprächsvermerk aus dem SED-Archiv, in: Heinrich Potthoff (Hg.), Die »Koalition der Vernunft«. Deutschlandpolitik in den 80er Jahren, München 1995, S. 201-223; zu dem Gespräch in der Wohnung Eppelmanns Information der HA XX/2, 8.11.1983, Robert-Havemann-Archiv, BStU-Kopie, OV »Zirkel«, Bd. 15, Bl. 121f.

43 So lernten etwa Ulrike und Gerd Poppe in dem erwähnten Treffen am 31. Oktober 1983 Petra Kelly und Gert Bastian kennen und unterhielten fortan enge Beziehungen. Vgl. Hermann Wentker, Von der Friedens- und Menschenrechtsbewegung zur friedlichen Revolution – Ulrike Poppe (geb. 1953), in: Bastian Hein/Manfred Kittel/Horst Möller (Hg.), Gesichter der Demokratie. Porträts zur deutschen Zeitgeschichte, München 2012, S. 343-359, hier S. 351.

wurde, und Honecker diese Konferenz dazu nutzen wollte, das Image der DDR als Friedensstaat zu untermauern.[44] Die DDR-Führung begab sich also selbst in Zwänge hinein, aus denen sie nicht mehr herauskam. Umgekehrt war deutlich geworden, dass die ostdeutsche Gegenöffentlichkeit durch ihre Vernetzung mit Teilen der westdeutschen Öffentlichkeit an Stärke und Einfluss gewinnen konnte und der ostdeutschen Staatsmacht nicht mehr hilflos ausgeliefert war.

Viertes Fallbeispiel: Der Umgang mit Gorbatschow in den letzten Jahren der DDR

Schließlich war für den Umgang mit Michail Gorbatschow in den letzten Jahren der DDR die deutsch-deutsche Öffentlichkeit von einiger Bedeutung. Die DDR-Führung, die zunächst den Amtsantritt Gorbatschows durchaus begrüßt hatte, geriet angesichts von dessen Reformpolitik, die sie auf keinen Fall für die DDR übernehmen wollte, rasch in die Defensive.[45] Zunächst versuchte sie, die DDR-Bevölkerung von Gorbatschow abzuschotten, indem dessen Reden seit Januar 1987 nur noch gekürzt abgedruckt wurden. Da sich eine solche Abschottung angesichts des deutsch-deutschen Kommunikationsraums als unmöglich erwies, bestand der nächste Schritt darin, sich explizit von der Perestroika abzugrenzen.[46] Dies geschah erstmals mit dem bekannten Interview des SED-Chefideologen Kurt Hager bezeichnenderweise in der westdeutschen Zeitschrift *Stern* am 9. April 1987 – das *Neue Deutschland* druckte den Text erst am darauf folgenden Tag ab. »Würden sie, nebenbei gesagt, wenn Ihr Nachbar seine Wohnung neu tapeziert, sich verpflichtet fühlen, Ihre Wohnung ebenfalls neu zu tapezieren?«[47] So lautete die rhetorische Frage Hagers, die eine gezielte Herabwürdigung der sowjetischen Reformbemühungen bedeutete und mit der für den DDR-Standpunkt in

---

44 Vgl. ebenda, S. 349 f. Der offene Brief wurde unter dem Titel »Wir dringen auf Freilassung« in der *Frankfurter Rundschau* vom 17.1.1984 veröffentlicht. Zu den »Frauen für den Frieden« vgl. Irena Kukutz, Die Bewegung »Frauen für den Frieden« als Teil der unabhängigen Friedensbewegung der DDR, in: Materialien der Enquete-Kommission »Aufarbeitung von Geschichte und Folgen der SED-Diktatur in Deutschland«, Bd. VII, 2, Baden-Baden 1995, S. 1285-1408.
45 Vgl. dazu Alexandra Nepit, Die SED unter dem Druck der Reformen Gorbatschows. Der Versuch der Parteiführung, das SED-Regime durch konservatives Systemmanagement zu stabilisieren, Baden-Baden 2004.
46 Vgl. Wentker, Außenpolitik in engen Grenzen, S. 490 f.
47 Zit. nach der Dokumentation in: Deutschland Archiv 20 (1987), S. 655-660, hier S. 656.

West- und Ostdeutschland geworben werden sollte. War dies noch ein verzweifeltes Bemühen, in der deutsch-deutschen Öffentlichkeit die Initiative zu behalten, zeigten die nächsten Schritte, dass sich die DDR durch die Reformen in der Sowjetunion so bedrängt sah, dass sie nur noch mit Verboten reagieren konnte. So wurden etwa im Januar 1988 auf Anweisung Honeckers und des zuständigen ZK-Sekretärs Joachim Herrmann die ersten drei Hefte der Moskauer Zeitschrift *Neue Zeit* nicht an die Abonnenten in der DDR ausgeliefert, weil darin Auszüge aus einem Theaterstück von Michail Schatrow abgedruckt waren, das Kritik an Lenin enthielt.[48] Der prominenteste Verbotsfall war die von Honecker veranlasste Streichung des deutschsprachigen Zeitschriftendigests *Sputnik* von der Postvertriebsliste am 19. November 1988, da die Oktober-Nummer mehrere Artikel enthielt, die der Mitschuld Stalins am Zweiten Weltkrieg nachgingen und die Taktik der Komintern vor und während des Nationalsozialismus kritisierten.[49] Damit schoss die DDR-Führung freilich ein Eigentor: Weite Kreise der DDR-Bevölkerung, einschließlich zahlreicher SED-Mitglieder, reagierten verärgert; die »Gegenöffentlichkeit« wurde durch Eingaben, öffentliche und halböffentliche kritische Äußerungen massiv gestärkt. Sogar das MfS berichtete, dass die Befürworter des Verbots in der Minderheit seien, »wobei aber auch sie heftig kritisieren, dass dieser Schritt ohne die erforderliche politisch-ideologische Vorbereitung der Bevölkerung getan wurde«.[50]

Bei dem Umgang mit Gorbatschow handelte es sich folglich um eine Auseinandersetzung, die die DDR-Führung an drei Fronten führte: erstens gegen die sowjetische Führung, zweitens gegenüber den westlichen Staaten, die nun verstärkt Reformen wie in der Sowjetunion von ihr forderten, und drittens gegenüber dem eigenen Volk. Bereits im Juli 1988 hatte die Zentrale Auswertungs- und Informationsgruppe im MfS der SED-Führung berichtet, dass sich letzteres mehrheitlich auf die Seite Gorbatschows und gegen die eigene Führung stellte.[51] Teile der Gegenöffentlichkeit meldeten sich überdies zu Wort, ja, sie wurden vereinzelt

48 Vgl. Nepit, Die SED unter dem Druck der Reformen Gorbatschows, S. 177f.
49 Vgl. dazu u. a. Martin Sabrow, Die Wiedergeburt des klassischen Skandals. Öffentliche Empörung in der späten DDR, in: ders. (Hg.), Skandal und Diktatur, S. 231-265, hier S. 244-257.
50 Hinweise zu einigen bedeutsamen Aspekten der Reaktion der Bevölkerung im Zusammenhang mit der Mitteilung über die Streichung der Zeitschrift »Sputnik« von der Postvertriebsliste der DDR, 30.11.1988, in: Die DDR im Blick der Stasi 1988. Die geheimen Berichte an die SED-Führung, bearb. von Frank Joestel, Göttingen 2010, S. 284-288, hier S. 285.
51 Hinweise über beachtenswerte Aspekte aus der Reaktion der Bevölkerung auf die XIX. Allunionskonferenz der KPdSU, in: ebenda, S. 203-207.

sogar zu einem Akteur, der nicht nur gegenüber der eigenen, sondern auch gegenüber der sowjetischen Führung das Wort ergriff. Dies geschah am 27. Mai 1987, als Vertreter der Initiative Frieden und Menschenrechte (IFM) – eine Bürgerrechtsgruppe in der DDR – einen an Gorbatschow adressierten Brief in der sowjetischen Botschaft übergaben. Der KPdSU-Generalsekretär wurde, was in der DDR-Presse allerdings »nahezu verheimlicht« worden war, zur Tagung des Politischen Beratenden Ausschusses des Warschauer Pakts vom 28. zum 29. Mai in Ost-Berlin erwartet. In dem Schreiben ging es, erstens, um die Verdienste Gorbatschows um Abrüstung und Perestroika, die sich »mit Forderungen der unabhängigen Friedensbewegung und der demokratischen Opposition in der DDR« berührten. Zweitens verdeutlichte die IFM, dass sie keine »bürgerliche[n] Verhältnisse nach westlichem Muster [wolle], sondern ein Gesellschaftssystem, das die Einheit von Demokratie und Sozialismus ermöglicht«. Gleichzeitig grenzte sie sich von »überkommenen Wachstumskonzepten« und dem »Konsumfetischismus in den Industrieländern« deutlich ab – eine Formulierung, in der die Auswirkungen des Austauschs mit den westdeutschen Grünen unübersehbar sind. Drittens forderte sie, die unabhängigen Bürgerrechtsgruppen im Ostblock nicht weiter zu behindern, sondern zu dem von Gorbatschow geplanten Menschenrechtsforum einzuladen. Insgesamt wurde dem Generalsekretär signalisiert, dass die IFM und die anderen Bürgerrechtler seine eigentlichen Partner seien. Indem die IFM diesen Brief in ihrem Samisdat-Organ *Grenzfall* veröffentlichte und gleichzeitig über dessen Übergabe an den »Botschafter vom Dienst« in der Sowjetbotschaft berichtete, verdeutlichte sie, dass nicht nur Gorbatschow, sondern auch die Gegenöffentlichkeit der DDR ihr Adressat war.[52]

Zusammenfassung in fünf Thesen

1. Die beschriebenen »Öffentlichkeiten« in der DDR konnten angesichts des diktatorischen politischen Systems und der arkanen Entscheidungsfindung in der DDR-Außenpolitik keinen direkten Einfluss auf deren Formulierung nehmen.
2. Gleichwohl agierte die DDR-Deutschland- und Außenpolitik nicht nur mit Blick auf andere Regierungen, sondern vor allem mit Blick auf

---

52 Brief an Gorbatschow, 27.5.1987, in: Initiative Frieden & Menschenrechte, Grenzfall. Vollständiger Nachdruck aller in der DDR erschienenen Ausgaben (1986/87), hg. von Ralf Hirsch und Lew Kopelew, Berlin 1989, S. 66 f. (hier auch die Zitate); Brief an Gorbatschow in der SU-Botschaft übergeben, in: ebenda, S. 67 f.

die deutsch-deutsche Öffentlichkeit. Hier suchte sie nach Zustimmung für die eigenen Positionen, um ihr Legitimitätsdefizit abzubauen.

3. Der deutsch-deutsche Kommunikationsraum eröffnete der DDR-Führung jedoch nicht nur Chancen, sei es für ihre offene Propaganda, sei es für ihr verdecktes Vorgehen. Er barg auch Risiken, da die freien westdeutschen Medien in die DDR hineinwirkten und das Informationsmonopol der SED-Diktatur unterliefen.

4. Die DDR-Außenpolitik sah sich daher gezwungen, auf bestimmte Stimmungen nicht nur unter der DDR-Bevölkerung, sondern in beiden deutschen Staaten Rücksicht zu nehmen. Auf diese Weise konnte sich ein indirekter öffentlicher Einfluss auf die DDR-Außenpolitik ergeben.

5. Die zahlreichen offensiven Versuche der DDR-Führung, die Meinungsführerschaft in der deutsch-deutschen Öffentlichkeit zu erringen, schlugen fast alle fehl. Dennoch meldete sich die ostdeutsche Gegenöffentlichkeit erst in den 1980er Jahren auf für sie relevanten Gebieten zu Wort und trieb nun ihrerseits, gemeinsam mit westdeutschen Verbündeten und schließlich mit der reformbereiten sowjetischen Führung, die SED-Führung in die Defensive.

Dekolonisierung und Weltnachrichtenordnung

Der Nachrichtenpool bündnisfreier Staaten (1976-1992)

JÜRGEN DINKEL

Im Zuge der dritten Welle der Dekolonisierung nach dem Zweiten Weltkrieg erlangten nahezu alle asiatischen und afrikanischen Kolonien ihre politische Unabhängigkeit. Mit der politischen Dekolonisation kam es zu einer tiefgreifenden Transformation der politischen Weltkarte und der internationalen Beziehungen. Die Zahl der Mitglieder der Vereinten Nationen stieg von 51 Gründungsstaaten im Jahr 1945 auf aktuell 193 Länder an. Zudem schlossen sich die entstehenden Staaten zur Erlangung ihrer vollständigen Souveränität auch im wirtschafts- und medienpolitischen Bereich in weiteren internationalen Staatenverbünden wie der Organisation Afrikanischer Staaten, der Gruppe der 77 oder der Bewegung Bündnisfreier Staaten zusammen. Damit veränderte die dritte Welle der Dekolonisation das internationale politische System nachhaltig.[1]

Diese neue Unabhängigkeit ging jedoch mit einer seit dem 19. Jahrhundert bestehenden Dominanz westlicher Akteure auf dem Feld des internationalen Nachrichten- und Informationswesens einher. Die während der Kolonialzeit entstandene Vormachtstellung westlicher Unternehmer bei der Herstellung informationstechnischer Hardware wie Druckerpressen und Radios, später bei der Produktion von Fernsehgeräten und Computertechnik hält bis heute an. Das Gleiche gilt für die herausragende Position westlicher Nachrichtenagenturen bei der globalen Sammlung, Verarbeitung und Verbreitung von Informationen. Die Nachrichtenagentur Reuters hat Niederlassungen in 150 Ländern und galt im Jahr 1998 an der Londoner Börse als das zwölftwertvollste Unternehmen. Ähnlich global vernetzt sind andere Firmen wie die Nachrichtenagentur Associated Press, die Fernsehsender BBC und CNN, beziehungsweise die Internetdienstleister Google, Amazon oder Facebook. Im Jahr 2002 kamen über 80 Prozent der weltweit exportierten Bücher, Zeitschriften und digitalen Medien aus Europa und Nordamerika, während

---

1 Vgl. Andreas Eckert, Spätkoloniale Herrschaft, Dekolonisation und internationale Ordnung. Einführende Bemerkungen, in: Archiv für Sozialgeschichte 48 (2008), S. 3-20. Dietmar Rothermund, Delhi, 15. August 1947. Das Ende kolonialer Herrschaft, München 1998.

lediglich 0,2 Prozent aus Afrika stammten. Die Dominanz des Westens auf dem Feld des globalen Informationswesens hält somit bis heute an.[2] Aus diesen beiden Beobachtungen ergibt sich die Frage, warum die Dekolonisierung nicht zu einem tiefgreifenden Wandel im Bereich der internationalen Medienpolitik und des Informationswesens führte? Oder anders formuliert: Wie reagierten die bündnisfreien Staaten auf die mediale Dominanz des Westens und warum zog die mit der Dekolonisation einhergehende Zäsur in der politischen Geschichte des 20. Jahrhunderts keine dementsprechende Zäsur in der internationalen Medienpolitik nach sich?

Historiker haben sich bisher kaum mit diesen Fragen und dem Zusammenhang von Dekolonisierung und globaler Medienpolitik beschäftigt und die umfangreichen Debatten der 1970er Jahren über eine Reform der globalen Informations- und Kommunikationsordnung noch nicht zeitgeschichtlich eingeordnet.[3] Hingegen haben Kommunikations- und Medienwissenschaftler, Soziologen, Politikwissenschaftler, Völkerrechtler und Journalisten seit der Debatte um eine Neue Weltinformations- und Kommunikationsordnung zahlreiche Studien zu dieser Thematik vorgelegt.[4] Entstanden ist dabei eine Flut an Publikationen, Dokumentensammlungen und Statistiken, deren Erklärungsansätze und Interpretationen sich in drei Punkten zusammenfassen lassen: Erstens erklären sie die fortdauernde Dominanz der westlichen Nachrichtenagenturen durch deren enorme, während der Kolonialzeit entstandenen Wettbewerbsvorteile. Diese hätten im Konkurrenzkampf mit Agenturen aus den postkolonialen Staaten bereits auf eine weltweit ausgebaute Kommunikationsinfrastruktur, auf ausgebildetes Personal sowie einen festen und finanzstarken Kundenstamm zurückgreifen können. Zudem seien sie in ihrer Unternehmenspolitik von den westlichen Regierungen

2 Vgl. Daya Kishan Thussu (Hg.), Media on the Move. Global Flow and Contra-Flow, New York/London 2007. Oliver Boyd-Barrett/Terhi Rantanen (Hg.), The Globalization of News, London/New Delhi/Thousand Oaks 1998. Stig Hjarvard (Hg.), News in a Globalized Society, Göteborg 2001. Meyers Atlas Globalisierung. Die globale Welt in thematischen Karten, Mannheim 2008, S. 110-115.
3 Vgl. Rüdiger Graf/Kim Christian Priemel, Zeitgeschichte in der Welt der Sozialwissenschaft. Legitimität und Originalität einer Disziplin, in: Vierteljahreshefte für Zeitgeschichte (2011), H. 4, S. 479-508.
4 Vgl. Peter Golding/Phil Harris (Hg.), Beyond Cultural Imperialism. Globalization, Communication & the New International Order, London/New Delhi/Thousand Oaks 1997. Boyd-Barrett/Rantanen, Globalization. Reiner Steinweg/Jörg Becker (Hg.), Medienmacht im Nord-Süd-Konflikt. Die Neue Internationale Informationsordnung, Frankfurt am Main 1984. Jörg Becker (Hg.), Free Flow of Information. Informationen zur Neuen Internationalen Informationsordnung, Frankfurt am Main 1979.

politisch und wirtschaftlich unterstützt worden. Zweitens heben sie die Wettbewerbsnachteile und den Dilettantismus der asiatischen und afrikanischen Nachrichtenagenturen hervor. Diese hätten in der Regel weder auf eine adäquates Kommunikationsnetz und finanzielle Ressourcen zurückgreifen können, noch hätten ihre Betreiber das nötige *Know-How* und die entsprechende Professionalität zum Betrieb einer Nachrichtenagentur besessen. Drittens verweisen sie auf die relative Schwäche internationaler Organisationen, vor allem der UNESCO. Diese hätte zwar Resolutionen und Regeln für eine neue Weltinformationsordnung verabschiedet, letztendlich hätten ihr jenseits des *Agenda-Settings* allerdings die politischen und finanziellen Mittel gefehlt, um diese Beschlüsse auch gegen den Widerstand der westlichen Großmächte durchzusetzen und zu verwirklichen.

Unbefriedigend an diesen Erklärungen ist zweierlei. Zum einen bleibt die Interpretation, nach der die Dominanz der westlichen Agenturen mit deren Wettbewerbsvorteilen und den Wettbewerbsnachteilen der nichtwestlichen Agenturen erklärt wird, in einer Tautologie gefangen, die kein Erklärungspotential für historischen Wandel zulässt. Zum anderen werden mit den pauschalen Verweisen auf die Professionalität der westlichen und die mangelnde Professionalität der nichtwestlichen Agenturen eher Denkfiguren aus der Kolonialzeit reproduziert, welche die rassische respektive zivilisatorische Überlegenheit der Kolonialmächte betonten, anstatt die Ursachen für den unterschiedlichen Grad an Professionalität kritisch zu hinterfragen.

An dieser Stelle setzt der folgende Beitrag ein, der einen gescheiterten Versuch der Einflussnahme seitens der postkolonialen Länder auf die globalen Informationsströme analysiert, indem er auf globalgeschichtliche Überlegungen zurückgreift und indem er zwischen politischen und medialen Handlungslogiken unterscheidet, die im Bereich der Medienpolitik zwangsläufig aufeinandertreffen und um Geltungsmacht konkurrieren.[5] Die Quellengrundlage hierfür bilden publizierte Dokumentensammlungen sowie eigene Archivrecherchen.[6]

---

5 Vgl. Niklas Luhmann, Die Realität der Massenmedien, Wiesbaden 2009. Thomas Mergel, Politisierte Medien und medialisierte Politik. Strukturelle Koppelungen zwischen zwei sozialen Systemen, in: Klaus Arnold/Christoph Classen/Susanne Kinnebrock/Edgar Lersch/Hans-Ulrich Wagner (Hg.), Von der Politisierung der Medien zur Medialisierung des Politischen? Zum Verhältnis von Medien, Öffentlichkeiten und Politik im 20. Jahrhundert, Leipzig 2010, S. 29-50.
6 Vgl. Kaarle Nordenstreng/Enrique Gonzales Manet/Wolfgang Kleinwächter (Hg.), New International Information and Communication Order. Sourcebook with a Foreword by Sean MacBride, Prag 1986. Wolfgang Kleinwächter/Kaarle Nordenstreng, Documents of the Non-Aligned Movement on the New International Infor-

Untersucht wird der Kampf um mediale Infrastrukturen und Machtstellungen am Beispiel des im Jahr 1976 gegründete und Anfang der 1990er Jahre aufgelösten Nachrichtenpools bündnisfreier Staaten. In ihm organisierten sich Nachrichtenagenturen aus über 80 Staaten, wodurch er den ambitioniertesten Versuch der sich dekolonisierenden Länder in den 1970er und 1980er Jahren darstellte, das Informationsmonopol des Westens zu brechen.[7] Konkret wird danach gefragt, warum und mit welchen Erwartungen und Zielen die bündnisfreien Regierungen den Pool gründeten, wie der Pool aufgebaut und organisiert war, welche Reichweite er hatte und welche internen Faktoren zu dessen Auflösung führten.

Aufbau, Organisation und Reichweite des bündnisfreien Nachrichtenpools

Von Beginn an war sich die antikoloniale Bewegung der Bedeutung der öffentlichen Meinung für ihre Ziele bewusst.[8] Deren Beeinflussung mit Hilfe von Flugblättern, Zeitschriften und Demonstrationen sowie inszenierten Aktionen wie Gandhis Salzmarsch oder internationalen Konferenzen war eine zentrale Strategie der antikolonialen Bewegung. Zum einen galt es, die eigenen Argumente zu popularisieren, die Bevölkerung zu mobilisieren und die eigene Existenz sichtbar zu machen. Zum anderen sollten über die Bande der Öffentlichkeit koloniale Herrschaftsformen delegitimiert werden.[9]

mation and Communication Order (1986-1987), Prag 1988. Indian Institute of Mass Communication (Hg.), News Agencies Pool of Non-Aligned Countries. A Perspective, New Delhi 1983. Odette Jankowitsch/Karl P. Sauvant/Jörg Weber (Hg.), The Third World Without Superpowers. The Collected Documents of the Non-Aligned Countries, 12 Bd., Dobbs Ferry 1978 u. a. Archivrecherchen wurden durchgeführt im Politischen Archiv des Auswärtigen Amtes in Berlin (PAAA), in den National Archives in London (NA) sowie im Arhiv Jugoslavije in Belgrad (AJ).

7 Vgl. Matthew Crain, Telling Their Own Story: The Transformation of the Non-Aligned News Agencies Pool, 1975-2005. Paper presented at the Annual Meeting of the National Communication Association, Chicago, IL. 2009. Matthew Crain, Non-Aligned News Agencies Pool, in: John D. H. Downing (Hg.), Encyclopedia of Social Movement Media, London/New Delhi/Thousand Oaks 2011, S. 367-369. Indian Institute of Mass Communication (Hg.), Agencies. Allgemein zur Bedeutung und Funktionsweise von Nachrichtenagenturen vgl.Terhi Rantanen, When News was New, Malden 2009.

8 Vgl. Jürgen Dinkel, Non-Aligned Summits as Media Events, in: Nataša Mišković/Harald Fischer-Tiné/Nada Boškovska (Hg.), Delhi – Bandung – Belgrade: Non-Alignment between Afro-Asian Solidarity and the Cold War, erscheint 2013.

9 Raymond F. Betts, Decolonization, New York 2004, S. 38-46. Erez Manela, The Wilsonian Moment. Self-determination and the International Origins of Anticolonial Nationalism, Oxford/New York 2007. Robert J. C. Young, Postcolonialism. An Historical Introduction, Oxford 2009, S. 325-333.

Auch nachdem die antikolonialen Bewegungen die politische Unabhängigkeit ihrer Staaten erreicht hatten, blieb der Zugriff auf nationale und internationale Öffentlichkeiten für die neuen Regierungen von großer Bedeutung. Medien leisteten einen Beitrag im postkolonialen »nation-building«, sollten die neuen Regierungen international sichtbar machen und ihnen helfen, ihre außenpolitischen Interessen zu kommunizieren.[10] Die Ausweisung, Zensur und Verstaatlichung von bereits vorhandenen Nachrichtenagenturen sowie die Gründung von neuen staatlichen oder halbstaatlichen Agenturen war oft eine der ersten Amtshandlungen der postkolonialen Regierungen. Allein in den zwei Jahren nach dem sogenannten Afrikajahr 1960 gründeten 23 Staaten eine nationale Nachrichtenagentur. Im Jahr 1975 existierten in 90 souveränen Staaten Nachrichtenagenturen.[11]

Doch trotz des quantitativen Anwachsens nationaler Nachrichtenagenturen in den postkolonialen Ländern dominierten weiterhin die vier großen westlichen Agenturen – namentlich die Agence France-Presse, Associated Press, United Press International und Reuters, welche bereits im 19. und frühen 20. Jahrhundert ihre globale Monopolstellung etabliert hatten – den Großteil des internationalen Informationsflusses.[12] Nach unterschiedlichen Angaben kontrollierten sie Mitte der 1970er Jahre zwischen 75 und 97 Prozent aller international verschickten Nachrichten und damit auch das Image der bündnisfreien Länder in zahlreichen nationalen Öffentlichkeiten.[13]

10 Robert Heinze, »Decolonising the Mind«. Nationalismus und Nation Building im Rundfunk in Namibia und Sambia, in: Archiv für Sozialgeschichte 48 (2008), S. 295-315. Jürgen Dinkel, »To grab the Headlines in the World Press.« Die Afroasiatische Konferenz in Bandung (1955) und die ersten blockfreien Konferenzen als Medienereignisse, in: zeitgeschichte-online: http://www.zeitgeschichte-online.de/thema/to-grab-the-headlines-in-the-world-press (2010).
11 K. A. Shrivastava, News Agencies from Pigeon to Internet, New Delhi 2007, S. 21.
12 Vgl. Volker Barth, Die Genese globaler Nachrichtenagenturen. Überlegungen zu einem Forschungsprogramm, in: Werkstatt Geschichte 56 (2010), S. 63-75. Volker Barth, Medien, Transnationalität und Globalisierung 1830-1960. Neuerscheinungen und Desiderata, in: Archiv für Sozialgeschichte 51 (2011), S. 717-736. Frank Bösch, Mediengeschichte. Vom asiatischen Buchdruck zum Fernsehen, Frankfurt/New York 2011, S. 128-142. Shrivastava, Agencies. Donald Read, The Power of News. The History of Reuters, Oxford 1999.
13 Vgl. Sean MacBride, Many Voices, One World. Communication and Society Today and Tomorrow. Towards a New More Just and More Efficient World Information and Communication Order; [Report by the International Commission for the Study of Communication Problems], London 1980, S. 145. Saad Qasem Hammoudi, The New International Information Order: Why and How?, in: Hans Köchler (Hg.), The New International Information and Communication Order. Basis for Cultural Dialogue and Peaceful Coexistence among Nations, Wien 1985,

Vor diesem Hintergrund begannen die bündnisfreien Staaten Anfang der 1970er Jahre vermehrt die Rolle der großen Nachrichtenagenturen, der Massenmedien und deren inhaltliche Berichterstattung zu thematisieren und zu problematisieren. Auf ihren Konferenzen in Georgetown (1972), in Algier (1973), in Lima (1975), Tunis (1976), Neu Delhi (1976) und Colombo (1976) gewann das Medienthema beständig an Bedeutung.[14] Den teilnehmenden Journalisten, Informations- und Außenministern sowie Regierungen von über 80 asiatischen, afrikanischen und lateinamerikanischen Staaten plus Jugoslawien, Zypern und Malta erschien die Dominanz der westlichen Agenturen als ein Zeichen für das Fortdauern kolonialer Abhängigkeitsverhältnisse, die ihre erlangte politische Souveränität und Handlungsfähigkeit in zweierlei Hinsicht einschränkte. Zum Ersten fühlten sie sich von jenen Agenturen, in denen westlich sozialisierte Journalisten für westliche Leser schrieben, nicht angemessen repräsentiert. Sie verwiesen auf zahlreiche Studien, die belegten, dass über die Staaten Asiens und Afrikas nahezu ausschließlich im Zusammenhang mit Putschen und Katastrophen berichtet wurde, wodurch diese Länder als Orte der Korruption, der Gewalt und des Chaos erschienen. Ein Zustand, der, so die bündnisfreien Regierungen, ihren Status und ihre Autorität als souveräne Regierungen untergrabe, da sie nicht in der Lage schienen, Ordnung, Wachstum und Fortschritt zu schaffen. Zudem befürchteten sie wirtschaftliche Nachteile, da die negative Berichterstattung sowohl potentielle Investoren als auch Touristen abschrecken würde.[15]

Zum Zweiten blieben sie beim Fällen von außen- oder wirtschaftspolitischen Entscheidungen im hohen Maße ausgerechnet vom Informationsangebot der westlichen Agenturen abhängig. Denn die meisten bündnisfreien Staaten besaßen Mitte der 1970er Jahre kein ausgebautes

S. 29-46. Bernd Blöbaum, Nachrichtenagenturen in den Nord-Süd-Beziehungen. Eine Studie zur Entwicklung, Struktur und Reform der Weltnachrichtenordnung, Berlin 1983, S. 67-82.
14 Vgl. Nordenstreng/Manet/Kleinwächter (Hg.), Information and Communication Order. Indian Institute of Mass Communication (Hg.), Agencies.
15 Vgl. Biola Olasope, The Nonaligned News Agencies Pool and the Free Flow of Meaningful News. An African Viewpoint, in: Philip C. Horton (Hg.), The Third World and Press Freedom, New York/London/Sydney u. a. 1978, S. 162-172. Annabelle Sreberny-Mohammadi/Kaarle Nordenstreng/Robert et al Stevenson (Hg.), Foreign News in the Media International Reporting in 29 Countries. Final Report of the »Foreign Images« Study Undertaken for Unesco by the International Association for Mass Communication Research, Paris 1985, S. 52. Report of the Non-Aligned Symposium on Information. 30 March 1976, Tunis, in: Nordenstreng/Manet/Kleinwächter (Hg.), Information and Communication Order, S. 276-284.

Botschafter-Netzwerk und das Korrespondentennetz ihrer nationalen Nachrichtenagenturen reichte oftmals nicht über die staatlichen Grenzen hinaus. Die Regierungen bündnisfreier Staaten konnten sich somit nicht direkt über Ereignisse und Entwicklungen in ihren Nachbarstaaten sowie in anderen Regionen informieren. Stattdessen mussten sie ihre politischen Entscheidungen auf der Basis des westlichen Informationsangebotes treffen, das ihrer Meinung nach die Situation in ihren Ländern negativ verzerrt wiedergab.[16]

Vor diesem Hintergrund forderten die Bündnisfreien während ihres Treffens im März 1976 in Tunis erstmals eine *Neue Internationale Informationsordnung*; später sprachen sie und andere an der Debatte Beteiligte auch von einer *Neuen Internationalen Informations- und Kommunikationsordnung*, beziehungsweise einer *Neuen Weltinformations- und Kommunikationsordnung*. Ähnlich wie die wirtschaftspolitische Forderung nach einer *Neuen Internationalen Wirtschaftsordnung* standen die Begriffe für kein ausformuliertes politisches Programm. Sie waren vielmehr Sammelbegriffe für verschiedene Kritikpunkte an der bestehenden und Vorschläge zur Realisierung einer neuen Ordnung des internationalen Informationsflusses. Neben den bereits genannten Kritikpunkten an der Monopolstellung westlicher Nachrichtenagenturen, reichten die zahlreichen, meist nur vage formulierten Vorschläge einer alternativen Ordnung des internationalen Informationsflusses von der Ausarbeitung einer journalistischen Ethik und einer Neudefinition von Informationen als »soziales Gut« statt als »Ware« über finanzielle und materielle Kooperationen beim Aufbau von Nachrichtenagenturen in Asien und Afrika bis hin zu einer internationalen Regelung für einen gleichberechtigten und ausgewogenen Nachrichtenfluss.[17] Ziel all dieser Vorschläge war die Kontrolle über das eigene Image sowohl im internationalen als auch im

---

16 Vgl. Jankowitsch/Sauvant (Hg.), Third World, Vol. 1, S. 229. Report of the Non-Aligned Symposium on Information. 30 March 1976, Tunis, in: Nordenstreng/Manet/Kleinwächter (Hg.), Information and Communication Order. S. 276-284. Declaration of the Ministerial Conference of Non-Aligned Countries on Decolonization of Information. 13 July 1976, New Delhi, in: Nordenstreng/Manet/Kleinwächter (Hg.), Information and Communication Order, S. 285-287. Conference of Non-Aligned Countries on Press Agencies Pool New Delhi. July 8-13 1976, in: Communicator 11 (1976), H. 2-3, S. 13-46. D. R. Mankekar, Media and the Third World, New Delhi 1979, S. 33. Mustapha Masmoudi, The New World Information Order, in: Journal of Communication 29 (1979), H. 2, S. 172-185. Bogdan Osolnik, Aims and Approaches to a New International Communication Order, Paris 1978.
17 Vgl. die Angaben in den Fußnoten 15 und 16.

nationalen Kontext.[18] Während sie jedoch im internationalen Kontext aus einer Position der Schwäche agierten und argumentierten, taten sie es im nationalen Bereich oft aus einer Position der Stärke und schreckten wie Indira Gandhi in Indien nicht vor rigiden Zensurmaßnahmen zurück, die sie im internationalen Kontext kritisierten.[19] In der Wahrnehmung der bündnisfreien Regierungen standen sich ihre nationale und internationale Medienpolitik jedoch nicht kontrastiv gegenüber, sondern waren komplementäre Komponenten einer einzigen Strategie, die das Ziel verfolgte, die Kontrolle über das eigene Image zu gewinnen. Im internationalen Kontext versuchten die bündnisfreien Regierungen, dieses Ziel durch zwei unterschiedliche Herangehensweisen zu erreichen.

Zum einen begannen sie ihre Deutung der bestehenden ungerechten Informationsordnung, welche eine vollständige Dekolonisierung ihrer Staaten verhindere, auf internationalen Konferenzen zu verbreiten. Nicht zufällig erschienen in den 1970er Jahren zahlreiche Zeitungsartikel und wissenschaftliche Studien, welche die politische Bedeutung von Medien und deren Kontrolle hervorhoben, darunter Edward Saids Studie *Orientalism*.[20] Der wichtigste Ort ihrer Aktivitäten war dabei die UNESCO, in welcher in den 1970er Jahren vor allem die bündnisfreien Staaten immer wieder bestehende Ungleichheiten thematisierten.[21] Während der 19. Generalversammlung der UNESCO in Nairobi im Jahr 1976 beauftragten die Teilnehmer den Generaldirektor Amadou-Mahtar M'Bow, eine internationale Kommission mit staatlichen und nicht-staatlichen Experten einzuberufen, welche die Konstruktion der aktuellen Internationalen Informationsordnung analysieren und mögliche Verbesserungsvorschläge ausarbeiten solle.[22]

Kurze Zeit später nahm ein internationales Expertenkomitee unter der Führung des Iren Sean MacBride, die sogenannte »MacBride-Kom-

18 Allgemein zu dieser Thematik vgl. Daniela Münkel/Lu Seegers (Hg.), Medien und Imagepolitik im 20. Jahrhundert. Deutschland, Europa, USA, Frankfurt am Main 2008.
19 Vgl. NA, FCO 58/980, Bericht von P. H. Roberts »Non-Aligned News Agency Pool« vom 10.8.1976. D. R. Mankekar, Indira and the Press, in: D. R. Mankekar (Hg.), Indira Era. A Symposium, New Delhi 1986, S. 78-90. Ian Wright, Those talking Media Blues, in: *The Guardian* (25.4.1977).
20 Vgl. Singh, UNESCO, S. 112-120. Edward W. Said, Orientalism, New York 1978.
21 Einen Überblick über frühere Debatten in der UNESCO bieten K. P. Vijaya Lakshmi, Communication across the Borders. The US, the Non-Aligned and the New Information Order, New Delhi 1993. J. P. Singh, United Nations Educational, Scientific and Cultural Organization (UNESCO). Creating Norms for a Complex World, New York/London 2011, S. 110 f.
22 Vgl. UNESCO, Records of the General Conference, 19th Session, Nairobi, 26th October to 30th November 1976, Vol. 1. Resolutions, Paris 1977, S. 54.

mission« ihre Arbeit auf.²³ In ihrem im Jahr 1980 veröffentlichtem Abschlussbericht, dem sogenannten MacBride-Report »Many Voices – One World«, dem Äquivalent des Brandt-Berichts im Bereich der Informationspolitik, tauchte zwar zur Enttäuschung der Bündnisfreien die Forderung nach einer Neuen Weltinformationsordnung nicht explizit auf. Mit der Autorität einer internationalen Expertenkommission bestätigte der Bericht aber die Behauptung der Bündnisfreien, dass massive Ungleichheiten in den Zugriffsmöglichkeiten auf Informationen und in der Verteilung von Informationen bestünden.²⁴ Bereits zwei Jahre zuvor hatte die UNESCO auf Initiative der Bündnisfreien eine »Declaration on Fundamental Principles concerning the Contribution of the Mass Media to Strengthening Peace and International Understanding, to the Promotion of Human Rights and to Countering Racialism, Apartheid and Incitement to War« verabschiedet. In dieser »Mass Media Declaration« erklärten die Unterzeichner die Beseitigung dieser Ungleichheiten zur notwendigen Voraussetzung für einen dauerhaften und stabilen Frieden und für die vollständige Unabhängigkeit der postkolonialen Staaten.²⁵

Damit war es den Bündnisfreien innerhalb weniger Jahre erstens gelungen, dass die von ihnen behaupteten Ungleichheiten im globalen Nachrichtenwesen Anfang der 1980er Jahre ein wissenschaftlich belegtes und politisch anerkanntes Faktum darstellten. Zweitens erreichten sie, dass Politiker, Wissenschaftler und Journalisten die politische Macht, welche mit der Kontrolle von Informationen einhergeht, thematisierten und weltweit Wege zur Beseitigung der festgestellten Ungleichheiten diskutiert wurden.²⁶ Dabei sahen die Bündnisfreien die im Jahr 1978 von der UNESCO verabschiedete »Mass Media Declaration« als ersten Schritt in die richtige Richtung an.

Zum anderen beschlossen die bündnisfreien Regierungen, ihre eigene Informations- und Kommunikationsinfrastruktur aufzubauen.²⁷ In

---

23 Mitglieder der Kommission waren Journalisten, Direktoren und Mitarbeiter von Nachrichtenagenturen, Wissenschaftler und Politiker. U. a. Mustapha Masmoudi (Vorsitzender des Coordination Council of Non-Aligned News Agencies), Huber Beuve-Méry (Gründer der Le Monde), Sergei Losev (Direktor der sowjetischen Agentur TASS), ursprünglich vorgesehen war auch Marshall McLuhan. Eine vollständige Mitgliederliste findet sich bei MacBride, Voices, S. 295 f.
24 Vgl. MacBride, Voices.
25 Vgl. UNESCO, Resolution 4/9.3/2.
26 Vgl. Ulla Carlsson, The Rise and Fall of NWICO. From a Vision of International Regulations to a Reality of Multilevel Governance, in: Nordicom 24 (2003), H. 2, S. 31-67. MacBride, Voices.
27 Vgl. Jankowitsch/Sauvant (Hg.), Third World, Vol. 1, S. 229. Jankowitsch/Sauvant (Hg.), Third World, Vol. 3, S. 1255, S. 1435.

synchroner Perspektive stand die Gründung des Nachrichtenpools bündnisfreier Staaten im Einklang mit den politisch motivierten Versuchen sozialer Bewegungen in Europa und den USA, nationale Gegenöffentlichkeiten zu etablieren. Im Jahr 1973 wurde in Paris die linksliberale Zeitung *Libération* und im Jahr 1978 in Westberlin die *Tageszeitung* gegründet.[28] Die Organisatoren des Nachrichtenpools besaßen gegenüber diesen lokalen und nationalen Projekten jedoch einen globalen Anspruch, was sich im Aufbau und der Organisation des Pools niederschlug. Nachdem die jugoslawische Nachrichtenagentur Tanjug bereits im Jahr 1975 Kooperationsverträge mit zwölf Nachrichtenagenturen aus anderen bündnisfreien Ländern geschlossen hatte, gründeten ein Jahr später 62 bündnisfreie Regierungen unter der Schirmherrschaft von Indira Gandhi den Nachrichtenpool bündnisfreier Staaten.[29] Ziel des Pools war die qualitative Verbesserung und die Erleichterung des Informationsaustausches zwischen den bündnisfreien Ländern. In quantitativer Hinsicht sollte er zu einer vermehrten und ausgewogeneren Berichterstattung über die Bündnisfreien beitragen, das Nachrichtenangebot bestehender Agenturen ergänzen und einen potentiell globalen, von den Bündnisfreien kontrollierten Kommunikationsraum schaffen.[30]

Hierzu verabschiedeten die beteiligten Regierungen und Nachrichtenagenturen ein Abkommen mit dem Ziel, sich gegenseitig kostenlos Informationen zur Verfügung zu stellen. Zusätzlich erklärten sich die größeren Mitgliedsagenturen wie Tanjug bereit, als regionale Distributionszentren zu fungieren und die eingespeisten Nachrichten mit Hilfe ihres eigenen Netzwerkes weiterzuverbreiten. In finanzieller Hinsicht musste im Gegensatz zu den westlichen Agenturen pro eingespeistes Wort ein bestimmter Betrag an die Distributionszentren gezahlt werden. Das Abonnement von Nachrichten war hingegen kostenlos.[31] Koordi-

28 Vgl. Bösch, Mediengeschichte, S. 211.
29 Vgl. New Delhi Declaration, in: Communicator 11 (1976), H. 2-3, S. 20-22. Ivačić. Pero, The Flow of News: Tanjug, the Pool, and the National Agencies, in: Journal of Communication 28 (1978), H. 4, S. 157-162, S. 161.
30 Vgl. Report of the Non-Aligned Symposium on Information. 30 March 1976, Tunis, in: Nordenstreng/Manet/Kleinwächter (Hg.), Information and Communication Order, S. 276-284. New Delhi Declaration, in: Communicator 11 (1976), H. 2-3, S. 20-22
31 Infolge dieser Regelung speisten vor allem die »reicheren« und politisch ambitionierten bündnisfreien Länder regelmäßig Nachrichten in den Pool ein. Während Jugoslawien und Ägypten im Jahr 1978 für fast ein Drittel der Nachrichten verantwortlich waren, speisten 15 andere Mitgliedsagenturen keine oder nur unregelmäßig Nachrichten in den Pool ein. Vgl. Edward T. Pinch, The Flow of News: An Assessment of the Non-Aligned News Agencies Pool, in: Journal of Communication 28 (1978), H. 4, S. 163-171, S. 168.

niert wurde der Pool vom *Coordination Committee of the Non-Aligned Press Agencies Pool,* dem unter anderem die Informationsminister der beteiligten Staaten aber auch international anerkannte Experten angehörten und das die Statuten des Pools ausarbeite. Vorsitzender des Nachrichtenpools war zunächst der indische Journalist D. R. Mankekar und anschließend von 1979 bis ins Jahr 1982 der Direktor von Tanjug und frühere Präsident der *Allianz Europäischer Nachrichtenagenturen* Pero Ivačić. Das alltägliche Funktionieren des Pools sollte das *Coordination Council of Non-Aligned Countries* unter dem Vorsitz des tunesischen Informationsministers Mustapha Masmoudi gewährleisten.[32] Beiden Komitees übergeordnet waren die politischen Konferenzen bündnisfreier Außenminister und Regierungen, welche die Vorschläge der Koordinationskomitees bestätigen mussten, bevor sie in Kraft traten. Damit blieb die Kontrolle des Pools in der Hand von Politikern.[33]

Die Teilnehmerzahl am Nachrichtenpool stieg von zwölf Agenturen im Frühjahr 1975 auf 83 im Jahr 1981 an. Auch die Anzahl der Verteilerzentren wuchs: Von einem Distributionszentrum auf offiziell 14 Ende der 1970er Jahre.[34] Infolge des institutionellen Ausbaus setzte zudem eine Differenzierung und Professionalisierung des Pools ein. Analog zum Nachrichtenpool gründeten die Bündnisfreien im Oktober 1977 in Sarajevo die auf den Austausch von Radio- und Fernsehprogrammen spezialisierte *Broadcasting Organization of Non-Aligned Countries* (BONAC) und richten im Jahr 1985 einen auf Wirtschaftsnachrichten spezialisierten Informationsdienst, den *Eco-Pool,* ein.[35] Darüber hinaus boten mehrere Länder Aus- und Weiterbildungsprogramme für Journalisten, Radio- und Fernsehreporter sowie für Nachrichtenproduzenten an.[36]

32 Vgl. New Delhi Declaration, in: Communicator 11 (1976), H. 2-3, S. 20-22. Report of the First Meeting of the Coordination Committee of the Press Agencies Pool of Non-Aligned Countries held in Cairo from 10th to 12th January 1977, in: Indian Institute of Mass Communication (Hg.), Agencies, S. 109-118. Intergovernmental Coordination Council for Information and Mass Media of Non-Aligned Countries. Tunis, 28 February to 1 March 1977, in: Indian Institute of Mass Communication (Hg.), Agencies, S. 119-121.
33 Vgl. Ministerial Meeting of the Coordinating Bureau of the Non-Aligned Countries. New Delhi, 7 to 11 April 1977, in: Indian Institute of Mass Communication (Hg.), Agencies, S. 122-123. NA, FCO, 58/1307, Report, Problems in the Non-Aligned News Agency Pool, August 1976.
34 Vgl. Crain, Telling, S. 6. Inger Österdahl, Freedom of Information in Question. Freedom of Information in International Law and the Calls for a New World Information and Communication Order (NWICO), Uppsala 1992, S. 174.
35 Vgl. Österdahl, Freedom, S. 173.
36 Vgl. Indian Institute of Mass Communication (Hg.), Agencies, S. 43-47.

Der Höhepunkt des infrastrukturellen Ausbaus war im Jahr 1982 erreicht. In einem Abkommen zwischen dem Pool und der UN-Abteilung für öffentliche Informationen, sicherten die Vereinten Nationen dem Pool zu, dass sie diesem auch zukünftig ihre Informationen zur Verfügung stellen werden. Zudem erklärten die Vereinten Nationen, zusätzlich zu den täglichen Nachrichten-Bulletins der vier großen westlichen sowie dem der sowjetischen Nachrichtenagentur TASS nun ebenso das tägliche Nachrichten-Bulletin des bündnisfreien Pools über ihre eigenen Presseverteiler zu verschicken. »Damit«, so erklärte der jugoslawische UN-Diplomat Feodor Starčević, »werden die authentischen Informationen aus den blockfreien Ländern dem UN-Sekretariat, den Delegierten der UN-Mitgliedsländer und den akkreditierten Journalisten ebenso zugänglich wie die Informationen, die von den Weltagenturen übermittelt werden.«[37] Innerhalb von sechs Jahren war es den bündnisfreien Staaten damit gelungen, ein weltweites Informationsnetzwerk mit über 80 beteiligten Nachrichtenagenturen aufzubauen und zu etablieren, das täglich etwa 40.000 Wörter verschickte.[38] Im Vergleich zu Reuters oder der Associated Press, die täglich über eine Million Wörter verschickten, war dies verschwindend wenig.[39] Aber, und darin muss man Starčević zustimmen, es gab ab Anfang der 1980er Jahre weltweit die Möglichkeit, kostenlos auf die Informationen der Bündnisfreien zuzugreifen.

Das Problem aus Sicht der bündnisfreien Regierungen war allein, dass dies de facto niemand tat. Auf die von ihnen angebotenen Nachrichten griffen weder westliche Journalisten noch Nachrichtenagenturen aus den bündnisfreien Ländern zu oder verbreiteten sie weiter. Das deutsche Auswärtige Amt kam im Jahr 1977 nach einer vierwöchigen Analyse der indischen Presse zu dem Ergebnis, dass kein einziger Artikel aus dem Newspool verwendet wurde.[40] Acht Jahre später stellte die UNESCO nach der Analyse der Presselandschaft in 29 Ländern fest, dass der Westen in den internationalen Nachrichten weiterhin über- und die anderen

37 Feodor Starčević, Die UNO und die neue Weltordnung im Bereich der Informationen und der Kommunikationsmittel, in: Internationale Politik 34 (1983), H. 803, S. 12-14, S. 13.
38 Vgl. Verena Mangold-Metze, Die alternativen Nachrichtenagenturen: Nachrichtenpool der blockfreien Staaten und Inter Press Service, in: Steinweg/Becker (Hg.), Medienmacht, S. 208.
39 Vgl. Thomas Siebold, Zur Geschichte und Struktur der Weltnachrichtenordnung, in: Steinweg/Becker (Hg.), Medienmacht, S. 72f.
40 Vgl. Eichborn an das Auswärtige Amt, Nachrichtenpool der Blockfreien, 10.3.1977, in: PAAA, Zwischenarchiv 106635. Analysiert wurden die in Kalkutta erscheinenden Zeitungen: *The Statesman, Amrita Bazar Patrika, Hindusthan Standard* und *Economic Times*.

Regionen unterrepräsentiert seien. Der Nachrichtenfluss zwischen Asien, Afrika und Lateinamerika sei immer noch äußerst gering, der direkte Informationsaustausch kaum vorhanden. Der Nachrichtenmarkt werde weiterhin von den vier großen Agenturen bestimmt. Die Nachrichten der Bündnisfreien fanden so gut wie keine Verwendung und blieben weltweit unsichtbar.[41]

Interne Ursachen für die ausbleibende Rezeption der Poolnachrichten

Ein Grund für diese nahezu totale Verweigerung des Bezugs des bündnisfreien Nachrichtenmaterials war, dass die Organisatoren des Pools dessen Funktionsweise ausschließlich an politischen Interessen ausrichteten und die Eigenlogiken des medialen Feldes nicht berücksichtigten, was im Folgenden anhand von fünf Beispielen demonstriert werden soll.

Erstens scheiterte ihre Medienpolitik aufgrund des Formats der Nachrichten und der Professionalität der beteiligten Journalisten. Das von Experten geleitete Koordinationskomitee des Pools betonte immer wieder die Notwendigkeit einer formalen Standardisierung der von den Poolagenturen verwendeten Nachrichtenformate und Abkürzungen. Bereits auf dem Koordinationstreffen in Jakarta im April 1978 schlug das Komitee darüber hinaus vor, einzelne Länder und Nachrichtenagenturen beim Auf- und Ausbau ihrer Informationsinfrastruktur materiell, finanziell und durch den Transfer von Wissen zu unterstützen. Darüber hinaus riefen sie die Mitglieder auf, die Aus- und Weiterbildung der am Pool beteiligten Journalisten zu gewährleisten.[42] Eine Aufforderung, der zumindest Indien, Jugoslawien, Ägypten und Kuba nachkamen, die jeweils Fortbildungsseminare anboten und jährlich etwa 20 Journalisten aus bündnisfreien Ländern ausbildeten.[43] Diese Entwicklungshilfen seitens einiger Länder schienen jedoch vor allem national motiviert und sollten den Einfluss des Geberlandes unter den bündnisfreien Ländern sichern. Denn jenseits dieser Zugeständnisse konnte sich der aus Politikern bestehende, übergeordnete politische Ausschuss zunächst in grundsätzlichen

---

41 Vgl. Sreberny-Mohammadi/Nordenstreng/Stevenson (Hg.), Foreign News, S. 52. W. Hofmann an das Auswärtige Amt, Jugoslawische Informationspolitik, Nachrichtenpool der Blockfreien, 10.1.1977, in: PAAA, Zwischenarchiv 106635.
42 Vgl. Report of the Second Meeting of the Coordination Committee of the Press Agencies Pool of Non-Aligned Countries. Jakarta, Indonesia, 3 to 5 April 1978, in: Indian Institute of Mass Communication (Hg.), Agencies, S. 131-145.
43 Vgl. Indian Institute of Mass Communication (Hg.), Agencies, S. 43-47.

Fragen weder auf einheitliche Ausbildungsprogramme noch auf ein einheitliches Nachrichtenformat einigen. Zudem entschieden die Politiker, dass es keine weiteren professionellen Kontrollinstanzen in Form eines Lektorats oder einer Redaktion geben werde, welche Änderungen an den eingespeisten Nachrichten hätten vornehmen können. Jede der am Pool beteiligten Agenturen durfte Nachrichten in jedem beliebigen Format einspeisen. Auch die zweite Pool-Konferenz im Jahr 1979 bestätigte diese Regelung noch einmal grundsätzlich (Art. 7). Den teilnehmenden Agenturen wurde lediglich erlaubt, eingehende Nachrichten formell zu redigieren, um deren journalistische Qualität zu erhöhen und um sie an die Standards ihrer eigenen Informationsmedien anzupassen (Art. 8).[44] Letztendlich trafen in dieser Auseinandersetzung medientechnische Notwendigkeiten auf politische Widerstände, ohne sich vollständig durchsetzen zu können. Eine Entwicklung, die für den Inhalt, die Glaubwürdigkeit und die Aktualität der Nachrichten gravierende Folgen haben sollte.[45]

Denn der Wert einer Nachricht misst sich zweitens auch anhand ihrer Aktualität, die ebenfalls nicht erreicht wurde. Der Wert einer Nachrichtenagentur wird daran gemessen, ob sie als erste Informationen über Ereignisse anbietet. Dies war auch den Gründern des Newspool bewusst,[46] ebenso, dass sie mit den neuesten technischen Entwicklungen im Nachrichtenwesen der 1960er und 1970er Jahre nicht konkurrieren konnten. Mit Hilfe von Satelliten und Fernsehgeräten konnten Bilder und Nachrichten – wie die Liveübertragung der ersten Mondlandung verdeutlichte – über große Entfernungen nahezu zeitgleich in alle Erdteile verschickt und empfangen werden.[47]

Die bündnisfreien Nachrichtenagenturen hingegen konnten in der Regel nicht auf das neueste technische Equipment zurückgreifen.[48] Ihre Korrespondenten tippten ihre Nachrichten auch Ende der 1980er Jahre noch mit der Schreibmaschine, transportierten sie mit dem Motorrad zur Agenturzentrale oder übermittelten sie mit veralteten Funkfern-

---

44 Vgl. Statute of the News Agencies Pool of Non-Aligned Countries. 24 November 1979, Belgrade, in: Nordenstreng/Manet/Kleinwächter (Hg.), Information and Communication Order, S. 297-301, S. 297.
45 Vgl. Eichborn an das Auswärtige Amt, Nachrichtenpool der Blockfreien, 10. 3. 1977, in: PAAA, Zwischenarchiv 106635.
46 Vgl. Sixth Meeting of the Coordinating Committee, New Delhi, 16 to 18 February 1981, in: Indian Institute of Mass Communication (Hg.), Agencies, S. 258.
47 Vgl. Lorenz Engell, Das Mondprogramm. Wie das Fernsehen das größte Ereignis aller Zeiten erzeugte, in: Friedrich Lenger/Ansgar Nünning (Hg.), Medienereignisse der Moderne, Darmstadt 2008, S. 150-171.
48 Vgl. NA, FCO 58/1307, Report, The Non-aligned News Agency Pool, August 1977.

schreibern dorthin.⁴⁹ Dort wurde der Einspeiseprozess in den Pool und die Weiterverbreitung durch das Poolnetzwerk erneut durch die unterschiedlichen verwendeten Formate und Abkürzungen verzögert. Im Vergleich zu den westlichen Agenturen waren die Nachrichten des Pools über dieselben Ereignisse daher in der Regel erst einige Tage, teilweise sogar erst einige Wochen später verfügbar.⁵⁰

Den zeitlichen Vorsprung ihrer Konkurrenten in der Berichterstattung versuchten die Poolmitglieder drittens vergeblich durch den Inhalt ihrer Nachrichten auszugleichen. Anstatt Sensationsnachrichten zu verschicken, wollten sie qualitativ hochwertige (Hintergrund-)Informationen anbieten, die ihre Aktualität nicht nach wenigen Tagen verlieren würden.⁵¹ In der Praxis hielten sich jedoch die wenigsten Agenturen an diesen Vorsatz. Die maximal 500 Worte, die jedes Mitglied aufgrund der begrenzten Kapazitäten der Distributionszentren in den Pool einspeisen durften, nutzten nahezu alle überwiegend staatlichen und halbstaatlichen Agenturen dazu, politische oder wirtschaftspolitische Erfolgsmeldungen zu verbreiten.⁵² Ausführliche Hintergrundberichte und sogenannte »soft news«, also Nachrichten aus dem kulturellen, wissenschaftlichen und sportlichen Bereich, fanden nicht den Weg in den Pool.⁵³ Damit versäumten die Mitglieder die Möglichkeit, über den (durchaus auch politischen) Unterhaltungswert von Nachrichten Interesse für ihre Länder zu wecken.

Die kontinuierlich verschickten politischen Erfolgsmeldungen hatten damit viertens ein großes Glaubwürdigkeitsproblem.⁵⁴ Denn ähnlich wie in der Formatfrage konnten sich die Beteiligten weder auf eine Definition von »news« und damit auf den Inhalt der einzuspeisenden Nachrichten einigen, noch waren sie bereit, eine Qualitätssicherung beziehungsweise inhaltliche Veränderungen an ihren Nachrichten seitens einer möglichen Poolredaktion hinzunehmen.⁵⁵ Zwar gab es immer wieder Versuche, den Nachrichtenpool zu zentralisieren und eine mit um-

49 Mohammed Musa, News Agencies, Transnationalization and the New Order, in: Media, Culture & Society 12 (1990), S. 325-342, S. 338 f.
50 Vgl. Michael Dobbs, Why the Third World Scorns Western News but Still Needs it, in: The Guardian (15.11.1978).
51 Vgl. Report of the Second Meeting of the Coordination Committee of the Press Agencies Pool of Non-Aligned Countries, Jakarta, Indonesia, 3 to 5 April 1978, in: Indian Institute of Mass Communication (Hg.), Agencies, S. 138.
52 Vgl. Pinch, Flow. W. Hofmann an das Auswärtige Amt, Jugoslawische Informationspolitik, Nachrichtenpool der Blockfreien, 10.1.1977, in: PAAA, Zwischenarchiv 106635.
53 Vgl. Mankekar, Media, S. 28. Dobbs, Third World.
54 Allgemein zu diesem Aspekt vgl. Barth, Genese.
55 Vgl. Mangold-Metze, Nachrichtenagenturen, S. 208.

fangreichen Kompetenzen ausgestattete Redaktion einzurichten, letztendlich jedoch ohne Erfolg. Selbst die Argumente, dass eine stärker institutionalisierte Nachrichtenagentur Informationen schneller und präziser bearbeiten und verbreiten könne, änderte nichts an der Ablehnung dieser Vorschläge.[56] Stattdessen nahmen die Mitglieder in Kauf, dass im Pool qualitativ höchst unterschiedliche und nachdem die Spannungen zwischen einzelnen bündnisfreien Ländern Ende der 1970er Jahre merklich zunahmen auch inhaltlich widersprüchliche Nachrichten zirkulierten.[57] In Kombination mit der Tatsache, dass die Nachrichten in keiner Weise formal standardisiert waren – teilweise fehlten die Datumsangaben oder der Kontext, in dem ein politisches Statement gegeben wurde – gab es für potentielle Abonnenten so gut wie keine Anhaltspunkte, um die Objektivität und Richtigkeit der Nachrichten, die zudem in der Regel von ihnen unbekannten Journalisten mit unbekannten Motiven verfasst worden waren, zu überprüfen.[58] Zweifel an der Glaubwürdigkeit der angebotenen Informationen waren die Folge.[59] Eine hausinterne Studie des WDR kam zu folgendem Ergebnis: »Was da angeboten wird, hat vornehmlich Staats-Kommuniqué-Stil und Huldigungs-Charakter. [... F]ür die Nachrichten-Abteilung des WDR ergibt sich weder die Notwendigkeit noch ein Anreiz zum Bezug dieses Materials.«[60] Selbst Journalisten aus bündnisfreien Ländern kritisierten, dass der stark formelle und offizielle Charakter der meisten Nachrichten bei ihren Lesern auf geringes Interesse stieß.[61] Einem indischen Journalisten zufolge, produziere der Nachrichtenpool schlicht zu viele Propagandaartikel.[62] In der jugoslawischen Presse wurden sie daher als »Pool-

---

56 Vgl. u. a. Declaration and Report of the NAMEDIA Conference, 12 December 1983, New Delhi, in: Nordenstreng/Manet/Kleinwächter (Hg.), Information and Communication Order, S. 307-311. Fifth Meeting of the Coordinating Committee of the News Agencies Pol of the Non-Aligned Countries, Managua, Nicaragua, 18 to 20 August 1980, in: Indian Institute of Mass Communication (Hg.), Agencies, S. 225-250.
57 Vgl. W. Hofmann an das Auswärtige Amt, Jugoslawische Informationspolitik, Nachrichtenpool der Blockfreien, 10.1.1977, in: PAAA, Zwischenarchiv 106635. AJ, KPR, I-4-a, 36, Box 215, Bericht über die zweite Pool-Konferenz in Belgrad vom 28.11.1979.
58 Vgl. Dobbs, Third World.
59 Vgl. Mankekar, Media, S. 30.
60 Zitiert nach Becker, Einleitung, S. 20.
61 Vgl. W. Hofmann an das Auswärtige Amt, Jugoslawische Informationspolitik, Nachrichtenpool der Blockfreien, 10.1.1977, in: PAAA, Zwischenarchiv 106635.
62 Vgl. NA, FCO 13/1307, Report: The Non-aligned News Agency Pool, August 1977, S. 3.

Meldungen« gekennzeichnet.[63] Diese Zweifel an der Objektivität der Poolnachrichten wurden wiederum von den westlichen Agenturen bewusst geschürt und in umfangreichen Kampagnen gegen den Pool ausgeschlachtet.[64]

Am gravierendsten für das Scheitern des Pools war jedoch fünftens die Vernachlässigung einer an den Rezipienten orientierten Darstellung der Nachrichten. Bereits im Jahr 1977 kam es zu einem Konflikt zwischen afrikanischen Politikern und indischen Journalisten. Dabei warfen die Politiker den Journalisten vor, dass sie die von ihnen eingespeisten Nachrichten vor dem Abdruck verändert hätten. Dies sei jedoch nicht im Sinne des Pools, der es jedem Mitglied erlauben sollte, seine Nachrichten zu verbreiten ohne befürchten zu müssen, dass diese von anderen verändert würden. Daraufhin antworteten die Journalisten, eine These der Medienforschung aufgreifend, dass ihre Leser Nachrichten aus der eigenen Region bevorzugten und es nicht leicht sei, sie für Ereignisse in Afrika zu interessieren. Zudem hätten ihre Leser ein ganz anderes Vorwissen als afrikanische Rezipienten. Es sei daher notwendig, die Nachrichten zu verändern, um sie lesbar und damit verkäuflich zu machen. Eine rein sprachliche Übersetzung sei dabei keinesfalls ausreichend. Die Nachrichten müssten auch kulturell übersetzt und an die Wissensbestände und Lesegewohnheiten der unterschiedlichen Empfänger angepasst werden. Wie bereits zuvor und später immer wieder, setzten sich auch in diesem Konflikt zwischen journalistischen und politischen Interessen die Politiker durch. Im Jahr 1979 hielten die Poolmitglieder in der überarbeiten Satzung des Pools fest, dass lediglich formelle Eingriffe seitens der Abonnenten erlaubt seien. Der Inhalt der Nachrichten dürfe nicht verändert und müsse unter strengster Achtung der Souveränität der Mitgliedsagenturen wiedergegeben werden.[65]

63 Vgl. W. Hofmann an das Auswärtige Amt, Jugoslawische Informationspolitik, Nachrichtenpool der Blockfreien, 10.1.1977, in: PAAA, Zwischenarchiv 106635.
64 Vgl. Werner Adam, »Nebenprodukt des Kolonialismus«. Die Blockfreien sagen westlichen Medien den Kampf an, in: *Frankfurter Allgemeine Zeitung* (12.7.1976). o. A., Blockfreie für eine »neue Weltnachrichtenordnung«, in: *Neue Züricher Zeitung* (15.1.1977). Enno von Loewenstern, Medienfreiheit ein Luxus? Staatliche Nachrichten-Pools der blockfreien Länder sollen die freien Agenturen verdrängen, in: *Die Welt* (14.2.1977). Michael Dobbs, Standards for Third World News Agency still unsettled, in: *The Washington Post* (27.12.1979). Allgemein zur deutschen und französischen Berichterstattung vgl. Alexander Ludwig, Die Bedeutung der Neuen Weltinformationsordnung und ihre Bewertung in vier Tageszeitungen, in: Publizistik 29 (1984), S. 287-302. Collen Roach, French Coverage of the Belgrade Unesco Conference, in: Journal of Communication 31 (1981), S. 175-187.
65 Vgl. Statute of the News Agencies Pool of Non-Aligned Countries, 24 November 1979, Belgrade, in: Nordenstreng/Manet/Kleinwächter (Hg.), Information and

Zusammenfassend lässt sich festhalten: Der Nachrichtenpool bot seinen potentiellen Abonnenten veraltete, uninteressante beziehungsweise unglaubwürdige Nachrichten an, die nicht an das Wissen und die Lesegewohnheiten der Rezipienten angepasst waren. Dies lag jedoch nicht, wie ältere Studien immer wieder suggerieren, schlicht an der »Unfähigkeit« oder an der »zivilisatorischen Unterlegenheit« der bündnisfreien Medienpolitiker und -experten. Im Gegenteil, die Experten des Pools erkannten dessen Problemen, sprachen diese im Dialog mit den beteiligten Politikern an und schlugen alternative Organisationsmodelle vor, wie beispielsweise in dem von zahlreichen Informationsministern unterzeichneten »Appell von Jakarta« aus dem Jahr 1984.[66] Allerdings konnten sie ihre vom Medium ausgehenden Vorstellungen nicht gegen die von den beteiligten Regierungen erlassenen politischen Vorgaben durchsetzen, was ein Grund für die mangelnde Rezeption ihrer Nachrichten war. Anfang der 1990er Jahre, während des Bürgerkriegs in Jugoslawien, beendeten die bündnisfreien Regierungen dann ihre Zusammenarbeit im Nachrichtenpool, der ihre politischen Erwartungen nicht erfüllt hatte.[67]

Fazit und Ausblick

Dieser Beitrag hat einige Argumente, mit denen die fortdauernde Dominanz westlicher Nachrichtenagenturen in der globalen Informationsverarbeitung erklärt wird, widerlegt. Denn die Etablierung einer alternativen Informationsquelle und die Schaffung eines eigenen Kommunikationsraumes durch den bündnisfreien Nachrichtenpool scheiterte weder an einer fehlenden kommunikativen Infrastruktur noch am fehlenden Wissen oder der mangelnden Professionalität der Nachrichtenbetreiber in den asiatischen und afrikanischen Ländern. Im Gegenteil: Der Nachrichtenpool konnte Anfang der 1980er Jahre auf ein weltweit ausgebautes Informationsnetzwerk zurückgreifen und im Pool hatten zahlreiche international anerkannte Experten wie Pero Ivačić und Mustapha Masmoudi führende Positionen inne. Der Versuch, das westliche Informationsmonopol zu brechen, scheiterte vielmehr an den

---

Communication Order, S. 297. NA, FCO 58/1307, Report, The Non-Aligned News Agency Pool, August 1977.
66 Vgl. Declaration and Resolutions of the Jakarta Conference of the Ministers of Information of Non-Aligned Countries. 30 January 1984, Jakarta, in: Nordenstreng/Manet/Kleinwächter (Hg.), Information and Communication Order, S. 312-326.
67 Vgl. Crain, Telling, S. 17 ff.

Interessen und dem Handeln der beteiligten Politiker. Der Nachrichtenpool war von Anfang an ein politisches Projekt, das die Regeln und die Eigenlogik des medialen Feldes, welches die Initiatoren eigentlich beeinflussen wollten, nicht beachtete. Obwohl der politische Wille und die notwendige Einigkeit zur Veränderung zunächst zweifellos vorhanden waren, gelang es den Mitgliedern des Nachrichtenpools nicht, dementsprechende Veränderungen im internationalen Informationsfluss hervorzurufen. Die Geschichte des Nachrichtenpools bündnisfreier Staaten lässt sich daher auch als ein gescheiterter Medialisierungsprozess interpretieren, in dem die Grenzen des Politischen und die Eigenlogiken der Medien besonders deutlich wurden.[68]

Damit ist die andauernde Dominanz westlicher Konzerne im Bereich der Informationsverarbeitung noch nicht vollständig erklärt. Hierzu wäre es erstens nötig, weitere, bisher von der Mediengeschichte vernachlässigte Akteure aus der nichtwestlichen Welt stärker in den Blick zu nehmen. Denn der Nachrichtenpool bündnisfreier Staaten war keineswegs der einzige Versuch, die massiven Ungleichheiten im globalen Informationsfluss zu beseitigen und Gegenöffentlichkeiten zu schaffen. So boten und bieten unter anderem regionale Nachrichtenverbünde wie die *Pan-African News Agency*, der im Jahr 1964 gegründete *Inter-Press Service*, der im Jahr 1996 entstandene Nachrichtensender *Al-Dschasira* sowie der im Jahr 2005 auf Betreiben von Malaysia unter dem Namen *Non-Aligned News Network* erneut aktivierte Nachrichtenpool bündnisfreier Staaten alternative Informationen über die Länder Asiens, Afrikas und Lateinamerikas an. Mit den indischen und nigerianischen Filmzentren, Bollywood und Nollywood, den japanischen Comicserien und lateinamerikanische Telenovelas haben sich zudem weitere Zentren herauskristallisiert, welche das globale Informations- und Deutungsmonopol des Westens mit unterschiedlichen Strategien und unterschiedlichem Erfolg herausfordern. Ein systematischer Vergleich dieser Initiativen und Projekte könnte sowohl die Befunde über den bündnisfreien Nachrichtenpool präzisieren als auch den Blick für die Spezifika der einzelnen Unternehmen schärfen. Es scheint kein Zufall zu sein, dass die erfolgreichste der genannten Gegen-Nachrichtenagenturen, nämlich *Al-Dschasira*, ausgerechnet auf die Formate und Ästhetik von CNN und BBC und damit

---

68 Frank Bösch/Norbert Frei (Hg.), Medialisierung und Demokratie im 20. Jahrhundert, Göttingen 2006. Klaus Arnold/Christoph Classen/Susanne Kinnebrock/Edgar Lersch/Hans-Ulrich Wagner (Hg.), Von der Politisierung der Medien zur Medialisierung des Politischen? Zum Verhältnis von Medien, Öffentlichkeiten und Politik im 20. Jahrhundert, Leipzig 2010.

einem weltweit bereits bekanntem und etablierten Nachrichten-Framing zurückgreift.[69]

Zweitens scheint es notwendig, die Rolle von internationalen Experten und Organisationen stärker in den Blick zu nehmen. Vor allem die UNESCO stellte in der Debatte um eine Neue Weltinformationsordnung einen wichtigen Akteur und eine wichtige Diskussionsplattform dar. Mitarbeiter der UNESCO dokumentierten in ausführlichen Studien den globalen Nachrichtenfluss und untermauerten die Kritikpunkte der bündnisfreien Regierungen mit empirischen Studien. Dadurch trug die UNESCO zur Popularisierung der Medienthematik auf internationalen Konferenzen bei und erzeugte einen Handlungsdruck, auf den sie auch selbst reagierte. Sie unterstützte die nichtwestlichen Nachrichtenagenturen finanziell, materiell und bildete Journalisten und Experten aus diesen Ländern aus. Die UNESCO leistete somit einen unbestreitbaren Beitrag zur Debatte um eine Neue Weltinformationsordnung. Welche Bedeutung es für die Debatte hatte, das sie gerade dort geführt wurde und welche Bedeutung der UNESCO genau zukam, beziehungsweise welche Positionen ihre Mitglieder und Experten vertraten, dazu gibt es bislang allerdings nur wenige historisierende Studien.[70]

Drittens erscheint es sinnvoll, die Handlungen und Interessen westlicher Nachrichtenagenturen und Regierungen in einer weiterführenden Studie stärker mit einzubeziehen. Weder die Agenturen noch die Regierungen hatten ein Interesse daran, ihr Informationsmonopol aufzugeben und versuchten, es mit unterschiedlichen Strategien aufrecht zu erhalten. Sie kritisierten die Aktionen der Bündnisfreien, versuchten in umfangreichen Pressekampagnen die Glaubwürdigkeit des Pools zu zerstören und organisierten eine umfangreiche Lobbyarbeit für ihre Interessen. Zudem ging Reuters bereits im Jahr 1967 auf die Informationsbedürfnisse der afrikanischen Staaten ein, um dort den Druck zum Aufbau einer eigenen Nachrichtenagentur zu senken und um den eigenen Zugriff auf

---

69 Vgl. Mohammed Musa, From Optimism to Reality: An Overview of Third World News Agencies, in: Golding/Harris (Hg.), Cultural Imperialism, S. 117-146. Oliver Boyd-Barrett, The International News Agencies, London 1980. Thussu (Hg.), Media. Boyd-Barrett/Rantanen (Hg.), Globalization.
70 Vgl. Leonard R. Sussman, New World Information and Communication Order, in: Donald H. Johnston (Hg.), Encyclopedia of International Media and Communications, Amsterdam 2003, S. 335-349. Carlsson, Rise. Singh, UNESCO, S. 109-125. »A World Debate on Information. Flood-tide or Balanced Flow«, UNESCO Courier, Jg. 30, April 1977. In diese Richtung fragt auch das Dissertationsprojekt von Jonas Brendebach an der EUI Florenz: From Outer Space to Global Order. UNESCO'S Global Policies on Media and Means of Communication - 1960s to 1980s.

den afrikanischen Markt zu verbessern.[71] Des Weiteren arbeiteten westliche Experten und Politiker alternative Informationsordnungen zur Neuen Weltinformationsordnung aus. Ihre Positionen, die sie unter den Schlagworten der Informations- und der Wissensgesellschaft vertraten, sind sowohl eine Reaktion auf das wahrgenommene Ende der Industriegesellschaft als auch auf die Forderung nach einer Neuen Weltinformationsordnung und haben sich in der internationalen Medienpolitik weitestgehend durchgesetzt. Um die Dominanz westlicher Nachrichtenagenturen zu erklären, ist es daher auch notwendig, die Motive und Interessen der Befürworter dieser Regelungen näher zu untersuchen und zu analysieren.[72] In Kombination mit Studien zur UNESCO und zu nichtwestlichen Nachrichtenagenturen könnten solche Studien zu einem besseren Verständnis unserer gegenwärtigen globalen Kommunikations- und Informationsordnung im Internetzeitalter beitragen. Denn wie die von den Vereinten Nationen organisierten *Weltgipfel zur Informationsgesellschaft* in Genf (2003) und Tunis (2005) deutlich gemacht haben, existieren noch immer massive Ungleichheiten im globalen Informationswesen.[73] Im Jahr 2012 kontrollierten die vier amerikanischen Konzerne *Apple*, *Facebook*, *Google* und *Amazon* etwa 80 Prozent des internationalen Datenverkehrs im Internet.[74]

---

71 Vgl. Read, Power, S. 393.
72 Vgl. Colleen Roach, The Western World and the NWICO: United They Stand?, in: Golding/Harris (Hg.), Cultural Imperialism, S. 94-116.
73 Vgl. Claudia Padovani/Kaarle Nordenstreng, From NWICO to WSIS: Another World Information and Communication Order?, in: Global Media and Communication 1 (2005), H. 3, S. 264-272. Michael Palmer/Divina Frau-Meigs/Jeremie Nicey, From Nwico to Wsis. 30 Years of Communication Geopolitics: Actors and Flows, Structures and Divides, Charlesworth Press 2012.
74 Vgl. Götz Hamann/Marcus Rohwetter, Vier Sheriffs zensieren die Welt. Wie Apple, Facebook, Amazon und Google dem Internet ihre Gesetze aufzwingen, in: *Die Zeit* (2.8.2012), H. 32.

Interdependenz, Krisenbewusstsein und der Beginn eines neuen Zeitalters
Die USA und die Neuverortung der transatlantischen Beziehungen in den 1970er Jahren

ARIANE LEENDERTZ

Seit den späten 1960er Jahren veränderten sich für die USA der Stellenwert und der »Ort« der transatlantischen Beziehungen. Die USA hatten ihre militärische Vormachtstellung im Kalten Krieg verloren, und die Europäische Wirtschaftsgemeinschaft und Japan waren zu scharfen wirtschaftlichen Konkurrenten geworden. Mit dem Vietnamkrieg verlagerten sich die außenpolitischen Prioritäten der Vereinigten Staaten nach Südostasien, im Zuge der Détente auf China und die Sowjetunion sowie mit den Ölpreiskrisen, iranischer Revolution und »Geiselkrise« auf den Mittleren Osten.[1] Der antikommunistische, von der Idee des *containment* geleitete Nachkriegskonsens, der die amerikanische Außenpolitik seit dem Beginn des Kalten Krieges bestimmt hatte und in dem die transatlantischen Beziehungen und die atlantische Gemeinschaft einen zentralen Stellenwert gehabt hatten, wurde brüchig.[2]

Zugleich veränderten sich bis zum Ende der 1960er Jahre die Akteurskonstellationen in der US-Außenpolitik. Mit der Europa-Abteilung des Außenministeriums verloren die amerikanischen Atlantiker an Einfluss und die Idee des »Atlanticism« an politischer Leitbildwirkung.[3] Außenpolitik wurde hauptsächlich vom Weißen Haus und dem Pentagon betrieben, der Nationale Sicherheitsrat gewann an Bedeutung;[4] Europa stand nicht mehr exklusiv im Fokus, auch weil das traditionell Europa-affine »East Coast Establishment« seit Mitte der 1960er Jahre an Domi-

---

[1] Frederik Logevall/Andrew Preston (Hg.), Nixon in the World: American Foreign Relations, 1969-1977, Oxford 2008; Michael J. Hunt, The American Ascendancy: How the United States Gained & Wielded Global Dominance, Chapel Hill 2007; George C. Herring, From Colony to Superpower: U.S. Foreign Relations since 1776, Oxford 2008.

[2] Mario Del Pero, »Europeanizing« U.S. Foreign Policy: Henry Kissinger and the Domestic Challenge to Détente, in: Maurizo Vaudagna (Hg.), The Place of Europe in American History: Twentieth Century Perspectives, Turin 2007, S. 187-212.

[3] Kenneth Weisbrode, The Atlantic Century: Four Generations of Extraordinary Diplomats Who Forged America's Vital Alliance with Europe, Cambridge 2009.

[4] Asaf Siniver, Nixon, Kissinger, and U.S. Foreign Policy Making: The Machinery of Crisis, Cambridge 2011.

nanz eingebüßt hatte.⁵ Ökonomische Fragen rückten ins Zentrum transatlantischer Dispute, und in aller Offenheit sprachen amerikanische Spitzenpolitiker von »Rivalität« und »Konkurrenz« zwischen den USA und Europa⁶ – das war bis weit in die 1960er Jahre noch undenkbar beziehungsweise unsagbar gewesen.

Insgesamt herrscht in den Forschungen zu den transatlantischen Beziehungen Übereinstimmung darüber, dass es mit dem Ende der 1960er Jahre zu einem Umbruch kam⁷ und dass die 1970er Jahre in größerem Maße von Konflikten geprägt waren als die Zeit davor⁸ – auch wenn Krisen und Konflikte keineswegs »neu« waren, sondern als eine geradezu konstitutive Konstante der amerikanisch-europäischen Beziehungen zu betrachten sind.⁹ Transatlantische Konflikte entzündeten sich Anfang der 1970er Jahre über Fragen der Währungspolitik und Importzölle, die deutsche Ostpolitik, die wiederholten Initiativen des US-Senators Mike Mansfield zur Truppenreduktion in Westeuropa, über die Politik im Nahen Osten im und nach dem Yom-Kippur-Krieg und in der ersten Ölkrise sowie über Henry Kissingers verfehlte Initiative des »Year of Europe«.¹⁰ Als Ergebnis erfolgreichen Zusammengehens dagegen gelten etwa der Helsinki-Prozess und die Etablierung der G 7. Konflikte und Kooperation, so Matthias Schulz und Thomas Schwartz, wechselten sich in den transatlantischen Beziehungen stets ab. Gleichwohl gelten beiden die Auseinandersetzungen der 1970er Jahre als intensiver und verbitterter als zuvor.¹¹ Mit Bezug

5 Vgl. Priscilla Roberts, »All the Right People«: The Historiography of the American Foreign Policy Establishment, in: Journal of American Studies 26:3 (1992), S. 409-434.
6 Als markante Beispiele Richard M. Nixon, Second Annual Report to the Congress on United States Foreign Policy. Feb. 25, 1971, in: Public Papers of the Presidents of the United States: Richard M. Nixon, 1971, Washington, D.C. 1972, S. 219-345; Henry Kissinger, The Year of Europe, in: The Department of State Bulletin, May 14 (1973) S. 593-598.
7 Pointiert Reiner Markowitz, Im Spannungsfeld von Amerikanisierung, Europäisierung und Westernisierung. Die Zäsur der 1960er und 1970er Jahre für die transatlantische Europadebatte, in: Chantal Metzger/Hartmut Kaelble (Hg.), Deutschland – Frankreich – Nordamerika: Transfers, Imaginationen, Beziehungen, Wiesbaden 2006, S. 98-123.
8 Besonders Geir Lundestad, The United States and Western Europe since 1945: From »Empire« by Invitation to Transatlantic Drift, Oxford 2003.
9 Mario Del Pero/Federico Romero (Hg.), Le crisi transatlantiche: Continuità e trasformazioni, Rom 2007.
10 Grundlegend Matthias Schulz/Thomas A. Schwartz (Hg.), The Strained Alliance: U.S.-European Relations from Nixon to Carter, Cambridge 2010.
11 Matthias Schulz/Thomas A. Schwartz, The Superpower in the Making: U.S.-European Relations, 1969-1980, in: Schulz/Schwartz (Hg.), Strained Alliance, S. 355-373, hier S. 355.

auf Debatten innerhalb der NATO spricht Geir Lundestad von einer neuen Qualität, da Meinungsverschiedenheiten nicht mehr Einzelthemen, sondern Grundsatzfragen betrafen.[12] Für Kenneth Weisbrode waren die Jahre der Détente vom schlechtesten Klima der transatlantischen Beziehungen seit dem Zweiten Weltkrieg geprägt.[13]

Warum jedoch erscheinen die Auseinandersetzungen der 1970er Jahre intensiver und verbitterter? Warum traten jetzt grundsätzliche Meinungsverschiedenheiten zu Tage? Ein wichtiger Grund wird im abgeschwächten Bedrohungsszenario in den Jahren der Entspannung im Kalten Krieg zu suchen sein, das eine offenere Rede über Konflikte zwischen den Bündnispartnern zuließ. Außerdem werden die verschärfte wirtschaftliche Konkurrenz sowie, für die Seite der USA, die veränderten Akteurskonstellationen und außenpolitischen Prioritäten eine wichtige Rolle gespielt haben. Möchte man Veränderungen im Verhältnis zwischen den USA und Europa analysieren, kann man in der Tradition einer politikgeschichtlich fundierten Herangehensweise die Ebene der politischen, strategischen und wirtschaftlichen Beziehungen betrachten und beispielsweise Verhandlungen und Entscheidungsprozesse auf den unterschiedlichen Politikfeldern sowie im Umfeld internationalen Krisenmanagements oder das Handeln individueller außenpolitischer oder transatlantischer Akteure untersuchen.

Mein Artikel wählt jedoch eine wahrnehmungs- und diskursgeschichtliche Perspektive. Erstens soll herausgestellt werden, dass die politischen Überlegungen über das transatlantische Verhältnis nicht auf einen geschlossenen und von öffentlichen Debatten unberührten Raum beschränkt waren, sondern mit einer Reihe von generellen zeitgenössischen Diskussionen und Topoi verflochten waren. Sie wurden von gesellschaftstheoretischen und sozialwissenschaftlichen Begriffen und Theorien geprägt, und in die Reflexionen über das amerikanisch-europäische Verhältnis flossen verschiedene Wissensbestände ein. Zweitens verschränkten sich in diesen Reflexionen namentlich drei Determinanten, nämlich amerikanische Selbstsichten mit Sichtweisen auf Europa und der Wahrnehmung globaler Machtverschiebungen und Wandlungsprozesse. Vor diesem Hintergrund gilt es zu zeigen, in welchem konzeptuellen Rahmen und Kontext gesellschaftlichen Wandels die außenpolitischen Akteure in den USA das transatlantische Verhältnis in den 1970er Jahren reflektierten und welche Wahrnehmungs- und Deutungsmuster

---

12 Lundestad, United States, S. 169.
13 Weisbrode, Atlantic Century, S. 220.

ihre Sichtweisen und Diagnosen prägten, die dann die politischen Problemdefinitionen und Handlungsmöglichkeiten mit strukturierten.

Akteure, Wissensbestände und Determinanten

Im Zentrum steht damit die *Policy-Deliberation*,[14] jener Aushandlungsprozess, der konkreten Politiken und Entscheidungen vorgelagert ist und in den diese zugleich eingebettet sind. Die Policy-Deliberation auf der grundsätzlichen, konzeptionellen Ebene von Leitideen, Glaubenssystemen und Überzeugungen, die in einem Politikfeld die Wahrnehmung von Problemen und die Konzeption politischer Handlungsmöglichkeiten strukurieren, reicht in das Umfeld des politischen Entscheidungssystems hinein und spielt sich zu einem großen Teil in öffentlich zugänglichen Foren ab. Verortet man die Aushandlungen über das amerikanisch-europäische Verhältnis in unmittelbarer Nähe zum Politikfeld der transatlantischen Beziehungen, lässt sich die Sphäre der Policy-Deliberation alternativ als ein »politischer Raum« definieren, in dem sich verschiedene gesellschaftliche Akteure bewegten, namentlich nicht nur Politiker, Experten, Berater und Vertreter von Interessengruppen[15], sondern auch Journalisten und Publizisten zählen explizit zu den Akteuren im politischen Raum.[16] Jedoch soll es an der dieser Stelle nicht darum gehen, den Einfluss von Medien und Journalisten auf außenpolitische *Entscheidungen* zu ermitteln. Sie interessieren hier vielmehr als »aktive Mitgestalter von Wahrnehmungsmustern, Deutungsangeboten und Sinnstiftungsweisen«,[17] die die politischen Reflexionen über Außenpolitik und die transatlantischen Beziehungen mit prägten. Denn als Experten, Kommentatoren, Kritiker und Meinungsmacher wirkten Journalisten nicht nur in die Öffentlichkeit, sondern auch in die Politik, denn die Medien

---

14 Wolfgang van den Daele/Friedhelm Neidhardt, »Regierung durch Diskussion« – Über Versuche, mit Argumenten Politik zu machen, in: dies. (Hg.), Kommunikation und Entscheidung. Politische Funktionen öffentlicher Meinungsbildung und diskursiver Verfahren, Berlin 1996, S. 9-50.

15 Die Definition des »politischen Raumes« hat gegenüber der *Policy-Deliberation* den Vorteil, dass damit nicht missverständlich ein linearer politischer Prozess suggeriert wird, sondern vielmehr ein diskursives Kontinuum erfasst werden kann.

16 Antje Robrecht, »Diplomaten in Hemdsärmeln«? Auslandskorrespondenten als Akteure in den deutsch-britischen Beziehungen, Augsburg 2010; Peter Hoeres, Außenpolitik, Öffentlichkeit, öffentliche Meinung: Deutsche Streitfälle in den »langen 1960er Jahren«, in: HZ 291 (2010), S. 689-720.

17 Dominik Geppert, Pressekriege. Öffentlichkeit und Diplomatie in den deutsch-britischen Beziehungen 1896-1912, München 2007, S. 435.

waren eine unverzichtbare Ressource für politische Entscheidungsträger.[18] In den 1970er Jahren zählten Elitezeitungen wie die *New York Times* und *Washington Post* zur Pflichtlektüre des außenpolitischen Establishments und zu den einflussreichsten Medien in der US-Außenpolitik,[19] wobei sich Weltsichten und Deutungsmuster von Politikern und Journalisten bis zum Ende des Kalten Krieges zu einem großen Teil deckten.[20]

Das Wissen, das in dieser Diskussion verarbeitet und hervorgebracht wurde, ist gerade nicht ausschließlich als Produkt einer abgeschlossenen Sphäre von Außenpolitik und Diplomatie zu verstehen (die gleichwohl ihre auf keinen Fall zu vernachlässigenden eigenen Rationalitäten besitzt). In den Überlegungen der zeitgenössischen transatlantischen Beobachter und Akteure überlappten sich vielmehr verschiedene Wissensbestände: das »Wissen«, mit dem sie das amerikanisch-europäische Verhältnis beschrieben und deuteten, speiste sich aus unterschiedlichen Quellen wie öffentlichen Debatten und wissenschaftlichen Diskussionen. Eine wichtige Rolle spielten dabei sozialwissenschaftliche und zeitdiagnostische Begriffe und Theorien, im Besonderen die seit den späten 1960er Jahren diskutierten Theorien gesellschaftlichen Wandels in den westlichen Industriegesellschaften, namentlich die Theorie der postindustriellen Gesellschaft. Darüber hinaus waren die Sichtweisen und Problemkonzeptionen der außenpolitischen Akteure maßgeblich durch politikwissenschaftliche Begriffe und Theorien der internationalen Beziehungen bestimmt, beispielsweise ab Mitte der 1970er Jahre durch die Theorie »komplexer Interdependenz.«[21] Die Zeitgenossen sahen sich und die USA und Europa in einer Welt voller Veränderungen und neuer Herausforderungen. Sie redeten mit einer damals neuartigen Begrifflich-

18 U.a. Doris A. Graber, Mass Media and American Politics, 6. Aufl., Washington D.C. 2002; Robert M. Entman, Projections of Power: Framing News, Public Opinion, and U.S. Foreign Policy, Chicago 2004.
19 Robert M. Entman, Declarations of Independence: The Growth of Media Power after the Cold War, in: Brigitte L. Nacos/Robert Y. Shapiro/Pierangelo Isernia (Hg.), Decisionmaking in a Glass House: Mass Media, Public Opinion, and American and European Foreign Policy in the 21st Century, Lanham 2000, S. 11-26; Graber, Mass Media, S. 344-356; Carol H. Weiss, What America's Leaders Read, in: Public Opinion Quarterly 38:1 (1974), S. 1-22.
20 Besonders Nicholas O. Berry, Foreign Policy and the Press: An Analysis of The New York Times' Coverage of U.S. Foreign Policy, New York 1990; John Zaller/Dennis Chiu, Government's Little Helper: U.S. Press Coverage of Foreign Policy Crises, 1945-1991, in: Political Communication 13 (1996), S. 385-405.
21 Vgl. Rüdiger Graf/Kim Christian Priemel, Zeitgeschichte in der Welt der Sozialwissenschaften. Legitimität und Originalität einer Disziplin, in: VfZ 59 (2012), S. 479-508, hier S. 491-495.

keit von einer hohen Geschwindigkeit des Wandels, von Verflechtungen und Interdependenzen, von vielfältigen Problemen, von neuen und globalen Problemen, von einer komplexeren und komplizierteren Welt, wie hier noch zu zeigen sein wird.

Das transatlantische Verhältnis ist außerdem in weitere geopolitische Zusammenhänge eingebunden und hat drei wesentliche Determinanten: die USA selbst, Europa und die »Welt«, den globalen Kontext. Wie die USA das transatlantische Verhältnis in den 1970er Jahren verorteten, wie sie ihre Beziehung zum alten Kontinent definierten und diagnostizierten, wurde erstens von inneramerikanischen Entwicklungen beeinflusst, von Selbstbildern und dem Verständnis über die Rolle der USA in der Welt. Zweitens wurde es von europäischen Entwicklungen mit bestimmt und von amerikanischen Sichtweisen auf Europa. Und drittens spielten weltpolitische, globale Entwicklungen und Ereignisse eine Rolle, somit der Kontext der amerikanischen Außenpolitik im Allgemeinen und die zeitgenössischen Deutungen globalen Wandels. Diese drei Determinanten können indes nicht getrennt voneinander analytisch aufgeschlüsselt werden können, denn sie waren eng miteinander verflochten.

Mit Blick auf die US-Außenpolitik ist insbesondere der Einfluss inneramerikanischer Niedergangsdebatten zum Ende des Vietnamkriegs mehrfach betont worden.[22] Inwiefern es dabei wissenschaftlich zielführend ist, der amerikanischen Außenpolitik grundsätzlich einen »pathologischen«, »militanten« Charakter zu attestieren, der unausweichlich aus den Mythen nationaler Identitätskonstruktionen erwachse, sei hier dahingestellt. Wenngleich überspitzt formuliert und politisch motiviert, haben Walter Hixsons Interpretationen, um die es hier geht, doch einen plausiblen Kern: Die gesellschaftlichen Konflikte seit den 1960er Jahren, namentlich Rassenunruhen, Counterculture und »Vietnam«, sodann Détente-Politik, Watergate und Stagflation trieben die USA laut Hixson in eine »psychische Krise«. Diese kulminierte mit der Geiselnahme in der amerikanischen Botschaft in Teheran als einem Akt maximaler »nationaler Demütigung« und wurde erst durch die – zumindest rhetorische – Rückkehr zu nationaler Größe unter Ronald Reagan überwunden.[23] Amerikanische Niedergangsdebatten und Krisendiskurse waren kein neues Phänomen der Vietnamära, doch traten innerhalb nur weniger Jahre eine Reihe »krisenhafter« Ereignisse und Entwicklungen simultan

---

22 Zusammenfassend Hunt, American Ascendancy, S. 225-265.
23 Walter L. Hixson, The Myth of American Diplomacy: National Identity and U. S. Foreign Policy, New Haven 2008, bes. S. 251-263; auch Trevor B. McCrisken, American Exceptionalism and the Legacy of Vietnam: US Foreign Policy since 1974, New York 2003, S. 185-186.

auf. Erst dieses Zusammenspiel ließ jene Werte und Überzeugungen in die Defensive geraten, die nach 1945 das überwiegend optimistische Selbstbild der Nation genährt hatten.[24] Die gesellschaftlichen Debatten über die amerikanische »Familie« und ihren vermeintlichen Niedergang beispielsweise, das hat etwa Natasha Zaretsky herausgestellt, waren untrennbar mit nationalen Niedergangsängsten und der Verhandlung nationaler Identität verwoben. Hier schließt die These an, dass sich das angekratzte amerikanische Selbstbild, wie es sich unter anderem seit den späten 1960er Jahren in der Rede über eine »crisis of confidence« ausdrückte, maßgeblich auf die Sicht auf die transatlantische Beziehung ausgewirkt hat.

Neuverortung der transatlantischen Beziehungen

Betrachtet man amerikanische Überlegungen der 1970er Jahre über das transatlantische Verhältnis, waren diese von einer hohen Sensibilität gegenüber Konflikten und ganz besonders von Suchbewegungen geprägt. Trotz der engen Verflechtung und vielfältigen Beziehungen sowie gemeinsamen Problemen und geteilten Werten gebe es mehr Konflikte, Konkurrenz und Meinungsverschiedenheiten zwischen den USA und Europa.[25] Die Erklärungen dafür waren vielschichtig, und oftmals fielen sie schwer, da die Lage paradox erschien. Dass beide Seiten letztlich nicht wüssten, was sie wollten, war eine Erklärung: Auf beiden Seiten des Atlantiks fehle es an Visionen und Ideen – es sei ebenso wenig klar, wohin die Reise der europäischen Integration gehen würde oder wie die künftige Ausrichtung der US-Außenpolitik und die Zukunft der Atlantic Community jenseits der NATO aussehen würden. Europa sei heute kein Ideal mehr, sondern nur noch eine Notwendigkeit, schrieb der Gründer des *Center for European Studies* an der Universität Harvard, Stanley Hoffmann.[26] Ähnlich sah es der amerikanische Gesandte bei der EG in Brüssel, Robert Schaetzel bereits zum Beginn des Jahrzehnts: Der alte Glanz der Idee einer »partnership of equals« zwischen den USA und Europa sei verblichen. Ein Grund dafür liege darin, dass die Europäer sich nicht im

---

24 Natasha Zaretsky, No Direction Home: The American Family and the Fear of National Decline, 1968-1980, Chapel Hill 2007.
25 J. Robert Schaetzel, U. S. Policy Toward Western Europe – In Transition. Off the record speech, Royal College of Defense Studies, London, Nov. 1, 1971, S. 11. Princeton University, Seeley G. Mudd Library, George Ball Papers, Box 85, Fol. 8.
26 Stanley Hoffmann, Fragments Floating in the Here and Now, in: Daedalus 108:1 (1979), S. 1-26, hier S. 3.

Klaren über die künftige Gestalt der Europäischen Gemeinschaft seien, was wiederum zu Verwirrung und Unsicherheit auf amerikanischer Seite führe.[27] Ähnlich sah es die Diplomatin und Europa-Expertin Miriam Camps. Anders als in den 1950er und 1960er Jahren nährten die Europäer Zweifel darüber, ob die EG tatsächlich mehr werden solle als eine Zollunion. Es fehle an Aussagen, an denen sich die USA orientieren könnten – die Europäer seien selbst »confused« darüber, was sie in Europa aufbauen wollten. Insofern werde in den USA auch die Formierung eines »European bloc« befürchtet, was die Beziehungen natürlich belaste.[28] Zugleich sah Camps gravierende Selbstzweifel und Ungewissheit im eigenen Land über dessen Rolle in der Welt. Diese Unsicherheiten auf beiden Seiten galten ihr als die wichtigste Quelle transatlantischer Spannungen.[29]

Die amerikanische Europapolitik befand sich in den 1970er Jahren in einer Phase der Neuorientierung oder, wie viele Beobachter meinten, der Vernachlässigung. Amerikanische wie europäische Atlantiker warnten davor, dass die USA und Europa sich auseinanderentwickeln und damit den Zusammenhalt des Westens in Frage stellen könnten.[30] Zugleich aber breitete sich Anfang des Jahrzehnts in außenpolitischen Kreisen in den USA die Überzeugung aus, dass man das Verhältnis zu Europa und die Grundlagen der transatlantischen Beziehung überdenken und gegebenenfalls neu definieren müsse.[31] Die Nachkriegszeit galt als beendet und ein »neues Zeitalter« schien zu beginnen. Diese Deutung war eng mit der Wahrnehmung globaler Veränderungsprozesse verschränkt, die den institutionellen und konzeptuellen Rahmen der Nachkriegsordnung zu sprengen schienen.

Wie besonders die Beispiele Henry Kissingers und Zbigniew Brzezinskis zeigen, wurde die »euro-atlantische« Machtkonstellation in den 1970er Jahren zunehmend global eingebettet:[32] Sie wurde als integraler Teil der außenpolitischen Gesamtsituation konzeptionalisiert – die transatlantischen Beziehungen wurden in einem globalen Rahmen ge-

---

27 Schaetzel, U.S. Policy, S. 5; ähnlich W. Randolph Burgess/James R. Huntley, Europe and America: The Next Ten Years, New York 1970, S. 6.
28 Miriam Camps, Sources of Strain in Transatlantic Relations, in: International Affairs 48 (1972), S. 559-578, hier S. 574.
29 Ähnlich Raymond Vernon, Rogue Elephant in the Forest: An Appraisal of Transatlantic Relations, in: Foreign Affairs 51:3 (1973), S. 573-587.
30 Burgess/Huntley, Europe and America; Karl Kaiser/Hans-Peter Schwarz (Hg.), Amerika und Westeuropa: Gegenwarts- und Zukunftsprobleme, Stuttgart 1977.
31 Bes. Camps, Sources of Strain; Zbigniew Brzezinski, America and Europe, in: Foreign Affairs 49 (1970), S. 11-30.
32 Vgl. Weisbrode, The Atlantic Century, S. 277.

dacht. Zbigniew Brzezinski, Politikwissenschaftler und später Nationaler Sicherheitsberater unter Jimmy Carter, sah die USA und Europa 1970 in einem Übergang in ein neues Zeitalter, die sogenannte »technetronic era«.[33] Die demokratischen Industriegesellschaften seien mit zunehmend »komplexeren« politischen und sozialen Fragen konfrontiert, die sie alleine nicht mehr beantworten könnten.[34] Diese neuen Problemstellungen verlangten neue politische Ansätze in Kooperation, und hierzu gehörte für Brzezinski auch die Anpassung der internationalen Politik und ihrer Institutionen an die neuen Bedingungen globaler Verflechtung. Seinen institutionellen Ausdruck fand dies beispielsweise in der von Brzezinski angestoßenen Gründung der Trilateral Commission 1973, der International Energy Agency 1974 und der Etablierung der G 7 seit 1975.

In diesem Prozess globaler Neuordnung mussten Amerika und Europa zusammenstehen, so damals das Argument. »The values and the way of life – in a word, the civilization – of the West depend on the ability of America and West Europe to work closely together in weaving a new fabric of international affairs.«[35] Immer wieder wurden die Gefahren eines »drifting apart« beschworen:[36] Würden Amerika und Europa nicht kooperieren, dann drohe erstens der Zerfall des Westens und der atlantischen Allianz im Kalten Krieg,[37] und zweitens sei dann möglicherweise keine gemeinsame und somit erfolgreiche Problemlösung im Sinne der »developed nations« zu erreichen.[38] Angesichts der neuen, gemeinsamen Probleme und »Interdependenzen« insbesondere aufgrund wirtschaftlicher Verflechtung schienen eine stärkere Koordination und neue Formen kollektiven Managements notwendig.[39] Mit Bezug auf die Schwierigkeiten, die die unilaterale Entscheidung der Regierung Nixon, die Konvertierbarkeit des Dollars in Gold aufzuheben, seit August 1971 für die Europäische Gemeinschaft schuf, bemerkte der EG-Gesandte Schaetzel: »Almost overwhelmed by the complexities of our world, working with institutions inherited and designed to deal with simpler issues, in desperation we deal with related issues in isolation without reference to the side

---

33 Zbigniew Brzezinski, Between Two Ages: America's Role in the Technetronic Era, New York 1970.
34 Brzezinski, America and Europe, S. 13.
35 Ebd., S. 17.
36 J. Robert Schaetzel, The Unhinged Alliance: America and the European Community, New York 1975, S. 3 f.
37 Vgl. Burgess/Huntley, Europe and America, S. 62.
38 Brzezinski, America and Europe, S. 29.
39 Camps, Sources of Strain, S. 572.

effects of our decisions [...]. This is both a conceptional and an institutional problem.«⁴⁰

Die zeitgenössischen amerikanischen Diagnosen spiegelten makrogesellschaftliche und globale Transformationsprozesse wider, die in der Geschichtswissenschaft seit einigen Jahren unter dem Label »Nach dem Boom« oder »The Shock of the Global« diskutiert werden.⁴¹ Zugleich blickten die amerikanischen Beobachter nach innen und sahen eine Gesellschaft im Umbruch. Amerika und die anderen westlichen Industriegesellschaften wähnten sie am Beginn eines neuen Zeitalters, das durch wachsende »Interdependenz«, zunehmende »Komplexität« und neuartige Problemstellungen gekennzeichnet schien. Die Partner in der transatlantischen Beziehung – die USA selbst, die europäische Gemeinschaft, die europäischen Einzelstaaten und ihre Gesellschaften – veränderten sich ebenso rasch wie die globale Ordnung, in die ihre Beziehung eingebettet war. In den Deutungen stechen drei Topoi beziehungsweise Motive heraus: Interdependenz (eng verbunden mit Komplexität), die »crisis of confidence« und der Beginn eines neuen Zeitalters.

»Komplexe Interdependenz« als Paradigma

Die Kategorie der »Interdependenz« implizierte eine veränderte Weltsicht und Problemdefinition, wie David Kuchenbuch am Gegenstand der Debatten über die »Eine Welt« sowie Daniel Sargent mit Blick auf den Wahrnehmungswechsel von Henry Kissinger im Angesicht der Energiekrise 1973/74 gezeigt haben.⁴² In den 1970er und 1980er Jahren veränderten sich Raumvorstellungen, geographische Koordinatensysteme und räumliche Selbstverortungen, was sich in der Betonung wirtschaftlicher, sozialer und ökologischer »Interdependenzen« manifestierte.

40 Schaetzel, U.S. Policy, S. 7.
41 Anselm Doering-Manteuffel/Lutz Raphael, Nach dem Boom. Perspektiven auf die Zeitgeschichte seit 1970, Göttingen 2008 (2. Aufl. 2010 mit neuem Vorwort); Anselm Doering-Manteuffel/Lutz Raphael, Der Epochenbruch in den 1970er-Jahren: Thesen zur Phänomenologie und den Wirkungen des Strukturwandels »nach dem Boom«, in: Knud Andresen/Ursula Bitzegeio/Jürgen Mittag (Hg.), »Nach dem Strukturbruch«? Kontinuität und Wandel von Arbeitsbeziehungen und Arbeitswelt(en) seit den 1970er-Jahren, Bonn 2011, S. 25-40; Niall Ferguson u.a. (Hg.), The Shock of the Global: The 1970s in Perspective, Cambridge 2010.
42 David Kuchenbuch, »Eine Welt«. Globales Interdependenzbewußtsein und die Moralisierung des Alltags in den 1970er und 1980er Jahren, in: GG 38 (2012), S. 158-184; Daniel J. Sargent, The United States and Globalization in the 1970s, in: Ferguson u.a., Shock of the Global, S. 49-64.

Dass dies die Verortung Europas und des transatlantischen Verhältnisses beeinflusste, zeigt die Überzeugung, sich an einer Schwelle zu befinden und das Verhältnis zu Europa nach dem »Ende der Nachkriegszeit« in Wahrnehmung einer grundlegend veränderten globalen Konstellation neu aushandeln zu müssen.⁴³ In einer Rede vor der Industrie- und Handelskammer Kassel stellte der amerikanische Botschafter in der Bundesrepublik Martin J. Hillenbrand die amerikanisch-europäischen Beziehungen 1974 in einen globalen Kontext, in dem vieles untrennbar miteinander verwoben schien. »We live in an interdependent world in which all things seem to impact one another, in which issues of economics and politics are interwoven to form the fabric of our relationship.«⁴⁴ Henry Kissinger machte sich in der Betonung von Interdependenz und Komplexität die Argumente zweier Politikwissenschaftler zu eigen, die ihr Modell ironischerweise ausdrücklich als Gegenposition zur realistischen Schule à la Kissinger formulierten.⁴⁵ Für Kissinger galt die Nachkriegszeit Mitte der 1970er Jahre definitiv als beendet, eine neue Ära beginne: »Now we are entering a new era. Old international patterns are crumbling; old slogans are uninstructive; old solutions are unavailing. The world has become interdependent in economics, in communications, in human aspirations. No one nation, no one part of the world, can prosper or be secure in isolation.«⁴⁶ Die »simplen« Kategorien der Nachkriegszeit passten nicht mehr auf die »complex realities of the modern world«, so Kissinger 1975.⁴⁷

»Komplexität« und »Interdependenz« waren bei ihm ab 1974/75 zentrale Motive, die zeitgleich in der damaligen Policy-Forschung und in Theorien der Internationalen Beziehungen diskutiert wurden. Die Theorie »komplexer Interdependenz« wurde ab 1971 von den beiden Politikwissenschaftlern Joseph Nye und Robert Keohane entwickelt.⁴⁸ Sie propagierten ihre Ideen als einen Paradigmenwechsel, der dringend

---

43 Vgl. Brzesinski, America and Europe.
44 Martin J. Hillenbrand, U. S.-German-European Community Economic Relations: The Need for Common Approaches to Common Problems, in: Department of State Bulletin, May 20 (1974), S. 548-554, hier S. 548.
45 Vgl. Beate Kohler-Koch, »Interdependenz«, in: Volker Rittberger (Hg.), Theorien der Internationalen Beziehungen. Bestandsaufnahme und Forschungsperspektiven, Opladen 1990, S. 110-129.
46 Henry Kissinger, A New National Partnership, in: Department of State Bulletin February 17 (1975), S. 197-207, hier S. 197.
47 Henry Kissinger, American Unity and the National Interest, in: Department of State Bulletin, September 15 (1975), S. 389-396, hier S. 390.
48 Von Nye stammte in den 1990ern das Konzept der »soft power«, und er war von 1977 bis 1979 Mitglied des Nationalen Sicherheitsrats unter Jimmy Carter.

notwendig sei, da man mit den bisherigen staatszentrierten Modellen Folgendes nicht erfassen könne: so genannte »transnationale Beziehungen« »transnationaler«, nicht-staatlicher Akteure wie multinationaler Unternehmen oder internationaler Organisationen und Bewegungen, grenzüberschreitende Kontakte, Kommunikation, Transfers, Bewegungen von Geld, Menschen, Waren und Ideen.[49] Diese transnationalen Beziehungen sahen Nye und Keohane durch vielfältige Formen der Abhängigkeit und Interdependenz gekennzeichnet, zugleich nehme die Zahl der Akteure im Feld der internationalen Politik sowie der transnationalen Akteure immer weiter zu, deshalb funktionierten traditionelle Formen der Machtpolitik nicht mehr. Man müsse lernen, die Welt in diesem Sinne *neu zu sehen und neu zu imaginieren*. Erst dann könne die Außenpolitik den Veränderungen auch Rechnung tragen. Für Nye und Keohane gab es also einen engen Zusammenhang zwischen »Welt-Bildern« und Politik. Von einer neuen Art, die Welt zu sehen, hing für den Politikwissenschaftler David Calleo die künftige amerikanische Europapolitik und die Neugestaltung der »Atlantic community« ab. Erstens müssten die USA einsehen, dass die Atlantische Gemeinschaft nicht von Washington aus regiert werden könne, Europa sei nicht »America's front porch«. »The Europeans are our best friends in the world; they are also our equals.« Zweitens jedoch müsse die Voraussetzung für eine neue Außenpolitik geschaffen werden: »there must be a shift in our imaginations – away from that two-dimensional myth of blocs and challenges to a vision that represents that plural squirming world which is reality.«[50]

Auch in den Leitartikeln eines der damals bekanntesten Journalisten in den USA, des *New York Times*-Redakteurs James Reston, erschien erstens immer wieder das Motiv der Interdependenz – die gemeinsame Lösungen für gemeinsame Probleme und somit Kooperation erfordere – sowie zweitens die neuen Herausforderungen einer »post-Vietnam world«.[51] Die neue Welt war für Reston auch durch eine veränderte, wie er es diplomatisch nannte: »unabhängigere« Einstellung Westeuropas gegenüber den USA gekennzeichnet, wie er 1972 aus Paris berichtete. Er führte das zum einen auf die Vertiefung der europäischen Integration zurück. Zum anderen jedoch hatten sich, wie er schrieb, die Wahrnehmung und das Ansehen der USA in Europa verändert. »Vietnam has clearly chal-

---

49 Joseph S. Nye/Robert O. Keohane (Hg.), Transnational Relations and World Politics, Cambridge 1971; Robert O. Keohane/Joseph S. Nye, Power and Interdependence: World Politics in Transition, Boston 1977.
50 David Calleo, The Atlantic Fantasy: The U.S., NATO, and Europe, Baltimore 1970, S. ix-x.
51 Vgl. James Reston, Mr. Whiskers, in: New York Times, Sept. 8, 1971.

lenged the American assumption of both moral and military superiority, and convinced even our friends in Europe that maybe we don't have the superior answer to the problem of the world order, and that our ›muddling through‹ is not much better than Europe's way in the nineteenth century.« Amerika habe seine wirtschaftliche Führungsrolle eingebüßt, sei sowohl in Westeuropa als auch in Japan kein Vorbild mehr in Sachen Innovationsfähigkeit, Management und Marketing und habe auch in sozialen Fragen immer weniger Strahlkraft. »As for the American ideal of unity and equality at home, and generosity and pity abroad, the magic of the American dream has lost much of its allure in Europe.«[52]

In ein ähnliches Horn stieß das *Time Magazine*, das im März 1973 mit dem Titelblatt »Europe: America's New Rival« aufmachte. Der durchschnittlich informierte Amerikaner sehe Europa heute als eine wohlhabende, technologisch fortgeschrittene, »bequeme« und »irgendwie teure« Gesellschaft, die auf eine gewisse Weise gelernt habe, das Beste aus dem Leben herauszuholen, ohne dabei ihre Werte aufzugeben.[53] Nur zwei Monate nach dem Abschluss des Pariser Friedensabkommen mit Nordvietnam dürfte hier mancher amerikanische Leser im Geiste hinzugefügt haben: anders als die USA. Jetzt, da Vietnam endlich »vom Tisch« sei, könnten sich die USA laut *Time* wieder den wirtschaftlichen Verhandlungen und Streit über Truppenabzüge aus Westeuropa zuwenden. Die alte atlantische Gemeinschaft sei nun von echter Rivalität geprägt, die über das Ökonomische hinausgehe: »the new sense of rivalry is real, not only in trade, but in less tangible matters, including the nature of progress and the good life.«[54] Gegenüber dem amerikanischen Traum hatte das europäische Zivilisationsmodell, diskreditiert zuletzt durch den Weltkrieg, wieder an Attraktivität gewonnen.

Diese und James Restons Schilderung stehen zum einen exemplarisch für die Versuche amerikanischer Journalisten, insbesondere der Auslandskorrespondenten und der Autoren für Magazine wie *Time*, Europa den Puls zu fühlen und ihrem amerikanischen Publikum jenseits der großen politischen und wirtschaftlichen Themen Stimmungsberichte aus den europäischen Hauptstädten zu übermitteln. Interessant ist an Restons Schilderung aber zum anderen, dass er weniger europäische Wahrnehmungen Amerikas aufgriff, sondern daß er die damaligen kulturkritischen *inneramerikanischen* Diskussionen und Selbstbilder über die europäische Wahrnehmung auf die USA zurückprojizierte. In Restons

---

52 James Reston, Europe in the Spring, in: New York Times, Apr. 2, 1972.
53 How America Looks at Europe, in: Time Magazine, March 12, 1973.
54 Here Comes the »European Idea«, in: Time Magazine, March 12, 1973.

Überlegungen schlug sich deutlich das Motiv der »crisis of confidence« nieder, das einen zentralen roten Faden darstellt, der in den USA in etwa die Jahre zwischen 1968 und 1979 verband, der sich durch das Jahrzehnt zog und auch in Diagnosen des amerikanisch-europäischen Verhältnisses seine Spuren hinterließ.[55]

»Crisis of Confidence« und der Beginn eines neuen Zeitalters

Das Motiv der »crisis of confidence« ist heute wohl vor allem durch Jimmy Carters Rede an die Nation vom 15. Juli 1979 bekannt, die sogenannte »malaise speech«, die vom Bewusstsein einer gesamtgesellschaftlichen Krise geprägt war.[56] Die Energiekrise, über die Carter eigentlich hatte sprechen wollen, sei nicht das eigentliche Problem des Landes, sie war für ihn nur ein Krisensymptom unter vielen anderen. Das eigentliche Problem reiche tiefer, tiefer als lange Warteschlangen an den Tankstellen und Energieengpässe, tiefer als Inflation und Rezession: Die Nation befinde sich in einer »crisis of confidence«, einer Krise der Zuversicht in die eigene Zukunft, des Vertrauens in die eigenen Fähigkeiten, des selbstbewussten Glaubens in die Bestimmung als Nation. Carter war nicht der erste, der öffentlichkeitswirksam von einer »crisis of confidence« sprach. Denselben Titel trug bereits ein Buch des Historikers und Kennedy-Beraters Arthur M. Schlesinger jr., das 1969 erschienen und schon im selben Jahr in die zweite Auflage gegangen war. Im Klappentext hieß es: »For the first time in their history Americans have begun to wonder whether the problems they face might be too much for them. Until recently we had been sustained by a conviction of physical and moral strength which seemed to render us invulnerable to any serious threat. Now, beset by discord, fanaticism and violence, we are no longer so sure. With cities and universities torn by revolt, with faith in military power and moral purpose depleted in a meaningless war, with social change apparently out of control, confidence in our destiny is shaken.«[57] Rassenunruhen in vielen amerikanischen Städten und Massenproteste mit zahlreichen Toten, die

---

55 Zur Deutung der Jahre seit 1968 als Krisenzeit besonders Philip Jenkins, Decade of Nightmares: The End of the Sixties and the Making of Eighties America, Oxford 2006.
56 Jimmy Carter, Energy and National Goals. Address to the Nation, July 15, 1979, in: Public Papers of the Presidents of the Unites States: Jimmy Carter, 1979, Bd. 2, Washington D.C. 1980, S. 1235-1241.
57 Arthur M. Schlesinger, Jr., The Crisis of Confidence: Ideas, Power and Violence in America, Boston 1969.

Morde an Martin Luther King und Robert Kennedy, bürgerkriegsähnliche Zustände im Umfeld des nationalen Parteitags der Demokraten 1968 in Chicago, rebellierende Studenten, Antikriegs-, Umweltbewegung und Counterculture, zunehmende Kriminalität und steigender Drogenkonsum sowie der Krieg in Vietnam schürten Krisendiagnosen wie die von Schlesinger. Bald kamen noch gravierende wirtschaftliche Krisenerscheinungen sowie der Watergate-Skandal hinzu, der das Vertrauen in die politischen Institutionen des Landes erschütterte.[58]

Auch in *politischen* Diagnosen über das transatlantische Verhältnis stoßen wir auf das Motiv der »crisis of confidence«. So schrieb der Diplomat Hillenbrand 1971 in einem Memorandum für den Außenminister, das den warnenden Titel »Tensions in US Relations with Europe« trug: Man müsse sich jetzt mit einem Problem befassen, das immer dringlicher werde, nämlich mit dem Vertrauensverlust Europas in die USA. Anlass war Präsident Nixons Entscheidung, den Dollar vom Gold zu lösen. Der 15. August 1971 stellte für Hillenbrand eine Kehrtwende in der amerikanischen Wirtschaftspolitik gegenüber Europa dar: »[...] from twenty-five years of international economic cooperation to a new pattern of confrontation to achieve our own objectives at the expense of the Europeans.« Dies hatte für ihn zu einer Vertrauenskrise neuer Qualität geführt. »While we have had crises of confidence before, they have not been of the same severity and depth.«[59] Hillenbrand hat hier vermutlich auf Daten der U. S. Information Agency zurückgegriffen, die für das State Department regelmäßig Meinungsumfragen in der westeuropäischen Bevölkerung durchführte, um die Einstellung gegenüber Amerika und das Image der USA zu ermitteln. Dabei stellte die USIA sowohl 1973 (als auch 1976) fest, dass das Vertrauen in die USA gesunken war und eine Mehrheit glaubte, dass die USA sich in einem Abwärtstrend befänden.[60] Nur wenige Tage vor der Präsidentschaftswahl 1976 spielten Unterstützer Jimmy Carters der *New York Times* einen weiteren USIA-Report zu, die dessen Befund auf der Titelseite wiedergab: »Poll in West Europe Finds

---

58 Maurice Isserman/Michael Kazin, America Divided: The Civil War of the 1960s, 3. Aufl., Oxford 2008; Bruce Schulman, The Seventies: The Great Shift in American Culture, Society, and Politics, New York 2002.
59 Martin J. Hillenbrand, Tensions in US Relations with Europe. Memorandum for the Secretary of State, Nov. 15, 1971. NARA, RG 59, Box 2362: Subject Numeric Files, 1970-1973: Political and Defense.
60 »The Image of America's Future in Foreign Public Opinion.« U. S. I. A. Research Report, July, 1973. NARA, RG 306, Entry P 160, Box 34; »Some Indications of Trends and Current Opinions About the U. S. and NATO in Western Europe«, Nov. 2, 1976. NARA, RG 306, Entry P 160, Box 37.

U. S. Prestige Lowest in 22 Years«.⁶¹ Die Einstellung der Europäer gegenüber den USA wurde zu einer Waffe im amerikanischen Wahlkampf: Die Umfragewerte würden Carters Vorwurf stützen, das die Welt gegenüber den Vereinigten Staaten unter der Führung Gerald Fords an Respekt verloren habe.

Die niedrigen Werte relativierte die USIA allerdings jeweils mit dem Verweis auf inneramerikanische Umfragen, in denen die USA noch wesentlich schlechter bewertet wurden als durch die Europäer. Tatsächlich versuchten die amerikanischen Meinungsforschungsinstitute in den 1970er Jahren unter anderem, eine »crisis of confidence« in der US-Bevölkerung zu messen.⁶² »Foreign views of America's future are not nearly so harsh as those of Americans themselves«, so die USIA 1973. »The weight of evidence suggests that this harsher American view, rather than more accurate than foreign opinion, is possibly indicative of an undue loss in national self-esteem.«⁶³ Im Vergleich mit dem amerikanischen Selbstbild erschien das Image Amerikas in Europa nach Darstellung der USIA also doch nicht ganz so schlecht und die Lage nicht ganz so dramatisch, wie von Hillenbrand gezeichnet.

Um schließlich auf den bereits mehrfach erwähnten Topos des »neuen Zeitalters« zurückzukommen: Das Motiv eines Wendepunkts in den transatlantischen Beziehungen und des Übergangs in ein neues Zeitalter taucht in Überlegungen der 1970er Jahre immer wieder auf, beispielsweise beim schon zitierten J. Robert Schaetzel,⁶⁴ beim Europa-Experten Stanley Hoffmann⁶⁵ oder bei Martin J. Hillenbrand, der vor seiner Berufung zum Botschafter in Bonn Leiter der Europa-Abteilung des US-Außenministeriums gewesen war. Auch Hillenbrand erschien die Nachkriegszeit beendet, die Zukunft aber war noch unklar. »Sometime in the late 1960s the so-called post-war era ended. We are clearly in an era of transition.«⁶⁶ Ähnlich formulierte der stellvertretende Außenminister Kenneth Rush: »Western Europe has waxed wealthy and has been mov-

---

61 New York Times, 20. Okt. 1976. Es handelte sich um »The Standing of the U. S. and of NATO in West European Public Opinion«, Sept. 22, 1976. NARA, RG 306, Entry P 160, Box 37.
62 Vgl. Everett Carll Ladd, Jr., The Polls: The Question of Confidence, in: Public Opinion Quarterly 40:4 (1976), S. 544-552; William Watts/Lloyd A. Free, State of the Nation III, Lexington 1978.
63 »The Image of America's Future in Foreign Public Opinion.« U. S. I. A. Research Report, July, 1973, S. ii. NARA, RG 306, Entry P 160, Box 34.
64 Schaetzel, U. S. Policy, S. 2 f.
65 Stanley Hoffmann, Uneven Allies: An Overview, in: David S. Landes (Hg.), Western Europe: The Trials of Partnership, Lexington 1977, S. 55-110, hier S. 69.
66 Zit. nach Weisbrode, The Atlantic Century, S. 268.

ing, not without difficulty, toward economic and perhaps ultimately political unity. The United States welcomes this and sees this transitional time as a critical juncture.«[67] Man stehe also an einem »entscheidenden Punkt« und das Verhältnis zwischen Amerika und Europa wurde als »im Übergang«, in einer »time of transition« beschrieben.

Die Vorstellung, sich in einer Zeit des Übergangs zu befinden und an einer Epochenschwelle zu stehen, bildete damals auch den Kern so prominenter Gesellschaftstheorien und Gegenwartsdiagnosen wie jener der postindustriellen Gesellschaft. Unter Intellektuellen und Soziologen hatte die Debatte darüber in den USA bereits Mitte der 1960er Jahre begonnen und schon vor der Publikation von Daniel Bells bekanntem Buch weite Kreise gezogen.[68] Eine in Buchform veröffentlichte Studie des *Atlantic Council of the United States*, eines der einflussreichsten atlantisch orientierten Netzwerke, war 1970 der Frage gewidmet, wie sich das Verhältnis zwischen den USA und Europa in den kommenden zehn Jahren entwickeln würde. Anlass zur Sorge gab den Autoren die Frage, ob Europa den USA *in die postindustrielle Ära folgen* oder ob beide unterschiedliche Wege einschlagen würden.[69]

Die damaligen Überlegungen in außenpolitischen Kreisen über eine Welt im Übergang, eine Welt im Wandel, bezogen sich nicht nur auf die Welt außerhalb der Vereinigten Staaten, sondern ebenso auf die Rolle der USA in dieser neuen Welt und eine sich verändernde Gesellschaft im Innern. Dies wird zum Beispiel deutlich in einer Rede von Winston Lord, Leiter der Policy Planning Staff des U.S.-Außenministeriums: »At a time when the world is in flux and a new American role emerging, we are subjected as well to profound changes at home. A nation which first explored its own frontiers, and then stretched its presence around the world, now requires a new horizon.« Dieser neue Horizont lag nicht außerhalb der Vereinigten Staaten, sondern innen. Das Land habe einen Präsidenten durch Mord verloren, einen zweiten durch Vietnam und den dritten durch Skandal, so Lord. Amerika habe sich durch den unergiebigsten Krieg seiner Geschichte gequält; Amerikas einst unbestrittene Stärke sei herausgefordert worden und der einst übermächtige Dollar

---

67 Kenneth Rush, European-American Relations: A Case for Cooperative Endeavor, in: Department of State Bulletin, March 11 (1974), S. 237-241, hier S. 238.
68 Daniel Bell, The Coming of Post-Industrial Society: A Venture in Social Forecasting, New York 1973; vgl. Ariane Leendertz, Schlagwort, Prognostik oder Utopie? Daniel Bell über Wissen und Politik in der »postindustriellen Gesellschaft«, in: Zeithistorische Forschungen/Studies in Contemporary History 9:1 (2012), S. 161-167.
69 Burgess/Huntley, Europe and America.

schwer angeschlagen. Das Land habe Unruhen, Morde und Tote, Rassen- und Generationenkonflikte, eine Kulturrevolution und Watergate ertragen. Nun sei es an der Zeit, Frieden mit sich selbst zu finden und das eigene Selbstvertrauen wieder herzustellen. »Our next frontier is to find peace within ourselves. Let us begin by restoring our self-confidence.«[70] Gelinge dies nicht, dann drohe Lähmung, dann laufe man Gefahr, vom Wandel überrollt zu werden.

Fazit

Neuverortungen im Verhältnis zwischen den USA und Europa waren in den 1970er Jahren eng mit Debatten über amerikanische Identität und das Selbstverständnis einer angeschlagenen Weltmacht verbunden, deren 200. Geburtstag 1976 Anlass zu ausführlicher Introspektion gab.[71] In Westeuropa hatten die USA an Ansehen verloren, und wirtschaftliche und soziale Probleme sowie der Watergate-Skandal rückten innenpolitische Fragen an die Spitze der Agenda. Beobachter des transatlantischen Verhältnisses sahen das mit Sorge: Neo-isolationistische Tendenzen und die Wendung nach innen, wie sie bei Winston Lord deutlich anklangen, außerdem wirtschaftliche Konkurrenz zwischen den USA und der EG und protektionistische Maßnahmen auf beiden Seiten des Atlantiks erschienen als Gefahr für die atlantische Gemeinschaft im Kalten Krieg und drohten, das Verhältnis zu Europa zu beschädigen. So wandte sich auch Kissinger immer wieder gegen die lauter werdenden isolationistischen Stimmen im eigenen Land. Die USA dürften sich nicht von internen Schwierigkeiten davon abhalten lassen, entschlossen zu handeln und die neuen globalen Probleme anzupacken.[72] Eine Welt in Aufruhr und Wandel brauche ein selbstbewusstes Amerika, das wisse, dass ohne amerikanische Führung keine Stabilität, keine Verbesserung der Lebensbedingungen und kein dauerhafter Frieden möglich seien.[73]

Zugleich schien die Rolle Amerikas in der Welt in Veränderung begriffen, und man meinte, dass viele der Grundannahmen und Selbst-

70 Winston Lord, America's Purposes in an Ambiguous Age, in: Department of State Bulletin, November 4 (1974), S. 617-622, hier S. 621-622.
71 Zur Einordnung Nicholas Cull, The Cold War and the United States Information Agency: American Propaganda and Public Diplomacy, 1945-1989, Cambridge 2008, S. 351-358.
72 Vgl. Henry Kissinger, A New National Partnership, in: Department of State Bulletin, February 17 (1975), S. 197-204.
73 Henry Kissinger, The Testing of American Commitment, in: Department of State Bulletin, November 11 (1974), S. 643-645, hier S. 644.

verständnisse, die der Außenpolitik der Nachkriegsära zugrunde gelegen hatten, einer Revision bedurften. Den deutlichsten Ausdruck fand diese Überzeugung in den außenpolitischen Konzeptionen der Regierungen Nixon und Ford, ebenso in denjenigen der Carter-Administration. Aus Sicht der transatlantischen Akteure – und das galt für Politiker, Diplomaten, Wissenschaftler und Journalisten gleichermaßen – befanden sich viele Dinge gleichzeitig im Fluss, man sah sich in einer Übergangszeit, in der man überkommene Denkmuster für veraltet hielt. Vor diesem Hintergrund fiel es jedoch schwer, die neuen Parameter der Beziehung zu Europa klar zu definieren. Diese Suchbewegungen und Unsicherheiten sind zu beachten, wenn man versucht, die hohe Sensibilität in jenen Jahren gegenüber transatlantischen Konflikten und Spannungen zu erklären. Zudem griff die Wahrnehmung zunehmender globaler Interdependenz, die neue Lösungsansätze in der internationalen Politik zu erfordern schien, mit einem für die Nachkriegszeit ungekannten Ausmaß gesellschaftlicher Krisendiskurse ineinander. Populäre sozialwissenschaftliche Theorien wie jene der postindustriellen Gesellschaft bestärkten die Auffassung zeitgenössischen Beobachter, sich an einem Wendepunkt und am Beginn eines neuen Zeitalters zu befinden. Ähnliches postulierte die politikwissenschaftliche Theorie der komplexen Interdependenz, deren Diagnose die Sicht der außenpolitischen Akteure um Kissinger deutlich beeinflusste.

Seit den späten 1970er Jahren allerdings scheinen sich erneut alte Denkmuster und Parameter des amerikanisch-europäischen Verhältnisses konsolidiert zu haben, wie die Konzepte des »Atlanticism« und, nun aber unter genuin konservativen Auspizien, des »Westens«. Ronald Reagan trat an, das amerikanische Selbstbewusstsein und die Führungsrolle der USA in der Welt wieder herzustellen. So spricht einiges dafür, dass die Suchbewegungen »der« 1970er Jahre von einer kurzen Phase neuer – beziehungsweise alter – Sicherheiten, vermeintlicher Eindeutigkeit und Komplexitätsreduktion im »Zweiten Kalten Krieg« abgelöst wurden. Mit der Verschärfung des Ost-West-Konflikts traten auf der politischen Ebene wieder die Sicherheit vor der atomaren Bedrohung und die Verteidigung Westeuropas in den Vordergrund. Erst das Ende des Kalten Krieges markierte einen Bruch, der seit Mitte der 1990er Jahre die Rede über ein »Auseinanderdriften« Amerikas und Europas forcierte.

4. Außen- und Sicherheitspolitik im Zeitalter von Demokratie und Live-Medien

Stichwortgeber und Veto-Macht
Die Öffentlichkeit und die Atomwaffenpolitik in den 1960er Jahren

PETER HOERES

In den 1960er Jahren wurde ein globales Atomregime entwickelt, das im Prinzip bis heute existiert. Es besteht in einer klaren Trennung zwischen Atomwaffenmächten und den *Have-Nots*, wobei erstere darüber wachen, dass der Ist-Zustand nicht verändert wird. Grundlage dafür ist der 1968 geschlossene Nichtverbreitungsvertrag, der *Treaty on the Non-Proliferation of Nuclear Weapons*, kurz NPT. Die vorbereitende Debatte um diesen Vertrag und seine Konditionen in den 1960er Jahren muss im Zusammenhang mit zwei weiteren Themen der Atomwaffenpolitik gesehen werden, welche die öffentliche und interne Atomwaffendiskussion im Bündnis bestimmten. Diese *Issues* waren eng miteinander verknüpft, lösten einander aber auch auf der Agenda ab: das erste war das Projekt einer gemeinsamen Atomflotte, einer *Multilateral Force* (MLF), das zweite die generelle Mitbestimmung über den Einsatz von Atomwaffen und das dritte schließlich der von den Supermächten angestrebte NPT, ein Vertrag, der derzeit aufgrund des iranischen und nordkoreanischen Atomprogramms wieder ins Bewusstsein der Öffentlichkeit gelangt ist.

Den genannten Komplexen wurde in der Forschung einige Aufmerksamkeit geschenkt, obgleich längst nicht alle Fragen geklärt sind, so der Grad der Absprachen und die jeweils konkreten Absichten der Supermächte.[1] Vor allen Dingen wurde beharrlich der Stellenwert der Öffent-

---

1 Vgl. Helga Haftendorn, Kernwaffen und die Glaubwürdigkeit der Allianz. Die NATO-Krise von 1966/67, Baden-Baden 1994; dies., Das Projekt einer multilateralen NATO-Atomstreitmacht (MLF): Vademecum für die Glaubwürdigkeit der nuklearen Strategie, in: Militärgeschichtliche Mitteilungen 54 (1995), S. 417-450; Christoph Hoppe, Zwischen Teilhabe und Mitsprache: Die Nuklearfrage in der Allianzpolitik 1959-1966, Baden-Baden 1993; Andrew Priest, From Hardware to Software. The End of the MLF and the Rise of the Nuclear Planning Group, in: Andreas Wenger/Christian Neuenlist/Anna Locher (Hg.), Transforming NATO in the Cold War. Challenges beyond Deterrence in the 1960s, London, New York 2007, S. 149-161; Susanna Schrafstetter/Stephen Twigge, Avoiding Armageddon. Europe, the United States, and the Struggle for Nuclear Non-Proliferation, 1945-1970, Westport, Oxford 2004; Ola Storberg, A Multilateral Farce? The United States and the NATO Multilateral Force (MLF), 1960-1966, Oslo 1998, und zuletzt sehr gründlich zu einem Einzelaspekt: Ralph Dietl, European Nuclear Decision Making? The United States, Nuclear Non Proliferation and the ›European Option‹, 1967-1972, in: Historische Mitteilungen der Ranke-Gesellschaft 24 (2011), S. 43-89.

lichkeit marginalisiert. Selbst für den Aushandlungsprozess des Nichtverbreitungsvertrages, während dessen in der Bundesrepublik, aber auch bei den Verbündeten, in der Öffentlichkeit ein regelrechter Propagandakrieg ausgefochten wurde, bescheinigte eine Dissertation von 1974 ausgerechnet den deutschen Politikern eine relativ stille und diskrete Argumentation.² Und zu Beginn der 1990er Jahre konstatierte Matthias Künzel in seiner Dissertation »Bonn und die Bombe«, die Öffentlichkeit habe vom lang anhaltenden Streit um den Nichtverbreitungsvertrag kaum Notiz genommen.³

Demgegenüber sollen hier die Funktion und Bedeutung der Öffentlichkeit – und komplementär dazu der Geheimhaltung – bei allen drei, für den Zusammenhalt und die Neujustierung des Bündnisses entscheidenden Debatten stark gemacht und schlaglichtartig evaluiert werden, um so die Reichweite und Grenzen der (Medien-)Öffentlichkeit in der Neuausrichtung der Atompolitik thesenartig taxieren zu können. Dabei soll besonderes Gewicht auf die Beobachtung der Atomdiplomatie durch die Öffentlichkeit und die öffentliche Meinung sowie auf den Umgang der außenpolitischen Akteure mit dieser Öffentlichkeit gelegt werden. Damit können Mediengeschichte und Internationale Geschichte, zumeist getrennt behandelte, das jeweils andere Gebiet kaum wahrnehmende Forschungsrichtungen, zu beider Nutzen miteinander in Kontakt gebracht werden.⁴ Dafür bieten sich die 1960er Jahre besonders an, da die Extension (Auflagensteigerung der Printmedien, Durchbruch des Fernsehens) und Politisierung der Massenmedien (zeitkritische TV-Magazine, Politik in Boulevardzeitungen und Illustrierten) sowie eine intensive

2   Patrick William Murphy, The Response of the Federal Republic of Germany to the Challenge of the Nuclear Non-Proliferation Treaty, Diss. Columbia University 1974.
3   Vgl. Matthias Küntzel, Bonn und die Bombe. Deutsche Atomwaffenpolitik von Adenauer bis Brandt, Frankfurt am Main, New York 1992, S. 131.
4   Der vorliegende Beitrag fußt auf einer umfassenderen Studie: Peter Hoeres, Außenpolitik und Öffentlichkeit. Massenmedien, Meinungsforschung und Arkanpolitik in den deutsch-amerikanischen Beziehungen von Erhard bis Brandt, München 2013. Zum Stellenwert der Öffentlichkeit in den internationalen Beziehungen vgl. den Forschungsüberblick von Friedrich Kießling, (Welt-)Öffentlichkeit, in: Wilfried Loth/Jost Dülffer (Hg.), Dimensionen internationaler Geschichte, München 2012, S. 85-105; ferner Brigitte L. Nacos/Robert Y. Shapiro/Pierangelo Isernia (Hg.), Decisionmaking in a Glass House. Mass Media, Public Opinion, and American and European Foreign Policy in the 21st Century, Lanham u. a. 2000; eine diskursivkonstruktivistische orientierte, (rein) theoretische Annäherung an das Problemfeld Massenmedien und Außenpolitik bietet jetzt: Alexander Brand, Medien – Diskurs – Weltpolitik. Wie Massenmedien die internationale Politik beeinflussen, Bielefeld 2012. Dieser Zugang wird allerdings kaum anhand von Primärquellen erprobt.

Nutzung der Meinungsforschung durch Regierung und Parteien auf eine erregte außenpolitische Diskussion trafen.⁵ Die Atomwaffenfrage bildete einen Teil davon.

MLF und atomare Mitbestimmung

Bundeskanzler Konrad Adenauer verzichtete am 2. Oktober 1954 auf der Londoner Neunmächte-Konferenz in einer pro forma freiwilligen Erklärung auf die Herstellung von ABC-Waffen auf deutschem Gebiet,⁶ was die Möglichkeit des Erwerbs oder Besitzes aber eben nicht ausschloss, anders als dies manche Forschungs- und Zeitzeugenmeinung behauptet.⁷ Adenauer und Franz Josef Strauß relativierten auch den Produktionsverzicht mehrfach mit der völkerrechtlichen *clausula rebus sic stantibus* oder einem möglichen Widerruf der Erklärung.⁸ In den 1960er Jahren schien die Möglichkeit einer Multilateralisierung der Atomwaffen dann

---

5 Vgl. Peter Hoeres, Außenpolitik, Öffentlichkeit, öffentliche Meinung. Deutsche Streitfälle in den »langen 1960er Jahren«, in: HZ 291 (2010), S. 689-720.
6 Vgl. Erklärung des Bundeskanzlers Adenauer in der neunten Plenarsitzung am 2. Oktober 1954, in: Dokumente zur Deutschlandpolitik (DzD) II/4, S. 347 und S. 466 (3. Oktober 1954: Der Bundeskanzler hat erklärt; Liste zu der Erklärung des Bundeskanzlers), vgl. auch die Einleitung zu den DzD II/4 XXII.
7 So fälschlich Egon Bahr, Zu meiner Zeit, München 1996, S. 207, und Oliver Bange, NATO and the Non-Proliferation Treaty. Triangulations between Bonn, Washington, and Moscow, in: Wenger/Neuenlist/Locher, Transforming NATO, S. 162-180, hier S. 163, bzw. ders., »A German Finger on the Trigger«. Die Furcht vor den bundesdeutschen Nuklearaspirationen, der Nichtverbreitungsvertrag und der Aufbruch in die Ära der Entspannung, in: Bernd Greiner/Christian Th. Müller/Dierk Walter (Hg.), Angst im Kalten Krieg, Hamburg 2009, S. 281, die behaupten, Adenauer habe auf die Herstellung *und* den Erwerb und Besitz von ABC-Waffen verzichtet. Dann hätte etwa Brandts späterer Vorschlag vom 3.1.1967, den »Produktionsverzicht um den Erwerbsverzicht« sowie den Mitbesitz und die Verfügungsgewalt zu ergänzen, keinen Sinn ergeben, vgl. Akten zur auswärtigen Politik der Bundesrepublik Deutschland (AAPD) 1967, Nr. 4, S. 18. Verteidigungsminister Strauß berief sich auf das reine Produktionsverbot, als er 1957/58 mit Frankreich und Italien eine geheime Nuklearkooperation vereinbarte, welche die Mitarbeit an einer Kernwaffen-Entwicklung außerhalb Deutschlands vorsah. Die darüber unterrichteten Amerikaner waren sehr skeptisch, das Projekt scheiterte dann 1958 an de Gaulle. Vgl. Tim Geiger, Atlantiker gegen Gaullisten. Außenpolitischer Konflikt und innerparteilicher Machtkampf in der CDU/CSU 1958-1969, München 2008, S. 66f.
8 Vgl. DzD II/4, XXII, Anm. 85; Konrad Adenauer, Teegespräche, Bd. 4: 1961-1963, Bearbeiter: Hans Peter Mensing, Berlin 1992, 1.7.1963, S. 383; Adenauer. Die letzten Lebensjahre 1963-1967. Briefe und Aufzeichnungen. Gespräche, Interviews und Reden, Bd. II., bearbeitet von Hans Peter Mensing, Paderborn u.a. 2009, S. 29; Küntzel, Bombe, S. 19-27.

ein geeignetes Instrument zu bieten, um eine (Mit-)Verfügungsgewalt über Nuklearwaffen zu erhalten. US-Präsident Kennedy wollte aber auf keinen Fall die US-Kontrolle von Atomwaffen preisgeben und sah eine multilaterale Atomstreitmacht laut dem amerikanischen Botschafter in Bonn George McGhee »as ›something of a fake‹«,[9] man könnte auch sagen: als eine Art Placebo für die grassierende deutsche Vertrauensneurose.

Dem von den Amerikanern entwickelten Projekt einer *Multilateral Force* (MLF) lag die Idee einer neuartigen, mit atomaren Mittelstreckenraketen bewaffneten Überseestreitmacht zu Grunde. Auf multinational besetzten Frachtschiffen sollten Polaris-Atomraketen stationiert werden, die nur durch einen amerikanischen Code gesichert beziehungsweise freigegeben werden könnten. Die Entscheidungskompetenzen sollten sich nach dem Grad der Beteiligung richten, ein Einsatz aber nur mit Billigung der Amerikaner stattfinden; diese wollten also atomare Vetospieler bleiben. Mit der multilateralen Atomflotte sollte der Mittelstreckenbedrohung der Sowjetunion und einer stetig verbesserten sowjetischen Luftabwehr begegnet werden, ohne neue Basen und damit auch Angriffsziele durch die Stationierung von landgestützten Raketen aufzubauen. Wegen ihrer geplanten Tarnung firmierte die MLF in den Medien schnell als »Geisterflotte«.[10] Ihr eigentlicher Sinn war aber ein politischer: bei den Verbündeten wollten die Amerikaner Zweifel an ihrem Atomschirm beseitigen, zudem sollten die kleinen Atommächte integriert und vor allem die Deutschen von atomaren Alleingängen oder französisch-deutschen Atomprojekten abgehalten werden. Die multilaterale Atomflotte wurde immer nur von einigen Gruppen einiger Verbündeter ernsthaft gewollt, und das auch noch zeitversetzt, so dass sich in der Öffentlichkeit bald der Eindruck einer dauerhaft virtuellen Streitmacht festsetzte, die nur zu politischen Spannungen mit den Verbündeten und dem Ostblock führe.[11]

Das Thema wurde in der Bundesrepublik von den großen Medien durchaus aufgegriffen. Dabei positionierten sich die medialen Meinungsführer ganz unterschiedlich und versuchten, über verschiedene Kanäle Einfluss zu nehmen: Rudolf Augstein bezog in einem *Spiegel*-Kommentar gegen die MLF Position, weil er in diesem Projekt eine Fortschreibung

---

9 George McGhee, At the Creation of a New Germany. From Adenauer to Brandt. An Ambassador`s Account, New Haven 1989, S. 89.
10 So schon im *Spiegel* 19.6.1963, S. 20.
11 Vgl. zur MLF: Haftendorn, Projekt; Hoppe, Teilhabe; Priest, Hardware; Schrafstetter/Twigge, Armageddon, S. 133-162; Storberg, Farce.

Adenauerscher Irrtümer zu erkennen meinte.[12] Axel Springer wählte 1964 den Weg der direkten Einflussnahme per vertraulichem Brief an Bundeskanzler Erhard. Dabei sprach er sich mit Blick auf die ablehnende Haltung Frankreichs gegen die Atomflotte aus, die sowieso zu spät, nämlich erst nach einer Verwüstung Europas mit konventionellen Waffen und taktischen Atomwaffen, eingesetzt würde und daher Deutschland nicht wirksam schützen könnte.[13]

Öffentlich befürwortet wurde die MLF dagegen aus politischen Gründen von prominenten Journalisten der *Zeit*. Theo Sommer hoffte, mit der MLF werde die Angst vor deutschen Alleingängen entschärft.[14] Auch Marion Gräfin Dönhoff befürwortete die MLF in sehr eigenwilliger Weise, nämlich als Absage an engen Provinzialismus und Verbindung zum amerikanischen wissenschaftlich-technischen Fortschritt.[15]

Nachdem sich die amerikanische Aufregung um den Elysée-Vertrag durch die Hinzusetzung einer atlantischen Präambel gelegt hatte und die Option eines deutschen nuklearen Zusammengehens mit Frankreich zunehmend unrealistisch erschien, erlahmte freilich das amerikanische Interesse an der MLF, was ihren eigentlichen politischen Sinn enthüllte. Bundeskanzler Erhard befürwortete die MLF, wie er in einem Gespräch mit dem Deutschen Fernsehen bei seinem Washington-Besuch im Juni 1964 darlegte, aber weiter als Bindemittel für die NATO.[16] Am 2. Oktober schlug Erhard in einem Brief an US-Präsident Johnson und am 6. Oktober 1964 auf einer Pressekonferenz in Berlin die Idee eines Vorangehens mit einer deutsch-amerikanischen MLF vor, also einer Art MLF-Avantgarde.[17] Washington dementierte umgehend. Den Vorschlag goutierte Johnson gar nicht, auch Botschafter McGhee schloss eine bilaterale MLF öffentlich aus.[18] Erhard versuchte Druck für eine baldige Unterzeichnung zu entfachen, weil er Hindernisse von Nonproliferations-

---

12 Alle Zitate in: Rudolf Augstein, Die ungeliebte MLF, in: *Der Spiegel* 16.12.1964, S. 14.
13 Vgl. Springer an Erhard 19.11.1964, in: Archiv für Christlich-Demokratische Politik (ACDP) 01-724-011.
14 Vgl. Theo Sommer, Ausbruch aus der NATO?, in: *Die Zeit* 21.8.1964, S. 1.
15 Vgl. Marion Gräfin Dönhoff, Provinz Europa, in: *Die Zeit* 18.12.1964, S. 1.
16 Vgl. das Gespräch Erhards mit Peter Pechel, Joachim Schwelien, Lothar Loewe und Gerd Ruge am 14.6.1964, 22.45 Uhr, in: Presse- und Informationsamt der Bundesregierung (BPA) Kommentarübersicht 15.6.1964, Anhang III, hier S. 4.
17 Vgl. Erhard an Johnson 2.10.1964, in: LBJ Presidential Library (LBJ Library), NSF, Country File, Box 184, Germany Memos, Vol. V.
18 Vgl. Karl Carstens, Erinnerungen und Erfahrungen, hg. von Kai von Jena, Reinhard Schmoeckel, Boppard am Rhein 1993, S. 273; Küntzel, Bombe, S. 76; McGhee diskutierte mit Studenten, in: *Reutlinger General-Anzeiger* 30.1.1965.

Resolutionen der bevorstehenden UN-Generalversammlung befürchtete. Regierungssprecher Karl-Günther von Hase hielt also im Oktober auf die entsprechenden Nachfragen von Journalisten immer noch die Hoffnung auf eine Unterzeichnung im selben Jahr aufrecht.[19] Erhards Vorschlag einer amerikanisch-deutschen MLF-Avantgarde befeuerte aber die französische Dystopie eines amerikanisch-deutschen atomaren Sonderbündnisses. Auch in den USA wollte man diesem Eindruck eines Sonderbündnisses mit Blick auf Frankreich unbedingt entgegentreten. Daher gelangte Präsident Johnson unter dem Einfluss von Sicherheitsberater McGeorge Bundy bei einer außenpolitischen Klausur am 5./6. Dezember 1964 zu dem Entschluss, keinen Druck auf die Verbündeten hinsichtlich der MLF mehr auszuüben.[20] Neben der Opposition des Senats führte Bundy zur Unterstützung seiner Position auch die strikt gegen die MLF (»violently opposed«) gerichtete Haltung bedeutender amerikanischer Kommentatoren wie Walter Lippmann und George Kennan an. Die neue Linie der Zurückhaltung teilte Johnson dann am 7. Dezember dem soeben gewählten britischen Premierminister Harold Wilson bei dessen Besuch in Washington mit, nicht jedoch den Deutschen, die diese Entscheidung der *New York Times* vom 21. Dezember entnehmen mussten, wobei die Botschaft aus Washington bereits gewarnt hatte.[21]

Am 17. Dezember 1964 unterzeichnete Johnson ein *National Security Action Memorandum* (Nr. 322), das die Anweisung enthielt, keinen Druck auf die Verbündeten hinsichtlich der MLF zu machen und diese Sache in den nächsten drei Monaten nicht zu forcieren. Vielmehr sollten die Briten und die Deutschen sich einig werden. Legitime Interessen Großbritanniens oder Deutschlands, aber auch, das wurde jetzt besonders betont, Frankreichs, sollten berücksichtigt werden. Als Vorteile der MLF wurden die kollektive strategische Verteidigung, zuvörderst aber die Nonproliferation gesehen, und zwar mit Blick auf Großbritannien und die Bundesrepublik (»that it will greatly reduce the danger of any separate

19 Von Hase in einer Pressekonferenz am 9.10.1964, in: Bundesarchiv Koblenz (BArch) B 145, Fiche 150, S. 6f.
20 Vgl. Memorandum from the President's Special Assistant for National Security Affairs (Bundy) to President Johnson, in: Foreign Relations of the United States (FRUS) 1964-68, Bd. XIII, Nr. 57.
21 Vgl. James Reston, President Urges Full U.S. Effort To Reunify NATO, in: *New York Times* 21.12.1964, S. 1; auch in der Berichterstattung über den Wilson-Besuch zeichnete sich diese Linie schon ab, vgl. Neue Verhandlungsrunde über MLF, in: *Frankfurter Allgemeine Zeitung* 10.12.1964, S. 1 u. 5; Torsten Oppelland, Gerhard Schröder (1910-1989). Politik zwischen Staat, Partei und Konfession, Düsseldorf 2002, S. 604-608.

nuclear adventure by the Germans«). Diese drei Vorteile seien für die amerikanische Öffentlichkeit entscheidend. Einen MLF-Einsatz solle es nur mit Zustimmung der USA geben, eine etwaige Regelung nach Bildung einer einheitlichen europäischen Führung solle dann einvernehmlich erörtert werden.[22]

Ähnlich wie die amerikanische Zielsetzung für das westliche Bündnis insgesamt, so bestand diejenige der MLF also in forcierter Einbindung und Kontrolle der Westdeutschen, hier konkret die Verhinderung eines nationalen atomaren Alleingangs der Bundesrepublik. Die Bundesrepublik wurde in Johnsons Memo nicht exklusiv diskriminiert, denn das Ganze trug die Signatur einer allgemeinen Nonproliferationspolitik, war aber doch zuallererst gemeint. Die Verhinderung einer deutschen Atommacht wurde in einem Artikel der *New York Times* vom 16. Dezember 1964 über Johnsons Auffassungen sogar als einziges Ziel der MLF genannt.[23]

Anfang 1965 wurde das MLF-Büro im *State Department* in einer »brusque and public form«[24] geschlossen. Dies war noch keine Beerdigung der MLF, wie McGhee Erhard gesprächsweise,[25] aber auch öffentlich versicherte.[26] Doch die amerikanische Initiative war dahingeschwunden. In deutschen Medien hielt man nach dem Memorandum die Atomflotte nun schon für beinahe versenkt.[27] Dem Projekt wurde in den Qualitätszeitungen aber insgesamt viel Aufmerksamkeit geschenkt,[28] der *Spiegel* widmete der MLF im November 1964 eine lange Titelgeschichte, in welcher er die Verdikte europäischer Militärexperten über das Unternehmen genüsslich zitierte.[29] Die deutschen Atomambitionen wurden wiederholt

22 National Security Action Memorandum No. 322, in: FRUS 1964-68, Bd. XIII, Nr. 65.
23 Vgl. Tom Wicker, Johnson Charges a Soft Approach in Basic Policies, in: *New York Times* 16.12.1964, S. 1.
24 Gordon Brook-Shepherd, Last Minute U.S. Overture to Bonn, in: *Sunday Telegraph* 17.1.1965.
25 Vgl. McGhee an State Department 5.1.1965, in: LBJ Library, NSF, Country File, Box 184, Germany Cables Vol. VI.
26 Botschafter McGhee: MLF nicht tot, in: *Aachener Nachrichten* 20.1.1965.
27 Mit Bedauern, da de Gaulle kein Äquivalent anbieten könne: Joachim Schwelien, Die versenkte Flotte, in: *Die Zeit* 22.1.1965; vgl. ferner Jan Reifenberg, Präsident Johnson sucht den Ausgleich mit de Gaulle, in: *Frankfurter Allgemeine Zeitung* 22.12.1964, S. 5.
28 Vgl. bspw. Lothar Rühl, Geringe Chancen für NATO-Atommacht, in: *Die Welt* 1.12.1965, S. 5; Joachim Schwelien, Die versenkte Flotte, in: *Die Zeit* 22.1.1965; Jan Reifenberg, Präsident Johnson sucht den Ausgleich mit de Gaulle, in: *Frankfurter Allgemeine Zeitung* 22.12.1964, S. 5; Adelbert Weinstein, Einig in der Uneinigkeit, in: *Frankfurter Allgemeine Zeitung* 14.1.1965, S. 1.
29 Vgl. *Der Spiegel* 4.11.1964, S. 47-61.

ironisiert und mit den Absichten der Amerikaner, diese zu absorbieren, ohne den Deutschen den Aufbau einer eigenen Atomstreitmacht zu erlauben, kontrastiert.[30] In der westdeutschen Bevölkerung war die MLF wie alle deutschen Atomambitionen nicht populär. 1965 unterzeichneten 100 000 Menschen eine Resolution gegen die MLF.[31] Im Februar 1966 unterstützten nur 18 % der Befragten Erhards Wunsch nach einem nuklearen Mitbestimmungsrecht, 22 % waren dagegen.[32] Erhard war sich darüber im Klaren und wollte das Thema im Wahlkampfjahr 1965 daher möglichst diskret behandeln.[33]

Die amerikanischen Befürworter des Projekts versuchten, die stets streng vertrauliche Bilderberg-Konferenz 1964 in Williamsburg zu nutzen, um ein europäisches Votum für die MLF zu erreichen, was wiederum auf die Johnson-Administration rückwirken sollte. Ihre Überzeugungsarbeit war aber selbst unter den Bilderbergern nicht bei allen erfolgreich, so wurden aus England und Italien verschiedene Bedenken vorgebracht, und auch der atlantisch gesinnte SPD-Verteidigungsexperte Fritz Erler bevorzugte eine gemeinsame Nuklearplanung. Die europäischen und amerikanischen »Regierungsgaullisten«[34] standen sowieso in Opposition zur MLF.[35] So auch Henry Kissinger, der fürchtete, die MLF werde zu einem gleichzeitig antinuklearen und antideutschen Symbol werden.[36]

Nach der Bundestagswahl 1965 und vor einem erneuten Besuch Erhards in den USA wurde die Atomfrage dann wieder intensiv beraten. Die amerikanischen Vertreter des *State Department* warnten eindringlich vor dem Eindruck einer bilateralen Abmachung zwischen Amerikanern und Deutschen und verwiesen auf weite Kreise der amerikanischen Öffentlichkeit und im Pentagon, die gegen eine deutsche Beteiligung an den Atomwaffen seien. Der stellvertretende Direktor für NATO-Angele-

30 Vgl. *Der Spiegel* 27. 1. 1965, S. 63.
31 Vgl. Küntzel, Bombe, S. 131.
32 Vgl. Elisabeth Noelle/Erich Peter Neumann (Hg.), Jahrbuch der öffentlichen Meinung 1965-1967, Allensbach, Bonn 1967, S. 197. Meinungsumfragen speziell zur MLF scheinen nicht erhoben worden zu sein. Vgl. auch Carstens, Erinnerungen, S. 274.
33 Vgl. dazu Erhards Ausführungen vor dem CDU-Bundesvorstand: CDU-Protokolle 1961-1965, 9. 2. 1965, S. 816.
34 Den Begriff verwende ich zur Kennzeichnung derjenigen Politiker, welche die Prinzipien des Gaullismus adaptierten und eine enge Zusammenarbeit mit de Gaulle favorisierten, vgl. Hoeres, Außenpolitik.
35 Thomas W. Gijswijt, Uniting the West. The Bilderberg Group, the Cold War and the European Integration 1952-1966, Ms. Diss. Heidelberg 2007, S. 279-287.
36 Vgl. das undatierte Gesprächsprotokoll »Second Meeting«, in: McGhee Papers Series XIII , Box 2, Folder 1, in der Lauinger Library, Georgetown University, Washington DC.

genheiten im *State Department* George Vest äußerte gegenüber einer Springer-Abordnung mit Blick auf den Gegenwind der Verbündeten bei einer deutschen Atombeteiligung vertraulich: »Ich möchte nicht in Erhards Haut stecken«. Die MLF sahen die amerikanischen Außenbeamten aber noch im Gespräch.[37] Wenig später vermeldete Springers *Welt* jedoch aus Washington, dort halte man die MLF-Pläne für etwas »angestaubt«. Selbst deren eifrigster Verfechter, Außenstaatssekretär George Ball, bestehe nicht mehr auf ihre Verwirklichung.[38] Franz Josef Strauß steigerte seine Ablehnung der MLF nach der Bundestagswahl zum beißenden Spott. Im Deutschen Fernsehen kritisierte er die Politik der Bundesregierung, sie habe mit »einer rührenden Treue an diesem Projekt festgehalten und ist von ihren Verbündeten doch sehr enttäuscht worden.« Er nahm dabei ein Wort des FAZ-Militärexperten Adelbert Weinstein auf, die MLF sei ein »Begriff für die politische Sprengkraft des Atoms geworden.« Statt ihrer schlug Strauß eine nukleare Planungsbeteiligung und als langfristiges Ziel eine Zusammenlegung der britischen und französischen Atomwaffen zu einer europäischen Atomstreitmacht unter einer europäischen Autorität vor.[39] Durch solche Interviews wurde die verbreitete Skepsis der Medien, dass die MLF »der endgültigen Versenkung« entgehen könnte, noch verstärkt.[40]

Selbst die journalistischen MLF-Befürworter aus der atlantischen *Zeit* schwenkten nun auf den Mehrheitskurs ihrer Kollegen ein: Gräfin Dönhoff schrieb im November 1965, man solle keineswegs den atomaren Mitbesitz anstreben, sondern nur die Mitbestimmung bei der Planung. Wenn manche gehofft hätten (so auch sie, wie sie jetzt *nicht* schrieb), das Bündnis werde durch die MLF stabilisiert, so sei das Gegenteil eingetreten. Die MLF würde zudem die Wiedervereinigung gefährden, löste doch schon ein wiedervereinigtes Deutschland ohne Atomwaffen Besorgnis aus.[41] Auch Theo Sommer schwor pünktlich zu Erhards USA-Besuch 1965 dem Projekt ab, da die MLF nicht zur Integration, sondern

37 Vgl. Kemna an Zehrer 21.11.1965: Gedächtnisprotokoll über vertrauliche Gespräche in Washington am 9., 18. u. 19. November 1965, in: BArch N 1311, Nr. 31, dort auch das Zitat.
38 Vgl. *Die Welt* 4.12.1965, S. 4.
39 Vgl. das Interview von Müggenburg mit Strauß im Deutschen Fernsehen am 8.10.1965, 20.15 Uhr, in: BPA Kommentarübersicht 11.10.1965, Anhang III, Zitate S. 3f.
40 Vgl. BPA Kommentarübersicht 22.10.1965, S. 2 und weitere Stimmen in der BPA Kommentarübersicht 9.11.1965, S. 1-5. Etwas optimistischer zur MLF dort der SFB-Kommentar, S. 5 und zuvor Harpprecht für das ZDF (BPA Kommentarübersicht 28.10.1965, S. 1).
41 Vgl. Marion Gräfin Dönhoff, Kurs auf Washington, in: *Die Zeit* 5.11.1965, S. 1.

als Ausdruck deutschen Machtstrebens verstanden werde.[42] Artikel wie derjenige Dönhoffs wurden durchaus in der Johnson-Administration wahrgenommen. Er wurde dort als Kehrtwende verstanden, wie Edward R. Fried vom *State Department* Francis Bator, dem stellvertretenden Sicherheitsberater, handschriftlich auf der Übersetzung vermerkte: »Here is a quote from *Die Zeit* (the Atlanticist, very pro US, pro Schroeder & Mende, pro detente, pro ›realistic‹ German policy, formerly very very pro MLF) which will interest you.« Die *Zeit* folgte zu der Zeit in der Nuklear- und Ostpolitik geradezu symbiotisch der amerikanischen Politik und wurde in der Johnson-Administration auch entsprechend eingestuft.[43] Die Bundesregierung hielt gleichwohl an dem Gemeinschaftsprojekt fest. Für die amerikanischen Medien empfahl Regierungssprecher von Hase Kanzler Erhard die Strategie, multilaterale Systeme als Beitrag zur Nichtverbreitung zu verkaufen. Es gehe nicht um den Buchstaben, sondern um »den Geist einer solchen Organisation. Wir sind in erster Linie bedroht. Es ist undenkbar, ein Volk von der Entscheidung darüber auszuschließen, welche Waffen im Ernstfall auf seinem eigenen Boden eingesetzt werden. Mag von Prestige-Frage reden wer will, für uns ist dies eine Sache auf Leben und Tod.«[44] Der Regierungssprecher blieb bei diesem Thema also offensiv.

Der atomare Mitbestimmungszug fuhr jetzt aber auf den Geleisen des von Verteidigungsminister McNamara auf der NATO-Tagung im Frühjahr 1965 vorgestellten Vorschlags für einen Ausschuss zur gemeinsamen Konsultation und Planung der nuklearen Verteidigung, aus der die später so genannte Nukleare Planungsgruppe (NPG) erwuchs, andererseits auf dem Gleis arkaner Zusicherungen zum Atomwaffeneinsatz auf höchster Ebene, die freilich erst drei Jahre später erreicht werden konnte und zudem vertraulich bleiben sollte. Nachdem eine solche Zusage aber von den Amerikanern schon in verschiedenen Gesprächen eher vage in Aussicht gestellt worden war und die Deutschen auf konkrete Abmachungen

---

42 Vgl. Theo Sommer, Bellen vor dem falschen Baum. Bonns unklare Außenpolitik, in: *Die Zeit* 17.12.1965, S. 1.
43 Vgl. die undatierte Übersetzung des Artikels mit der falschen Datumsangabe 9. November 1965 und die entsprechenden Marginalien von »EF« für »FB«, in: LBJ Library, NSF, Country File, Box 186, Germany Memos, Vol. IX [1 of 2]. Fundort und ein Vergleich der Initialen der Johnson-Administration sprechen stark für die Zuordnung der Kürzel zu Francis M. Bator und Edward R. Fried.
44 So von Hase am 16.12.1965 in seinen Antwortvorschlägen auf mögliche Fragen bei einem Teeempfang mit amerikanischen Auslandskorrespondenten in Bonn (dafür ist kein Protokoll überliefert), in: BArch B 145, Nr. 3053.

gedrängt hatten,[45] führten die Beratungen einer bilateralen *Joint Task Force* dann 1968 zum Ergebnis.[46] In einem vertraulichen Brief sicherte Johnson Bundeskanzler Kiesinger bei einem »selective release« von Atomwaffen von oder auf deutschem Boden, unter Einschluss des DDR-Gebietes, eine direkte vorherige Beratung mit dem Kanzler zu. Dies war eine Ergänzung der Athener Richtlinien von 1962, welche Amerikaner und Briten zur Konsultation der NATO-Mitglieder bei einem Atomwaffeneinsatz, wo auch immer, verpflichtete. Darüber hinaus gestand der Präsident dem Kanzler ein Vetorecht im Fall einer Nutzung deutscher Trägersysteme zu: gegen Einwände des Kanzlers würden diese Waffen nicht eingesetzt. Mit Blick auf die Abschreckung sollte diese Zusicherung nicht öffentlich werden.[47] Auch der Emissär Kurt Birrenbach, der sich sehr für die atomare Mitbestimmung stark machte, wurde anscheinend in diese Absprache nicht eingeweiht.[48]

Johnsons Nachfolger Richard Nixon bekräftigte die Abmachung in einem Schreiben an Kiesinger im August 1969, ebenso in strikter Geheimhaltung. Sollte eine öffentliche Stellungnahme zum Thema notwendig werden, so sollten sich beide Regierungen abstimmen.[49] Dieser erst im Oktober 2008 deklassifizierte Brief »of utmost sensitivity« sollte damals auf Anweisung Kissingers im Verteidigungsministerium nur einer »absolute minimum number of senior officials in this Government who have a clear need to know about it« bekannt gemacht werden.[50] Die Freigabe der Atomwaffen blieb dabei natürlich den USA vorbehalten.

Die Zusicherungen der amerikanischen Präsidenten entsprachen einer lang debattierten, überparteilichen deutschen Position.[51] Dass Kiesinger nun die Einlösung der Forderung nicht als Erfolg vermarkten konnte, war dem Abschreckungsszenario im Kalten Krieg geschuldet. Geheimhaltung rangierte hier vor innenpolitisch wünschenswerter Öffentlichkeit. Diese

45 So von Botschafter McGhee gegenüber Kiesinger am 20.12.1966, so vom US-Abrüstungsbeauftragten Foster gegenüber Knappstein am 13.1.1967, vgl. AAPD 1966, Nr. 406, S. 1681, u. 1967, Nr. 24, S. 144, Anm. 15. Schröder hatte die Frage im NATO-Ministerrat am 15. Dezember 1966 aufgebracht, vgl. AAPD 1967, Nr. 4, S. 18, Anm. 25.
46 Vgl. FRUS 1964-1968, Bd, 15, Nr. 282.
47 Vgl. Johnson an Kiesinger 9.9.1968, in: FRUS 1964-1968, Bd. 15, Nr. 285.
48 Dies legt Birrenbachs Bericht in seinem Buch Sondermissionen, S. 152-256 u. 251f., nahe.
49 Vgl. Nixon an Kiesinger 12.8.1969, in: Nixon Presidential Library (NPL), NSC Files, Country Files – Europe, Box 682, Germany Vol. III.
50 Memorandum Kissinger 12.8.1969, in: NPL, NSC Files, Country Files – Europe, Box 682, Germany Vol. III.
51 Vgl. bspw. die ZDF-Sendung »Bonner Perspektiven« vom 16.11.1966, 19.40 Uhr mit Brandt, Mende und Strauß in: BPA Kommentarübersicht 17.11.1966, Anhang I.

sah die deutsche Veto-Forderung genau zu der Zeit von Johnsons Teilzugeständnis als unrealistisch und aufgegeben an.[52] Auf der anderen Seite muss man auch bedenken, dass es nicht ganz klar ist, ob die Westdeutschen das Zugeständnis Johnsons und Nixons überhaupt gewürdigt hätten. Denn 1966 hatte sich eine Mehrheit von 47% der bundesdeutschen Bevölkerung dagegen ausgesprochen, dass die Bundeswehr (nach dem Kanzler wurde nicht gefragt) über einen Atomwaffeneinsatz mitentscheide, nur 35% waren der gegenteiligen Meinung. Hier war die schon seit einem Jahrzehnt manifestierte Ablehnung der Verbindung Bundeswehr-Atomwaffen spürbar; eine europäische Mitbestimmung wollten drei Jahre davor nämlich noch 56%, nur 21% wollten den US-Präsidenten alleine entscheiden lassen.[53] Von den Parteien und Medien wäre Kiesingers Erfolg sicherlich honoriert worden, bei der Bevölkerung war das nicht ganz so sicher. Daher besaß man in der öffentlichen Wahrnehmung in Deutschland gegenüber den Amerikanern weiterhin kein Vetorecht über den Einsatz taktischer Atomwaffen auf eigenem Gebiet, dies gelte nur umgekehrt.[54]

Am Ende wurden die beiden amerikanischen Ziele der MLF, die Einbindung der Deutschen in die Nuklearpolitik und ihr Fernhalten von der Verfügungsgewalt über Atomwaffen, durch eine Auffächerung der Umsetzung dieser Ziele mit der Nuklearen Planungsgruppe und mit dem Nichtverbreitungsvertrag erreicht.[55] Der *Spiegel* bezeichnete die NPG plakativ als »Tabaks-Kollegium […] ohne Direkt-Schalter für Atomraketen«.[56] Mit der Akzeptanz der NPG als Substitut für die MLF wurde aber der steinige deutsche Weg zur Zeichnung des Nichtverbreitungsvertrages frei, den die Supermächte forciert angestrebt hatten.[57] Dem setzten deutsche Politiker und Journalisten aber noch erhebliche, öffentlich artikulierte Widerstände entgegen.

52 BPA Kommentarübersicht 14.10.1968, S. 2f.
53 Vgl. Noelle/Neumann, Jahrbuch 1965-1967, S. 300 u. BArch B 145, Nr. 4239.
54 Vgl. SWF-Bericht aus Washington vom 14.11.1969, in: BPA Kommentarübersicht 17.11.1969, S. 3f.
55 Vgl. Frank Costigliola, Lyndon B. Johnson, Germany and »the End of the Cold War«, in: Warren I. Cohen/Nancy Bernkopf Tucker (Hg.), Lyndon Johnson Confronts the World. American Foreign Policy, 1963-1968, Cambridge, New York, Melbourne 1994, S. 200.
56 *Der Spiegel* 31.10.1966, S. 47.
57 Bange, NATO, S. 177, wertet den Ausgang der NATO-Krise in NPT und NPG auch für die Bundesrepublik als durchweg positiv. Sehr kritisch dagegen Dieter Krüger, Schlachtfeld Bundesrepublik? Europa, die deutsche Luftwaffe und der Strategiewechsel der NATO 1958 bis 1968, in: Vierteljahreshefte für Zeitgeschichte 56 (2008), S. 171-225, und als ehemaliger Akteur: Wilhelm G. Grewe, Rückblenden 1976-1951, Frankfurt am Main, Berlin, Wien 1979, S. 577-719, besonders S. 700-703.

Die Auseinandersetzung um den Nichtverbreitungsvertrag

Die Außenminister der Supermächte Rusk und Gromyko verständigten sich bei der UNO-Vollversammlung am 24. September 1966 über einen Nichtverbreitungsvertrag NPT, wobei der an diesem Tag vorgelegte sowjetische Entwurf noch, anders als der amerikanische, der auch die MLF zugelassen hätte, eine nukleare Teilhabe jedweder Art, auch in Form von Trägerwaffen untersagte (was dann nicht Eingang in den Vertrag fand).[58] Am 10. Oktober kam es beim Besuch Gromykos in Washington zu einer grundsätzlichen Einigung Johnsons und Rusks mit Gromyko. Johnson machte dabei Gromyko gegenüber deutlich, dass er Rusk und dem ehemaligen (und ab 1967 erneut bestellten) Botschafter in Moskau, Llewellyn E. Thompson, mehr als allen anderen Ratgebern vertraue.[59] Streitpunkte zwischen den Bevollmächtigten waren vor allem noch die Formulierungen. Gromyko wollte es explizit ausschließen lassen, dass eine Allianz aus Nuklear- und Nicht-Nuklearmächten über atomare Sprengköpfe verfüge. Rusk versicherte, kein Deutscher werde ohne Zustimmung der USA nukleare Sprengköpfe abfeuern können. Der Kriegszustand wurde dabei ausgeklammert. Gromyko verwies auf die MLF- und (britischen) ANF-Pläne und die darin vorgesehene Rolle der Bundesrepublik. Gegen eine deutsche Mitsprache bei der nuklearen Planung hatte er jedoch nichts einzuwenden. Rusk warb um Verständnis, dass man die Beziehungen zu den Verbündeten nicht durch eine zu harsche Sprache gefährden wolle, so als gingen sie atomare Belange nichts an. Es wurde verabredet, dass Gromyko sich gegenüber Journalisten nur allgemein positiv zur Sache einlassen solle.[60]

Wesentlicher Störfaktor im NPT-Prozess waren also die westdeutschen Interessen. Dafür gab es verschiedene Gründe: Erstens hatte das Vertragsprojekt einen schlechten Start in der Bundesrepublik, insofern zeitgleich das MLF-Projekt scheiterte. Zweitens waren die Deutschen bei den Verhandlungen gar nicht beteiligt, somit bei Durchsetzung ihrer Interessen und der Verhandlungsführung, ja selbst bei der Information ganz auf die USA angewiesen. Vor diesem Hintergrund wurde der Nicht-

---

58 Vgl. Haftendorn, Kernwaffen, S. 150; FRUS 1964-1968, Bd. XI, Nr. 153.
59 Vgl. FRUS 1964-1968, Bd. XI, Nr. 157.
60 »Since Mr. Gromyko would face a battery of reporters on his exit from the building, it was agreed that he would take the following line in response to queries: The discussion at dinner focused on disarmament matters including the non-proliferation problem. Both sides agreed that this was a problem of great urgency and that discussions should continue in an effort to reach agreement.« FRUS 1964-1968, Bd. XI, Nr. 158.

verbreitungsvertrag zu einem Symbol der Fremdbestimmung durch die Supermächte, damit aber auch zu einem Symbol der Abwendung der USA von Deutschland zugunsten eines Agreements oder gar einer Verschwörung mit der Sowjetunion unter Missachtung der ökonomischen, sicherheitspolitischen und deutschlandpolitischen Interessen des »Musterschülers«. Zumindest bei der europäischen Atomoption verständigten sich die Amerikaner tatsächlich bis zu einem gewissen Grade vertraulich mit der Sowjetunion. Bei der Aushandlung und der Interpretation des Nichtverbreitungsvertrages kamen sie dann den Deutschen aber wieder entgegen, indem sie deutsche Vorbehalte in vielen Punkten erfolgreich in die Verhandlungen einbrachten und entsprechende Interpretationen nach Vertragsschluss – freilich unilateral – abgaben. Drittens gingen die NPT-Verhandlungen mit der Ausweitung des Vietnamkrieges einher, beide »Projekte« verstärkten in der deutschen Öffentlichkeit das Gefühl einer amerikanischen Interessenverlagerung. Die Intervention der Sowjetunion in der Tschechoslowakei im August 1968 schien dann auch die Furcht vor atomarer Erpressung oder politischer, vielleicht gar militärischer Intervention oder zumindest deren Androhung zu untermauern. Viertens glaubte man sich wirtschaftlich und technologisch auf einem allseits als Energieform der Zukunft angesehenen Gebiet massiv eingeschränkt und überwacht. Fünftens sah man durch einen Nichtverbreitungsvertrag die europäische Einigung, die ja Atom- und Nichtatommächte umfassen sollte, behindert und die sogenannte »Monnet Sequence«, die eine Europäisierung amerikanischer Atomsprengköpfe impliziert hatte, *ad acta* gelegt.[61]

In der amerikanischen Administration versuchte man noch, die atomare Sukzession eines »federated European State« offen zu halten, doch für den Abrüstungsbeauftragten William C. Foster und Außenminister Dean Rusk war es klar, dass die Sowjets einen solchen Vorbehalt im Vertrag nicht akzeptieren würden. Auch über das deutsche Missfallen war man sich in Washington im Klaren: »When the President asked what the Germans will think, McNamara said that they will grumble.«[62] Daher informierte man die gerade massiv strauchelnde Bundesregierung besser nicht genauer. Foster sagte aber drei Monate später dem insistierenden deutschen Botschafter Knappstein, man habe »privat« den Sowjets gesagt, dass ein neu gebildeter europäischer Staat Nachfolger »seiner nuklearen Komponenten Frankreich und Großbritannien sein würde. Die Sowjets

---

61 Vgl. Dietl, Decision Making, S. 45, 52.
62 Vgl. Memorandum from the Assistant Secretary of Defense for International Security Affairs (McNaughton) to Secretary of Defense McNamara 15.10.1966, in: FRUS 1964-1968, Bd. XI, Nr. 162, mit den Anmerkungen, das Zitat in Anm. 4.

hätten sich darüber nicht beschwert (complained). Sie seien sich über diesen Punkt (situation) völlig klar. Es sei aber umso besser, je weniger darüber öffentlich gesagt werde.« Daher empfand Foster entsprechende Erörterungen der *New York Times*, welche die Sowjets beunruhigt habe, als störend.[63] In ähnlicher Weise äußerte sich das *State Department* über die Nuklearsukzession gegenüber Knappstein. Auch hinsichtlich eines multilateralen Rahmens gelte generell, so Foster, dass erlaubt sei, was nicht verboten sei, was den Sowjets ebenfalls »privat« klar sei.[64] Angesichts dessen, dass sowohl atomare *Hardware*-Gemeinschaftslösungen als auch ein vereintes Europa nicht auf der Tagesordnung standen, war es also die Taktik der Amerikaner, den Sowjets Entgegenkommen und ihren Verbündeten Einvernehmen zu signalisieren und diese strittigen Fragen nicht zu detailliert zu erörtern, schon gar nicht öffentlich, die Deutschen aber im Glauben zu wiegen, ihre Positionen würden berücksichtigt. Fest stand dabei aber, dass die Verfügungsgewalt über amerikanische Atomsprengköpfe nicht an ein multilaterales oder europäisches Gebilde übertragen würde.

Der Streit um die von den Sowjets als entscheidend angesehen und daher auch von den Amerikanern gewünschte Beteiligung der Deutschen am Nichtverbreitungsvertrag eskalierte dann bald nach Bildung der Großen Koalition Anfang 1967. Für Irritationen sorgte immer wieder die mangelnde Konsultation respektive Abstimmung zwischen der US-Administration und der Bundesregierung.[65] In der Bundesrepublik heizten insbesondere Adenauer und Strauß in Verbindung mit den Springer-Zeitungen schlagzeilenträchtig die Aversionen gegen das »Diktat der Atomgiganten«[66] an. Strauß bezeichnete den geplanten Vertrag als »Versailles von kosmischen Ausmaßen«.[67] Die Versailles-Anspielung hatte Strauß schon zwei Jahre zuvor in die Öffentlichkeit gebracht und bei atomarer Diskriminierung der Deutschen per Nichtverbreitungsvertrag in Analogie zum Versailler Vertrag einen Führer prophezeit, der den Deutschen »Atomwaffen oder Schlimmeres versprechen und wohl auch verschaffen würde.«[68] Der *Spiegel* hatte damals die erschreckten ausländischen Pressestimmen – man fühlte sich erpresst und bedroht – genüsslich

63 Vgl. Bonn Clarifies A-Treaty Stance, in: *New York Times*, 5.1.1967, S. 1.
64 Vgl. AAPD 1967, Nr. 24, S. 138-148, mit Anm. 12, Zitat S. 142.
65 Vgl. Jürgen Tern, Atomwaffensperre, in: *Frankfurter Allgemeine Zeitung* 24.12.1966, S. 1.
66 *Bild am Sonntag* 19.2.1967, S. 2.
67 *Der Spiegel* 27.2.1967, S. 18.
68 Franz Josef Strauß, Das Genfer Schelmenspiel, in: *Rheinischer Merkur* 27.8.1965, S. 4.

unter dem Zitat »Adolf II.« aus der Zeitung *Haagsche Courant* abgedruckt.[69] Altkanzler Adenauer sprach jetzt im *Spiegel*-Interview vom Nichtverbreitungsvertrag als einem »Morgenthau-Plan im Quadrat«.[70] Dieses Wort hatte sich Adenauer nicht selbst ausgedacht, sondern der *Welt am Sonntag*-Kolumnist Hans Georg von Studnitz.[71] In den meisten Radiokommentaren wurden Adenauer und Strauß kritisiert, ihre Äußerungen hielt man für ungeschickt, gaben sie doch der sowieso schon auf Hochtouren laufenden Propaganda in der Sowjetunion, in Polen und der DDR gegen die Atomambitionen der Bundesrepublik neue Nahrung. Statt dieser öffentlichen »Treibminen« forderte man stille Diplomatie.[72] Journalisten sprachen sich damit also gegen Öffentlichkeit und für Geheimhaltung aus. Kanzler Kiesinger meinte aber der Erwartungshaltung von Adenauer und Strauß, die ihn brieflich beschworen, den Vertrag abzulehnen,[73] Genüge tun zu müssen und sprach bei einer Veranstaltung unionsnaher Journalisten von einer Form »des atomaren Komplizentums«, welche die USA und die Sowjetunion zusammenzwinge. Im deutsch-amerikanischen Dialog werde dagegen nur noch über Streit gesprochen. Kiesinger ärgerte vor allem die Form der Aushandlung des Nichtverbreitungsvertrages, welche die Bundesrepublik vor vollendete Tatsachen stelle. Zukünftig werde die Bundesregierung auf eine umfassende Beratung bestehen.[74] Den Begriff »atomare ›Komplizenschaft« hatte fünf Jahre zuvor der Militärkorrespondent der *FAZ*, Adelbert Weinstein, geprägt.[75] Hans Ulrich Kempski hatte dann den Begriff »Komplicen« auch in einer *SZ*-Reportage verwandt.

Aber nicht nur viele Politiker und Journalisten, auch die demoskopisch ermittelte öffentliche Meinung war skeptisch gegenüber dem Nichtverbreitungsvertrag und Amerikas Verhalten in dieser Sache. Allensbach-Zahlen wiesen die Amerikaner als bei nur noch 47% der Westdeutschen beliebt aus und konstatierten jetzt sogar eine größere Anzahl der

---

69 *Der Spiegel* 15.9.1965, S. 64. Dort auch das Strauß-Zitat.
70 Interview mit Adenauer in: *Der Spiegel* 27.2.1967, S. 21.
71 Vgl. Hans-Georg von Studnitz, Bismarck in Bonn. Bemerkungen zur Außenpolitik, Stuttgart ²1965 (zuerst 1964), S. 27.
72 Vgl. BPA Kommentarübersicht 21.2.1967, S. 2 (dort das Zitat) u. 24.2.1967, S. 1, S. 4.
73 Vgl. Strauß an Kiesinger 15.2.1967, in: ACDP 01-226-28; Adenauer an Kiesinger 27.2.1967, in: ACDP 01-226-001.
74 Vgl. die Rede vor dem Verein der Union-Presse, Bonn, am 27.2.1967, in: Kurt Georg Kiesinger, Die Große Koalition 1966-1969. Reden und Erklärungen des Bundeskanzlers, hg. von Dieter Oberndörfer, Stuttgart 1979, S. 36-38.
75 Vgl. Adelbert Weinstein, Für eine gemeinsame Atompolitik, in: *Frankfurter Allgemeine Zeitung* 25.1.1962, S. 1.

Befürworter einer Zusammenarbeit mit Frankreich als mit den USA (76 % und 72 %), was wiederum von den Printmedien aufgenommen wurde.[76] Das Meinungsforschungsinstitut Infas resümierte, dass die Bevölkerung nun skeptischer die amerikanischen Beziehungen beurteile und die Sympathie Amerika gegenüber gedämpfter sei als zur »Blütezeit der deutsch-amerikanischen Beziehungen«.[77] Diese waren jetzt vorbei.

Dazu passte, dass Botschafter McGhee keinen Politiker in Deutschland ausmachen konnte, der den Nichtverbreitungsvertrag in der gegenwärtigen Form vorbehaltlos unterstütze. Und über die deutschen Printmedien teilte er Präsident Johnson Folgendes mit »[…] the German press ranges from skepticism to outright hostility to the Treaty – with later attitude predominating. The Springer press, which alone among the major public German media has supported our policy in Vietnam, is among the most outspoken in its opposition to the Non-Proliferation Treaty. There are, throughout the press, dire warnings of a major breach in confidence between the U. S. and Germany over the Non-Proliferation Treaty.«[78]

Um den Vorbehalten Rechnung zu tragen, fanden die zahlreichen deutschen Einwände gegen den Vertrag letztlich allesamt, freilich in sehr unterschiedlichen Ausprägungen, Eingang in die umfangreiche Erklärung und in die Note der Bundesrepublik anlässlich der doch noch erfolgten deutschen Unterzeichnung des Vertrages, die unmittelbar nach Bildung der sozialliberalen Koalition stattfand.[79] Als Europaklausel wollte man jetzt nur noch den europäischen Zusammenschluss nicht behindert wissen, von einer nuklearen Sukzession war keine Rede mehr, sie war im Juli 1968 vom Interministeriellen Arbeitsstab fallen gelassen worden.[80] Auch die Franzosen hatten sich entschieden gegen einen entsprechenden Vertragsvorbehalt gewandt.[81] Die europäische Nuklearsukzession wurde allerdings vor der deutschen Unterzeichnung in einem Antwortenkatalog

---

76 Vgl. Deutsche von den USA enttäuscht, in: *Westfälische Rundschau* 13.3.1967; Noelle/Neumann, Jahrbuch 1965-1967, S. 431.
77 Vgl. die Infas-Zusammenfassung August 1967, in: *Politisches Archiv des Auswärtigen Amtes*, Bd. 1, S. 432.
78 Text of Cable from Ambassador McGhee for the President 2.11.1967, in: LBJ Library, NSF, Country File, Box 188, Germany Memos Vol. XIV [2 of 2].
79 Vgl. *Bulletin* 29.11.1969, S. 1233-1235.
80 In einem Gespräch mit Hörfunk-Journalisten am 20.3.1969 begründete Kiesinger die Aufgabe einer expliziten europäischen Atomwaffenoption folgendermaßen: »Die Welt in 10 Jahren sieht ganz anders aus. Deswegen haben wir die europäische Option fallen gelassen. Wenn Europa sich einigt, dann wird es auch einen Weg geben. Man soll sich die Entscheidung nicht allzu schwer machen.« Aufzeichnung in: ACDP 01-226-008/2.
81 Vgl. Küntzel, Bonn, S. 190 u. S. 204.

auf vier Fragen der Verbündeten von den USA am 2. Juli 1968 als durch den Vertrag nicht ausgeschlossen deklariert, sofern ein neuer »föderierter europäischer Staat [...] die Kontrolle über alle Aufgaben im Bereich seiner äußeren Sicherheit ausüben« würde.[82] Werde dies im Vertrag nicht behandelt, so stehe dieser der Weitergabe von Kernwaffen an einen Empfänger »einschließlich eines multilateralen Gebildes« entgegen. Die Deutschen hatten die ihnen wichtige Sukzessions-Klausel also nicht in den Vertrag selbst bekommen, dafür aber in die öffentlich gemachte Interpretation der USA.[83]

Die Debatte flammte anlässlich der bevorstehenden Ratifizierung 1973/74 noch einmal auf. Besonders der ehemalige Diplomat und CDU-Sicherheitsexperte Alois Mertes stritt vehement gegen die Ratifizierung des Nichtverbreitungsvertrages, welcher die europäische Option, Schritte zu engerer Zusammenarbeit in der EG auf sicherheitspolitischem Felde, verbaue. Und damit stritt er vor allem gegen den ehemaligen Außenminister Gerhard Schröder, der nun als Vorsitzender des Auswärtigen Ausschusses für den Vertrag plädierte. Der völkerrechtlich versierte Mertes warf Schröder vor, weder die MLF noch Fortschritte in der Wiedervereinigungspolitik erreicht zu haben – was einmal seine Bedingungen für einen Beitritt zum Nichtverbreitungsvertrag gewesen seien. Mertes ahnte aber sein Scheitern angesichts »der Stumpfheit der öffentlichen Meinung für Sicherheitsfragen« und dem »Pseudo-Moralismus« in Nuklearfragen.[84] Wenige Jahre später sah sich Mertes erneut mit diesen Erscheinungsformen der deutschen öffentlichen Meinung konfrontiert – jetzt ging es um die Nachrüstung der NATO mit Mittelstreckenwaffen, als Antwort auf die sowjetische Hochrüstung mit SS-20 Raketen.

---

82 Der stellvertretende Sicherheitsberater Francis Bator meinte aber in der Rückschau, dass die Vertragssprache genau diese Option bei einer deutschen Beteiligung ausschließe, vgl. Francis M. Bator, Lyndon Johnson and Foreign Policy: The Case of Western Europe and the Soviet Union, in: Aaron Lobel (Hg.), Presidential Judgment: Foreign Policy Decision Making in the White House, Hollis 2001, S. 49.
83 Vgl. Atomwaffensperrvertrag. Textausgabe englisch und deutsch, Baden-Baden, 1969, S. 69f., Zitat S. 70.
84 Vgl. Georg S. Schneider, Alois Mertes (1921-1985). Das außenpolitische Denken und Handeln eines Christlichen Demokraten, Düsseldorf 2012, S. 227-241. Das Zitat vom 30. 6. 1973 aus einem Brief von Mertes an Unions-Fraktionschef Carstens findet sich dort auf S. 230.

Bilanz zur Atomdebatte in der Öffentlichkeit der 1960er Jahre

Die Auseinandersetzung um die Atompolitik in der Öffentlichkeit soll zum Schluss dieses Beitrages resümiert und thesenartig verdichtet werden. Vier Punkte sind von besonderer Wichtigkeit. Erstens konnte gezeigt werden, wie die Medien sprachlich und normativ die Debatte prägten. Die zündenden Schlagworte, die *keywords* der Atomdebatte, wurden häufig von Journalisten öffentlich aufgebracht und dann von Politikern aufgenommen. Diese Leitbegriffe waren entweder in Deutschland negativ belegte historische Erinnerungstopoi wie Morgenthau und Jalta oder pejorative Wendungen wie »politische Sprengkraft des Atoms« und »atomare ›Komplizenschaft‹«.

Zweitens wurde herausgearbeitet, dass sich das atomare Gemeinschaftsprojekt MLF, über dessen grundsätzliche Anlage die Medien relativ detailliert informieren konnten, in der Öffentlichkeit ganz gegen die Intention ihrer Erfinder zum Symbol eines nachlassenden Schutzes und Interesses der Amerikaner entwickelte. Dieser Eindruck wurde durch den amerikanisch-sowjetisch initiierten Nichtverbreitungsvertrag noch erheblich verstärkt. Mit ihrer öffentlich ausgegebenen Zielsetzung, die MLF in welcher Form auch immer zu verwirklichen, brachten sich die Atlantiker der Bundesregierung durch einen selbst erzeugten Erwartungsdruck in die Bredouille. Die meisten Medien erkannten früher als die Regierungspolitiker, dass die »Geisterflotte« nicht vom Stapel gelassen würde. Gleichwohl blieb die Idee einer gemeinsamen Nuklearstreitmacht noch lange, nachdem sie aus der operativen Politik der USA verschwunden war, Gegenstand der politischen und öffentlichen Debatte in der bundesdeutschen Öffentlichkeit. In den 1970er Jahren kam das Thema als Idee einer europäischen Streitmacht noch einmal neu auf. Ebenso wurde auch der Nichtverbreitungsvertrag zu einem Symbol des nachlassenden Engagements der Amerikaner für Deutschland und des auf Dauer gestellten deutschen Platzes am atomaren Katzentisch, was man ganz wörtlich nehmen konnte und was etwa in einer großen Reportage der *Süddeutschen* eindrucksvoll beschrieben wurde: bei seiner Aushandlung saßen die Deutschen nicht am Tisch der Genfer Abrüstungskonferenz.[85]

Drittens ist zu konstatieren, dass die öffentliche Meinung den Zeitplan der Atom-*Issues* im hohen Maße diktierte: Im Wahlkampf 1965 rutschte die nach Meinung der Bundesregierung doch so wichtige MLF auf der Agenda ganz nach hinten, weil die Regierung damit bei den

---

85 Hans Ulrich Kempski, Habenichtse stehen auf gegen die Atomgiganten, in: *Süddeutsche Zeitung* 23.2.1967, S. 3.

Wählern nicht punkten konnte. Auch beim Nichtverbreitungsvertrag zeigte sich eine Einflussnahme auf den Zeitplan und die Umsetzung. So wurde er schließlich trotz aller öffentlichen Aufregung und Kritik unterzeichnet, freilich erst von der sozialliberalen Regierung, unmittelbar nach ihrer Bildung 1969. Die mediale und unionsinterne Auseinandersetzung führte hier zu einem Zuwarten. Die Öffentlichkeit nahm eine Art suspensives Veto wahr, und die vielfältigen Änderungen, welche die Bundesdeutschen bei den Amerikanern durchsetzen konnten, sind auch aufgrund des öffentlichen Drucks besonders aus dem Hause Springer – der wiederum von Politikern wie Strauß angefacht wurde – auf die deutschen Politiker von diesen so energisch verfolgt worden.

Viertens zeigte sich, dass innerhalb der Politik und innerhalb der Medien unterschiedliche Vorstellungen über den Grad der Geheimhaltung und Interaktion mit der Öffentlichkeit bestanden. Während Außenminister Brandt in klassisch diplomatischer Manier versuchte, den Nichtverbreitungsvertrag aus der öffentlichen Diskussion herauszuhalten, spielte Kanzler Kiesinger zunächst durchaus die öffentliche Karte. Nach den folgenden transatlantischen Irritationen ermahnte er dann aber ebenfalls zur öffentlichen Zurückhaltung. Wie in der klassischen Diplomatie vereinbarte man in vielen bilateralen Verhandlungen strikte Vertraulichkeit. Erstaunlicherweise plädierten auch viele Journalisten für eine stille Diplomatie und gegen öffentliche Empörung. Diese stille Diplomatie wurde auch geführt, allerdings in einem Doppelspiel der Amerikaner, welche den Sowjets und den Deutschen unterschiedliche Zusicherungen von zum Teil gravierendem Ausmaß (europäische Sukzession, Mitbestimmung beim Einsatz) machten und unterschiedliche Auskünfte gaben.

Zusammenfassend bleibt festzuhalten, dass die Atomwaffendebatte in der Öffentlichkeit sehr präsent war und die Auseinandersetzung, teilweise sehr polemisch, auch öffentlich geführt wurde. Die Journalisten erwiesen sich dabei als Stichwortgeber. Die Öffentlichkeit nahm ein suspensives und modifizierend wirkendes Veto wahr, an ihr vorbei konnten oder wurden zumindest keine substantiellen Verträge geschlossen. Arkane und »private« Absprachen und Interpretationen trafen aber sowohl die Bündnispartner als auch die Supermächte durchaus, ohne dass diese bekannt wurden. Die Kategorie des Geheimnisses ist also durch die Ausweitung der Öffentlichkeit und die Medialisierung der Außenpolitik keinesfalls obsolet geworden.

Vergeblicher Protest?
Der NATO-Doppelbeschluss und die deutsche Friedensbewegung

TIM GEIGER

Als Helmut Kohl am Samstag, 22. Oktober 1983, vom Kanzleramt heim nach Oggersheim flog, bat er den Hubschrauberpiloten, noch eine Schleife über Bonn zu ziehen. Dort demonstrierten rund 300.000 Menschen gegen den NATO-Doppelbeschluss. »Wenn Sie da sitzen«, so Kohl rückblickend, »fragen Sie sich ja schon – hast Du Recht, und all diese Unrecht?«[1] Dieser Anflug von Selbstzweifel hat zwar den Bundeskanzler nicht nachhaltig beeinflusst, doch wird deutlich, dass der Massenprotest gegen die Nachrüstung selbst überzeugte Verfechter des Doppelbeschlusses ins Grübeln versetzen konnte. An jenem Tag im Herbst 1983 endete die »Aktionswoche« der Friedensbewegung, die landesweit zu Demonstrationen, Sitzblockaden vor Ministerien und US-Militärbasen, Schweigeminuten, theatralischen Inszenierungen eines Massensterbens, den sogenannten *Die-ins*, und anderen symbolischen Protesten geführt hatte. Rund eine Million Menschen beteiligten sich an den Abschlusskundgebungen in Bonn, Hamburg, Stuttgart und vielen anderen Städten der Bundesrepublik; eine über 100 Kilometer lange Menschenkette verband die amerikanische »Kommandozentrale für Europa« in Stuttgart mit Neu-Ulm als einem der drei künftigen Standorte für amerikanische Pershing-II-Raketen.[2]

Bereits zuvor hatte die Friedensbewegung alle Größenrekorde bei Demonstrationen in der Bundesrepublik durchbrochen: Bei der ersten, von der »Aktion Sühnezeichen« und der »Arbeitsgemeinschaft Dienst für den Frieden« organisierten Demonstration im Bonner Hofgarten am 10. Oktober 1981, bei der gegen den expliziten Willen der sozial-liberalen Bundesregierung auch 50 SPD- und 15 FDP-Bundestagsabgeordnete sowie 26 Bundeswehrsoldaten in Uniform teilnahmen, protestierte rund eine

---

[1] Zit. nach Andreas Rödder, Bündnissolidarität und Rüstungskontrollpolitik. Die Regierung Kohl-Genscher, der NATO-Doppelbeschluss und die Innenseite der Außenpolitik, in: Philipp Gassert/Tim Geiger/Hermann Wentker (Hg.), Zweiter Kalter Krieg und Friedensbewegung. Der NATO-Doppelbeschluss in deutsch-deutscher und internationaler Perspektive, München 2011, S. 123.
[2] Vgl. Archiv der Gegenwart 1983, Sankt Augustin 1984, S. 27112-27114; »Diesmal wollen wir nicht schweigen«, in: *Der Spiegel* Nr. 35 vom 29. 8. 1983, S. 24-32.

Viertelmillion gegen die »Nachrüstung«.³ Im Juni 1982, anlässlich des NATO-Gipfels in Bonn, versammelten sich sogar 350.000 Demonstranten auf den Rheinwiesen.⁴ Der NATO-Doppelbeschluss vom 12. Dezember 1979, der die Stationierung von 108 amerikanischen Pershing-II-Raketen und 464 bodengestützten Cruise Missiles in Westeuropa ab Ende 1983 vorsah, falls vorhergehende Rüstungskontrollverhandlungen mit der Sowjetunion über einen Abbau nuklearer Mittelstreckenraketen scheitern sollten,⁵ schuf in der Bundesrepublik in kurzer Zeit aus der zunächst sehr heterogenen Friedensbewegung die größte außerparlamentarische Protestbewegung und führte zu einer bis dato ungekannten politisch-gesellschaftlichen Polarisierung.⁶

Politisch und historiographisch ist bis heute strittig, welche Bedeutung der Friedensbewegung bzw. dem NATO-Doppelbeschluss für das Ende des Kalten Krieges tatsächlich zukommt: Das Verdienst für den fundamentalen Umbruch 1989/90 reklamiert auf der einen Seite das »*Peace Camp*« mit dem Argument, erst die Friedensbewegung habe einer paranoiden Sowjetführung im Wortsinne demonstriert, dass auch im kapitalistischen Westen eine Mehrheit Entspannung und friedliche Kooperation suche und Krieg und Aggression verabscheue. Erst diese Erkenntnis habe dem Generalsekretär der KPdSU, Michael Gorbatschow, ermöglicht, den friedlichen Wandel einzuleiten, durch den der Kalte Krieg überwunden wurde.⁷

---

3 Vgl. Hartmut Soell, Helmut Schmidt. Bd. 2: Macht und Verantwortung, München 2008, S. 843; Hans Apel, Der Abstieg. Politisches Tagebuch 1978-1988, Stuttgart 1990, S. 183.
4 Vgl. »Wir zappelten dazwischen rum«, in: *Der Spiegel* Nr. 24 vom 14.6.1982, S. 19 f.
5 Vgl. Kommuniqué der Sondersitzung der Außen- und Verteidigungsminister der an der militärischen Integration beteiligten NATO-Mitgliedstaaten vom 12.12.1979, in: Bulletin des Presse- und Informationsamts der Bundesregierung Nr. 154/1979, S. 1409 f.
6 Vgl. Andreas Wirsching, Abschied vom Provisorium. Geschichte der Bundesrepublik Deutschland 1982-1990, Stuttgart, München 2006, S. 81. Noch immer grundlegend: Thomas Leif, Die strategische (Ohn-)Macht der Friedensbewegung. Kommunikation und Entscheidungsstrukturen in den achtziger Jahren, Opladen 1990. Zu den Erscheinungsformen und Trägern der politisch, gesellschaftlich und generationell heterogenen Gruppen, die »*die* Friedensbewegung« formten, jetzt auch die einschlägigen Beiträge in »Entrüstet Euch!«, Nuklearkrise, NATO-Doppelbeschluss und Friedensbewegung, hg. von Christoph Becker-Schaum/Philipp Gassert/Martin Klimke/Wilfried Mausbach/Marianne Zepp, Paderborn/München/Wien/Zürich 2013.
7 Vgl. z. B. Lawrence S. Wittner, Toward Nuclear Abolition. A History of the World Nuclear Disarmament Movement, 1971 to the Present, Stanford 2003; David Cortright, Peace Works. The Citizen's Role in Ending the Cold War, Boulder 1993; Steve

Die »*Cold War triumphalists*« auf der anderen Seite kontern, erst die Politik westlicher Stärke, also das unnachgiebige Einfordern von Menschenrechten, die Überlegenheit westlicher Wirtschaft und Technologie und *last, but not least* die Implementierung des NATO-Doppelbeschlusses gegen alle, auch vom Ostblock gefütterten Widerstände, habe die UdSSR zum Einlenken gezwungen. Am Ende habe bei der 1983 erfolgten Raketenstationierung eben doch nicht sozialer Protest und gesellschaftliche Einflüsse, sondern allianzpolitische Sachzwänge und sicherheitspolitische Überlegungen den Ausschlag gegeben.[8]

Der folgende Beitrag will daher der Frage nachgehen, wie in der Bundesrepublik die Friedensbewegung von Regierungsseite aus wahrgenommen wurde und in welcher Weise somit der öffentliche Protest die Außenpolitik prägte. Ignorierten die Bundesregierungen tatsächlich die Forderungen der Friedensbewegung oder versuchten sie vielmehr, diese zu antizipieren, zu zerstreuen oder gar zu instrumentalisieren?[9] Dafür gilt es zunächst auf die Neutronenbombenkontroverse einzugehen, die beim NATO-Doppelbeschluss in vielerlei Hinsicht zum Präjudiz wurde, um im zweiten Abschnitt mögliche Einflüsse der Friedensbewegung auf die Entstehung des NATO-Doppelbeschlusses zu eruieren. Im dritten Teil sollen schließlich wechselseitige Einflussversuche zwischen 1980 und 1983 untersucht werden.

Präludium: die Kontroverse um die Neutronenbombe 1977/78

Obwohl die NATO wiederholt postuliert hatte, ihre Verteidigungsphilosophie müsse einer an Sicherheitspolitik weitgehend desinteressierten Öffentlichkeit besser erläutert werden, wurden die westlichen Regierun-

---

Breyman, Why Movements Matter. The West German Peace Movement and U. S. Arms Control Policy, New York 2001.

8 Vgl. Andreas Rödder, Sicherheitspolitik und Sozialkultur. Überlegungen zum Gegenstandsbereich der Geschichtsschreibung des Politischen, in: Hans-Christof Kraus/Thomas Nicklas (Hg.), Geschichte der Politik. Alte und Neue Wege, München 2007, S. 95-125; John Lewis Gaddis, We now know: Rethinking Cold War History, New York 2009; Ders.: The Cold War. A New History, New York 2005.

9 Der Beitrag stützt sich primär auf Akten des Auswärtigen Amts, das allerdings neben Bundeskanzleramt, Presse- und Informationsamt und den Bundesministerien der Verteidigung bzw. des Innern nur ein Akteur auf staatlicher Seite war. Eine Gesamtschau, die zudem die Aktivitäten der Regierungsparteien einbezieht, bleibt ein Desiderat der Forschung. Zum Thema vgl. auch den mit Jan Hansen verfassten Beitrag des Autors: Did Protest Matter? About the Influence of the Peace Movement on the West German Government and the Social Democratic Party, in: Eckart Conze/Martin Klimke (Hg.), Accidental Armageddons. The Nuclear Crisis and the Culture of the Cold War in the 1980s (in Vorbereitung).

gen 1977 überrascht, als Presseberichte über die Entwicklung einer »Neutronenwaffe« eine heftige, länderübergreifende Protestbewegung auslösten. Die meisten westlichen Militärexperten sahen in der *Enhanced Radiation Weapon (ERW)*, so die korrekte Bezeichnung der Neutronenbombe, wegen ihrer geringeren Hitze- und Druckwelle und dem enger begrenzten Verstrahlungsradius eine militärisch sinnvolle Weiterentwicklung herkömmlicher taktischer Nuklearwaffen. Bei verringerten Kollateralschäden galt sie gerade im dichtbesiedelten Mitteleuropa als nützliche und effektive Waffe gegen die zahlenmäßig weit überlegenen Panzerarmeen des Warschauer Pakts.

In der Öffentlichkeit dagegen war sie hochumstritten, vor allem nachdem sie selbst der außenpolitische Vordenker der SPD, Bundesgeschäftsführer Egon Bahr, im Juli 1977, einen Monat nach ersten amerikanischen Pressemeldungen, als »Perversion des Denkens« brandmarkte, denn die Neutronenbombe »töte Menschen, lasse aber Sachen unbeschädigt.«[10]

Die Neutronenwaffe wurde zum Kristallisationspunkt einer rasch wachsenden Anti-Nuklear- und Friedensbewegung – in der Bundesrepublik wie in anderen Staaten Westeuropas und den USA.[11] Atomwaffen und damit die gesamte, auf ihnen basierende westliche Verteidigungsdoktrin rückten in den Fokus öffentlicher Debatten, aus denen sie seit den 1960er Jahren in die engen Fachzirkel der *»strategic community«* abgewandert waren.

Angesichts der internationalen Proteste teilte der amerikanische Präsident Jimmy Carter den NATO-Verbündeten mit, die USA würden die Neutronenwaffe nur dann produzieren, wenn die Westeuropäer, voran die Bundesrepublik, zu deren Schutz die Neutronenwaffe diene, vorab ihre Bereitschaft verkünden würden, sie auf ihrem Territorium zu stationieren.[12]

10 Egon Bahr, »Ist die Menschheit dabei, verrückt zu werden? Die Neutronenbombe ist ein Symbol der Perversion des Denkens«, in: Vorwärts Nr. 29 vom 21.7.1977, S. 4. Vgl. dazu ders., Zu meiner Zeit, München 1996, S. 496-498; zeitgleich beschäftigte sich die »Spiegel«-Titelgeschichte mit dem Thema, vgl. »Lichtblitz über der Elbe«, Der Spiegel Nr. 30 vom 18.7.1977. Ferner Soell, Schmidt, Bd. 2, S. 713; Kristina Spohr Readman, Germany and the Politics of the Neutron Bomb, 1975-79, in: Diplomacy and Statecraft 21 (2010), S. 259-285.
11 Vgl. Wittner, Toward Nuclear Abolition, S. 22-27; Klaus Wiegrefe, Das Zerwürfnis. Helmut Schmidt, Jimmy Carter und die Krise der deutsch-amerikanischen Beziehungen, Berlin 2005, S. 182-188.
12 Vgl. das im Drahterlass (fortan: DE) Nr. 1942 des Ministerialdirektors (fortan: MD) Blech an Botschafter Berndt von Staden, Washington, am 25.11.1977 übermittelte Schreiben Carter an Schmidt, in: Politisches Archiv des Auswärtigen Amts (fortan: PA/AA), B 150, Bd. 380.

Bundeskanzler Schmidt wiederum wollte sich nicht die Verantwortung für solch eine gravierende Rüstungsentscheidung zuschieben lassen.

Gegenüber Carters nationalem Sicherheitsberater Zbignew Brzezinski forderte er, die Neutronenwaffe als Verhandlungsmasse in die laufenden Abrüstungsverhandlungen mit dem Osten einzuspeisen, also in SALT (*Strategic Arms Limitations Talks*) oder MBFR (*Mutual and Balanced Forces Reductions*). Aus allianz- und entspannungspolitischen Gründen dürfe die Bundesrepublik nicht der einzige Staat sein, in dem die Neutronenwaffe stationiert werde; Bonns nukleare Singularisierung müsse vermieden werden.[13] In einem Telefonat mit Carter merkte Schmidt zudem an, die Frage sei leichter lösbar, »wenn die Debatte in den USA weniger lautstark geführt würde«. Carter seinerseits stellte klar, nicht mit der Neutronenwaffe allein und als »Menschenfresser« dastehen zu wollen.[14] Die Politiker kalkulierten also stets mit ein, was der vermutete öffentliche Tenor ihrer Handlungen sein würde und benutzten diese Perzeption zugleich als Argument, um ihre Interessen zu verteidigen.

Das Telefongespräch veranschaulicht, dass beide Politiker vom anderen öffentliche Unterstützung erwarteten, um mit diesem internationalen »Backing« eigene innenpolitische Widerstände überwinden zu können. Freilich erwartete jeder vom anderen den entscheidenden ersten Schritt. Bemerkenswert ist, dass der in Sicherheitsfragen kundige Schmidt erhebliche Zweifel an der Opportunität der neuen Waffe hegte. Im geheim tagenden Bundessicherheitsrat erläuterte er, die Neutronenwaffe könne die Einsatzgrundsätze der NATO für taktische Gefechtsfeldwaffen (*Theatre Nuclear Forces*, TNF) entscheidend verändern: Die durch ERW bewirkte Regionalisierung der Zerstörung verstärkte die Gefahr einer »Abkopplung«, da die USA im Kriegsfall erst recht geneigt wären, den Konflikt auf Europa zu begrenzen und auf den Einsatz ihrer strategischen, also interkontinentalen Waffen zu verzichten, um einen für sie selbst tödlichen sowjetischen Gegenschlag gegen amerikanisches Territorium zu verhindern. Zudem senke größere Präzision die »nukleare Hemmschwelle« und mache es so überhaupt erst wieder möglich, Kriege zu führen. All das gefährde Bonns Beziehungen zum Ostblock – und damit die Ost- und Deutschlandpolitik.[15] Mit anderen Worten: Anfangs

---

13 Vgl. Gespräch Schmidt – Brzezinski, 27. 9. 1977, in: Akten zur Auswärtigen Politik der Bundesrepublik Deutschland (fortan: AAPD) 1977, hg. vom Institut für Zeitgeschichte. Bearb. von Amit Das Gupta, Tim Geiger, Matthias Peter, Mechthild Lindemann und Fabian Hilfrich, München 2008, Dok. 257.
14 Vgl. Telefongespräch am 16. 9. 1977, in: AAPD 1977, Dok. 275, Anm. 6, S. 1330.
15 Bundessicherheitsratssitzung, 6. 10. 1977, AAPD 1977, Dok. 275.

lag Schmidt mit Kritikern der Neutronenwaffe wie Bahr oder den Protestierenden auf der Straße ziemlich auf einer Linie.

Allerdings widersprachen ihm schon im Bundessicherheitsrat Verteidigungsminister Georg Leber (SPD) und Außenminister Hans-Dietrich Genscher (FDP): Die Neutronenbombe sei militärisch sinnvoll, weil sie insgesamt die Abschreckung erhöhe – und auf diese allein komme es an, da damit jede Form von Krieg verhindert werde.[16] Bereits hier deutete sich das Phänomen an, dass man vermeintlich »harte militärische Fakten« mit guten Argumenten durchaus konträr interpretieren konnte.

Da die FDP wie die CDU/CSU-Opposition die Einführung der Neutronenwaffe unterstützte, beschränkte sich der Widerstand fortan auf Teile der SPD und den außerparlamentarischen Protest. Als die Schmidt-Regierung im Frühjahr 1978 grünes Licht für die Neutronenwaffe signalisierte, geschah dies primär aus Solidarität mit den USA. Diese Zustimmung war freilich an eine Reihe von Bedingungen geknüpft, darunter diejenige, dass die Carter-Administration nicht öffentlich Gebrauch von dieser Zusage machen dürfe. Als Hauptshindernis entpuppte sich jedoch die Forderung nach Nichtsingularisierung der Bundesrepublik, indem die Neutronenwaffe auch in mindestens einem weiteren kontinentaleuropäischen NATO-Staat stationiert werden sollte.[17]

Das scheiterte jedoch an den heftigen innenpolitischen Widerständen in den Niederlanden und Belgien und war im März 1978 einer der Gründe für Carters überraschende Kehrtwende gegen die Neutronenwaffe. So sehr sich Schmidt auch über diese unabgesprochene, unilaterale Entscheidung der westlichen Führungsmacht empörte, die sein ohnehin gespanntes Verhältnis zu Carter vollends zerrüttete, ersparte dies der sozial-liberalen Bundesregierung vorerst weitere Konflikte mit der wiedererwachten Anti-Atomwaffenbewegung.

---

16 Vgl. Bundessicherheitsratssitzung, 9.11.1977, in: AAPD 1977, Dok. 318.
17 Zum Beschluss des Bundessicherheitsrats vom 20. Januar 1978 vgl. AAPD 1978, bearb. von Daniela Taschler, Amit Das Gupta und Michael Mayer, München 2009, Dok. 23, Anm. 3, S. 139, bzw. Dok. 104, S. 502f. Die bis dahin geheimen Kernpunkte legte Schmidt nach dem Scheitern der Neutronenwaffe in einer Regierungserklärung am 13. April 1978 im Bundestag öffentlich dar, vgl. Deutscher Bundestag, Stenographische Berichte, Bd. 105, S. 6502.

Noch kein Faktor: Friedensprotest und die Genese des NATO-Doppelbeschlusses

Um nach dem »Neutronenbomben-Fiasko« Zweifel an ihrer Führungsfähigkeit zu zerstreuen, trieb die Carter-Administration die TNF-Modernisierung der NATO energisch voran. Entsprechende Überlegungen zur waffentechnischen Erneuerung der durch die verbesserte sowjetische Flugabwehr zunehmend veralteten TNF-Bestände wurden bereits seit Anfang der 70er Jahre angestellt.[18] Erstaunlicherweise ist dieser erste Entstehungsstrang des Doppelbeschlusses, der der Friedensbewegung und zeitgenössischen Friedensforschung deutlich präsent war, heute weitgehend in den Hintergrund gerückt. Ganz im Sinne der – damals entsprechend umstrittenen – Vokabel von der »Nachrüstung«[19] wird heute praktisch ausschließlich an den zweiten Entstehungsgrund erinnert, nämlich an die Reaktion auf den massiven Aufwuchs der sowjetischen Mittelstreckenrüstung in Form der SS-20-Raketen.

Die Bundesregierung, die seit längerem – siehe Helmut Schmidts berühmt gewordene Rede vor dem Londoner *International Institute for Strategic Studies* (IISS) am 28. Oktober 1977[20] – beklagt hatte, die USA würden sich zu wenig um die SS-20 kümmern, die von keinem der bestehenden Rüstungskontrollforen erfasst wurde, stellte dies vor massive Probleme: Entzog sie sich der Mitwirkung an der TNF-Modernisierung, desavouierte sie sich außenpolitisch. Trug sie hingegen die Nachrüstung mit, drohte sie angesichts der Widerstände in den Koalitionsparteien ihre innenpolitische Basis zu riskieren.[21]

Beim Vierer-Gipfeltreffen mit dem amerikanischen Präsidenten, dem britischen Premierminister James Callaghan und dem französischen Staatspräsidenten Valéry Giscard d'Estaing auf der Karibikinsel Guadeloupe reagierte Schmidt daher im Januar 1979 alles andere als begeistert auf Carters Angebot, als Gegengewicht zu den SS-20 neue US-Mittelstreckenraketen zu dislozieren, mit denen erstmals von Westeuropa aus sowjetisches Territorium bedroht werden konnte. Schmidt schwante,

---

18 Vgl. Oliver Bange: SS 20 und Pershing II. Waffensysteme und die Dynamisierung der Ost-West-Beziehungen, in: »Entrüstet Euch!«, S. 72-76.
19 Vgl. Hans-Dietrich Genscher, Erinnerungen, München 1997, S. 414 f.
20 Vgl. »Politische und wirtschaftliche Aspekte der westlichen Sicherheit. Alastair Buchan Memorial Lecture«, in: Bulletin Nr. 112/1977, S. 1013-1020. Zur retrospektiven Verklärung der Rede als Startschuss für den Doppelbeschluss vgl. Tim Geiger, Die Regierung Schmidt-Genscher und der NATO-Doppelbeschluss, in: Gassert/Geiger/Wentker (Hg.), Zweiter Kalter Krieg, S. 99 f.
21 Vgl. Aufzeichnung (fortan: Afz.) des MD Kinkel, 12.10.1978, in: AAPD 1978, Dok. 308.

welche politischen Verwerfungen dies daheim auslösen würde, wusste er doch, dass schon »eine öffentliche Erörterung der geheimgehaltenen Zahlen der bereits in Deutschland stationierten nuklearen Gefechtsköpfe [...] erhebliche Unruhe in Deutschland auslösen« würde.[22] Gleichwohl bildete sich in Guadeloupe die Struktur des Doppelbeschlusses heraus, nämlich eine westliche Rüstungsandrohung im Mittelstreckenbereich, deren Umsetzung und Ausmaß an die gleichzeitig angebotenen, vorhergehenden Abrüstungsverhandlungen mit der UdSSR gekoppelt wurden.

Wie erwartet, entbrannte über diesen Beschluss eine Diskussion, die 1979 noch primär auf den parlamentarischen und parteipolitischen Raum beschränkt blieb. Insbesondere in der SPD, für die Entspannungspolitik gleichsam zum Parteiprogramm gehörte, regte sich Widerstand. Unterstützt von Verteidigungsminister Hans Apel, konnte sich der Kanzler jedoch im entscheidenden Kreis sozialdemokratischer Außenpolitikexperten durchsetzen.[23]

Dem amerikanischen Verteidigungsminister Harold Brown verkündete Schmidt im Juni, in einigen westeuropäischen Ländern evoziere der geplante Doppelbeschluss solche Kontroversen, dass die dortigen Regierungen auf dem Spiel stünden: »Dies gelte nicht für die Bundesrepublik, wo er sich genügend Autorität zutraue, um eine Krise zu verhindern.«[24] Bereits drei Monate später erklärten Kanzler und Außenminister allerdings Besuchern aus europäischen NATO-Staaten, sie würden zurücktreten, falls ihre eigene Partei den Doppelbeschluss nicht unterstütze.[25] Im Gegensatz zum Mai 1981, als beide dies öffentlich auf Parteitagen verkündeten, um diese angesichts wachsender innerparteilicher Widerstände auf Nachrüstungskurs zu halten,[26] diente dieser vertrauliche Hinweis 1979 wohl noch eher als rhetorisches Mittel, um Entschlossenheit zu

22 Gespräch Schmidt – Callaghan, 13.3.1979, in: AAPD 1979, bearb. von Michael Ploetz und Tim Szatkowski, München 2010, Dok. 79, S. 349.
23 Für die entscheidende Sitzung im Juni 1979 vgl. Apel, Der Abstieg, S. 82f.; Horst Ehmke, Mittendrin. Von der Großen Koalition zur Deutschen Einheit, Berlin 1994, S. 308; Bahr, Zu meiner Zeit, S. 508f.
24 DB 2169 des Botschafters Berndt von Staden, Washington, in: AAPD 1979, Dok. 175, S. 545.
25 Vgl. Gespräch Genscher mit CDA-Fraktionsführer Ruud Lubbers, 6.9.1979, PA/ AA, Referat (fortan: Ref.) 201, Bd. 120235; dito Schmidt mit italienischem Staatspräsidenten Pertini, 19.9.1979, in: AAPD 1979, Dok. 272, S. 1341, und mit dem griechischen Ministerpräsidenten Karamanlis, 20.10.1979, in: ebd., Dok. 300, S. 1502f.
26 Vgl. Schmidt beim Parteitag der bayerischen SPD in Wolfratshausen, 17.5.1981, bzw. Genscher beim FDP-Bundesparteitag in Köln, 29.5.1981, in: Alfred Mechtersheimer (Hg.): Nachrüsten? Dokumente und Positionen zum NATO-Doppelbeschluss, Reinbek bei Hamburg 1981, S. 133 und 170f.

demonstrieren und jene Partner zu ermutigen, die mit stärkeren innenpolitischen Widerständen zu ringen hatten.

Da politisch ein demonstrativ einheitlicher Beschluss aller NATO-Staaten als unabdingbar galt, schenkte Bonn 1979 dem Friedensprotest im Ausland wohl mehr Bedeutung als dem im eigenen Land. Als entschiedene Verfechterin der Gleichrangigkeit und Parallelität beider Doppelbeschlusshälften (also von Aufrüstungsdrohung und Verhandlungsangebot) nutzte die Bundesregierung die bereits beachtliche Protestbewegung in den skandinavischen Ländern und den Benelux-Staaten, um die transatlantische Bündnisvormacht von der Notwendigkeit eines ernstzunehmenden Rüstungskontrollangebots zu überzeugen. Dies helfe, nicht nur die Détente, sondern auch die innenpolitische Stabilität in der NATO zu bewahren.[27]

Im Vergleich zu Anti-Nachrüstungs-Protesten im westeuropäischen Ausland[28] blieb es 1979 in der Bundesrepublik noch überraschend ruhig. Der norwegische Außenminister Knut Frydenlund konstatierte bei einem Bonn-Besuch drei Wochen vor dem Doppelbeschluss verwundert, dass es über diese Frage, die in Norwegen Gegenstand heftiger Debatten sei, in der Bundesrepublik »keinen innenpolitischen Streit mehr zu geben« scheine.[29] Veranschaulichen lässt sich dies auch am einflussreichen Nachrichtenmagazin *Der Spiegel*: Obwohl das Hamburger Blatt ab 1981 neben *Stern* und *Zeit* als ein Hauptorgan publizistischer Kritik an der Nachrüstung galt,[30] beschäftigte sich die Titelstory bei Verabschiedung des Doppelbeschlusses lieber unter dem Rubrum: »Sex auf allen Kanälen?« mit möglichen Folgen des Privatfernsehens.[31] Die Friedensbewegung selbst brachte es erst anlässlich des Evangelischen Kirchentags in Hamburg 1981 auf ein *Spiegel*-Titelblatt.[32]

Bei der Genese des NATO-Doppelbeschlusses war die deutsche Friedensbewegung jedenfalls noch kein Faktor, dem die Bundesregierung hätte Rechnung tragen müssen. Der Grund für diese relative Rückstän-

---

27 Vgl. pars pro toto Telefongespräch Schmidts mit Carter, 30.10.1979, in: AAPD 1979, Dok. 312, S. 1587.
28 Dazu Wittner: Toward Nuclear Abolition, S. 67-69. In den Niederlanden fanden im November 1979 bereits Friedensdemonstrationen mit mehreren tausend Teilnehmern statt, vgl. DB Nr. 481 des Botschafters Dreher, Den Haag, 28.11.1979, PA/AA, Ref. 201, Bd. 120236.
29 Vgl. Gespräch Genscher – Frydenlund, 21.11.1979, in: AAPD 1979, Dok. 340, S. 17335.
30 Vgl. Afz. des VLR I Citron vom 17.11.1981, PA/AA, Ref. 220, Bd. 123096.
31 Vgl. *Der Spiegel* Nr. 51 vom 17.12.1979.
32 »Aufmarsch gegen die Rüstung. Die neue Friedensbewegung«, *Der Spiegel* Nr. 15 vom 15.6.1981.

digkeit gegenüber dem europäischen Ausland dürfte der ausgeprägten NATO-Treue des geteilten Landes an der Frontlinie des Kalten Krieges geschuldet sein, aber auch dem Vertrauen, das viele Deutsche in die Aussage ihrer Regierung setzten, dass die Drohung mit Nachrüstung der beste Weg sei, die Sowjetunion zu wirklicher Abrüstung zu bewegen.

Bundesregierung und Friedensbewegung 1980-1983 – ein Dialog der Taubstummen?

Die sowjetische Afghanistan-Invasion an Weihnachten 1979 sorgte jedoch für einen Klimasturz der internationalen Beziehungen.[33] Die USA reagierten mit einer dezidierten Abkehr vom Entspannungskurs, verhängten harsche Sanktionen und setzten die Ratifizierung des erst vor einem halben Jahr unterzeichneten SALT-II-Abkommens mit der UdSSR aus. Damit drohte der Rahmen für die Verhandlungskomponente des Doppelbeschlusses wegzubrechen. Die Bundesregierung versuchte geradezu verzweifelt, die Supermächte zur Wiederaufnahme ihres Abrüstungsdialogs zu drängen.

Dem diente zum einen die spektakuläre Moskau-Reise von Schmidt und Genscher im Juli 1980, bei der die Zusage des Kremls für Rüstungsverhandlungen mit den USA in Genf erwirkt wurde.[34] Aber auch die Moratoriumsvorschläge des Kanzlers vom April und Juni 1980 für einen temporären Dislozierungsstopp dienten dem Ziel, mehr Zeit für Verhandlungen zu gewinnen. Allerdings führten sie lediglich zu einem harten Schlagabtausch mit der Carter-Administration, die dahinter primär Ansätze für einen Ausstieg aus dem Doppelbeschluß vermutete.[35] Dabei sollte Schmidts weder international noch mit dem Koalitionspartner abgesprochene Vorstoß auch die anwachsende Unruhe in der SPD und der bundesdeutschen Gesellschaft über die verschärfte Ost-West-

---

33 Vgl. Bernhard Chiari, Kabul, 1979: Militärische Intervention und das Scheitern der sowjetischen Dritte-Welt-Politik in Afghanistan, in: Andreas Hilger (Hg.), Die Sowjetunion und die Dritte Welt. UdSSR, Staatssozialismus und Antikolonialismus im Kalten Krieg 1945-1991, München 2009, S. 259-280. Zum Gesamtkontext vgl. Wilfred Loth, Helsinki, 1. August 1975. Entspannung und Abrüstung, München 1998, S. 199-230; Bernd Stöver, Der Kalte Krieg 1947-1991. Geschichte eines radikalen Zeitalters, Bonn 2007, S. 410-436.
34 Zur Moskau-Reise von Schmidt und Genscher am 30.6./1.7.1980 vgl. AAPD 1980, bearb. von Tim Geiger, Amit Das Gupta und Tim Szatkowski, München 2011, Dok. 192-195.
35 Vgl. dazu mit weiteren Nachweisen Geiger, Regierung Schmidt-Genscher, S. 115-117.

Konfrontation und einen drohenden Rüstungswettlauf abfedern.[36] Bis Herbst überlagerte noch der Bundestagswahlkampf, den die Bundesregierung gegen den polarisierenden, da als »Scharfmacher« und »Kalten Krieger« wahrgenommenen Kanzlerkandidaten der Unionsparteien, Franz Joseph Strauß, unter dem Signum »Friedenspolitik« ausfocht,[37] eine flächenbrandartige Ausbreitung der Friedensbewegung.

Einen immensen Schub und damit ihren Durchbruch erhielt die nun auch in Deutschland machtvoll anwachsende Friedensbewegung wie in anderen westlichen Staaten durch die Wahl Ronald Reagans zum neuen US-Präsidenten. Aufgrund etlicher Medienberichte galt der ehemalige Schauspieler vielen in der Bundesrepublik als wenig vertrauenswürdiger »Kommunistenfresser« und schießwütiger »Cowboy«,[38] dem man durchaus zutraute, einen »atomaren Holocaust« – so das zeitgenössische Schlagwort – auszulösen. Freilich passten die Besetzung der wichtigsten Posten in der Administration mit »Hardlinern«, eine martialische Rhetorik und die bis Herbst 1981 verzögerte Aufnahme von Rüstungskontrollverhandlungen in Genf allesamt in dieses Perzeptionsraster und ließen ernsthaft bezweifeln, ob die Reagan-Administration überhaupt ein Interesse am Erfolg von Abrüstungsgesprächen besaß.

Nicht selten wurde dann auf Seiten der Friedensbewegung diese Kritik an der US-Regierung gleich auf das ganze Land erweitert und den USA generell eine aggressiv-imperialistische Politik unterstellt, so dass die Grenzen zum Antiamerikanismus rasch verschwammen. Für die Bundesrepublik, die bislang das enge Bündnis mit der Schutzmacht USA als außenpolitisches Grundaxiom, als »zweites Grundgesetz«,[39] verstanden hatte, waren das bedrohliche neue Töne. Konkrete Anhaltspunkte der Kritik boten die nicht selten fragwürdige Involvierung Washingtons in Dritte-Welt-Konflikte, etwa in Lateinamerika (Nicaragua, die Bürger-

---

36 Vgl. Gespräch des Staatssekretärs van Well mit dem stellvertretenden amerikanischen Außenminister Warren Christopher in Rom, 16.6.1980, in: AAPD 1980, Dok. 172, S. 900.
37 Vgl. Wolfgang Jäger: Die Innenpolitik der sozial-liberalen Koalition 1974-1982, in: ders./Werner Link: Republik im Wandel 1974-1982. Die Ära Schmidt, Stuttgart 1987, S. 166-172.
38 Vgl. z. B. die *Spiegel*-Titel »Wir dürfen nicht zimperlich sein«, *Der Spiegel* Nr. 7 vom 9.2.1981, S. 100-109, oder »Die Welt des Ronald Reagan«, ebd., Nr. 45 vom 7.11.1982, S. 170-188. Bereits bei ersten offiziellen Kontakten der Bundesregierung mit dem »President elect« im November 1980 beklagten dessen Berater, die deutschen Medien würden ein verzerrtes Reagan-Bild entwerfen, vgl. Gespräch Genscher mit Richard Allen und Fred Iklé in Washington, 20.11.1980, AAPD 1980, Dok. 334, S. 1742.
39 Vgl. Walther Leisler Kiep, Good-bye Amerika – was dann? Der deutsche Standpunkt im Wandel der Weltpolitik, Stuttgart 1972, S. 106.

kriege in El Salvador und Guatemala, vor allem die US-Invasion des karibischen Zwergstaates Grenada im Oktober 1983), aber auch die laut artikulierten Planungen des Pentagons für eine nukleare Kriegsführungsstrategie in Europa (»*Integrated Battlefield Concept*«, »*Air-land-Battle*«) für den Fall, dass die gültige Abschreckungsstrategie versagen sollte.[40] Zum Vorwurf, die USA wollten die Europäer, allen voran die Bundesrepublik, lediglich als nukleares Schlachtfeld gegen die feindliche Supermacht UdSSR missbrauchen, war es da nur ein kurzer Schritt.

Angesichts des wachsenden antinuklearen Protests erstellte das Auswärtige Amt am Ende des Jahres 1980 erste Analysen der Friedensbewegung. Darin wurde zutreffend und in Anlehnung an die damaligen Medienberichte deren heterogene Zusammensetzung aus K-Gruppen, christlichen und alternativ-freien Gruppen sowie die Beteiligung von Teilen der Koalitionsparteien konstatiert und geschlussfolgert, es sei nötig,»auf breiter Front das Gespräch mit allen an Sicherheitspolitik interessierten Kreisen zu suchen.« Die Hauptlast müsse zwar von den politischen Parteien getragen werden, aber auch Beamte, Lehrer, Gewerkschaftsführer und Journalisten müssten für ein stärkeres Engagement in diesen Fragen gewonnen werden.[41]

Entsprechend intensivierte die Bundesregierung ihre Öffentlichkeitsarbeit, um mehr Informationen über das komplizierte Gebiet der Sicherheits- und Rüstungskontrollpolitik unters Volk zu bringen. Das Auswärtige Amt beispielsweise erarbeitete eine Informationsbroschüre, die die regierungsamtliche Sicht der Sicherheitspolitik darstellte und einen Überblick über das militärische Gleichgewicht und die Rüstungskontrolle gab. Auf einem auch für Laien verständlichem Niveau – der *Zeit*-Journalist Josef Joffe wurde extra für diese Aufgabe geworben[42] – hoffte die Bundesregierung zu zeigen, dass sie verantwortungsbewusst handle und alles tue, um »Frieden in Freiheit« zu bewahren.

Tatsächlich erwies sich die im Oktober 1980 erschienene, kostenlose Broschüre »Es geht um unsere Sicherheit«[43] als ein »Renner«: Die erste

40 Diese amerikanischen Überlegungen, die 1980 mit dem Artikel »Victory is possible« der Politologen Colin S. Gray und Keith Payne in *Foreign Policy* 39 (1980), S. 14-27, bekannt wurden, führten auch auf Seiten der Bundesregierung zu Irritationen, vgl. DB Nr. 1417 des Botschafters Wieck, Brüssel (NATO), an AA, 3. 9. 1981, in: AAPD 1981, bearb. von Daniela Taschler, Matthias Peter und Judith Michel, München 2012, Dok. 247, S. 1294-1296.
41 Afz. des VLR I Citron vom 22. 12. 1980, PA/AA, Ref. 222, Bd. 123134. Vgl. auch die Analyse des VLR I Seitz, 10. 11. 1981, in: AAPD 1981, Dok. 321, S. 1720-1723.
42 Vgl. Afz. des VLR von Jagow, 16. 8. 1979, PA/AA, Ref. 221, Bd. 116913.
43 Auswärtiges Amt (Hg.), Es geht um unsere Sicherheit. Bündnis, Verteidigung, Rüstungskontrolle, Bonn 1980.

Auflage von 43.000 Exemplaren war bereits nach vier Monaten vergriffen.[44] Angesichts dieses Erfolgs folgten – nun mitfinanziert von der Hardthöhe – weitere Auflagen, die auch über die Bundes- und Landeszentralen für politische Bildung und als Lehrmaterial in Schulen vertrieben wurde.[45]

Im Juni 1981 erschien mit »Aspekte der Friedenspolitik. Argumente zum Doppelbeschluss des Nordatlantischen Bündnisses« eine weitere, diesmal von AA, Bundespresseamt und Verteidigungsministerium gemeinsam erstellte Publikation, in der in Wechselform von Einwand – Argument die bekanntesten Thesen der Doppelbeschluss-Gegner widerlegt bzw. richtiggestellt werden sollten. 1982 wurde zudem ein kostengünstiges »Faltblatt zur Sicherheitspolitik der Bundesregierung« entwickelt, das bei Großveranstaltungen verteilt werden sollte.[46] Der Protest auf der Straße veranlasste die Regierung also, eindeutig mehr auf Transparenz und Verständlichkeit ihrer Politik zu achten. Auch der 1982 eingeführte jährliche Abrüstungsbericht der Bundesregierung ist hier zu nennen.[47]

Überraschenderweise blieb die amtliche Öffentlichkeitsarbeit fast ausschließlich auf das gedruckte Wort fixiert und sparte ausgerechnet die breitenwirksamen Massenmedien Fernsehen und Rundfunk weitgehend aus. Dies wurde zwar durchaus als Manko erkannt, doch Kosten und medienstrukturelle Gründe ließen hier kaum Spielräume zu.[48] Resigniert konstatierte der Leiter des AA-Öffentlichkeitsreferats, »dass das Fernsehen regierungsamtlicher Öffentlichkeitsarbeit nahezu verschlossen ist. Diese Lage mag sich ändern, sollte es einmal neben dem öffentlich-rechtlichen auch ein privatrechtliches Fernsehen geben.«[49] Ein gewisses Korrektiv blieb gleichwohl die mediale Dauerpräsenz des liberalen Außen-

---

44 Afz. des MD Hansen, 20.2.1981, PA/AA, Ref. 220, Bd. 123096.
45 Vgl. Afz. des MD Hansen, 25.5.1981, PA/AA, Ref. 220, Bd. 123096.
46 Vgl. die Afz. des Abrüstungsbeauftragten der Bundesregierung, Botschafter Ruth, 28.4.1982, PA/AA, Ref. 012-9, Bd. 126028. Die Startauflage des gleichzeitig mit dem Koalitions- und Regierungswechsel erscheinenden Faltblatts lag bei 100.000 Stück und sollte über Parteien, politische Jugendverbände und den Bundeswehrverband vertrieben werden, vgl. Afz. des VLR I Steinkühler, 13.9.1982, ebd.
47 Vgl. Antrag der CDU/CSU-Bundestagsfraktion auf Vorlage eines jährlichen Abrüstungsberichts, 17.7.1981, Deutscher Bundestag, 9. WP, Drs. 9/674 bzw. Beschlussempfehlung und Bericht des Auswärtigen Ausschusses, 12.3.1982, Deutscher Bundestag, 9. WP, Drs. 9/1464. Für einen Überblick über die sicherheitspolitische Öffentlichkeitsarbeit der Bundesregierung vgl. Afz. des Referats 012 vom 6.10.1982, in: AAPD 1983, bearb. von Tim Geiger, Matthias Peter und Mechthild Lindemann, München 2014, Dok. 292.
48 Vgl. Afz. VLR Daerr, 13.9.1983 und Stellungnahme VLR I Steinkühler, 14.10.1983, PA/AA, Ref. 012-9, Bd. 125991.
49 Vgl. Afz. VLR I Steinkühler, 6.12.1981, PA/AA, Ref. 012-9, Bd. 125990.

ministers und seines beharrlichen Eintretens für die konsequente Implementierung des Doppelbeschlusses; allerdings durchlitt gerade Genscher als Folge des Koalitionswechsels und der daraus resultierenden innerparteilichen Krise sowie der »Verratskampagne« der SPD in der »heißen Nachrüstungsphase« 1982/83 einen nachhaltigen Einbruch seiner zuvor und danach so durchgängig hohen Popularitätswerte.[50] Insgesamt blieb der Public-Relations-Erfolg der Regierung jedenfalls begrenzt. Das lag zum einen daran, dass die Regierungsbroschüren vom Umfang und Thema »schwere Kost« blieben. Vor allem blieben sie eng auf den Bereich militärischer »Fakten« fokussiert und stellten – eben ganz anders als die Friedensbewegung – keinesfalls das Axiom nuklearer Sicherheitspolitik in Frage: die Philosophie der Abschreckung. Diese blieb Grundlage der NATO-Strategie, während Vertreter der Friedensbewegung die Abschreckungslogik der »mutual assured destruction« als inhuman, geisteskrank und im Wortsinne »mad« ablehnten. Anhänger und Gegner des Doppelbeschlusses argumentierten also in völlig unterschiedlichen Denksystemen. Kaum überraschend, dass die regierungsamtliche Informationspolitik in keiner Weise das weitverbreitete, charakteristische »Angst«-Gefühl der Friedensbewegten[51] zerstreuen konnte.

Als weiteres Problem für die Regierung erwies sich der, häufig aus der aufblühenden Friedens- und Konfliktforschung[52] hervorgegangene, neuartige Typus des »Gegenexperten«, der der Protestbewegung gerade auch in öffentlichen Diskussionen viel Durchschlagskraft verlieh. Schließlich bezogen auch renommierte Wissenschaftler wie der Atomphysiker Carl Friedrich von Weizsäcker, militärische Fachleute wie der ehemalige Bundeswehr-General Gert Bastian oder der Friedensforscher Alfred Mech-

50 Hatten laut Allensbach-Umfrage bis Juni 1982 zwischen 62-73% eine gute Meinung von Außenminister Genscher, fielen dessen Zustimmungswerte bis Jahresende auf unter 30% und hatten im Oktober 1983, dem Vormonat der Pershing-II-Stationierung, gerade erst 43% erreicht. Vgl. Allensbacher Jahrbuch der Demoskopie 1984-1992. Hrsg. von Elisabeth Noelle-Neumann und Renate Köcher, München u. a. 1993, S. 769.
51 Vgl. Judith Michel, »Die Angst kann lehren, sich zu wehren.« Der Angstdiskurs der westdeutschen Friedensbewegung in den 1980er Jahren, in: Tel Aviver Jahrbuch für deutsche Geschichte 38 (2010), S. 246-269; Susanne Schregel, Konjunktur der Angst. »Politik der Subjektivität« und »neue Friedensbewegung«, 1979-1983, in: Bernd Greiner/Christian Th. Müller/Dierk Walter (Hg.), Angst im Kalten Krieg, Hamburg 2009, S. 495-520.
52 Vgl. Corinna Hauswedell, Friedenswissenschaften im Kalten Krieg. Friedensforschung und friedenswissenschaftliche Initiativen in der Bundesrepublik Deutschland in den achtziger Jahren, Baden-Baden 1997; Marianne Zepp, Ratio der Angst. Die intellektuellen Grundlagen der Friedensbewegung, in: »Entrüstet Euch!«, S. 136-144.

tersheimer gegen eine Nachrüstung Stellung. Diese Fachleute allesamt als »von Moskau ferngesteuert« zu sehen, war schlicht unglaubwürdig.⁵³ Die Bundesregierung erkannte rasch, dass es kontraproduktiv war, den Thesen der Gegenexperten *ex officio* entgegenzutreten, weil das als Propaganda wahrgenommen wurde. Sie bemühte sich vielmehr, ihr nahestehende Journalisten oder Wissenschaftler, etwa aus der »Stiftung Wissenschaft und Politik« oder der »Deutschen Gesellschaft für Auswärtige Politik«, zur Widerlegung der Gegenexperten-Darstellungen zu bewegen.⁵⁴ Das erwies sich als kompliziert, da zum einen die Zahl geeigneter Fachleute begrenzt war, zumal auch keiner der Angesprochenen als schlichter »Lautsprecher« der Regierung amtieren wollte.

Zum anderen waren die Medien gemäß den Gesetzen des Marktes in der Regel mehr an jenen, häufig schon biographisch interessanten »Outsidern« interessiert, die in grellen Farben das Horrorszenario eines möglichen nuklearen Weltuntergangs ausmalten, als an den etablierten, eher »langweiligen« Experten der traditionellen Sicherheitspolitik. Aus Sicht der Regierung dominierten insbesondere in Rundfunk und Fernsehen nachrüstungskritische Stimmen, ohne dass sie daran Wesentliches ändern konnte.⁵⁵ Allerdings versuchte sie, durch mehrere »Journalisten-

53 Allerdings entzog sich gerade Bastian nicht immer offensichtlichen östlichen Einflussversuchen. Im November 1980 gehörte er zu den Erstunterzeichnern des kommunistisch inspirierten »Krefelder Appells« und im Folgejahr zu den Mitbegründern der von der DDR inspirierten »Generale für den Frieden«, vgl. Jochen Staadt, Die SED und die »Generale für den Frieden«, in: Jürgen Maruhn/Manfred Wilke (Hg.), Raketenpoker um Europa. Das sowjetische SS-20-Abenteuer und die Friedensbewegung, München 2000, S. 270-280. Dass es seitens des Ostblocks Einwirk- und Steuerungsversuche auf die westlichen Friedensbewegungen gab, ist unbestreitbar; strittig bleibt die Frage, wie wirksam sie waren. Vgl. dazu die Kontroverse zwischen Gerhard Wettig, Die Sowjetunion in der Auseinandersetzung über den NATO-Doppelbeschluss 1979-1983, in: VfZ 57 (2009), S. 217-259, ders., Der Kreml und die Friedensbewegung Anfang der achtziger Jahre, in: VfZ 60 (2012), H. 1, S. 143-149, und Holger Nehring/Benjamin Ziemann, Führen alle Wege nach Moskau? Der NATO-Doppelbeschluss und die Friedensbewegung – eine Kritik, in: VfZ 59 (2011), H. 1, S. 81-100.
54 Vgl. Afz. VLR Steinkühler, 6.2.1981, PA/AA, Ref. 012-9, Bd. 125989; Afz. des MD Hansen, 20.2.1981, PA/AA, Ref. 220, Bd. 123096; Afz. des VLR I Citron, 22.3.1982. PA/AA, Ref. 012-9, Bd. 125990.
55 Afz. des VLR I Citron, 20.7.1981, PA/AA, Ref. 220, Bd. 123097. Der Journalist und Redenschreiber von Helmut Schmidt berichtet, gegen Ende von Schmidts Kanzlerschaft habe sich dessen jahrelange Vernachlässigung der Funk- gegenüber den Printmedien gerächt, vgl. Jochen Thies, Helmut Schmidts Rückzug von der Macht. Das Ende der Ära Schmidt aus nächster Nähe, Stuttgart 1988, S. 167. Auch Helmut Kohl klagte gegenüber Margaret Thatcher am 21.9.1983 über seine Probleme mit den elektronischen Medien, wobei die Rundfunkanstalten »schlimmer als das Fernsehen« seien. Vgl. AAPD 1983, Dok. 270.

kolloquien« über Sicherheitsfragen gerade auch publizistischen Gegenspielern den Regierungskurs verständlich zu machen, und setzte vor allem auf Einwirkmöglichkeiten in der Regionalpresse.[56] Als ernsthaftes Problem erwiesen sich die sich häufig widersprechenden Angaben über militärisch-technische Daten wie Raketenzahlen, Reichweiten, Wurfgewichte oder Flugzeiten, auf die von den widerstreitenden Experten, aber zum Teil auch mit unterschiedlichen Angaben von Regierungsseite verwiesen wurde. Das führte dazu, dass die Verlässlichkeit von Statistiken generell in Frage gestellt wurde – und damit sehr schnell auch die Ernsthaftigkeit des von NATO-Seite aus postulierten sowjetischen militärischen Übergewichts. Dieser generelle Glaubwürdigkeitsverlust schadete unterm Strich mehr der Regierungs- als der Protestseite.

Zusätzliche Restriktionen beim Verkaufen der Regierungspolitik wurden Bonn zuweilen von alliierter Seite auferlegt. Im April 1980 wollte die Bundesregierung vergeblich den Beginn des einseitigen Abzugs von 1000 amerikanischen Nuklearsprengköpfen aus der Bundesrepublik bekannt geben, um so öffentlichkeitswirksam darzulegen, dass selbst durch die im NATO-Doppelbeschluss vorgesehenen 108 Pershing-II und 464 GLCM die Zahl westlicher Atomwaffen nicht wachse und dass die NATO ernsthaft an Abrüstung interessiert sei. Diese Rechnung durchkreuzten freilich die Amerikaner, die fürchteten, dadurch Demonstranten oder gar Terroristen anzulocken.[57] Ende Dezember wurde der Abzug verschämt in einem NATO-Tagungskommuniqué angezeigt[58] – natürlich ohne entsprechende Schlagzeilen! Ein ähnliches PR-Desaster wiederholte sich im Oktober 1983, als die Nukleare Planungsgruppe den Abzug weiterer 1.400 Atomsprengköpfe aus Europa bekannt gab.[59] Bis heute dürfte weitgehend unbekannt geblieben sein, dass sich durch den NATO-Doppel-

---

56 Afz. des VLR I Citron, 22. 9. 1981, dito, 17. 11. 1981, PA/AA, Ref. 220, Bd. 123096; Afz. des VLR I Steinkühler, 6. 12. 1982, PA/AA, Ref. 012-9, Bd. 125990.
57 Vgl. DE Nr. 2301 des Botschafters Ruth an Botschaft in Washington, 23. 4. 1980, in: AAPD 1980, Dok. 129, S. 674-677. Terroristische Anschläge auf NATO-Ziele verübte die Rote Armee Fraktion im Juni 1979 auf den Oberbefehlshaber der alliierten Truppen in Europa (SACEUR), Haig, und im September 1981 auf den amerikanischen General und Kommandeur der NATO Central Army Group, Kroesen, in Heidelberg.
58 Vgl. § 15 des Kommuniqués der Ministersitzung des Verteidigungsplanungsausschusses (DPC) der NATO vom 9./10. 12. 1980 in Brüssel, http://www.nato.int/docu/comm/49-95/c801209a.htm [16. 9. 2012].
59 Für die »Montebello decision« der Nuklearen Planungsgruppe (NPG) der NATO vom 27. 10. 1983 vgl. http://www.nato.int/docu/comm/49-95/c831027a.htm [16. 9. 2012].

beschluss die Zahl der in Europa stationierten Atomwaffen also nicht erhöhte, sondern quantitativ verringerte.

Umgekehrt sorgten vor allem in den USA offen zugängliche Informationen wiederholt für die Bekanntgabe sicherheitspolitischer Geheimnisse, die die Bundesregierung gerne unter Verschluss gehalten hätte. So ging Bonn davon aus, dass entsprechende US-Quellen für jenen *Stern*-Artikel genutzt wurden, durch den 1981 die bis dahin nie veröffentlichten Atomwaffenlagerorte im Bundesgebiet bekannt wurden.[60] Ob dabei eher, wie von ehemaligen HVA-Offizieren behauptet, die Stasi ihre Hand im Spiel hatte, sei offen gelassen.[61] Die Friedensbewegung griff die Veröffentlichung jedenfalls auf und entwickelte ganze »Militarisierungsatlanten« und Handbücher zum Aufspüren weiterer solcher »sites«.[62] Noch im September 1983 beklagte die Bundesregierung in der deutsch-amerikanischen »Technischen Arbeitsgruppe« (jener eigens gegründeten ressortübergreifenden Expertengruppe, die den reibungslosen Transfer und die umgehende Gefechtsbereitschaftsherstellung der Pershing-II-Mittelstreckenraketen organisieren sollte), dass fortdauernde Indiskretionen aus Washington ihre Politik erschweren würden. So seien insbesondere den in den USA nicht VS-eingestuften Lieferverträgen mit dem Pershing-II-Hersteller Martin Marietta alle entscheidenden Orte für die Pershing-II-Stationierung zu entnehmen.[63]

Letzten Endes setzte die Bundesregierung bei ihrem Versuch, die Friedensproteste zu besänftigen, primär auf ihre ganz der Formel des Harmel-Berichts von 1967 verpflichtete Politik der Friedenssicherung, die einen ausgewogenen realpolitischen Mix aus Entspannungs- und Verteidigungsbereitschaft anvisierte.[64] Da die Friedensbewegung insbesondere durch die bellizistische Kalte-Kriegs-Attitüde der Reagan-Administration

60 Vgl. »Die versteckte Atommacht«, Stern, Nr. 9 vom 19. 2. 1981, S. 26-34 und S. 218.
61 Vgl. Bohnsack, Günter/Brehmer, Herbert, Auftrag Irreführung. Wie die Stasi im Westen Politik machte, Hamburg 1992, S. 118. Im Gespräch zwischen Schmidt und dem amerikanischen Außenminister Haig am 11. 4. 1981 wurde der amerikanische »Gegenexperte«, Admiral La Rocque, für dieses Leck verantwortlich gemacht, vgl. AAPD 1981, Dok. 106, S. 587.
62 Vgl. Susanne Schregel, Der Atomkrieg vor der Haustür. Eine Politikgeschichte der neuen Friedensbewegung in der Bundesrepublik 1970-1985, Frankfurt a. M./New York 2012, S. 100-136.
63 Vgl. Afz. des VLR I von Studnitz, 28. bzw. 30. 9. 1983, PA/AA, B 150, Aktenkopien 1983.
64 Der Leiter des Öffentlichkeitsreferats im AA, VLR I Steinkühler, legte am 6. 12. 1982 dar, zwar seien »von den für die Öffentlichkeitsarbeit/Inland zugewiesenen Mitteln in Höhe von 1,35 Mio. DM insgesamt 608 540 DM, d. h. 45,07 % für die Darstellung und Vertretung unserer Sicherheitspolitik« verwendet worden. Zugleich erinnerte er an die Grenzen der Öffentlichkeitsarbeit: »Sie kann mehr

beflügelt wurde, bemühte sich Bonn hartnäckig, Washington rhetorisch zu bremsen und zu praktischen, möglichst weitreichenden Abrüstungsschritten zu bewegen. Die am 18. November 1981 von Reagan als Ziel der Genfer INF-Verhandlungen verkündete »Null-Lösung«, also das Angebot, auf die Stationierung der amerikanischen Pershing-II und Cruise Missiles zu verzichten, falls umgekehrt die Sowjetunion ihr gesamtes Mittelstreckenarsenal abbauen würde, war ganz wesentlich mit auf deutsches Drängen zurückzuführen.[65] Doch die davon erhoffte Auswirkung auf die Friedensbewegung trat nicht ein. Schließlich war bekannt, dass innerhalb der US-Administration gerade »Falken« wie Verteidigungsminister Caspar Weinberger und sein Stratege Richard Perle für die Null-Lösung eingetreten waren, weil sie ihnen als geschickter Propaganda-Coup und zudem für die Sowjets unannehmbar erschien.[66]

In der Bundesrepublik wurden indessen – je länger, desto mehr – die ohnehin nie trennscharfen Grenzen zwischen Friedensbewegung und sozial-liberaler Bundesregierung immer verschwommener. Große Teile der Regierungspartei SPD verstanden sich ohnehin von Anfang an als genuinen Teil der Friedensbewegung. Man denke nur an Gallionsfiguren wie den baden-württembergischen SPD-Vorsitzenden Erhard Eppler, den Saarbrücker Oberbürgermeister Oskar Lafontaine, der aus »Angst vor den Freunden«[67] 1983 sogar den Austritt aus der NATO empfahl, oder auch den SPD-Vorsitzenden Willy Brandt, der nach dem Regierungswechsel vom 1. Oktober 1982 einräumte, den Doppelbeschluss bisher nur aus Pflichtgefühl gegenüber Schmidt unterstützt zu haben, und deshalb im Herbst 1983 unter den Friedensdemonstranten im Bonner Hofgarten zu finden war.[68] Dieser schwindende Rückhalt für die Nachrüstung in der SPD war bekanntlich *ein* wichtiger Grund, allerdings

---

oder weniger erfolgreich Politik unterstützen; sie zu ersetzen, ist sie außerstande.« PA/AA, Ref. 012-9, Bd. 125990.

65 Vgl. dazu Thomas Risse-Kappen, Null-Lösung. Entscheidungsprozesse zu den Mittelstreckenwaffen 1970-1987, Frankfurt a. M. 1988, S. 98; Lothar Rühl, Mittelstreckenwaffen in Europa, Baden-Baden 1987, S. 289.

66 Vgl. Klaus Schwabe, Verhandlungen und Stationierung, Die USA und die Implementierung des NATO-Doppelbeschlusses 1981-1987, in: Gassert/Geiger/Wentker (Hg.), Zweiter Kalter Krieg, S. 68-71.

67 Oskar Lafontaine, Angst vor den Freunden. Die Atomwaffenstrategie der Supermächte zerstört die Bündnisse, Reinbek 1983.

68 Zur Haltung der SPD vgl. Friedhelm Boll/Jan Hasen, Doppelbeschluss und Nachrüstung als innerparteiliches Problem der SPD, in: Gassert/Geiger/Wentker (Hg.), Zweiter Kalter Krieg, S. 203-228; Anton Notz, Die SPD und der Doppelbeschluss. Abkehr von einer Sicherheitspolitik der Vernunft, Baden-Baden 1990.

nicht der einzige, für die »Wende« der FDP hin zur christlich-liberalen Koalition.

Hier wie andernorts außenpolitische Kontinuität wahrend, drängte auch die Regierung Kohl die USA beständig auf Fortschritte bei den Genfer INF-Verhandlungen – nicht zuletzt um so die aufgewühlte innenpolitische Lage zu beruhigen.[69] In zahllosen Begegnungen bilateraler wie multilateralen Art, insbesondere im Rahmen der seit Sommer 1983 auf westdeutsches Drängen sogar halbmonatlich stattfindenden Sitzungen der Special Consultative Group (SCG) der NATO, versicherte die Bundesregierung der amerikanischen Führungsmacht, sie werde ungeachtet aller weiter wachsenden Demonstrationen und Proteste an der Nachrüstung festhalten. Um dem innenpolitischen Druck standzuhalten und weiterhin die Wähler von ihrer Sicherheitspolitik überzeugen zu können, sei es aber unabdingbar, dass die Bundesregierung in der Lage sei, schlüssig und überzeugend darlegen zu können, dass die verbündete Supermacht aufrichtig, ernsthaft und seriös mit der UdSSR Abrüstungsfortschritte anstrebe. Nur wenn klar sei, dass die Verhandlungen am Osten, nicht am Westen gescheitert seien, könne die Nachrüstung wie geplant vollzogen werden. Wie zentral das Element der öffentlichen Akzentuierung westlicher Verhandlungsbereitschaft für die Durchführung der NATO-Rüstungspolitik geworden war, war spätestens jetzt auch der Reagan-Administration klar. Ihr eigens für die Verbesserung der europäischen Öffentlichkeitsarbeit berufener Sonderemissär räumte im Auswärtigen Amt ein, die westeuropäische Öffentlichkeit sei bei den Genfer Abrüstungsverhandlungen der Supermächte gleichsam die dritte und ausschlaggebende Partei am Verhandlungstisch: »Dies erschwere die amerikanische Verhandlungsführung; die USA müssten berücksichtigen, dass Vorschläge, die der europäischen öffentlichen Meinung nicht ausreichend erschienen, von der SU gar nicht honoriert werden müssten; insofern gebe es eine Gefahr, dass der Westen mit sich selbst verhandele.«[70]

Entsprechend großes Gewicht maß Washington in diesen Monaten den Wünschen der Bundesregierung bei, denn die Hauptlast der Nachrüstung hatte nun einmal die Bundesrepublik zu tragen. Die amerikanischen INF-Vorschläge von März 1983, in Genf doch noch eine »Zwischenlösung« jenseits der als Idealziel weitergeltenden Null-Lösung und schließlich im September sogar den zuvor stets abgelehnten Einbezug

---

69 Vgl. Rödder, Bündnissolidarität und Rüstungskontrollpolitik, in: Gassert/Geiger/Wentker (Hg.), Zweiter Kalter Krieg, S. 123-136.
70 Afz. des VLR Hartmann vom 16.3.1983 über das Gespräch des Staatssekretärs von Staden mit dem amerikanischen Sondergesandten Dailey am 11.3.1983, PA/AA, Referat 201, Bd. 125674.

von nuklearwaffenfähigen Flugzeugen anzubieten,[71] gingen insofern maßgeblich auf Drängen der westdeutschen Regierung zurück – die wiederum unter dem Druck der eigenen Friedensproteste und der SPD-Opposition handelte. Die vorgezogene Bundestagswahl am 6. März 1983 war zum Teil ein »Raketenwahlkampf«[72]. Das war in erster Linie dem Kalkül der Opposition zu verdanken, die spekulierte, dabei von einer von Demoskopen ausgemachten nachrüstungskritischen Mehrheit in der Bevölkerung zu profitieren, während die Regierung selbst zunächst stärker Themen der Wirtschafts- und Sozialpolitik in den Vordergrund zu rücken versuchte.[73] Ihre eindeutige Bestätigung im Amt interpretierte die schwarz-gelbe Koalition dann aber als ein quasi-plebiszitäres Mandat für die Implementierung der Nachrüstung. Indes fühlten sich auch Nachrüstungsgegner bestätigt, rückten doch die mit der Friedens- und Protestbewegung eng verbundenen »Grünen« erstmals in den Bundestag ein.[74] Prompt sorgten diese noch vor der Parlamentseröffnung für Furore mit der Ankündigung, Informationen aus den Ausschüssen trotz geltenden Geheimschutzbestimmungen an ihre Basis weiterzuleiten.[75] Mit spektakulären Aktionen inner- und außerhalb des Parlaments trugen die Grünen wie die Friedensbewegung insgesamt dazu bei, dass sicherheitspolitische Fragen weiter die politische Agenda dominierten.[76]

Auch in der Alltagskultur war das Friedensthema zu Beginn der 1980er Jahre längst omnipräsent. Das reichte von Besteller wie »Frieden ist mög-

71 Vgl. dazu Dokumentation zur Abrüstung und Sicherheit. Bd. XXI: 1983, hg. von Hanswilhelm Haef/Doris Breuers, Sankt Augustin 1988, S. 48 f. und S. 112-114.
72 Vgl. den Titel in Der Spiegel Nr. 5 vom 31.1.1983 bzw. den dortigen Leitartikel »Wenn es jetzt nicht reicht, dann nie«, ebd., S. 15-24.
73 Vgl. Peter Glotz, Kampagne in Deutschland. Politisches Tagebuch 1981-1983, München 1986, S. 252, 268 f.; Gespräch Bundeskanzler Kohl mit dem stellvertretenden amerikanischen Außenminister Dam, 24.3.19983, in: PA/AA, B 150, Aktenkopien 1983. Vgl. auch Hans-Peter Schwarz, Helmut Kohl. Eine politische Biographie, München 2012, S. 324.
74 Vgl. Wirsching, Abschied vom Provisorium, S. 17-26.
75 Vgl. »Muntere Zeiten«, in: Der Spiegel Nr. 11 vom 14.3.1983, S. 31 f.; »Aushöhlung der Demokratie durch Geheimnisverrat?«, in: Union in Deutschland (UiD) Nr. 11 vom 17.3.1983, S. 15, http://www.kas.de/wf/doc/kas_26420-544-1-30.pdf?110902100835 [16.9.2012].
76 Neben den eingangs genannten Massendemonstrationen, Menschenketten, Sitzblockaden etc. sei hier selektiv erinnert an das »Nürnberger Tribunal gegen Erstschlag- und Massenvernichtungswaffen in Ost und West« 1983, das »Blutattentat« des grünen hessischen Landtagsbgeordneten Frank Schwalba-Hoth, der am 3.8.1983 einen US-General mit selbst-abgezapftem Blut bespritzte, an zahlreiche »Friedensfestivals« und Auftritte von »Künstlern für den Frieden« etc. Vgl. dazu Kathrin Fahlbrach und Laura Stapane, Mediale und visuelle Strategien der Friedensbewegung, in: »Entrüstet Euch!«, S. 229-246.

VERGEBLICHER PROTEST?

lich« des Fernsehjournalisten (und CDU-Mitglieds) Franz Alt[77] über Jugendliteratur wie Gudrun Pausewangs »Die letzten Kinder von Schewenborn«, das in abschreckender Drastik das Horrorszenario eines nach einem Atomkrieg verheerten Hessens ausmalte, bis zur Populärmusik. *Pars pro toto* sei nur an Udo Lindenbergs Duett mit dem 10jährigen Pascal Krevitz »Wozu sind Kriege da?« (1983) erinnert, an den Aktionskünstler und zeitweiligen »Grünen«-Aktivisten Josef Beuys mit seinem skurrilen Song »Wir wollen Sonne statt Reagan/ohne Rüstung leben!« (1982) oder an Schlagersängerin Nicole, die sich zwar selbst als unpolitisch verstand, aber mit »Ein bisschen Frieden« so sehr den Nerv der Zeit traf, dass sie damit am 24. April 1982 zum ersten Mal für Deutschland den »Grand Prix d'Eurovision« gewann.[78]

Im Kino liefen Filme wie »The day after«, in dem drastisch der nukleare Weltuntergang am Beispiel einer amerikanischen Kleinstadt im Mittleren Westen inszeniert wurde. Zwar kam der Streifen erst einige Wochen nach der Stationierungsentscheidung des Bundestags in deutsche Kinos, aber in den USA, wo er im November 1983 im Fernsehsender ABC ausgestrahlt wurde, sah sich die Reagan-Administration gezwungen, unmittelbar nach der Sendung Außenminister George P. Shultz ihre Sicherheitspolitik erklären zu lassen.[79] Der Film »War Games« thematisierte im selben Jahr die weit verbreitete Furcht eines »Atomkriegs aus Versehen«, genauer: durch Computerversagen – im Film beinahe ausgelöst durch einen jugendlichen Hacker, der in das Datensystem des Pentagons eindringt. Bonner Diplomaten versicherten zwar in geheimen Depeschen aus Washington, solch ein Szenario sei ausgeschlossen.[80] In der Praxis gebe es eben kein computer-gesteuertes »launch on warning«, sondern ein Nukleareinsatz bedürfe in jedem Fall immer erst der persönlichen Freigabe durch den US-Präsidenten. Im Bundestag unterstrich Verteidigungsminister Wörner dies auch öffentlich[81] – ohne damit freilich alle fortbestehenden Zweifel aus der Welt schaffen zu können.

77 Franz Alt, Frieden ist möglich. Die Politik der Bergpredigt, München 1983. Vgl. ferner die Gegenschrift von Manfred Hättlich, Weltfrieden durch Friedfertigkeit? Eine Antwort auf Franz Alt, München 1983.
78 Vgl. Philipp Gassert, Die Vermarktung des Zeitgeists. Nicoles »Ein bisschen Frieden« (1982) als akustisches und visuelles Dokument, in: Zeithistorische Forschungen, Online-Ausgabe, 9 (2012), H. 1, http://www.zeithistorische-forschungen.de/16126041-Gassert-1-2012 [16.9.2012]; ferner Philip Baur, Nukleare Untergangsszenarien in Kunst und Kultur, in: »Entrüstet Euch!«, S. 325-338.
79 »Die Angst vorm Überleben«, in: *Der Spiegel* Nr. 48 vom 28.11.1983, S. 129-132.
80 Vgl. DB Nr. 4515 des Militärattachés Steinkopff, Washington, 4.10.193, in: AAPD 1983, Dok. 288.
81 Vgl. Deutscher Bundestag, Stenographische Berichte, 10. WP, 36 Sitzung (22.11. 1983), S. 2467f.

Den Vollzug der Nachrüstung ab Herbst 1983 verhinderten sämtliche Protest-Aktivitäten nicht. Trotz Belagerung durch Tausende von Demonstranten, beschloss der Bundestag nach einer erbitterten zweitägigen Redeschlacht am 22. November 1983 mit der Regierungsmehrheit von CDU/CSU und FDP, dass die Nachrüstung mit amerikanischen Mittelstreckenraketen nun, wie im NATO-Doppelbeschluss avisiert, beginnen solle, da die amerikanisch-sowjetischen Abrüstungsverhandlungen in Genf zu keinem greifbaren Ergebnis geführt hätten. Bereits wenige Stunden später trafen in der Bundesrepublik jene Atomsprengköpfe und Gerätschaften ein, mit denen innerhalb weniger Wochen die Umrüstung auf die neuen Pershing-II-Raketen vollzogen war. Auch in Italien und Großbritannien wurden neue amerikanische Marschflugkörper aufgestellt. Ihr unmittelbares Nahziel, die Aufstellung neuer Nuklearraketen zu verhindern, hatte die Friedensbewegung damit verfehlt. Obwohl in Westdeutschland Protestmärsche und Sitzblockaden fortdauerten, hatte die Protestbewegung ihren Zenit überschritten. Doch anders als befürchtet, kollabierten die Ost-West-Beziehungen keineswegs, auch wenn die UdSSR zunächst in einer Trotzreaktion sämtliche Abrüstungsverhandlungen kurzzeitig aussetzte. Bereits 1987 brachte der INF-Vertrag die doppelte Null-Lösung – und damit die Verschrottung all jener Mittelstreckenraketen, um die in den Jahren zuvor so erbittert gerungen worden war.[82]

Die Nuklearwaffenthematik ist seither wieder in einen Dornröschenschlaf verfallen. 2009 unternahm die Bundesregierung unter Außenminister Guido Westerwelle (FDP) zwar einen zaghaften Versuch, den Abzug der letzten, auf rund ein Dutzend geschätzten, taktischen amerikanischen Nuklearsysteme von deutschem Boden zu erwirken, doch löste weder dieser Vorstoß noch sein vollständiges Scheitern in erkennbarem Umfang öffentliche Reaktionen aus.[83] Das Ende des Kalten Krieges hat offensichtlich zu einem radikalen, vollständigen Bewußtseinswandel hinsichtlich der sicherheitspolitischen atomaren Bedrohung geführt, auch wenn diese Perzeption im Zeitalter des »Kampfs gegen den Terror« nicht unbedingt rational und gänzlich nachvollziehbar ist. Bedenkt man, dass Fragen der atomaren Rüstungs- und Verteidigungspolitik zu Beginn der 1980er Jahre wie kaum ein anderes Thema jahrelang zu massenhafter

---

82 Vgl. dazu die Dokumentensammlung des National Security Archive, »The INF Treaty and the Washington Summit«, http://www.gwu.edu/~nsarchiv/NSAEBB/NSAEBB238/index.htm [16.9.2012].
83 Vgl. Karl-Heinz Kamp, Eine nukleare Allianz. Die NATO beschließt den Verbleib der amerikanischen Atomwaffen in Europa, in: Internationale Politik 67 (2012), H. 5, S. 98-101.

Mobilisierung, Politisierung und Polarisierung geführt hatten, ist dies ein ziemlich überraschender Befund.

War der öffentliche Protest gegen den NATO-Doppelbeschluss also letzten Endes vergebens? Eine Antwort auf diese scheinbar simple Frage ist weit komplizierter, als es bei oberflächlicher Betrachtungsweise erscheinen mag.

1) Gewiss, gemessen an ihrem selbstgesteckten Ziel, die Dislozierung neuer US-Raketen und damit eine neue Runde im Rüstungswettlauf zwischen Ost und West zu verhindern, ist die Friedensbewegung in der Bundesrepublik zweifelsohne gescheitert. In Westdeutschland misslang dem öffentlichen Protest, was in den benachbarten Niederlanden gelungen war: Dort setzten die massenhaften Friedensproteste die verantwortlichen politischen Entscheidungsträger so sehr unter Druck, dass diese die im NATO-Doppelbeschlusses zugesagte Dislozierung des niederländischen Nachrüstungsanteils Jahrelang hinauszögerten, bis die internationale Entwicklung mit ihren Abrüstungsdurchbrüchen schließlich die Implementierung dieser Bündniszusage hinfällig machte.[84]

Im Frontstaat Bundesrepublik blieb der sicherheitspolitische Entscheidungsdruck dagegen von Anfang an höher. Die verantwortlichen westdeutschen Spitzenpolitiker zeigten sich zudem druckunempfindlicher und willensstärker, gestützt auf ihr politisches Mandat, an einmal von ihnen als richtig und notwendig erkannten Entscheidungen festzuhalten.

2) Auch wenn der öffentliche Protest in der Bundesrepublik keinen fundamentalen sicherheitspolitischen Kurswechsel erzwingen konnte, so blieb er – wie aufgezeigt – trotzdem nicht ohne Auswirkungen auf die Regierungspolitik. Spätestens seit 1980 sahen sich alle Bundesregierungen genötigt, ihre Außen- und Verteidigungspolitik für das Wahlvolk verständlicher und nachvollziehbarer zu erklären und für ihren Kurs zu werben. Mancher Forderung des Straßenprotests versuchte man von Regierungsseite durch Antizipation, Widerlegung oder z.T. auch Anverwandlung ihrer Sprengkraft zu berauben – und, vor allem gegenüber der eigenen Bündnisvormacht, den Impetus des Friedensprotestes für weitere Verbesserungen und Fortschritte in Abrüstungsverhandlungen zu nutzen.

---

84 Vgl. Coreline Boot/Beatrice de Graaf, »Hollanditis« oder die Niederlande als »schwaches Glied in der NATO-Kette«? Niederländische Proteste gegen den NATO-Doppelbeschluss 1979-1985, in: Gassert/Geiger/Wentker (Hg.), Zweiter Kalter Krieg, S. 345-362.

3) Vor allem mittel- und langfristig sollte der Friedensprotest weitreichende Folgen zeitigen, die hier nur noch angedeutet werden können:[85] Am offensichtlichsten waren die Veränderungen im parteipolitischparlamentarischen System der Bundesrepublik. Neben dem wachsenden Bewußtsein für die Gefährdungen von Umwelt und Ökologie in einer Zeit »nach dem Boom«[86] trug vor allem das friedenspolitische Engagement alternativer Gruppierungen und sozialer Bewegungen, die sich durch die bisherigen Parteien nur noch unzureichend repräsentiert fühlten, dazu bei, dass sich mit den »Grünen« dauerhaft eine neue Partei im Bundestag etablieren konnte.

Wenn auch, wie eingangs geschildert, es historiographisch umstritten bleibt, welches Gewicht dem internationalen Friedensprotest für das tatsächliche Ende des Kalten Krieges zukommt und monokausale Erklärungsversuche sicher zu kurz greifen, dürfte doch unstrittig sein, dass die weltweiten Friedensbewegungen ein wichtiger Faktor waren. Zum einen wuchsen im Protest gegen die als unverantwortlich gegeißelte (Rüstungs-)Politik der beiden Supermächte in West wie Ost neue Gefühle gesamteuropäischer Verbundenheit und europäische Emanzipationsbestrebungen von den Blockvormächten. Zum anderen sollte auf lange Sicht vor allem das blockgrenzenübergreifende transnationale Agieren der Friedensbewegung eine entscheidende Bedeutung gewinnen. Auch jenseits des Eisernen Vorhangs entstanden nämlich Friedensgruppen, die mit der staatlich kontrollierten Friedenspropaganda der sozialistischen Staatengemeinschaft nichts zu tun hatten; im Gegenteil, diese Gruppierungen forderten neben Abrüstungs- und Demilitarisierungsmaßnahmen auch auf Seiten des Ostens vor allem Menschen- und Bürgerrechte als Voraussetzung des inneren Friedens ein und bereiteten so entscheidend den Weg für den friedlichen Umbruch 1989/90 vor.

Auch auf sicherheitspolitischer Ebene lassen sich langfristige Folgewirkungen erkennen. Die NATO-Nachrüstung erzwang im Ostblock letztlich die Preisgabe der bisherigen, vom Warschauer Pakt jahrzehntelang vertretenen militärischen Offensivstrategie zugunsten einer defensiven Strategieplanung, wie sie von der NATO seit langem vertreten wurde. Die im Westen erwirkten militärpolitischen Wandlungsprozesse waren weniger offensichtlich, aber kaum weniger folgemächtig. Denn in immer größeren Teilen der deutschen Bevölkerung hatte der Friedensprotest

---

85 Vgl. dazu auch Becker-Schaum/Gassert/Klimke/Mausbach und Zepp, Die Nuklearkrise der 1980er Jahre. NATO-Doppelbeschluss und Friedensbewegung, in: »Entrüstet Euch!«, S. 20-32.
86 Vgl. Anselm Doering-Manteuffel/Lutz Raphael, Nach dem Boom. Perspektiven auf die Zeitgeschichte seit 1970, Göttingen 2010.

den Glauben an die Wirksamkeit und Wünschbarkeit der bis dahin geltenden atomaren Verteidigungsstrategie nachhaltig erschüttert. Die steigende Zahl der Wehrdienstverweigerer kann als Indiz für den signifikanten Wandel sicherheitspolitischer Überzeugungen in der Bevölkerung gedeutet werden, der sich freilich angesichts des welthistorischen Wandels des Ostblocks 1989/90 wenig öffentlich bemerkbar machte.

Außenpolitik und Öffentlichkeit in der Berliner Republik

MANFRED GÖRTEMAKER

Als der Deutsche Bundestag am 20. Juni 1991 beschloss, den Sitz von Parlament und Regierung von Bonn nach Berlin zu verlegen, war das Ende der »Bonner Republik« besiegelt. »Eine wunderbare Katastrophe«, urteilte damals das Nachrichtenmagazin *Der Spiegel*: »Weinende Verlierer, weinende Sieger: Seit dem gescheiterten Misstrauensvotum gegen [...] Willy Brandt hat keine Entscheidung des Parlaments so viele Emotionen geweckt.«[1] Schon mit der »Wende« von 1989/90 und der deutschen Wiedervereinigung am 3. Oktober 1990 hatte sich diese Entwicklung abgezeichnet. Dabei war nicht von Anfang an absehbar gewesen, wie groß der Einschnitt sein würde, der sich daraus ergab. So fand die Debatte über die Hauptstadtfrage eine breite publizistische und öffentliche Resonanz. Die Entscheidung ließ einen gespaltenen Bundestag zurück und blieb die Antwort auf viele Fragen schuldig.

Tatsächlich hatte sich die Bonner Republik seit 1949 durch eine bemerkenswerte innere Stabilität sowie durch wirtschaftliche Prosperität und außenpolitische Berechenbarkeit ausgezeichnet. Auch jetzt, nach 1990, ließen der Fortbestand der Verfassung, die Leistungsfähigkeit der Wirtschaft und die Kontinuität der Westbindung den Bruch nicht als dramatisch erscheinen. Alles, was die Bonner Republik so attraktiv gemacht hatte, war mit dem Beitritt der fünf ostdeutschen Länder zum Geltungsbereich des Grundgesetzes nach Artikel 23 keineswegs zu Ende. Aber die Frage schien berechtigt, inwieweit der Umzug von Parlament und Regierung den Stil des Regierens oder gar dessen Inhalte tangieren werde. Diese Frage wurde schon früh gestellt. So veröffentlichte der Journalist und Publizist Johannes Gross, selbst Rheinländer, 1995 ein Buch unter dem Titel *Begründung der Berliner Republik – Deutschland am Ende des 20. Jahrhunderts*, in dem er die Behauptung aufstellte, die Bundesrepublik sei »durch die Wiedervereinigung nicht nur größer, sondern dank auch der sie begleitenden Veränderungen der internationalen Politik von Grund auf anders geworden«.[2] Zwar sei die Berliner Republik mit der Bonner Republik staatsrechtlich identisch. Doch gesellschaftlich, politisch und kulturell sei sie es nicht. Mit dem Umzug nach Berlin, meinte

---

1 »Eine wunderbare Katastrophe«, in: *Der Spiegel*, 24. Juni 1991.
2 Johannes Gross, Begründung der Berliner Republik. Deutschland am Ende des 20. Jahrhunderts, Stuttgart 1995, S. 7 f.

Gross, werde »die Binnenisolation der deutschen Politik«, die zu den Charakteristika Bonns zähle, wo die Politik »wie eine Einquartierung« lebe, beendet. Für die alte Bundesrepublik sei die Kommunikationsschwäche unter den Eliten kennzeichnend gewesen, weil es eine Vielzahl von Zentren, aber eben keine Hauptstadt im Vollsinn des Wortes gegeben habe. Berlin als Hauptstadt werde eine besondere Sogwirkung entfalten und »nicht nur Hauptquartier der Bundespolitik sein, sondern auch Lebensmittelpunkt der sie gestaltenden Personen« – und das werde sich auf die Atmosphäre des Regierens auswirken.³

Dieser Argumentation, die von einer Änderung der Politik wie von einem Wandel des Politikstils ausging, wurde häufig widersprochen, selten zugestimmt. Insbesondere der Begriff »Berliner Republik« fand keine Gnade. Bundeskanzler Helmut Kohl nannte ihn einen »ausgemachten Unsinn«, der Umzug sei kein Umzug in eine »andere Republik«. Wolfgang Schäuble bekannte im Juni 1997 vor der Deutschen Gesellschaft für Auswärtige Politik, er halte wenig von derartigen »Wortungetümen«, eine »Berliner Republik« werde es ebenso wenig geben, wie es eine »Bonner Republik« gegeben habe. Und Bundespräsident Roman Herzog betonte, er halte von dem Begriff »überhaupt nichts«, denn er sehe nicht, »dass die Berliner eine andere Republik sein sollte als die von Bonn«.⁴

Indes, die Wegscheide von 1989, die sich im Umzug von Parlament und Regierung nach Berlin widerspiegelte, war bald immer weniger zu verkennen. Unbestritten waren von Anfang an die grundlegenden Veränderungen in der Außenpolitik. Weitgehend unstrittig sind inzwischen ebenfalls die Veränderungen im Parteiensystem. Auf die Zunahme sozialer und politischer Konflikte und das Aufeinanderprallen unterschiedlicher Mentalitäten als Ausdruck einer »heterogener« gewordenen Gesellschaft hat überzeugend der Historiker Gerhard A. Ritter hingewiesen.⁵ Nicht zuletzt bildete sich in den 1990er Jahren zudem »ein neuer medialer Überbau« heraus, der sich – so der Medienwissenschaftler Lutz Hachmeister – »von den vergleichsweise idyllischen Bonner Verhältnissen« deutlich unterscheide.⁶ »Phantome werden manchmal Realität«, notierte Hachmeister dazu 2007, »so wie das Geistige und Seelische ins Körper-

---

3 Ebd., S. 92 f.
4 Vgl. Michael Sontheimer, Berlin, Berlin. Der Umzug in die Hauptstadt, Hamburg 1999, S. 222.
5 Gerhard A. Ritter, Continuity and Change. Political and Social Developments in Germany after 1945 and 1989/90, London 2000, S. 25. Siehe auch umfassend Gerhard A. Ritter, Der Preis der deutschen Einheit. Die Wiedervereinigung und die Krise des Sozialstaats, München 2006.
6 Lutz Hachmeister, Nervöse Zone. Politik und Journalismus in der Berliner Republik, München 2007, S. 24.

liche übergehen und die Welt durch das Gedachte verändert werden kann.« Nicht anders verhalte es sich mit der Berliner Republik, die zuerst nur Bezeichnung für das größere Deutschland nach 1989 gewesen sei, dann soziologisches Konzept und sich nun als Lifestyle, »digitale Boheme« und mediale Aneignung entpuppe.[7]

Diese Veränderungen sind nicht allein mit der Wiedervereinigung zu erklären, sondern bedurften der Effekte des Umzugs von Parlament und Regierung von Bonn nach Berlin, um wirksam werden zu können, – den Gegebenheiten der Metropole, die es mit sich bringen, dass sich »publizistische und politische Milieus auffächern und neu verdichten.«[8] So hat die amerikanische Soziologin Sophie Mützel in ihrer 2002 veröffentlichten Dissertation *Making Meaning of the Move of the German Capital: Networks, Logics, and the Emergence of Capital City Journalism* in einer empirisch-dichten Beschreibung auf der Basis qualitativer Interviews und Inhaltsanalysen die Herausbildung eines »hauptstadtjournalistischen Stils« festgestellt.[9] Journalisten übernahmen nun einen Teil der intellektuellen Deutungsmacht, die zuvor von den Politikern selbst oder von Professoren und Schriftstellern ausgeübt worden war.[10] Mit dem Wechsel von der Bonner zur Berliner Republik ging zudem ein Generationswechsel in der deutschen Publizistik einher.

Von »Berliner Republik« zu sprechen, ist also sinnvoll, um den Kontrast zur Bonner Republik sowohl im Hinblick auf die Art des Regierens als auch hinsichtlich der innen- und außenpolitischen Gesamtkonstellation und der veränderten Öffentlichkeit deutlich zu machen. Der Unterschied zwischen der Berliner und der Bonner Republik wird dabei weniger durch den Ort des Sitzes von Parlament und Regierung bestimmt – zumal der eigentliche Umzug erst 1999 erfolgte –, als vielmehr durch die Neuartigkeit des politischen, ökonomischen, gesellschaftlichen und kulturellen Umfeldes, in dem die Bundesrepublik seit 1989/90 agiert. Das ist auch der Grund, weshalb der 3. Oktober 1990 als eigentliches Entstehungsdatum der »Berliner Republik« anzusehen ist. Ähnlich sieht es Hermann Rudolph, der 1998 im Berliner *Tagesspiegel* bemerkte, viel-

---

7 Ebd., S. 15.
8 Ebd., S. 24. Vgl. auch Beate Schneider, Massenmedien im Prozess der deutschen Vereinigung, in: Jürgen Wilke (Hg.), Mediengeschichte der Bundesrepublik Deutschland, Bonn 1999, S. 602-629.
9 Sophie Mützel, Making Meaning of the Move of the German Capital: Networks, Logics, and the Emergence of Capital City Journalism, New York 2002. Siehe auch Sophie Mützel, Von Bonn nach Berlin. Der gewachsene Hauptstadtjournalismus, in: Stephan Weichert und Christian Zabel (Hg.), Die Alpha-Journalisten. Deutschlands Wortführer im Porträt, Köln 2007, S. 55-73.
10 Hachmeister, Nervöse Zone, S. 77 f.

leicht stütze nichts so sehr die Absicht, das vereinte Deutschland bewusst als Berliner Republik zu begreifen, wie die Aussicht, dass sie sonst doch nur die alte Bonner Republik bleiben werde – erweitert um ein paar tausend Quadratkilometer, versetzt an einen neuen Standort. Dann, so Rudolph ironisch, fehle nicht viel zu der Einsicht, dass man sich die ganze Mühe hätte sparen können.[11]

Die folgenden Ausführungen beschränken sich nunmehr – entsprechend der Themenstellung – allein auf den Einfluss, den außenpolitische Faktoren auf die Öffentlichkeit in der Berliner Republik ausübten. Erkenntnisleitend sind dabei drei Fragen: Erstens, worin bestanden überhaupt die Veränderungen im Bereich der Außenpolitik? Zweitens, wie haben Regierung und Öffentlichkeit auf diese Veränderungen reagiert? Und drittens, wie gestalteten sich danach Medienlandschaft und Öffentlichkeit in der Berliner Republik?

Veränderungen in der Außenpolitik

Wer die Geschichte nach 1990 in außen-, militär- und sicherheitspolitischer Hinsicht betrachtet, wird vier grundlegende Veränderungen feststellen, die breit in der Medienöffentlichkeit diskutiert wurden:

(1) Der Zusammenbruch des Kommunismus, die Desintegration der Sowjetunion und die daraus erwachsende Unabhängigkeit zahlreicher Staaten Mittel-, Ost- und Südosteuropas sowie die Wiedervereinigung Deutschlands waren Prozesse von historischen Dimensionen, die eine weitgehende Neuordnung Europas erforderten. Diese Entwicklungen waren bereits seit den 1970er Jahren im Gange und wurden durch das »neue Denken«, das der sowjetische Partei- und Staatschef Michail Gorbatschow ab 1985 in der Innen- und Außenpolitik der UdSSR eingeführt hatte, beschleunigt. Das ganze Ausmaß des Wandels ließ sich jedoch erst nach 1990/91 absehen und bezog nun auch das wiedervereinigte Deutschland ein, das angesichts der offenen Grenzen in der Mitte Europas nicht abseits bleiben konnte, als die Revision der politischen, wirtschaftlichen und militärischen Architektur Europas eine aktive Mitwirkung verlangte.

(2) In der Militär- und Sicherheitspolitik sah sich das wiedervereinigte Deutschland nach 1990 zunächst weiterhin – wie zu Zeiten der Bonner Republik – zur Zurückhaltung gezwungen. Ein Einsatz der Bundeswehr

11 Hermann Rudolph, Der Argwohn um die Berliner Republik, in: *Der Tagesspiegel*, 6. September 1998, zit. nach: Ders.: Das erste Jahrzehnt. Die Deutschen zwischen Euphorie und Enttäuschung. Mit einem Vorwort von Lothar de Maizière, Stuttgart und München 2000, S. 250.

außerhalb des NATO-Gebietes kam für die überwiegende Mehrheit der Deutschen und auch für die Bundesregierung nicht in Betracht. Der Golf-Krieg 1991 fand somit ohne direkte deutsche Beteiligung statt – übrigens auch deshalb, weil zu dieser Zeit die Ratifizierung des Zwei-plus-Vier-Vertrages im Obersten Sowjet der UdSSR zur Beschlussfassung anstand, die nicht gefährdet werden sollte. Allerdings trug Deutschland neben Saudi-Arabien, Kuwait und Japan mit knapp 18 Milliarden DM wesentlich zur Finanzierung des Krieges bei. Vor allem in den USA wurde den Deutschen daher »Scheckbuch-Diplomatie« vorgeworfen – eine Kritik, die schon zu diesem Zeitpunkt erkennen ließ, dass Deutschland bald gezwungen sein würde, seine künftige außen- und sicherheitspolitische Rolle und mögliche Auslandseinsätze der Bundeswehr zu überdenken. Schon 1993/94 wurden dazu von der Bundesregierung, aber auch vom Bundesverfassungsgericht die entsprechenden Weichen gestellt.

(3) Der 11. September 2001 war eine Zäsur, die auch die deutsche Außenpolitik im Kern betraf und veränderte. Deutschland wurde nun zur Abwehr des internationalen Terrorismus herangezogen, der als globales Phänomen alte Blockgrenzen ignorierte und damit nicht zuletzt die deutsche Politik vor neue Herausforderungen stellte. Anders als in den 1990er Jahren, in denen Deutschland sich hauptsächlich in Europa, vor allem auf dem Balkan engagiert hatte, wurde der Handlungsrahmen jetzt, unter der Regierung von Bundeskanzler Gerhard Schröder und Bundesaußenminister Joschka Fischer, maßgeblich erweitert. Ein Beispiel dafür ist Afghanistan, wo die Deutschen eine wichtige Rolle sowohl bei der Afghanistan-Konferenz 2002 auf dem Petersberg bei Bonn als auch bei dem Versuch der Stabilisierung der Regierung von Hamid Karzai spielten. Zudem wurde Deutschland jetzt im UNO-Rahmen zunehmend als »international player« wahrgenommen, wie sich etwa bei der Unterbindung illegaler Waffenlieferungen vor der Küste des Libanon beziehungsweise bei der Abwehr der Aktivität von Piraten vor Somalia am Horn von Afrika zeigte.

(4) Entgegen dem Trend, dass Deutschland sich angesichts der Forderungen nach Übernahme von Verantwortung in der internationalen Politik zunehmend in die Pflicht nehmen ließ, gab es jedoch auch Beispiele, in denen es sich gegenüber den eigenen Verbündeten verweigerte. Dies geschah 2002/03 im Irak-Konflikt und erneut 2011, wenngleich unter anderen Vorzeichen, in der Frage des Schutzes von Aufständischen in Libyen.

Bei allen diesen Veränderungen waren die Medien von Beginn an wesentliche Träger der öffentlichen Debatte, wobei sich Kausalstrukturen nur schwer ausmachen lassen. Wie interagierten nun also die Bundesregierung und die Öffentlichkeit bei diesen Weichenstellungen – in der Europa-Politik, bei den Auslandseinsätzen der Bundeswehr, bei der Abwehr des internationalen Terrorismus und bei der Weigerung, Bündnispartnern in bestimmten Bereichen ihres Auslandsengagements zu folgen?

Die Neuordnung Europas nach 1989/90 und die deutsche Öffentlichkeit

Bei der Neuordnung Europas nach 1989/90 ist festzustellen, dass in der Europapolitik ein großer Konsens zwischen den außenpolitischen Eliten und der deutschen Öffentlichkeit bestand. Die Regierung des geeinten Deutschland setzte sich nicht nur für die Fortsetzung des Einigungsprozesses Westeuropas ein, den alle Bundesregierungen seit 1949 vorangetrieben hatten, sondern unterstützte auch die Erweiterung der Integration nach Osten. Deutschland, so Bundeskanzler Kohl am 2. Oktober 1990, habe als ein Land im Herzen Europas »alles Interesse daran, dass das wirtschaftliche West-Ost-Gefälle in Europa überwunden wird«. Einen Tag vor der Wiedervereinigung schrieb Kohl in einem Artikel für die *Frankfurter Allgemeine Zeitung*, die Verwirklichung der Europäischen Union werde »Herzstück der Außenpolitik auch eines vereinten Deutschland sein«.[12] Die »Europäische Union« solle »ein festes Fundament für das Zusammenwachsen ganz Europas sein und dessen Kern bilden«.[13]

Damit war der Weg zum Vertrag von Maastricht beschrieben, der am 7. Februar 1992 unterzeichnet wurde.[14] Mit ihm wurde nicht nur stufenweise die seit langem angestrebte Wirtschafts- und Währungsunion verwirklicht, zu der ein gemeinsamer europäischer Binnenmarkt, der »Euro« als gemeinsame Währung sowie die nach dem Modell der Deutschen Bundesbank konzipierte Europäische Zentralbank (EZB) in Frankfurt am Main gehören, sondern auch die stärkere politische Union. In einer gemeinsamen Erklärung aller Fraktionen des Deutschen Bundestages vom 2. Dezember 1992 zu diesem Vertrag heißt es: »Deutschland darf kein weiteres Mal der Gefahr des Nationalismus erliegen. Wie kein

12 Die Erfüllung eines geschichtlichen Auftrags, in: Helmut Kohl, Bilanzen und Perspektiven. Regierungspolitik 1989-1991, Bd. 2, Bonn 1992, S. 657.
13 Ebd., S. 684.
14 Vertrag über die Europäische Union, Maastricht, 7. Februar 1992, in: Curt Gasteyger, Europa von der Spaltung zur Einigung. Darstellung und Dokumentation 1945-2000, vollst. überarb. Neuaufl., Bonn 2001, Dokument D 103, S. 428.

anderer europäischer Staat ist Deutschland als Land in der Mitte Europas auf die europäische Integration angewiesen.«[15]

Dieses klare Bekenntnis zur europäischen Einigung trug wesentlich dazu bei, die Wiedervereinigung für die anderen Staaten Europas akzeptabel zu machen. Aber auch in Deutschland selbst war diese Politik weithin unumstritten. Die Integration Europas, so sehr sie hinsichtlich der Brüsseler Bürokratie skeptisch betrachtet wurde, war angesichts der Umbrüche 1989/90 eine Konstante, zu der es keine sinnvolle Alternative zu geben schien. Regierung, Opposition und Öffentlichkeit waren sich deshalb zu Beginn der 1990er Jahre einig, dass eine aktive Europapolitik notwendig sei und eine positive Zukunftsperspektive biete. Daran hat sich auch in den folgenden zwei Jahrzehnten nichts geändert. Die Medien unterstrichen diesen Kurs mit entsprechenden Umfrage-Ergebnissen. So wünschten nach einer Umfrage, die Infratest dimap im Auftrag der ARD im September 2011 erhob, immer noch 64 Prozent der Deutschen »mehr gemeinsame Politik in Europa«, wenngleich nur 42 Prozent einen vollständigen europäischen Zusammenschluss und die Gründung der »Vereinigten Staaten von Europa« befürworteten.[16]

Der Zwang, die militär- und sicherheitspolitische Position Deutschlands grundlegend zu überdenken, ergab sich, als nach der Unabhängigkeitserklärung von Slowenien und Kroatien 1991 in Jugoslawien ein Bürgerkrieg begann, der 1992 auch Bosnien-Herzegowina und Ende der 1990er Jahre des Kosovo erfasste. Deutschland bemühte sich zunächst um politische Lösungen, insbesondere für Slowenien und Kroatien. Doch als die Kämpfe sich ausweiteten und der UN-Sicherheitsrat im März 1993 entschied, ein Flugverbot über Bosnien-Herzegowina durchzusetzen, und zu diesem Zweck AWACS-Fernaufklärer der NATO anforderte, in denen auch deutsche Soldaten Dienst taten, ließ sich eine Klarstellung der deutschen Position nicht länger hinausschieben. Nachdem ein Entwurf zur Änderung des Grundgesetzes im Bundestag gescheitert war, musste das Bundesverfassungsgericht entscheiden. Am 12. Juli 1994 urteilte das Gericht, dass die Bundesrepublik gemäß Artikel 24 Absatz 2 GG ermächtigt sei, sich in Systeme gegenseitiger kollektiver Sicherheit einzuordnen. Allerdings müsse jeder bewaffnete Einsatz vom Bundestag beschlossen werden.[17] Die Tatsache, dass das Gericht jeden bewaffneten

15 Entschließung der Fraktionen der CDU/CSU, SPD und FDP vom 2. Dezember 1992, in: Verhandlungen des Deutschen Bundestages. 12. Wahlperiode. Drucksachen. Bd. 460, Bonn 1992, Drucksache 12/3905, S. 1.
16 Infratest dimap, ARD-Deutschland Trend, September 2011, S. 7 f.
17 Urteil des Zweiten Senats vom 12. Juli 1994 aufgrund der mündlichen Verhandlungen vom 19. und 20. April 1994 – 2 BvE 3/92, 5/93, 7/93, 8/93 – BverfGE 90, 286 – Out-of-area-Einsätze.

Einsatz der Bundeswehr unter den Parlamentsvorbehalt stellte, war durchaus salomonisch: Einerseits wurden der außenpolitische Handlungsspielraum und die Bündnisfähigkeit der Bundesrepublik gewahrt. Andererseits wurde die Entscheidung über Auslandseinsätze der Bundeswehr letztlich dem Bundestag übertragen. Exekutive und Legislative sowie Befürworter und Gegner der Auslandseinsätze konnten daher mit dem Ausgang des Verfahrens zufrieden sein. Damit war der Weg für Auslandseinsätze der Bundeswehr grundsätzlich frei. Deutsche Streitkräfte konnten dadurch sowohl im Kosovo-Konflikt gegen Serbien als auch im Kampf gegen die Taliban und das Al-Qaida-Netzwerk in Afghanistan nach den Terroranschlägen auf das World Trade Center in New York und das Pentagon in Washington am 11. September 2001 eingesetzt werden. Die Angriffe der Luftwaffe gegen Serbien im Frühjahr 1999 stellten dabei den ersten Kriegseinsatz deutscher Soldaten seit dem Zweiten Weltkrieg dar.[18] Von der deutschen Öffentlichkeit wurde die damit verbundene Politik, wenn auch nur mit knapper Mehrheit, begrüßt. Allerdings gab es einen deutlichen Unterschied zwischen Westdeutschen und Ostdeutschen. So befürworteten nach einer Emnid-Umfrage vom 26. März 1999 immerhin 64 Prozent der Westdeutschen, aber nur 39 Prozent der Ostdeutschen die Luftangriffe der NATO auf serbische Stellungen in Jugoslawien. Ähnlich sah es bei der Frage nach der deutschen Kriegsbeteiligung aus. Hier sprachen sich 69 Prozent der Westdeutschen, aber nur 41 Prozent der Ostdeutschen für eine deutsche Beteiligung aus, 30 Prozent im Westen und 58 Prozent im Osten waren dagegen.[19]

Eine Print-Medien-Analyse des Duisburger Instituts für Sprach- und Sozialforschung (DISS) ist in diesem Zusammenhang der Frage nachgegangen, inwieweit Medien dazu beigetragen haben könnten, die vor allem in Westdeutschland relativ hohe Zustimmungsrate zu erreichen. Dabei wurde mit den Methoden der Diskursanalyse untersucht, ob besonders die Print-Medien bei der »Legitimierung« des Krieges in Jugoslawien eine Rolle spielten, ob die Presse zur Eskalation des Konflikts bzw. zur Deeskalation des Krieges beigetragen hatte und ob die in den Medien vorgetragene Kritik am Krieg möglicherweise unzureichend war.[20] Der Befund ergab, dass die Presse sich durch die ständige Präsentation von

---

18 Hans-Adolf Jacobsen, Die Bundeswehr der neunziger Jahre vor neuen Herausforderungen. Versuch einer Zwischenbilanz, in: Aus Politik und Zeitgeschichte, 18/1991, S. 40.
19 Zit. nach: *Der Spiegel*, 29. März 1999.
20 Margarete Jäger, Legitimierung einer »humanitären« militärischen Intervention. Der Nato-Krieg in Jugoslawien und die Print-Medien, in: Siegfried Jäger/Alfred

Fluchtbildern »in der ersten Phase des Krieges in eine Legitimationsbeschaffung« habe »einbinden« lassen, wodurch »kritische Stimmen gegen den Krieg mundtot gemacht« worden seien. Mit zunehmender Dauer des Krieges hätten die Medien jedoch auch andere Bilder präsentiert: Aufnahmen von zerbombten Brücken und zerfetzten Leichen. Diese Bilder hätten dann »die kritische Diskussion um den Euphemismus der ›Kollateralschäden‹ angefacht« und ihre Wirkung nicht verfehlt – »nun allerdings in kriegskritischer Hinsicht«.[21]

So verwunderte es nicht, dass Lothar Loewe am 17. April 1999 in einem Kommentar der BILD-Zeitung fragte, ob »das westliche Bündnis den Druck der Öffentlichkeit – angesichts schrecklicher TV-Bilder unabsichtlich zusammengebombter Zivilisten – aushalten« könne.[22] Die Frage war berechtigt, wie Meinungsumfragen zeigten: Während am 26. März 1999, zu Beginn des Krieges, noch eine knappe Mehrheit der Deutschen die Luftangriffe befürwortet hatte, sprachen sich einen Monat später in einer weiteren Emnid-Umfrage nur noch 41 Prozent der Gesamtbevölkerung – 43 Prozent der Westdeutschen und 33 Prozent der Ostdeutschen – für eine Fortführung aus.[23] Der Einfluss der Medien hatte offenkundig Wirkung gezeigt.

Mit den Terroranschlägen vom 11. September 2001 endete der Traum von einer besseren Welt nach dem Ende des Kalten Krieges. Eine neue, globale Auseinandersetzung zwischen Religionen und Kulturen zeichnete sich ab, für die Samuel Huntington, Professor an der Harvard University, bereits 1996 mit seinem *Clash of Civilizations* eine griffige Formel prägte.[24] Die Hoffnung auf das »Ende der Geschichte«, von dem der Politikwissenschaftler Francis Fukuyama im Sommer 1989 gesprochen hatte, erwies sich damit als verfrüht.[25] In Berlin hatte Bundesaußenminister Fischer am 11. September das Gefühl, als sei »in der Weltpolitik erneut

    Schobert (Hg.), Weiter auf unsicherem Grund. Faschismus, Rechtsextremismus, Rassismus – Kontinuitäten und Brüche, Duisburg 2000, S. 149-164.
21 Ebd., S. 151. Zur Wirkung von »authentisch-dokumentarischen« Bildern vgl. auch Jürgen Link, »Diese Bilder!« Über einige Aspekte des Verhältnisses von dokumentarischen Bildmedien und Diskurs, in: Adi Grewenig und Margret Jäger (Hrsg.), Medien in Konflikten. Holocaust, Krieg, Ausgrenzung, Duisburg 2000, S. 239-251.
22 Lothar Loewe, Kommentar »Wie lange?«, in: *Bild*, 17. April 1999.
23 Zit. nach: *Der Spiegel*, 26. April 1999.
24 Samuel P. Huntington, The Clash of Civilizations, New York 1996 (dt.: Der Kampf der Kulturen. Die Neugestaltung der Weltpolitik im 21. Jahrhundert, München 1996).
25 Francis Fukuyama, The End of History, in: The National Interest, No. 16 (Sommer 1989), S. 4 ff. Siehe auch Francis Fukuyama, The End of History and The Last Man, Tampa, FL 1992 (dt.: Das Ende der Geschichte. Wo stehen wir?, München 1992).

die Büchse der Pandora geöffnet worden«.[26] Der Tag war zum »defining moment« einer neuen Ära geworden, die durch den Terrorismus und die Verantwortung derjenigen Länder bestimmt wurde, die Terroristen unterstützten, beherbergten, finanzierten oder bekämpften, wie Fischer meinte. Die USA würden zurückschlagen und in der zu erwartenden Auseinandersetzung eine führende Rolle spielen, wobei sie die Unterstützung der Verbündeten wünschten.[27] Daher wurden die Ereignisse von New York und Washington auch mit dem japanischen Angriff auf die amerikanische Pazifikflotte in Pearl Harbor auf Hawaii im Dezember 1941 verglichen, der Amerikas Eintritt in den Zweiten Weltkrieg einleitete.

Am 7. Oktober 2001 begann die Operation »Enduring Freedom«, die unter Beteiligung von insgesamt etwa 70 Ländern in vier Regionen durchgeführt wurde: in Afghanistan, am Horn von Afrika, auf den Philippinen und in Afrika innerhalb und südlich der Sahara.[28] Der Schwerpunkt der Kämpfe lag jedoch in Afghanistan. Deutschland beteiligte sich an »Enduring Freedom« mit einem Kontingent von bis zu 3900 Soldaten.[29] Völkerrechtliche Grundlage war die Resolution 1368 des UN-Sicherheitsrats in Verbindung mit Artikel 51 der Satzung der Vereinten Nationen und Artikel 5 des Nordatlantikvertrages. In politischer Hinsicht fiel die Tatsache ins Gewicht, dass die Deutschen, wie der stellvertretende NATO-Oberbefehlshaber in Europa, General Dieter Stöckmann, in einem Telefoninterview mit dem *Deutschlandfunk* am 18. September 2001 erklärte, »im Kalten Krieg den größten Nutzen und den Schutz dieses Bündnisses genossen« hätten und daher »in besonderer Weise verpflichtet« seien, ihre »Solidarität deutlich zu machen, nicht nur durch Lippenbekenntnisse«.[30]

26 Joschka Fischer, Die rot-grünen Jahre. Deutsche Außenpolitik – vom Kosovo bis zum 11. September, Köln 2007, S. 432.
27 Ebd., S. 432f.
28 Der ursprüngliche Name der Operation lautete »Infinite Justice« (»Grenzenlose Gerechtigkeit«, oft fälschlicherweise auch als »Ultimate Justice« bezeichnet). Der Titel musste jedoch geändert werden, da nach islamischer Auffassung Gerechtigkeit allein Allah obliegt.
29 Deutscher Bundestag, 14. Wahlperiode, Drucksache 14/7447, Beschlussempfehlung und Bericht »Einsatz bewaffneter deutscher Streitkräfte bei der Unterstützung der gemeinsamen Reaktion auf terroristische Angriffe gegen die USA auf Grundlage des Artikels 51 der Satzung der Vereinten Nationen und des Artikels 5 des Nordatlantikvertrages sowie der Resolutionen 1368 (2001) und 1373 (2001) des Sicherheitsrats der Vereinten Nationen«, 14. November 2001.
30 Wie werden die Nato-Partner den Vereinigten Staaten beistehen? Interview mit General Dieter Stöckmann, Stellvertretender NATO-Oberbefehlshaber Europa, 18. September 2001, in: *Die Zeit*, Nr. 38, 2001.

In der deutschen Öffentlichkeit wurden die im Rahmen von »Enduring Freedom« getroffenen Maßnahmen nach dem Schock des 11. September weitgehend akzeptiert.[31] Entsetzen über die Grausamkeit des Terrorismus sowie die Ablehnung *von* Terror und auch die Angst *vor* Terror führten zu einer weitgehend einhelligen und durch alle politischen Lager gehenden Solidarität mit den USA und ihrer Bevölkerung. Als Bundeskanzler Schröder den USA die »uneingeschränkte Solidarität« der Bundesrepublik versprach, konnte er sich darauf stützen, dass etwa 70 Prozent der Bevölkerung sich für eine Unterstützung der USA durch die Bundesrepublik aussprachen. Die Luftangriffe auf Afghanistan im Zuge der Operation »Enduring Freedom« hielten knapp 80 Prozent der Deutschen für gerechtfertigt. Doch je länger sich die Bombardierungen hinzogen, desto geringer wurde die Zustimmung, zumal die Zweifel wuchsen, dass die USA nur militärische Ziele angriffen. Bereits Mitte Oktober sahen nur noch 53 Prozent der Deutschen in den Angriffen einen sinnvollen Beitrag zur Bekämpfung des Terrorismus. Und als zur gleichen Zeit in den Medien darüber spekuliert wurde, ob Truppen der Bundeswehr bei den Kampfhandlungen in Afghanistan eingesetzt würden, lehnten mehr als 60 Prozent der Bevölkerung einen solchen Einsatz ab, im Westen etwa 55 Prozent, im Osten sogar drei Viertel.[32] Offensichtlich wirkten hier traditionelle anti-amerikanische Ressentiments nach, eventuell aber auch die weiterhin differente Medienlandschaft in den Neuen Bundesländern.

Dieses Bild änderte sich jedoch, als die Bundeswehr tatsächlich eingesetzt wurde. Schon Anfang November 2001, als die Entscheidung darüber im Bundestag anstand, gab es nur noch eine knappe Mehrheit gegen den Einsatz; im Westen hielten sich Befürworter und Gegner bereits die Waage. Und im März 2002, als die Bundeswehreinsätze in Afghanistan seit knapp zwei Monaten im Gange waren, stimmten 58 Prozent der Deutschen ihnen zu, nur noch 42 Prozent lehnten sie ab. Gleichzeitig entwickelte sich das Meinungsbild zwischen Ost- und Westdeutschland aber stark auseinander: Im Westen stimmten knapp zwei Drittel den Einsätzen zu, im Osten wurden sie von knapp zwei Dritteln abgelehnt.[33] Immerhin befand sich die Bundeswehr zu dieser Zeit mit insgesamt etwa 60.000 Soldaten im Auslandseinsatz, vor allem auf dem Balkan, aber

---

31 Vgl. Kirstin Hein, Die Anti-Terrorpolitik der rot-grünen Bundesregierung, in: Sebastian Harnisch u. a. (Hg.), Deutsche Sicherheitspolitik. Eine Bilanz der Regierung Schröder, Baden-Baden 2004, S. 145-171, hier S. 148.
32 Dietmar Wittich, Anhaltender Krieg und bleibende Skepsis, in: AG Friedensforschung, Themen, 23. März 2002, S. 2.
33 Ebd.

auch im Mittleren Osten und in Afrika. Afghanistan war also nur ein Teilaspekt, wenngleich hier der Kampf gegen Al-Qaida und Osama Bin Laden als besonders spektakulär erschien.

Wie schmal jedoch der Grat blieb, auf dem sich Politik und öffentliche Meinung in der Beurteilung des Kampfes gegen den internationalen Terrorismus bewegten, zeigte auch die Diskussion um die Einfügung des Paragrafen 129b in das Strafgesetzbuch. Dieser stellt terroristische Vereinigungen und Aktivitäten im Ausland unter Strafe. Bedenken innerhalb der SPD und unterschiedliche Auffassungen zwischen den Parteien verhinderten zunächst die Zustimmung des Parlaments, weil die Befürchtung bestand, dass Bundesregierung und Strafverfolgungsbehörden daraus weitgehende Rechte für den Kampf gegen den Terror in anderen Ländern ableiten könnten. Erst nachdem am 11. April 2002 auf der Urlaubsinsel Djerba in Tunesien 14 deutsche Touristen einem Anschlag des Terrornetzwerks Al-Qaida auf eine Synagoge zum Opfer gefallen waren, so dass ein entsprechender Druck entstand, stimmte der Bundestag der Einfügung von Paragraf 129b in das StGB mehrheitlich zu.[34]

Eine gegenteilige Entwicklung vollzog sich im Irak-Konflikt 2002/03 und im Libyen-Konflikt 2011. In beiden Fällen verweigerte die Bundesregierung ihren Bündnispartnern die Gefolgschaft, weil offenbar abweichende Auffassungen über den Sinn der getroffenen Maßnahmen bestanden. Wiederum gab es dabei ein enges Zusammenspiel zwischen öffentlicher Meinung, den Medien und dem Verhalten der Eliten.

Als die USA 2002 zu einem Krieg gegen das Regime von Saddam Hussein rüsteten, lehnte die Bundesregierung eine Beteiligung deutscher Soldaten ab, weil ihrer Meinung nach keine Beweise für den Besitz von Massenvernichtungswaffen im Irak und Verbindungen zum Al-Qaida-Netzwerk vorlagen. Diese Weigerung, die zu einer ernsthaften Belastung für das deutsch-amerikanische und das deutsch-britische Verhältnis führte, war nicht nur Folge wachsenden innenpolitischen Unbehagens über die Auslandseinsätze der Bundeswehr, sondern wurde auch als Zeichen für die zunehmende außenpolitische Eigenständigkeit Deutschlands nach der Wiedervereinigung gewertet. Zwar wurden weder die NATO-Mitgliedschaft noch die Allianz mit den USA in Frage gestellt. Doch die Bundesregierung machte deutlich, dass sie sich ein eigenes Urteil in außen- und sicherheitspolitischen Fragen zutraute und gewillt war, danach zu handeln, selbst wenn dies Konflikte im Bündnis auslöste.

So war man in der Bundesregierung nach der Mitwirkung im Kosovo-Krieg und der Entscheidung zur Entsendung eines deutschen Kontin-

---

34 Hirschmann und Leggemann (Hg.), Der Kampf gegen den Terrorismus, S. 11.

gents nach Afghanistan offenbar nicht bereit, über eine dritte deutsche Kriegsbeteiligung innerhalb einer Legislaturperiode zu befinden. Eine eigene Mehrheit hätte man dafür in der rot-grünen Koalition im Bundestag ohnehin nicht mehr erhalten. Man wäre auf die Mitwirkung der Opposition angewiesen gewesen.[35] Einzelne Medienvertreter und Experten sowie eine Reihe von Abgeordneten der Opposition, vor allem der CDU/CSU, warfen Schröder daraufhin vor, er habe das Thema Irak für den Wahlkampf instrumentalisiert und schüre bewusst Antiamerikanismus, um seine Wahlchancen zu verbessern.

Tatsächlich bestand in der deutschen Öffentlichkeit eine breite Stimmung gegen den Irak-Krieg. Dies hing aber nicht nur mit der »Kriegsmüdigkeit« nach den vorangegangenen Kriegsbeteiligungen im Kosovo und in Afghanistan zusammen, sondern auch mit einer wachsenden Skepsis gegenüber der Politik des amerikanischen Präsidenten George W. Bush. Umfragen zufolge standen im Frühjahr 2002 nur 15 Prozent der Deutschen einer Beteiligung an Aktionen gegen den Irak positiv gegenüber, 85 Prozent lehnten sie ab. Dabei war in diesem Fall der Unterschied zwischen Ost- und Westdeutschland gering: Im Westen lehnten 84 Prozent eine Beteiligung ab, im Osten 88 Prozent.[36] Insofern war das Verhalten der Regierung Schröder-Fischer nicht nur vor dem Hintergrund des Bundestagswahlkampfes im September 2002 konsequent, sondern es entsprach auch den Wünschen des größten Teils der deutschen Öffentlichkeit sowie der deutschen Medien, die weithin die amerikanische Politik heftig kritisierten – ganz abgesehen von der Tatsache, dass die von der Regierung verfolgte Linie auch den eigenen Überzeugungen entsprach und dazu beitrug, die Parteibasis der SPD und die Anhänger von Bündnis 90/Die Grünen nach Kosovo und Afghanistan wieder mit ihrer Parteispitze zu versöhnen. Auch nach der Bundestagswahl, als die Kritik am Regime von Saddam Hussein zunahm und ein Krieg näher rückte, sprachen sich immer noch 71 Prozent der Deutschen gegen einen Krieg aus und nur 26 Prozent dafür. Damit war die Ablehnung deutlich höher als in Großbritannien (47 Prozent) und Frankreich (64 Prozent).[37]

Im Fall Libyen 2011 lagen die Verhältnisse anders. Als hier im Februar 2011 im Zuge des »Arabischen Frühlings« ein Bürgerkrieg ausbrach, der sich gegen die Herrschaft Muammar-al-Gaddafis richtete, bestand in

---

35 Vgl. ebd., S. 418f. Siehe ebenfalls: Kanzler Schröders Ausweg. Mit seiner neuen Strategie will Gerhard Schröder Wähler mobilisieren und verspielt Kredit beim Bündnispartner USA, in: Focus, H. 33, 2002, S. 19ff.
36 Wittich, Anhaltender Krieg und bleibende Skepsis, S. 2.
37 Studie des amerikanischen Meinungsforschungsinstituts Pew in Washington, DC, zit. nach: Spiegel Online, 4. Dezember 2002.

Deutschland zwar ebenfalls eine große öffentliche Skepsis gegenüber einer möglichen Beteiligung der Bundeswehr am Einsatz alliierter Truppen zur Unterstützung der Aufständischen gegen das Gaddafi-Regime. Allerdings gab es gleichzeitig große Sympathien für die Reformbewegungen in den arabischen Staaten, die in Tunesien und Ägypten schon zu einem Regimewechsel geführt hatten. Die Aufstandsbewegung in Libyen schien deshalb ebenfalls Unterstützung zu verdienen. Die Frage wurde akut, als der Sicherheitsrat der Vereinten Nationen in der Resolution 1973 vom 17. März 2011 die internationale Gemeinschaft zu militärischen Maßnahmen zum Schutz von Zivilisten in Libyen ermächtigte und die USA, Großbritannien und Frankreich am 19. März mit einer Luft- und Seeblockade sowie mit Luftangriffen auf Regierungstruppen und Militäreinrichtungen in Libyen begannen. Der deutsche Vertreter im UN-Sicherheitsrat enthielt sich am 17. März der Stimme – gemeinsam mit den Repräsentanten Russlands und Chinas –, und Deutschland beteiligte sich auch nicht an den Militäraktionen, die bis zum 23. Oktober 2011 andauerten, als der im Februar gebildete »Nationale Übergangsrat« das Land für befreit erklärte.

Die Entscheidungsprozesse, die zum Einsatz von NATO-Flugzeugen gegen das Gaddafi-Regime geführt hatten, waren unter starkem Druck Frankreichs und Großbritanniens zustande gekommen. Die deutsche Diplomatie hatte dabei offenbar Mühe gehabt, mit den Ereignissen Schritt zu halten. Die Erwartung, dass die USA eine entsprechende UNO-Resolution zugunsten eines Einsatzes nicht unterstützen würden, hatte die Bundesregierung offenbar verleitet, sich der Stimme zu enthalten, da man einen militärischen Einsatz im Grunde ablehnte. Das Auswärtige Amt erkannte allerdings zu spät, dass die amerikanische Regierung ihre Haltung änderte und doch beabsichtigte, der Resolution zuzustimmen, so dass Deutschland sich plötzlich an der Seite Russlands und Chinas wiederfand und die eigenen Verbündeten nicht unterstützte.

Die Verwirrung spiegelt sich ebenfalls in den Umfragen wider. Eine allgemeine Ablehnung unkalkulierbarer kriegerischer Aktionen, die sich bereits 2002/03 im Irak gezeigt hatte, war jedoch auch im Fall Libyen nicht zu verkennen. Noch im September 2011 wurde eine Beteiligung der Bundeswehr an den Einsätzen gegen Libyen nur von 41 Prozent der Deutschen befürwortet, 56 Prozent lehnten sie ab, wie die ARD mit Daten von Infratest dimap belegte. Auch die deutsche Enthaltung im UN-Sicherheitsrat am 17. März zu einem NATO-Einsatz hielten 54 Prozent der Bürger für richtig. Demgegenüber meinten 42 Prozent, Deutschland hätte dafür stimmen sollen – darunter bemerkenswerterweise eine Mehrheit der Anhänger der Partei Bündnis 90/Die Grünen. Zugleich stimmten 70 Prozent der Deutschen dafür, Libyen nach dem Ende der Ära Gaddafi beim Wiederaufbau durch wirtschaftliche Hilfe zu unterstützen.[38]

Libyen ist jedoch ein Beispiel, wie schwierig es ist, den Einfluss von öffentlicher und veröffentlichter Meinung auf die Außenpolitik im Einzelnen auszumachen. Denn während die Meinungsumfragen eine deutliche Stimmung der deutschen Öffentlichkeit gegen eine Beteiligung der Bundeswehr am Libyen-Einsatz signalisierten, die sich damit im Einklang mit der Regierung befand, plädierten die Medien überwiegend für eine Beteiligung – entweder mit dem Argument der Bündnistreue oder aus humanitären Gründen, weil die Aufständischen in Bengasi sonst den Truppen Gaddafis schutzlos ausgeliefert gewesen wären.

Zusammenfassend ist somit festzustellen, dass sich die Voraussetzungen für außenpolitisches Handeln in der Berliner Republik gegenüber der Bonner Republik in vielerlei Hinsicht gewandelt haben. Die Zäsur 1989/90 führte zu einer grundlegend neuen außenpolitischen Konstellation, die vom wiedervereinigten Deutschland neue Initiativen in der Europapolitik, Auslandseinsätze der Bundeswehr und eine globale Neuorientierung mit weltweitem Engagement verlangte. Wichtig war aber auch, dass sich in dieser Zeit die medialen Voraussetzungen änderten. Dies lag nicht nur an der Verlegung des Sitzes von Parlament und Regierung von Bonn nach Berlin, sondern vor allem an der Medienrevolution, die sich in den 1990er Jahren vollzog. Diese hätte zwar gewiss auch in Bonn ihre Spuren hinterlassen. Doch bei der Informationsverdichtung und Informationsbeschleunigung dürfte Berlin als neuer politischer Mittelpunkt Deutschlands wie ein Katalysator gewirkt haben, weil Politikgestaltung in einer Metropole sich vom politischen Verhalten in kleineren, überschaubaren Milieus an der Peripherie in einer Weise unterscheidet, die, auch wenn sie quantitativ nur schwer messbar ist, eine qualitative Veränderung der Politik- und Medienlandschaft bedeutet.

Die Medienlandschaft in der Berliner Republik

Paul Nolte bemerkte 2004, »Bericht aus Bonn« – das klinge nicht mehr nach einem aktuellen Magazin, sondern nach einem historischen Feature. Aber »Bericht aus Berlin« – das sei nicht einfach eine neue Selbstverständlichkeit. Denn in Berlin werde mehr als nur Politik gemacht. Die Stadt, immer schon schroffer, heterogener und provokativer als die

---

38 Infratest dimap, ARD-Deutschland Trend, September 2011, S. 4.

rheinische Residenz alter Bürgerlichkeit, habe sich zu einem »Ort des Diskurses« entwickelt. Berlin sei »der Brennpunkt politischer und intellektueller Debatten geworden, ein neues Forum des produktiven Austauschs im Schnittfeld von Politik und geistigem Leben, von ›Machen‹ und ›Denken‹.«[39] Jochen Thies hielt dem entgegen, dass es gerade wegen der »Beschleunigung« der Politik eine »hauptstädtische Kommunikationskultur« bisher nur unzureichend gebe; vielmehr sei an die Stelle einer neuen hauptstädtischen Kultur das Fernsehen getreten, das zwar schnell reagieren könne, aber einen nur dürftigen Ersatz für wirkliche Kommunikation in Ruhezonen biete.[40]

Unbestritten scheint jedoch das, was viele Autoren übereinstimmend als »Beschleunigung der Politik« in der Berliner Republik bezeichnen. So meint Karl-Rudolf Korte, der Faktor Zeit stelle »eine zunehmend größere Herausforderung für politische Planung und Politikformulierung dar«.[41] Es gebe eine stetig ansteigende Beschleunigung von Veränderungsprozessen in Ökonomie und Gesellschaft. Dadurch verkürzten sich die Zeiträume zwischen notwendigen sozial- oder wirtschaftspolitischen Anpassungsleistungen. Nicht nur die Online-Kommunikation, sondern vor allem die neue Konkurrenz auf dem Nachrichten- und Fernsehmarkt förderten dies. Politik sehe sich damit dem Druck ausgesetzt, immer mehr Entscheidungen zu treffen, deren Wirkungen weit in die Zukunft reichten und Abhängigkeiten erzeugten, die nur schwer zu korrigieren seien. Dies, so Korte, habe auch mit der Beschleunigung der Medienberichterstattung zu tun. Die Vermittlung von Nachrichten in »Echtzeit« setze politische Akteure unter täglichen »Kommunikationsstress«. Die zur Verfügung stehenden Reaktionszeiten für die eigene Positionsbestimmung und anschließende »Sprachregelungen«, wie sie etwa für die Adenauer-Zeit galten, würden dadurch immer kürzer. Zudem erschwere das mediale »Themenhopping« nicht nur eine zumindest annähernd konsistente Kommunikation, sondern belaste auch die politische Pla-

---

39 Paul Nolte, Ankunft in der Wirklichkeit: Der neue Ernst der Berliner Republik, in: Berliner Republik, H. 6, 2004, unter: http://www.b-republik.de/archiv/ankunft-in-der-wirklichkeit-der-neue-ernst-der-berliner-republik [15. 4. 2013].
40 Jochen Thies, Ich träumte von Iris Berben: Für eine neue Kultur der Kommunikation in Berlin, in: Berliner Republik, H. 6, 2004, unter:http://www.b-republik.de/archiv/ich-traeumte-von-iris-berben-fuer-eine-neue-kultur-der-kommunikation-in-berlin. [15. 4. 2013].
41 Karl-Rudolf Korte, Die Zeitkrise des Politischen, in: Berliner Republik, H. 1/2010, in: http://www.b-republik.de/aktuelle-ausgabe/die-zeitkrise-des-politischen [15. 4. 2013].

nung mit Nebenschauplätzen, denen die Politik sich schwer entziehen könne.[42]

Dies gilt offenbar auch für den Bereich der Außenpolitik, der traditionell eher eine Angelegenheit von Elitenhandeln war, inzwischen aber in hohem Maße in die öffentliche Auseinandersetzung einbezogen und damit ebenfalls dem Faktor Zeit unterworfen ist. Auch diese Entwicklung wäre in der einen oder anderen Form eingetreten, wenn Parlament und Regierung in Bonn geblieben wären. Aber in der Berliner Republik, in der die Medien- und Kommunikationsrevolution sowie die Phänomene von Beschleunigung und Verdichtung die Bedingungen für politisches Handeln offensichtlich verändert haben, sind diese Prozesse verstärkt zu beobachten.

Wie sieht nun die Medienlandschaft in der Berliner Republik aus, die auf die Außenpolitik einwirkt? In der Literatur ist viel vom »Treibhaus Berlin« die Rede, von einer Entwicklung, die sich aus dem »Raumschiff Bonn« zur »verschworenen Berlin-Society« verlagert habe. Man spricht vom »Anschwellen der Informationsmenge im Beschleunigungskarussell« und vom wachsenden »Exklusivitätsdruck«.[43] Vor dem Hintergrund der zunehmenden Kommerzialisierung der Medien und der digitalen Medienrevolution, bei der nicht die Medien die Revolution machen, sondern bei der sie selbst von einer Revolution betroffen sind, sind die Veränderungen unübersehbar. Dieser Wandel hat eine quantitative und eine qualitative Dimension. In Berlin sind nicht weniger als 2500 Journalisten mit »Politik und Tagesgeschehen« befasst. Allein in der Bundespressekonferenz sind fast 1000 Mitglieder eingetragen; in Bonn waren es nur halb so viele. Fast alle großen Medienhäuser und Zeitungsverlage sind in Berlin vertreten. Über 60 nationale und internationale Fernsehstationen unterhalten hier eigene Büros. 94 Tageszeitungen sind mit Korrespondenten vertreten. Hinzu kommen die Nachrichtenagenturen und Hunderte freie Journalisten und Redakteure der Berlin-Brandenburgischen Regionalpresse. Die neue Wirkung der Medien ergibt sich aber auch daraus, dass die Zahl der verfügbaren Radio- und Fernsehkanäle dramatisch gewachsen ist und das Informationsangebot im Internet sich explosionsartig entwickelt. Mehr als 1250 Journalisten arbeiten heute in Berlin allein im Online-Journalismus.

---

42 Ebd.
43 Siehe hierzu vor allem Leif Kramp/Stephan Weichert, Journalismus in der Berliner Republik – Wer prägt die politische Agenda in der Bundeshauptstadt, in: Netzwerk Recherche, Wiesbaden 2011, unter: http://www.netzwerkrecherche.de/docs/NR-Studie-Hauptstadtjournalismus.pdf [15. 4. 2013].

Aus diesem Meer von Medienvertretern ragen freilich einige »Alpha-Journalisten« heraus, über die Tissy Bruns 2007 urteilte: »Es könnte sein, dass wir mit unseren Alpha-Journalisten Macht und Meinungsführerschaft für die Medien reklamieren, die unser Berufsstand in Wahrheit jeden Tag mehr verliert. Denn der Einfluss des politischen Journalismus auf die Köpfe und Herzen der Menschen wird immer schwächer, weil er im großen Rauschen untergeht.«[44] Dieses »große Rauschen« entsteht vor allem durch die beschriebene Quantität der Medien, die in der Berliner Republik enorm zugenommen hat. Daraus ergibt sich eine Medienpräsenz, die in früheren Zeiten der Bonner Republik nicht bestand. Eine dauerhafte und nachhaltige Beeinflussung der Politik durch die Medien ist deshalb ebenso naheliegend wie neu. Die Frage der Meinungsführerschaft mag, wie beim Alpha-Journalismus, noch umstritten sein. Daran, dass der Einfluss der Medien insgesamt erheblich gewachsen ist, kann kaum ein Zweifel bestehen.

Ähnlich weitreichend sind die Veränderungen, die sich in den vergangenen zwanzig Jahren im Bereich der öffentlichen Meinung vollzogen. Gunther Hellmann hat diese Veränderungen im Hinblick auf die Außenpolitik 2010 in einem Beitrag der Zeitschrift *Internationale Politik* näher untersucht. Folgt man seinen Ausführungen, gibt es offenbar einen substantiellen Wandel des außenpolitischen Selbstverständnisses in Deutschland, der nicht nur eine kleine außenpolitische Elite, sondern die deutsche Öffentlichkeit insgesamt erfasst. Die Änderungen betreffen sowohl den »Stil« bzw. die »Rhetorik« wie auch die »Substanz«, das heißt die Ziele, deutscher Außenpolitik.[45] Wie weit diese Veränderungen reichen und in welchem Maße sie von einer breiten deutschen Öffentlichkeit reflektiert werden, zeigen Umfragen des Instituts für Demoskopie Allensbach aus den letzten Jahren. So wird die Frage, ob Deutschland »eine andere Republik« geworden sei, heute von den meisten Deutschen bejaht, während in den 1990er Jahren noch allgemein die Ansicht bestand, dass sich wenig geändert habe.[46] Europa, die gewachsene außenpolitische Verantwortung, der globale Kampf gegen den Terrorismus

---

44 Tissy Bruns, Geleitwort, in: Stephan Weichert und Christian Zabel, Die Alpha-Journalisten. Deutschlands Wortführer im Porträt, Köln 2007, S. 11. Siehe auch Tissy Bruns, Republik der Wichtigtuer. Ein Bericht aus Berlin, Freiburg i. Br. 2007, S. 61. Dort heißt es selbstkritisch: »Alphajournalismus ist die Kehrseite des Vertrauens- und Glaubwürdigkeitsverlustes, den die Medien der Politik täglich vorhalten, der sie aber längst selbst erreicht hat.«
45 Gunther Hellmann, Normativ abgerüstet, aber selbstbewusst: Deutsche Außenpolitik im 20. Jahr nach der Vereinigung, in: Internationale Politik, H. 11, 2010.
46 Institut für Demoskopie Allensbach, Allensbacher Jahrbuch der Demoskopie, Bd. 10, Berlin 2010.

und die Auslandseinsätze der Bundeswehr haben offenbar ihre Spuren hinterlassen. Wie hätte es auch anders sein sollen? Zugleich ist ein wachsendes Selbstbewusstsein der Deutschen in der Berliner Republik zu erkennen. So wächst die Zahl derjenigen, die Begriffe wie Ansehen, Größe oder Macht mit Deutschland in Verbindung bringen. Bei »Ansehen« waren es 2007 50 Prozent, bei »Größe« 48 Prozent und bei »Macht« immerhin noch 47 Prozent, die diese Begriffe mit Deutschland identifizierten. In allen Fällen ergibt sich gegenüber entsprechenden Umfragen aus dem Jahre 1997 eine deutliche Steigerung.[47]

Insbesondere die FAZ förderte mit Befragungen von Allensbach eine öffentliche Auseinandersetzung mit dem Wertewandel in der Gesellschaft. So wurde von ihr regelmäßig erfragt, ob »man heute Nationalstolz haben« sollte. 1993 hielten dies lediglich 54 Prozent der Deutschen für wichtig, 2006 waren es bereits 73 Prozent.[48] Zugleich meinten knapp zwei Drittel der Deutschen, ihr Land täte »Gutes für andere«. Besonders galt dies für die europäische Einigung, bei der 2002 wie 2009 nicht weniger als 62 Prozent überzeugt waren, dass Deutschland ein Vorreiter sei. Die Zahl derjenigen, die äußerten, dass Deutschland ausgleichend wirke und häufig bei internationalen Konflikten vermittle, stieg im gleichen Zeitraum von 59 auf 66 Prozent.[49] Dies ging mit der Vorstellung einher, »in der Welt beliebt« zu sein. Glaubten 1991 lediglich 39 Prozent der Deutschen, dass sie bei anderen beliebt seien, so waren es im Februar 2009 bereits 56 Prozent.[50] Unter Jugendlichen zwischen 14 und 18 Jahren waren deshalb 2008 nicht weniger als 86 Prozent »stolz« darauf, Deutsche zu sein.[51] Die internationalen Medien setzten das gewandelte außenpolitische Selbstbild der Deutschen in Beziehung zu den Einschätzungen, die andere Länder von den Deutschen besitzen. So erhielt nach einer Umfrage der BBC von 2010 Deutschlands Einfluss im Vergleich von 28 Ländern weltweit die positivsten Wertungen.[52]

Die Tatsache, dass Deutschland in der Zeit der Berliner Republik zunehmend »Führungsverantwortung« übernommen hat und eine aktive Rolle in der internationalen Politik spielt, wird demnach von der überwiegenden Mehrheit der Deutschen akzeptiert und scheint auch im Aus-

---

47 Ebd., S. 42.
48 Ebd., S. 92.
49 Ebd., S. 33.
50 Ebd., S. 35.
51 Spiesser Spezial 2008: »Seid ihr stolz, deutsch zu sein?« Sonderausgabe der Jugendzeitschrift »Spiesser«, verfügbar unter www.stiftung-evz.de/w/files/efp/spiesser_spezial_stolz.pdf [16.10.2012].
52 BBC World Service, zit. nach: Julian Mertens, Deutsche Welle, dw-world.de, 20. April 2010.

land weithin begrüßt zu werden. Die »Kultur der Zurückhaltung«, wie sie in Bonner Zeiten galt, wird demgegenüber als Synonym für »Zaghaftigkeit« und als Argument für »bequemes Beiseite stehen« verstanden.[53] Seit der Wiedervereinigung und dem Ende des Kalten Krieges haben sich offenbar die Rahmenbedingungen des deutschen Verhaltens so sehr verschoben, dass die alten Prinzipien der Bonner Republik nicht mehr anwendbar sind.

Dies bedeutet nicht, dass sämtliche Koordinaten der Bonner Außenpolitik ungültig geworden seien. Wer die Kernziele deutscher Außenpolitik heute zusammenfasst, wird weiterhin Kontinuitätslinien ziehen können: Die europäische Integration steht nach wie vor im Zentrum deutscher Politik; das Bündnis mit den USA und die Zugehörigkeit zur NATO sind unstrittig; und eine Verlagerung der Akzente zugunsten Russlands, wie sie zeitweilig im Vorfeld des Irak-Krieges von 2003 oder im Zusammenhang mit dem Libyen-Konflikt 2011 zu beobachten war, ist dauerhaft kaum zu erwarten. Die großen Kraftlinien der internationalen Politik, die nach dem Zweiten Weltkrieg entstanden, sind also weiterhin gültig. Ein radikaler Einschnitt war schon deshalb nicht zu erwarten, weil die Bonner Außenpolitik eine Erfolgsgeschichte darstellte und das wiedervereinigte Deutschland sich 1990 feierlich zu dieser Tradition bekannte und Kontinuität versprach. Überdies gab es 1990 keine plausible Alternative und erst recht keine »Große Strategie«, die eine signifikante Abweichung von der Grundorientierung deutscher Außenpolitik, wie sie seit 1948/49 bestand, nahegelegt hätte. Deutschland, seine außenpolitische Elite und die deutsche Öffentlichkeit verstehen sich weiterhin als europäische und als westliche Nation. Aber das neue Deutschland nach 1990 ist sich seiner gewachsenen Macht und Stärke in ungewohnter Weise und mit überraschender Selbstsicherheit bewusst geworden.

Fazit

In der Berliner Republik nach 1990 hat sich gegenüber der vorangegangenen Bonner Republik vieles verändert – allen Kontinuitäten, die es naturgemäß ebenfalls gibt, zum Trotz. Die gewandelte Medienlandschaft und die neue, mit der Beteiligung deutscher Soldaten an Kampfeinsätzen auch physisch erfahrbare Bedeutung von Außenpolitik ließen die frühere Abstinenz der öffentlichen Diskussion in diesem Bereich nicht länger zu.

---

53 Ulrich Schlie, Deutsche Sicherheitspolitik in Fesseln?, in: Internationale Politik, H. 3, Mai/Juni 2010, S. 106-109.

Was in zurückliegenden Jahrzehnten, etwa bei den Auseinandersetzungen um die Westintegration und Wiederbewaffnung unter Bundeskanzler Adenauer oder im Streit um die »neue Ostpolitik« Willy Brandts, nur zeitweilig der Fall gewesen war, wurde jetzt zur Norm: die öffentliche Diskussion über Außenpolitik.

In diesem Prozess spielten die Medien eine wichtige Rolle. Sie schufen durch ihre Berichterstattung das Klima, in dem die öffentliche Meinung changierte – und wurden damit selbst zu Akteuren bei der Gestaltung von Außenpolitik. Vor allem die Kriegsreportagen vom Balkan, aus dem Irak und aus Afghanistan bieten dafür zahlreiche Beispiele. Die Medienrevolution der 1990er Jahre sowie die hohe Konzentration von Medienvertretern in Berlin nach der Jahrtausendwende taten ein Übriges, einen Bedeutungswandel der Öffentlichkeit herbeizuführen, der auch die Außenpolitik einbezog. Damit ging zugleich eine Veränderung des außenpolitischen Selbstverständnisses der deutschen Eliten wie der deutschen Öffentlichkeit einher, die in ihren Konsequenzen nicht zu unterschätzen ist. Außer in der Militärpolitik ist dieser Wandel vor allem in der Europapolitik unübersehbar, die längst nicht mehr nur von den politischen Handlungsträgern allein bestimmt wird, sondern Teil eines öffentlichen Diskurses geworden ist, in dem Medien und Öffentlichkeit zu engagierten Mit-Akteuren der Politik werden.

Öffentlichkeit und Auslandseinsätze nach dem CNN-Effekt

Henrike Viehrig

Seit dem Ende des Zweiten Weltkrieges ist der Krieg aus Deutschland und Europa verschwunden. Über die Auslandseinsätze der Bundeswehr ist er jedoch seit den 1990er Jahren in einer anderen Form wieder hineingekommen. Anstelle von Verteidigungskriegen (wars of necessity) gibt es heute die selbst gewählten Kriege (wars of choice), bei denen Regierungen entscheiden können, ob sie sich an Kampfhandlungen beteiligen wollen.[1] Auslandseinsätze sind eine besondere Form angewandter Außenpolitik, bei der speziell ausgebildete deutsche Bürger in ein anderes Land gebracht werden, um dort einen offiziellen Auftrag der Bundesregierung zu erfüllen. Ob mit militärischen oder zivilen Mitteln – ein Auslandseinsatz ist immer ein Wagnis für eine Regierung und für die entsendeten Personen, wodurch sich die erhöhte öffentliche Beobachtung erklärt, unter der ein solcher Einsatz steht.

Auslandseinsätze sind neben Staatsbesuchen weiterhin der sichtbarste Aspekt von Außenpolitik und eines der wenigen außenpolitischen Felder, in denen es eine direkte Berührung von Regierungshandeln mit der Öffentlichkeit gibt. Nirgendwo ist Außenpolitik so deutlich spürbar wie bei einer Entsendung der eigenen Truppen ins Ausland. Hingegen werden Debatten des europäischen Parlaments oder Verhandlungen in Weltforen seltener wahrgenommen, obwohl dort ebenso speziell ausgewählte und ausgebildete Bürger einen offiziellen Auftrag im Ausland ausführen. Die besondere Eigenart des militärischen Auslandseinsatzes ist sein Potenzial zur Gewalttätigkeit. Dort, wo bewaffnete Personen auftreten, besteht auch die Gefahr, dass sie in Kämpfe verwickelt werden. Die Gefahr, eigene Bürger zu verlieren oder unschuldige Bewohner des Ziellandes zu töten, verleiht dieser Form von Außenpolitik eine besondere Brisanz und erklärt das grundsätzliche öffentliche Interesse sowie den hohen Nachrichtenwert entsprechender Meldungen.

Dieser Beitrag analysiert die Möglichkeiten und Grenzen von Auslandseinsatzentscheidungen, die Regierungen seit der Debatte um den CNN-Effekt getroffen haben. Dazu werden zwei Fragestellungen verfolgt: erstens, wie ist innerhalb Deutschlands in den letzten 15 Jahren

---

[1] Hugh Smith, What Costs Will Democracies Bear? A Review of Popular Theories of Casualty Aversion, in: Armed Forces & Society 31.4 (2005), S. 487-512, S. 495.

über Auslandseinsätze entschieden und öffentlich diskutiert worden (im Zeitverlauf) und zweitens, wie verlief die multilaterale Entscheidung, im Libyen-Konflikt zu intervenieren (komparativ)? In beiden Perspektiven werden die Regierungsentscheidungen mit Blick auf die öffentliche Meinung dargestellt und bewertet. Damit wird einerseits eine Einschätzung der deutschen Regierungsentscheidungen über Auslandseinsätze angestrebt und zweitens ein Ausblick, wie multilaterale Auslandseinsätze in Zukunft aussehen können. Ausgangspunkt ist die Debatte um den CNN-Effekt und seine Grenzen.

Der CNN-Effekt und seine Grenzen

Unter dem Begriff »CNN-Effekt« wurde Anfang der 1990er Jahre eine neue Entwicklung zusammengefasst, die einen wachsenden Einfluss von Nachrichtenmedien und einen sinkenden Einfluss politischer Eliten in auswärtigen Angelegenheiten thematisierte. Konkret wurde die Hypothese entwickelt, dass die Medienberichterstattung über Außenpolitik nicht mehr von den Entscheidungen der Eliten gespeist werde, sondern dass die Medien im Zuge der Echtzeitberichterstattung schneller als die Entscheider agierten, somit den Entscheidungsdruck auf sie erhöhten und sie schließlich zu Entscheidungen nötigten, die ohne diese neue Form der Nachrichtenmedien so nicht getroffen würden.[2]

Als empirischer Beleg diente 1993 die Entscheidung der amerikanischen Regierung unter Bill Clinton, eine humanitäre Intervention in Somalia anzuführen (UNITAF), nachdem der damals einzige 24-Stunden-Kabelsender CNN (*Cable News Network*) ausgiebig über die dortige Hungersnot berichtet hatte. Als während des Militäreinsatzes 18 amerikanische Soldaten bei einem Hubschrauberabsturz starben und ihre Leichen zum Teil geschändet wurden, fand der Einsatz ein frühzeitiges Ende. Diese Volte galt als neuerlicher Beweis der Macht der Medien: augenscheinlich konnten sie nicht nur beeinflussen, wann Soldaten ins Ausland geschickt wurden, sondern auch, wann sie wieder nach Hause zurückkehrten.

Im Nachhinein hat es diverse Tests der CNN-Effekt-Hypothese gegeben, doch bestätigt werden konnte sie bis heute nicht. Nicht einmal der Somalia-Fall hielt einer genaueren Betrachtung stand, da nachgewiesen werden konnte, dass die politischen Entscheidungen bereits vor Beginn

---

2 Steven Livingston, Clarifying the CNN Effect: An Examination of Media Effects According to Type of Military Intervention, Cambridge 1997, S. 2-4.

der Medienberichte getroffen worden waren und dass die Medien das Thema Somalia erst dann auf die Agenda setzten, als die politische Relevanz klar wurde.[3] Die anfängliche wissenschaftliche Euphorie hatte zu einer Überschätzung des Phänomens geführt. So bleibt die Frage, was heute vom CNN-Effekt übriggeblieben ist.[4] Piers Robinson – der das Konzept entscheidend prägte – identifizierte in einer Rückschau auf den CNN-Effekt zwei Stränge der CNN-Effekt-Forschung: einerseits die grundsätzlich gestiegene Bedeutung der Nachrichtenmedien bei der Formulierung von Außenpolitik und andererseits die Fähigkeit der Medien, einen unabhängigen Einfluss auf die Formulierung von Außenpolitik auszuüben, bisweilen sogar gegen den Willen und die Interessen der außenpolitischen Entscheider.[5] Während vor allem die Politikwissenschaft, namentlich die Außenpolitikanalyse, Medien stärker als früher zu den Akteuren zählt – und somit den ersten Strang bestätigt –, gelten die Annahmen eines unabhängigen, die Eliten überragenden Medieneinflusses heute weitgehend als widerlegt.[6] Die wesentlichen Argumente, die im Folgenden detailliert dargelegt werden, beziehen sich zum einen darauf, dass unklar blieb, wie genau bestimmte Medieninhalte politische Erwägungen beeinflussen können und zum anderen, dass Medien praktisch kein Interesse an einer spezifischen außenpolitischen Entscheidung haben.

Zunächst zum Argument, dass der Einflusspfad der Medien genauer umschrieben werden müsse. Konkret geht es darum zu zeigen, in welchen Bereichen der Außenpolitik die Medien möglicherweise Einfluss nehmen könnten und unter welchen Bedingungen dies geschieht. Hammerschmidt betont den Prozess-Charakter des CNN-Effekts und somit dessen langfristige Wirkung, anstatt des häufig angenommenen »Auslöseschalters (trigger)«.[7] Zu ähnlichen Überlegungen gelangte auch Piers Robinson: Medieneinfluss wirke demnach am stärksten auf der prozeduralen Ebene oder bei der Implementierung von Außenpolitik und

---

3 Jonathan Mermin, Television News and American Intervention in Somalia: The Myth of a Media-Driven Foreign Policy, in: Political Science Quarterly 112.3 (1997), S. 385-403, S. 398f.
4 Siehe dazu auch Special Issue Media, War & Conflict 4.1 (2011).
5 Piers Robinson, The CNN Effect Reconsidered: Mapping a Research Agenda for the Future, in: Media, War & Conflict 4.1 (2011), S. 3-11, S. 3.
6 Eytan Gilboa, The CNN Effect: The Search for a Communication Theory of International Relations, in: Political Communication 22.1 (2005), S. 27-44, S. 37f.
7 Gunnar Hammerschmidt, Über den CNN-Effekt hinaus. Ein interdisziplinärer Erklärungsansatz zum Einfluss der Medien in der internationalen Politik des 21. Jahrhunderts, in: Jens Tenscher/Henrike Viehrig (Hg.), Politische Kommunikation in internationalen Beziehungen, Berlin/Münster 2010, S. 55-77, S. 62.

weniger auf der substantiellen Ebene, das heißt weniger bei der grundsätzlichen Entscheidung für oder gegen einen militärischen Einsatz im Ausland.[8] Diese Überlegungen verlagern den CNN-Effekt weg von der Vorstellung eines plötzlich auftauchenden und wieder verschwindenden Ereignisses hin zu einer dauerhaften neuen Rolle der Medien in der Umsetzung von Außenpolitik.

Zum zweiten zum Argument der Akteursqualität der Massenmedien: Während in der ursprünglichen Hypothese angenommen wurde, dass die Medien eigenständige Präferenzen in der Außenpolitik entwickeln – beispielsweise stark für eine Intervention plädieren –, wurde diese Annahme später wieder verworfen. Zum einen reizen pluralistische Mediensysteme zur Herausbildung verschiedener Meinungen an, die aus jeweils unterschiedlichen Richtungen auf außenpolitische Entscheider wirken und sich unter Umständen gegenseitig aufheben können. Diese systemischen Umstände können einer politischen Präferenzbildung der Medien entgegen wirken.

Zum anderen hindert ein ebenfalls systemischer Faktor die Medien an der Herausbildung einer eigenständigen Policy-Präferenz: die Interessen von Journalisten und Redakteuren. Diese liegen mittlerweile eher darin, ihren Leser- oder Zuschauermarkt zu erhalten oder zu vergrößern, als direkt auf die Politik Einfluss zu nehmen. Auch wenn in der Vergangenheit Journalistenverleger wie Springer, Augstein oder Bucerius durchaus eigenständige, von der erhofften Resonanz unabhängige außenpolitische Ziele verfolgt haben, und – um beim Beispiel Deutschland zu bleiben – einige Journalisten der öffentlich-rechtlichen Medien sowie der großen, überregionalen Tageszeitungen sich eher als Gestalter denn als Erfüller der ökonomischen Logik sehen,[9] richten sich Auswahl und Präsentation der Themen doch mehr am Geschmack der Zielgruppe aus als an politischen Erfordernissen oder Präferenzen. Auf der Suche nach einer international gültigen CNN-Effekt-Hypothese geht man mittlerweile davon aus, dass ein solcher Einfluss auf außenpolitische Entscheidungen nur dann angestrebt wird, wenn der eigentliche Zweck der Massenmedien, Resonanz in der Öffentlichkeit zu erzielen, damit erfüllt wird. Im Zuge dessen wird auch von einer Begrenzung des CNN-Effekts gesprochen, da Medien keine völlig unabhängig entstehenden Frames setzen[10], sondern Eliteframes aufnehmen und verstärken oder abschwächen. Die *cues* be-

---

8 Robinson, The CNN Effect Reconsidered, S. 7.
9 Michael Meyen/Claudia Riesmeyer, Diktatur des Publikums. Journalisten in Deutschland, Konstanz, 2009, S. 218-220.
10 Babak Bahador, Did the Global War on Terror End the CNN Effect?, in: Media, War & Conflict 4.1 (2011), S. 37-54, S. 48.

ziehungsweise Signale, welche die Medien von den politischen Eliten empfangen, werden durch Einordnung und Platzierung in Frames eingebettet und mitunter in ihrem Interpretationsgehalt verändert. Hierbei ist auch entscheidend, wie geschlossen oder gespalten die außenpolitische Elite in Fragen von Auslandseinsätzen auftritt.

Ein Aspekt des CNN-Effekts ist jedoch bislang nur untergeordnet betrachtet worden: der Fakt, dass überhaupt über einen fernen Konflikt berichtet wird bzw. das Agenda-Setting.[11] Nur wenn Umfang und Intensität der Berichterstattung eine kritische Größe annehmen, können inhaltliche Positionen überhaupt erst relevant werden. Je mehr über einen Konflikt oder eine außenpolitische Entscheidung berichtet wird, umso kleiner wird auch der Handlungsspielraum von Regierungen. Ohne eine gewisse Salienz, also Dringlichkeit oder Wichtigkeit eines Themas, wird es auch keine breite Debatte über die außenpolitischen Optionen geben. Um noch einmal an das Beispiel Somalias anzuknüpfen: Die damalige Berichterstattung geschah in einer Ausnahmesituation, in Ermangelung anderer dominanter Themen, und könnte so nicht bei jedem beliebigen Konflikt wiederholt werden.

Als Alternative zum CNN-Effekt sei daher auf Modelle verwiesen, die weniger die Medien als eigenständigen Akteur in den Mittelpunkt rücken, sondern stärker auf die öffentliche Meinung eingehen.[12] Zwar ist die öffentliche Meinung als Aggregat aller individuellen Meinungen ebenso wenig ein eigenständiger Akteur im politischen Prozess, wohl aber eine wichtige Bezugsgröße, die außenpolitisches Handeln beeinflussen kann. Wesentlich für die Wirksamkeit von öffentlicher Meinung ist die Wichtigkeit des Themas, der Meinung oder der Einstellung. Diese Bedeutung, Wichtigkeit oder Dringlichkeit wird eben als Salienz (salience) bezeichnet.[13]

Ein Modell, das den Einfluss der öffentlichen Meinung auf außenpolitische Entscheidungen beschreibt, sollte also die Kategorie der Salienz enthalten. Oppermann und Höse haben ein entsprechendes Modell entwickelt. Darin beschreiben sie zwei notwendige Bedingungen, die erfüllt sein müssen, damit die öffentliche Meinung eine wirksame außenpolitische Beschränkung sein kann: zum einen eine hohe Salienz des

---

11   Virgil Hawkins, Media Selectivity and the Other Side of the CNN Effect: The Consequences of Not Paying Attention to Conflict, in: Media, War & Conflict 4.1 (2011), S. 55-68, S. 65.
12   Siehe u. a. Hammerschmidt, Über den CNN-Effekt hinaus.
13   Kai Oppermann/Cathrine de Vries, Analyzing issue salience in international politics. Theoretical foundations and methodological approaches, in: Kai Oppermann/Henrike Viehrig (Hg.), Issue Salience in International Politics, S. 3 f.

Themas oder Problems in der öffentlichen Wahrnehmung und zum anderen institutionalisierte Einflusskanäle, über die der politische Prozess beschränkt werden kann. Erst wenn diese beiden Bedingungen gegeben sind, wird relevant, welche inhaltliche Richtung die öffentliche Meinung präferiert. Ist die öffentliche Meinung beispielsweise gespalten, kann sie keine eigene Präferenz entwickeln. Tendiert sie jedoch in eine bestimmte Richtung *und* sind die ersten beiden Bedingungen erfüllt, kann sie außenpolitisch wirkmächtig werden.[14]

Dabei steht außer Frage, dass die Medien mitbestimmen, welche Themen salient werden und was die Bevölkerung darüber denkt. Vor allem in Fragen der Außenpolitik kann man davon ausgehen, dass die Themensetzung über die Medien geschieht. Die konkrete öffentliche Meinung zu außenpolitischen Fragen bildet sich jedoch gleichermaßen aus Wertvorstellungen, Einstellungen und Medienberichten. Bernard Cohen formulierte in diesem Zusammenhang: »[the press] may not be successful much of the time in telling people what to think, but it is stunningly successful in telling its readers what to think about.«[15] Die folgenden Fallbeispiele der deutschen Außenpolitik sollen zeigen, wie das Wechselspiel zwischen Regierungsentscheidung und öffentlicher Meinung jenseits des CNN-Effekts funktionieren kann.

Deutschlands Auslandseinsätze

In aktuellen Diskussionen um die Auslandseinsätze der Bundeswehr werden meist nur der Afghanistaneinsatz und manchmal noch die Kosovo-Mission oder die Frage der deutschen Libyen-Politik diskutiert. Allerdings war die Bundeswehr bis Ende 2011 in zwölf Auslandseinsätzen aktiv. Und obwohl Afghanistan und Kosovo die Einsätze mit dem größten Personalentsendungen sind, und die Diskussion um Libyen mit dem überraschenden Abweichen der deutschen Politik von den Positionen ihrer Partner erklärt werden kann, ist zu bedenken, dass auch die ca. 230 Marine-Soldaten im Libanon (UNIFIL) und die ca. 280 am Horn von Afrika (Atalanta) unvorhergesehen in gefährliche Situationen geraten oder in Kampfhandlungen verwickelt werden können. Darüber hinaus ist die Bundeswehr in Bosnien und Herzegowina aktiv (EUFOR), im

---

14 Kai Oppermann/Alexander Höse, Public Opinion and the Development of the European Security and Defence Policy, in: European Foreign Affairs Review 12.2 (2007), S. 149-167, S. 151-155.
15 Maxwell E. McCombs/Donald L. Shaw, The Agenda-Setting Function of Mass Media, in: The Public Opinion Quarterly 36.2 (1972), S. 176-187, S. 177.

Südsudan (UNMISS), in Darfur (UNAMID), im Mittelmeer (Operation Active Endeavour), in Uganda (im Rahmen von EUTM Somalia), im Kongo (EUSEC RD Congo), in Afghanistan (im Rahmen von UNAMA) und in der Sanitätsrettung durch die Luftwaffe in verschiedenen Einsatzgebieten (STRATAIRMEDEVAC).[16] Umfragedaten zu STRATAIRMEDEVAC oder zur UNMISS und UNAMID im Sudan und Südsudan sucht man jedoch vergeblich. Diese Einsätze haben weder eine große Bedeutung für die breite Öffentlichkeit noch werden sie von den Medien als relevant für die Berichterstattung betrachtet. Daher wurden sie auch von der CNN-Effekt-Forschung als »absichtlich vergessene« Konflikte bezeichnet (im Gegensatz zu »übersehenen« Konflikten)[17]. Dabei sind es eigentlich keine vergessenen Konflikte, sondern welche, deren Charakteristika nicht ins Gefüge von Nachrichtenwert und Zuschauerorientierung passen und die deshalb aus der Berichterstattung herausfallen.

Medienberichte sind grundsätzlich wichtig für die Herstellung von Aufmerksamkeit und für die Meinungsbildung zu außenpolitischen Fragen. Sie bestimmen zum größten Teil, wie bedeutsam ein Auslandseinsatz für die Öffentlichkeit wird. Ein Maß für diese Bedeutung ist die öffentliche Salienz. In den Sozialwissenschaften kann die Salienz für verschiedene gesellschaftliche Akteure und unterschiedlichste Themen oder Politikfelder erhoben werden, zum Beispiel für die öffentliche Meinung, für Medien, für politische Parteien und Interessengruppen, für Parlamentsmitglieder und für die Mitglieder von Regierungen oder Entscheidungszirkeln.[18] Welche Themen die Bevölkerung für wichtig hält, ist für politische Entscheider insofern von Bedeutung, da die öffentliche Meinung ihre Sanktionsmechanismen nur dann gebrauchen wird, wenn dieser Sachfrage ein hinreichendes Maß an Aufmerksamkeit zuteilwird. Unterhalb einer bestimmten Salienzschwelle können Politiker die sogenannten »audience costs« ignorieren, was ihnen eine größere Handlungsfreiheit verschafft.[19]

Wenn die öffentliche Salienz, das heißt die Wichtigkeit eines Themas für die öffentliche Meinung erhoben werden soll, geschieht dies

---

16 Insgesamt mit ca. 80 Soldatinnen und Soldaten.
17 Virgil Hawkins, Media Selectivity, S. 56.
18 Kai Oppermann/Henrike Viehrig (Hg.), Issue Salience in International Politics, London/New York 2011.
19 Douglas Van Belle, Domestic Imperatives and Rational Models of Foreign Policy Decision Making, in: David Skidmore/Valerie M. Hudson (Hg.), The Limits of State Autonomy. Societal Groups and Foreign Policy Formulation. Boulder 1991, S. 151-184, S. 172.

üblicherweise am Beginn einer Meinungsumfrage: »Was ist Ihrer Meinung nach gegenwärtig das wichtigste Problem in Deutschland?« lautet die vom Politbarometer verwendete Fragestellung. Die Antworten auf diese offene Frage werden anschließend in verschiedene Kategorien eingeordnet. Es ist daher wichtig, dass die Befragten keinerlei Vorinformationen bekommen und ihnen nicht eine Liste mit möglichen Problemen zur Auswahl vorgelegt wird. Nur so lässt sich messen, was wirklich ein »top-of-the-head-Problem« für sie ist.[20]

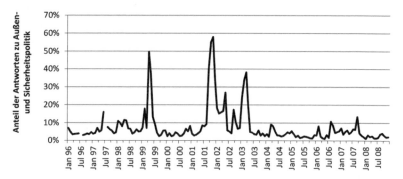

Abbildung 1: Salienz von Außen- und Sicherheitspolitik in Deutschland 1996-2008. Eigene Darstellung, Quelle: Politbarometer 1996-2010; Fragestellung: »Was ist Ihrer Meinung nach gegenwärtig das wichtigste Problem in Deutschland?«; »Und was ist ein weiteres wichtiges Problem?« (F. 1a, F. 1b), Daten bereitgestellt durch GESIS Datenservice.[21]

Für Deutschland werden Salienzdaten vom Politbarometer erhoben. Eine Langzeitanalyse zeigt, dass 1999, 2001 und 2003 die Zeitpunkte waren, zu denen außenpolitische Probleme in der öffentlichen Wahrnehmung besonders präsent waren. Die drei Spitzen repräsentieren den kontroversen Einsatz ohne UNO-Mandat im Kosovo 1999, die Ereignisse von 9/11 (mit dem anschließenden Einsatz in Afghanistan ab 2001) und die Debatte um den Irakkrieg 2003. Die Schwankungen in der Salienz sagen allerdings nichts über die inhaltliche Ausgestaltung der öffentlichen Meinung aus. Sie zeigen lediglich, zu welchen Zeitpunkten nach diesem Ansatz die Entscheidungsfreiheit der Exekutive durch die öffentliche Meinung besonders eingeschränkt sein könnte.

20 John R. Zaller, The Nature and Origins of Mass Opinion, Cambridge 1992, S. 37-39.
21 GESIS Online Study Catalogue, http://zacat.gesis.org/webview/ [28.08.2012].

Politisch lässt sich ein relativ großer parteiübergreifender Konsens in der Frage von Auslandseinsätzen beobachten. Mit Ausnahme der Linkspartei haben alle im Bundestag vertretenen Parteien die Auslandseinsätze im Grundsatz befürwortet. Das Abstimmungsverhalten im Bundestag ist mitunter aus parteistrategischer Räson davon abgewichen (z. B. stimmte die CDU/CSU-Fraktion im November 2001 gegen den Afghanistaneinsatz), aber grundsätzlich sind sich die politischen Eliten über Deutschlands Position zu internationalen Militäreinsätzen einig. Tabelle 1 veranschaulicht die größten Auslandseinsatzentscheidungen der letzten Jahre für Deutschland, indem die Dimensionen Salienz, institutionelle Einflusschancen (der öffentlichen Meinung in den politischen Prozess, z. B. über Wahlen oder Referenden) und öffentliche Meinung dem Regierungshandeln gegenübergestellt werden.

Einsatz	Salienz	Institutionelle Einflusschancen	Öffentliche Meinung	Regierungshandeln
Kosovo 1999	Hoch	Gering	+ +	KFOR
Afghanistan 2001/02	Hoch	Gering	+	ISAF
Irak 2003	Hoch	Stark	– –	Keine Teilnahme
Kongo 2006	Niedrig	Gering	–	EUFOR DRC
Libyen 2011	Mittel[22]	Stark	–	Keine Teilnahme

Tabelle 1: Deutsche Auslandseinsätze 1999-2011 (Auswahl). Quelle: Eigene Zusammenstellung; Erläuterung: ++ (deutliche Zustimmung), + (leichte Zustimmung), – – (deutliche Ablehnung), – (leichte Ablehnung).

Gemäß dem Modell von Oppermann und Höse lassen sich für den Entscheidungszeitpunkt der jüngsten deutschen Auslandseinsätze die Kategorien Salienz, institutionelle Einflusschancen, die öffentliche Meinung selbst (inhaltliche Ausgestaltung) und das Handeln der Regierung miteinander in Beziehung setzen. Im Fall des Kosovokriegs war die Salienz hoch, die institutionellen Einflusschancen jedoch gering (die Bundestagswahlen 1998 waren gerade vorbei). Trotz aller Debatten, vor allem innerhalb von Bündnis 90/Die Grünen, gab es in der deutschen Bevölkerung

---

22 Mangels Umfragedaten wurde die Salienz des Libyeneinsatzes aus der Häufigkeit der Berichterstattung einen Monat vor Einsatzbeginn geschlussfolgert (FAZ und Süddeutsche: 905 Artikel; vgl. Kongo 171 Artikel, Irak 2775 Artikel).

eine breite Mehrheit für einen Einsatz im Kosovo.[23] Dementsprechend konnte sich auch die rot-grüne Regierung an dem Einsatz beteiligen, ohne negative politische Konsequenzen dieser Entscheidung fürchten zu müssen.

Beim Afghanistaneinsatz zweieinhalb Jahre später war die Zustimmung nicht ganz so ausgeprägt wie während des Kosovokrieges. Vor allem zu Beginn der amerikanisch dominierten Operation *Enduring Freedom* zeigten sich große Teile der Bevölkerung skeptisch. Der Frage, ob sich Deutschland an möglichen militärischen Aktionen der USA beteiligen sollte, stimmten im September 2001 nur 37 % der Befragten zu. Im Oktober und November desselben Jahres wurde in den Umfragen an die Solidaritätserklärung von Bundeskanzler Gerhard Schröder an die USA erinnert (»Bundeskanzler Schröder hat den USA militärische Unterstützung für ihr Vorgehen zugesagt. Finden Sie es richtig, dass sich Deutschland an den militärischen Aktionen der USA beteiligt?«). In diesen Monaten betrug die Zustimmung 66 beziehungsweise 59 %.[24] Erst die Beteiligung an der Wiederaufbaumission ISAF konnte auf eine größere innenpolitische Zustimmung setzen (79 % im Dezember 2001). Die ISAF selbst veranschaulicht beispielhaft, wie die Bundesregierung ihren Wunsch verwirklichte, einerseits Weltpolitik mitzugestalten und andererseits den Beschränkungen durch die öffentliche Meinung Rechnung zu tragen.[25]

In der Debatte um den Irakkrieg 2003 hatte sich Bundeskanzler Schröder bereits frühzeitig auf eine Nichtteilnahme Deutschlands festgelegt. In diesem Fall schienen die innenpolitischen Restriktionen der deutschen Außenpolitik sehr stark zu sein: eine hohe Salienz des Themas, eine eindeutig ablehnende öffentliche Meinung und starke institutionelle Einflusschancen durch die Bundestagswahl 2002, die mitten in diese Debatte fiel. Es finden sich jedoch keine Anhaltspunkte, dass hier eine starke öffentliche Meinung eine Regierung gegen ihren Willen zu Entscheidungen »getrieben« hätte, die sie andernfalls nicht getroffen hätte. Vielmehr ähnelten sich die politischen Positionen in der Irakfrage – übrigens auch zwischen Opposition und Regierung.[26]

23 Zoltán Juhász, German Public Opinion and the Use of Force in the Early 1990s, in: Philip P. Everts/Pierangelo Isernia (Hg.), Public Opinion and the International Use of Force, London/New York 2001, S. 57-85, S. 57 f.
24 Politbarometer, 2001, http://zacat.gesis.org/webview/ [28. 08. 2012].
25 Ralf Beste/Ulrike Demmer/Christoph Hickmann/Marc Hujer/Christoph Schwennicke/Holger Stark/Rainer Staudhammer/Klaus Wiegrefe, Ein deutscher Krieg, in: Der Spiegel 36 (2011), www.spiegel.de/spiegel/print/d-80266965.html [28. 08. 2012].
26 Ulrich Schuster, Von »uneingeschränkter Solidarität« zur Partnerschaft auf »gleicher Augenhöhe«. Die Wahrnehmung der transatlantischen Beziehungen in der

Der Kongo-Einsatz ist in allen Aspekten völlig konträr zum Irakeinsatz gelagert. Die Salienz des Themas war niedrig, die institutionellen Einflusschancen gering, die Öffentlichkeit moderat negativ eingestellt, und dennoch nahmen deutsche Soldaten an der EUFOR-Mission teil. Deutschland agierte in diesem Fall sogar als Führungsmacht im Einsatz. Eine detaillierte Analyse der regierungsinternen Entscheidung zum Kongo-Einsatz in Deutschland zeigt, dass die öffentliche Meinung keine Rolle in den Erwägungen der Entscheider spielte. Zumindest nicht in der Art, dass sie als wichtig genug eingeschätzt wurde, um ihre konträr zur Regierungshaltung stehende Position im außenpolitischen Entscheidungsprozess wirkmächtig werden zu lassen.[27]

Schließlich sei noch der Libyeneinsatz erwähnt. Mangels Daten kann über dessen tatsächliche Salienz nur spekuliert werden. Da sich Deutschland jedoch recht früh gegen eine Truppenentsendung ausgesprochen hatte, und zur gleichen Zeit noch andere Themen (Fukushima, Atomausstieg) die Schlagzeilen beherrschten, ist von einer vergleichsweise geringen Salienz auszugehen. Die institutionellen Einflusschancen waren jedoch vergleichsweise hoch, denn die Landtagswahlen in Baden-Württemberg und Rheinland-Pfalz sollten einen Einfluss auf die Zusammensetzung des Bundesrats ausüben und wurden als letzte Chance für die schwarz-gelbe Regierungskoalition gesehen, zur Hälfte ihrer Amtszeit eine positive Zwischenbilanz zu zeigen. Begleitet von einer ablehnenden öffentlichen Meinung entschloss sich die Regierung zu einer Nichtteilnahme am Libyeneinsatz, was in den Umfragen zwar honoriert, im Wahlverhalten der Bürger jedoch nicht den gewünschten Erfolg brachte.[28]

Insgesamt bietet sich der Bundesregierung und dem Bundestag eine breite Palette an möglichen Optionen, sich an internationalen Militäreinsätzen zu beteiligen oder von einer Teilnahme abzusehen. Ein CNN-Effekt, den es für Deutschland so ohnehin nicht gegeben hat, ist auch in Zukunft nicht zu erwarten. Die deutsche grundsätzliche Zurückhaltung in militärischen Auslandseinsätzen wird in Zukunft noch stärker von momentanen, kurzfristigen Überlegungen gekennzeichnet sein. Denn weder gibt es eindeutige Anforderungen aus dem Ausland, denen Deutschland aus Gründen der Bündnistreue unbedingt entsprechen

sicherheitspolitischen Debatte der deutschen Parteien seit 2001, in: Thomas Jäger (Hg.): Die Welt nach 9/11, (2011), S. 232-260, S. 233 ff.
27 Klaus Brummer, The Reluctant Peacekeeper: Governmental Politics and Germany's Participation in EUFOR RD Congo, in: Foreign Policy Analysis 9.1 (2012), S. 1-20.
28 Robert Schütte, Just War or just War? Die Lehren der Libyenintervention und ihre Konsequenzen für die Schutzverantwortung, in: Zeitschrift für Außen- und Sicherheitspolitik 4.4 (2011), S. 715-733, S. 730.

müsste, noch sind aus Deutschland selbst eindeutige Signale zu vernehmen, wie die zukünftige »Linie« in der Frage von Auslandseinsätzen aussieht. Dies birgt allerdings auch eine Chance, dass sich die deutsche Öffentlichkeit stärker als bisher Gehör verschaffen kann.

Das Zwei-Ebenen-Spiel und der Libyeneinsatz 2011

Die innenpolitischen Schwierigkeiten, über einen militärischen Auslandseinsatz zu entscheiden, potenzieren sich, wenn die Entscheidung in multilateralen Foren durchgesetzt werden muss, wie zum Beispiel in der NATO, UNO oder GSVP (Gemeinsamen Sicherheits- und Verteidigungspolitik der EU). Dort prallen nicht nur internationale Erfordernisse und Erwartungen aufeinander, sondern jeder Verhandlungsteilnehmer muss Rücksicht auf die innenpolitischen Anforderungen aus seinem Land nehmen und diese in die Verhandlungen einflechten. Die Schwierigkeit, außen- und innenpolitische Anforderungen gegeneinander abzuwägen und in Entscheidungen einfließen zu lassen, ist durch Robert Putnam in Form des »Zwei-Ebenen-Spiels« beschrieben worden.[29]

Die Metapher des Zwei-Ebenen-Spiels dient dazu, die Verquickung internationaler und innenpolitischer Anforderungen zu beschreiben. Auf der innenpolitischen Ebene wetteifern verschiedene Parteien und Gruppen um die Durchsetzung ihrer spezifischen politischen Präferenzen, und die politischen Entscheider bauen auf die Macht, die durch Koalitionsbildung zwischen diesen Akteuren entsteht. Auf internationaler Ebene verhandeln die Staats- und Regierungschefs, um die maximal möglichen Forderungen ihrer heimischen Konstituenten durchzusetzen und gleichzeitig die internationalen Konsequenzen möglichst gering zu halten. Jeder Teilnehmer »spielt« simultan auf beiden Ebenen und kann es sich nicht erlauben, eine der beiden Ebenen zu ignorieren.[30] Im Folgenden soll anhand des Libyeneinsatzes in einer vergleichenden Perspektive veranschaulicht werden, wie in verschiedenen westlichen Staaten auf zwei Ebenen gespielt wurde.

Am 17. März 2011 beschloss der Sicherheitsrat der Vereinten Nationen, von außen in den Bürgerkrieg in Libyen einzugreifen. In der entsprechenden Resolution 1973 wurde festgelegt, dass Mitglieder der Vereinten Nationen alle notwendigen Maßnahmen zum Schutze der Bevölkerung

---

29 Robert D. Putnam, Diplomacy and Domestic Politics: The Logic of Two-Level Games, in: International Organization 42.3 (1988), S. 427-460.
30 Putnam, Diplomacy, S. 434.

ergreifen können (»to take all necessary measures«), jedoch eine Besetzung des Landes durch ausländische Truppen ausgeschlossen bleibt, dass die Einhaltung einer Flugverbotszone überwacht wird und dass das bestehende Waffenembargo weiter durchzusetzen ist.[31] Wenige Tage später erklärte sich die NATO bereit, eine militärische Operation zum Schutz der Zivilbevölkerung und zur Einhaltung des Waffenembargos und der Flugverbotszone zu leiten. *Operation Odyssey Dawn* war der erste, kurze Einsatz, der ab dem 31. März 2011 von der *Operation Unified Protector* abgelöst wurde. Da beide Einsätze unter derselben UNO-Resolution zustande kamen, ist es aus politischer Sicht sinnvoll, sie insgesamt als einen gemeinsamen Einsatz zu betrachten.[32]

Regierungshandeln

Die NATO-Operation in Libyen eignet sich in besonderer Weise für eine vergleichende Betrachtung der innenpolitischen Restriktionen in Deutschland, Frankreich, Großbritannien und den USA. Anhand dieser Fallstudie soll in einem vergleichenden Setting untersucht werden, wie öffentliche Meinung und Regierungshandeln in der Entscheidung über Auslandseinsätze im Jahr 2011 zusammengespielt haben.

Zunächst zu Deutschland: Das Verhalten der Bundesregierung geriet national und international in die Kritik, als Deutschland sich bei der entscheidenden Abstimmung über die Libyen-Resolution im UNO-Sicherheitsrat der Stimme enthielt.[33] Entgegen den zehn Befürwortern Bosnien-Herzegowina, Kolumbien, Frankreich, Gabun, Libanon, Nigeria, Portugal, Südafrika, Großbritannien und den Vereinigten Staaten schlug sich Deutschland auf die Seite der Staaten, die sich der Stimme enthielten (zusammen mit Brasilien, China, Indien und Russland).[34] Das deutsche Abstimmungsverhalten rief auch Kritik innerhalb der schwarz-

---

31 United Nations Security Council, Resolution 1973 (2011), http://documents-dds-ny.un.org/doc/UNDOC/GEN/N0o/119/73/pdf/N0011973.pdf?OpenElement [28.08.2012].

32 Gunther Hauser, Der Libyeneinsatz der Nato und die militärischen Defizite der Allianz, in: Zeitschrift für Außen- und Sicherheitspolitik 5.2 (2012), S. 229-241, S. 230.

33 Lothar Rühl, Deutschland und der Libyenkrieg, in: Zeitschrift für Außen- und Sicherheitspolitik 4.4 (2011), S. 561-571, S. 564-570; Harald Müller, Ein Desaster. Deutschland und der Fall Libyen. Wie sich Deutschland moralisch und außenpolitisch in die Isolation manövrierte, in: HSFK-Standpunkte 2 (2011), S. 1-12.

34 United Nations Security Council, United Nations Bibliographic Information System, http://unbisnet.un.org:8080/ipac20/ipac.jsp?session=1D27415956T17.235776

gelben Regierungskoalition hervor – hauptsächlich durch die außenpolitischen Experten der CDU/CSU-Fraktion Philipp Mißfelder und Ruprecht Polenz – aber auch durch Gerhart Baum von der FDP – die sich gegen einen deutschen Sonderweg aussprachen.[35] Die Opposition äußerte ebenfalls Kritik in der Libyen-Frage, blieb aber in ihren moderaten Forderungen zu uneinheitlich, um ein ernsthaftes Gegengewicht zur Regierungsposition zu bilden.

Neben der Kritik am Abstimmungsverhalten, das von dem der engsten Verbündeten abwich, wurde ebenfalls bemängelt, dass Deutschland die »Responsibility to Protect« schwäche. Das Prinzip der Schutzverantwortung war 2005 erstmals von den Vereinten Nationen beschlossen worden. Die Libyen-Resolution 1973 (2011) war die erste, bei der dieses Prinzip explizit mit dem Einsatz militärischer Gewalt verknüpft wurde.[36] Indem Deutschland aus diesem Präzedenzfall ausscherte, schwächte es dieses neuartige Instrument zur Durchsetzung der Menschenrechte.[37]

Ungeachtet des Verhaltens im UNO-Sicherheitsrat ist jedoch hier von Bedeutung, ob und in welchem Umfang sich die einzelnen Länder an der Militäroperation beteiligt haben und welche gesellschaftlichen Debatten im Hintergrund abliefen. Hierzu soll zunächst das Verhalten Frankreichs, Großbritanniens, der USA und Deutschlands miteinander verglichen werden in Bezug auf die Entscheidung, sich dem multilateralen Auslandseinsatz unter Führung der NATO anzuschließen.

In der Frage einer militärischen Beteiligung legte sich Deutschland schon recht früh darauf fest, keine Soldaten für eine mögliche Intervention in Libyen einzusetzen. Diese Entscheidung wurde weder intern noch von den Oppositionsfraktionen kritisiert. Die relevante politische Debatte hatte sich bereits um die Streitfrage des Abstimmungsverhaltens im UNO-Sicherheitsrat geformt, so dass über das Fernbleiben am internationalen Libyeneinsatz kein innenpolitischer Dissens entstand. Die deutsche Entscheidung, sich nicht am Militäreinsatz zu beteiligen, wurde somit in einem parteiübergreifenden Konsens getroffen. Deutschlands frühzeitige Entscheidung, nicht an der Intervention teilzunehmen, erschwerte jedoch ein gemeinsames europäisches Vorgehen. Frankreich und Großbritannien setzten sich stark für eine führende Rolle in Libyen

&profile=voting&uri=full=3100023-!942775-!0&ri=1&aspect=power&menu=search&source=-!horizon [28. 08. 2012].
35 Schütte, Just War, S. 728-731.
36 Michael W. Doyle, The Folly of Protection: Is Intervention Against Qaddafi's Regime Legal and Legitimate?, in: Foreign Affairs, http://www.foreignaffairs.com/print/67503 [28. 08. 2012].
37 Schütte, Just War, S. 728-731.

ein und agierten als Motor einer internationalen Koalition, die schließlich unter der Führung der NATO den Einsatz durchführte.

Die französische Entscheidungsfindung zu Libyen verlief völlig anders als in Deutschland. Dies hat auch mit Frankreichs besonderen Beziehungen zu den Maghreb-Staaten zu tun. Eine der ersten außenpolitischen Amtshandlungen des französischen Präsidenten Nicolas Sarkozy war die Schaffung einer Mittelmeerunion im Jahr 2007. Aus diesem Anlass lud er auch den libyschen Revolutionsführer Muammar al-Gaddafi nach Paris ein und empfing ihn öffentlich. Diese Ehrung erzeugte allerdings reichlich innenpolitische Kritik an Sarkozy, welche ihn während der Eskalation der Libyenkrise wieder einholte und die öffentliche Meinung soweit beeinflusste, dass er 2012 nicht für eine zweite Amtszeit gewählt wurde. Vor diesem Hintergrund lässt sich auch erklären, warum Sarkozy 2011 als erster Staatschef in Europa auf ein militärisches Eingreifen in Libyen drängte. Er erkannte auch als erster den Übergangsrat der libyschen Rebellen an, bereits einen Tag bevor sich der Europäische Rat auf eine gemeinsame Position einigen wollte.[38] Weiterhin veranstaltete Sarkozy eine internationale Libyen-Konferenz am 19. März 2011, zwei Tage nach der Abstimmung im UNO-Sicherheitsrat. Ende 2010 hatte Frankreich einen bilateralen Verteidigungsvertrag mit Großbritannien geschlossen und sah nun eine Gelegenheit, als französisch-britisches Duo diesen Einsatz zu leiten. Darauf wollte sich aber Großbritannien keinesfalls einlassen und trieb seinerseits die Einbeziehung der NATO voran.[39] In der Folge trugen aber beide Länder gemeinsam circa die Hälfte der Einsatzkosten.

Der britische Premier David Cameron zeigte sich zu einer Intervention entschlossen, war jedoch nicht bereit, sich auf eine Doppelführung mit Frankreich einzulassen. Vielmehr wollte er sich gegenüber den Vereinigten Staaten klar positionieren und Großbritanniens Rolle als stärkste europäische Militärmacht betonen.[40] Der britische Atlantizismus wirkte auch in diesem Fall stärker als die Aussicht, mit Frankreich gemeinsam einen Einsatz zu führen.

Dass die Vereinigten Staaten unter Präsident Barack Obama von einer unilateralen Militäraktion in Libyen absahen, war keine Überraschung.

38 IISS, War in Lybia: Europe's Confused Response, in: IISS Strategic Comments 17 (2011).
39 Nicholas Watt/Nick Hopkins/Ian Traynor, Nato to Take Control in Libya After US, UK and France Reach Agreement, in: The Guardian, 23.3.2011, http://www.guardian.co.uk/world/2011/mar/22/libya-nato-us-france-uk [28.8.2012].
40 IISS, War in Lybia: Europe's Confused Response, in: IISS Strategic Comments 17 (2011).

Der neue amerikanische Fokus auf Multilateralismus und eine Kultur der Zurückhaltung zeigte sich in der Libyen-Frage deutlich.[41] Da die Europäische Union als federführende Kraft für eine Libyenintervention ausfiel, sah sich Obama dennoch gezwungen, die Anfragen aus Europa im Lichte der sich rasant zuspitzenden Lage in Libyen mit entsprechenden Zugeständnissen zu beantworten. Daher warnte er anfangs deutlich vor den Risiken und bestand später darauf, dass die Führungsrolle der NATO hervorgehoben werden solle, damit keinesfalls der Eindruck entstünde, die USA würden diesen Einsatz anführen. Tatsächlich berichtete jedoch der Einsatzführungsgeneral Charles Bouchard (Kanada) an den NATO-Kommandierenden Admiral James Stavridis (USA), was die USA de facto in eine Führungsrolle brachte und Präsident Obama kritisch als »leading from behind« zugeschrieben wurde.[42]

Die NATO-Führung des Einsatzes war also das Ergebnis eines Kompromisses zwischen den drei Hauptakteuren Frankreich, Großbritannien und den USA sowie der Tatsache, dass sich Deutschland und folglich auch die EU aus dem Libyeneinsatz heraushielten. Im Verlauf des Einsatzes verschoben sich auch die politischen Ziele der Mission. Der Schutz der Zivilbevölkerung trat in den Hintergrund, während der Sturz Gaddafis zum Hauptziel wurde. Dieser Wandel in der politischen Priorität war nicht Teil der UNO-Resolution, wurde aber von Cameron, Sarkozy und Obama betont und diente schließlich auch als Begründung für das Ende des Einsatzes am 31. Oktober 2011.[43]

Öffentliche Meinung

Dem unterschiedlichen Regierungshandeln sollen nun die Haltungen der jeweiligen Öffentlichkeiten in den vier Ländern gegenübergestellt werden. Hierzu wird einerseits auf international vergleichende Umfragen und andererseits auf national erhobene Daten zurückgegriffen. Die Beschäftigung mit Umfragedaten zur öffentlichen Meinung verschafft einen direkten, unabhängigen und themenbezogenen Blick auf die Hal-

---

41 IISS, War in Lybia.
42 Tom Shanker/Eric Schmitt, Seeing Limits to ›New‹ Kind of War in Lybia, in: The New York Times, 21.10.2011, http://www.nytimes.com/2011/10/22/world/africa/nato-war-in-libya-shows-united-states-was-vital-to-toppling-qaddafi.html [28.08.2012].
43 NATO, Nato and Libya, http://www.nato.int/cps/en/natolive/topics_71652.htm [28.08.2012].

tung der »Öffentlichkeit«.[44] In der Außen- und Sicherheitspolitik ist jedoch noch ein weiterer Begriff von Öffentlichkeit relevant: die strategische Kultur eines Landes. Trotz intensiver quantitativer Beschäftigung mit Umfragedaten ist es oft nicht möglich, die tiefer liegenden Meinungen und Einstellungen zur Außen- und Sicherheitspolitik zu erfassen. Erklärungsversuche haben daher immer wieder auf das Konzept der strategischen Kultur zurückgegriffen, worunter eine im Inneren der Staaten angesiedelte Größe zu verstehen ist, die einen endogenen Einfluss auf sicherheitspolitische Entscheidungen ausübt.[45] Beide Größen, Umfragedaten sowie die strategische Kultur des jeweiligen Landes, werden als Erklärungsfaktoren für das Verhalten der Länder in der Libyen-Intervention herangezogen.

International vergleichende Umfragedaten konnten unter anderem aus den *Transatlantic Trends* gewonnen werden. Diese jährlich stattfindende Befragung des German Marshall Fund wurde im Juni 2011 durchgeführt. Nach der allgemeinen Zustimmung zum internationalen Militäreinsatz in Libyen befragt, äußerten die Amerikaner und Franzosen die größte Zustimmung, gefolgt von Großbritannien, während sich die Deutschen mehrheitlich dagegen aussprachen (vgl. Tabelle 2). Diese Daten wurden erhoben, als der Einsatz bereits seit zwei Monaten andauerte, aber noch keine nennenswerten Erfolge sichtbar waren.

	Deutschland	Frankreich	Großbritannien	USA
Einverstanden	37	58	53	59
Nicht einverstanden	60	39	42	35

Tabelle 2: Zustimmungsraten zum Libyeneinsatz (Juni 2011). Fragestellung: »As you may know, international forces have been engaged in military action in Libya. To what extent do you approve or disapprove of the military action in Libya by international forces?« (Transatlantic Trends 2011: 81; Befragungszeitraum 25. Mai – 18. Juni 2011).

Zu einem früheren Zeitpunkt, im April 2011, wurde bereits vom britischen Ipsos/Mori-Institut eine vergleichende Befragung zwischen Großbritannien, Frankreich und den USA durchgeführt, die trotz des deutlich früheren Zeitpunktes zu ähnlichen Ergebnissen kam. Die Zustimmung

---

44 Zur Problematik des Begriffs vgl. Wolfgang Donsbach/Michael W. Traugott, Introduction, in: Wolfgang Donsbach/Michael W. Traugott (Hg.), The Sage Handbook of Public Opinion Research, Los Angeles 2008, S. 1-5.
45 Elizabeth Kier, Culture and Military Doctrine: France Between the Wars, in: International Security 19.4 (1995), S. 65-93, S. 67.

in Großbritannien war im April 2011 vergleichsweise niedrig (50 %), während in den USA 55 % und in Frankreich sogar 63 % der Befragten die alliierte Militäraktion in Libyen unterstützten.[46] Es bleibt also festzuhalten, dass die französische Entscheidung, eine führende Rolle in Libyen zu übernehmen, insgesamt auf den größten gesellschaftlichen Rückhalt stieß. In den USA war die Unterstützung ebenfalls beachtlich, während sie in Großbritannien am geringsten ausfiel. Die hier vorgestellten Vergleichsdaten sollen nun noch mit national erhobenen Umfragen in Bezug gesetzt werden.

Da sich Deutschland bereits relativ früh gegen eine Teilnahme am Libyeneinsatz ausgesprochen hatte, gab es auch für die Umfrageinstitute keinen Grund, weiterhin nach der Meinung zum Libyeneinsatz zu fragen. Daher seien hier nur die frühen Daten des Politbarometer vom 31. März 2011 erwähnt, in denen einerseits nach der grundsätzlichen Meinung über den Libyeneinsatz gefragt wurde (62 % »grundsätzlich richtig«) und andererseits nach der Haltung zur Beteiligung deutscher Truppen (70 % »richtig, dass sich deutsche Truppen nicht beteiligen«).[47] Diese ambivalente Haltung – einerseits den Einsatz richtig zu finden, andererseits sich nicht beteiligen zu wollen – entspricht teilweise der deutschen strategischen »Kultur der Zurückhaltung«.[48] Darunter wird einerseits die grundsätzliche Abneigung, militärische Mittel einzusetzen, verstanden, und andererseits die Präferenz für ein multilaterales Vorgehen betont. So gesehen lässt sich verstehen, warum der multilateral geführte Libyeneinsatz grundsätzlich als richtig erachtet, die Entsendung eigener Soldaten jedoch abgelehnt wurde. Insgesamt bildet die Bereitschaft der einzelnen Länder, Waffen als Mittel der internationalen Politik einzusetzen, einen der größten Unterschiede zwischen den strategischen Kulturen der westlichen Länder.[49] Dies zeigt sich auch beim Blick auf die übrigen Teilnehmer der *Operation Odyssee Dawn* bzw. *Unified Protector*.

---

46 Reuters/Ipsos Mori, Military Action in Libya: Ipsos Polling in Great Britain, USA, France, Italy. Topline Results, 12. 4. 2011, http://www.ipsos-mori.com/Assets/Docs/Polls/Reuters-Libya-topline-April.PDF [28. 08. 2012].
47 Forschungsgruppe Wahlen, Grüne bundesweit im Aufwind. Mehrheit glaubt nicht an endgültige Stilllegung der sieben ältesten Atommeiler, in: Forschungsgruppe Wahlen, http://www.forschungsgruppe.de/Umfragen/Politbarometer/Archiv/Politbarometer_2011/April_I/ [28. 08. 2012].
48 Henrike Viehrig, Militärische Auslandseinsätze. Die Entscheidungen europäischer Staaten zwischen 2000 und 2006, Wiesbaden 2010, S. 166 f.
49 Christoph O. Meyer, The Quest for a European Strategic Culture: Changing Norms on Security and Defence in the European Union, New York 2006, S. 138-170.

Eine französische Umfrage des Ifop-Instituts offenbarte ähnlich hohe Zustimmungswerte, wenn nach einem gemeinsamen Einsatz von Frankreich, Großbritannien und den Vereinigten Staaten gefragt wurde. Zwar sank diese Zustimmung von anfangs 66 % (21. März 2011) auf später 49 % (21. Juni sowie 2. August 2011), was mit dem schleppenden Verlauf der Libyenintervention erklärt werden kann. Bemerkenswert sind jedoch die geringen Zustimmungswerte, wenn die Frage nach einem militärischen Eingreifen unter der Führung der Vereinten Nationen gestellt wurde. Anfang März 2011 stimmten nur 36 % der befragten Franzosen einer militärischen Intervention der UNO in Libyen zu.[50] Hier zeigt sich der grundsätzlich offensive Charakter der französischen strategischen Kultur, der in diesem Fall von wenig Antiamerikanismus geprägt war und ein Eingreifen in Form einer Tripelallianz aus Frankreich, Großbritannien und den USA präferierte.

Das britische Umfrageinstitut Ipsos/Mori erfragte zwischen dem 5. und 8. April 2011 detailliert, in welchem Umfang britische Bürger im Alter zwischen 16 und 64 Jahren dem Einsatz in Libyen zustimmten. Das Ergebnis verweist auf eine gespaltene Öffentlichkeit, die den Einsatz zur Hälfte befürwortete beziehungsweise ablehnte (51 vs. 49 %, Fragestellung: »Do you support or oppose the UK and allied military action in Libya?«). Im Zeitverlauf zeigt sich, dass diejenigen Befragten, die den Einsatz befürworten, auch überproportional zufrieden waren mit der Art, wie die Libyen-Krise von Premierminister David Cameron gesteuert wurde. Zugleich plädierten die Befürworter auch für Muammar al-Gaddafis Entmachtung. Umgekehrt gaben die Gegner des Einsatzes an, dass Libyen für Großbritannien irrelevant sei und dass sich Großbritannien keine Militäreinsätze leisten könne. Der letztgenannte Zusammenhang ist jedoch am schwächsten ausgeprägt, das heißt, obwohl viele Befragte der Meinung sind, dass sich das Land keinen Einsatz leisten könne, stimmen doch 42 % aus dieser Gruppe dem Einsatz zu, während ihn 58 % ablehnen. Insgesamt veranschaulichen die Daten, dass die Mehrheiten in Großbritannien knapp sind und deutlich zusammenhängen mit der sonstigen Wahrnehmung über die Ziele des Libyeneinsatzes. Bezüglich der strategischen Kultur Großbritanniens ist die traditionelle *special relationship* mit den USA hervorzuheben. Obwohl das Vereinigte Königreich ähnlich wie Frankreich eine eher offensive europäische Macht ist, die Regimewechsel notfalls auch militärisch herbeiführt, besteht der größte Unterschied zwischen beiden Ländern in ihrer Orientierung

50 Ifop, L'approbation de l'intervention militaire en Libye, in: Ifop pour L'Humanité, Vague 8, http://www.ifop.com/media/poll/1593-1-study_file.pdf [28.08.2012].

gegenüber den USA: Frankreich drängt hier auf europäische Emanzipation, Großbritannien hingegen auf Anbindung an seinen wichtigsten Verbündeten.[51]

Für die USA fragte das Pew-Institut in der frühen und der späten Einsatzphase nach den Meinungen der Amerikaner. Dabei zeigt sich, dass auch hier der unklare bzw. schleppende Verlauf der Militäroperation für eine sinkende Zustimmung während des Einsatzzeitraumes verantwortlich ist. Von anfänglich 50 % stimmten im September 2011 nur noch 44 % der Befragten zu. Gleichzeitig sank aber auch die Zahl der Einsatzgegner (von 37 auf 33 % zwischen März und September 2011), während die Gruppe derjenigen, die keine Meinung zum Libyeneinsatz hatte, von 13 auf 23 % anwuchs.[52] Paradoxerweise ergibt sich hier eine Situation, in der für ein Viertel der Befragten unklar ist, wie der Einsatz in Nordafrika verläuft und ob die Ziele – denen anfangs immerhin 50 % der Befragten zustimmten – auch erreicht werden können. Detaillierte Befragungen zeigen weiterhin, dass es keine nennenswerten ideologischen Unterschiede zwischen dem Lager der Befürworter und Gegner gibt, das heißt dass das Libyen-Thema die amerikanische Politik und Öffentlichkeit nicht polarisiert. Insgesamt erörtert die Pew-Studie ein nachlassendes öffentliches Interesse am Libyeneinsatz, was zum einen durch den zögerlichen Einsatzfortschritt erklärt werden kann, zum anderen aber auch damit, dass kaum negative Meldungen eintrafen. So gab es keine Verluste amerikanischer Soldaten, keine nennenswerten Rückschläge der NATO-Strategie, sondern vielmehr eine unklare Situation, die sich einer verlässlichen Einordnung entzog. Im Lichte der amerikanischen strategischen Kultur, die zwar den Einsatz von Waffen als Politikmittel häufig toleriert, aber auch opfersensitiv ist, erscheint die Haltung der öffentlichen Meinung folgerichtig. Ein geographisch weit entfernter Konflikt ohne Todesopfer auf amerikanischer Seite kann nur eine geringe Salienz erzeugen, aber eben auch nur eine geringe Zustimmung.

Setzt man die Befunde aus der öffentlichen Meinung nun mit den außenpolitischen Entscheidungen der Regierungen in Beziehung, so ergibt sich, dass sich alle vier Exekutiven kongruent zu den Umfrage-Ergebnissen verhalten haben, die zum Teil von den Medien in Auftrag gegeben und verbreitet wurden. Die Amerikaner, Franzosen und Briten haben sich am Einsatz beteiligt, die Deutschen hingegen haben von einer Teilnahme abgesehen. Natürlich stellt ein solches Verhalten die Konzep-

---

51 Viehrig, Militärische Auslandseinsätze, S. 167 f.
52 Pew Research Center, Libya: Steady Views, Declining Interest, in: The Pew Research Center For the People & The Press, 8. 9. 2011, http://www.people-press.org/2011/09/08/libya-steady-views-declining-interest/?src=prc-headline [28. 08. 2012].

te westlicher Bündnisse, gemeinsam aufzutreten und mit einer Stimme zu sprechen, vor große Schwierigkeiten. Gleichzeitig ist jedoch zu sehen, dass auf internationaler Ebene sehr wohl auf innenpolitische Gegebenheiten Rücksicht genommen wurde. Unterschiedliche Kulturen – gerade mit Blick auf die Einstellungen der Bevölkerung zu militärischen Auslandseinsätzen – lassen sich nur schwer unter den gemeinsamen Hut einer Allianz bringen. So sind sich die außenpolitischen Kommentatoren darin einig, dass Libyen *nicht* als Muster für zukünftige humanitäre Auslandseinsätze zu sehen ist.[53] Zu spezifisch waren die Faktoren, die sich günstig für eine Intervention zusammenfügten.

Fazit und Ausblick

Wie gestalten sich nun Auslandseinsätze nach dem CNN-Effekt? Hier können unterschiedliche Antworten gegeben werden. Zum einen scheint die Palette der Möglichkeiten immer größer zu werden. Von der UNO beschlossene humanitäre Einsätze wie in Libyen sind genauso vorstellbar wie unilaterale Präventivkriege wie im Irak, Nichtstun wie in Syrien, unbemannte Drohnen und gezieltes Töten wie in Pakistan oder kleinere Einsätze ohne Beteiligung der USA (zum Beispiel EUFOR DR Congo 2006). Das Zustandekommen und die Ausgestaltung solcher Einsätze sind hochgradig kontextabhängig und lassen sich kaum einer Systematik zuordnen.

Hatte sich der CNN-Effekt vorrangig mit dem Zustandekommen von Einsätzen beschäftigt, scheint in der Post-Irak-Ära ein anderer Aspekt die Oberhand zu gewinnen: das Beenden von Einsätzen. Denn in die jüngsten Überlegungen fließen immer stärker ökonomische Erwägungen ein. Die beispiellosen Einschnitte im Verteidigungsbudget der USA haben den Fokus bereits auf unbemannte Waffensysteme bzw. stark spezialisierte und flexible Einsatzkommandos gelenkt. Die große Aversion gegen »boots on the ground« wird jedenfalls so bald nicht abebben. Das Ende der Einsätze wird stärker mitgedacht und offensiver kommuniziert werden als dies bisher der Fall war.

Ein Ausblick auf mögliche kommende deutsche Auslandseinsätze muss ebenso vage ausfallen. Denn basierend auf dem unklaren Selbstbild, das die Deutschen von sich haben, ist es für außenpolitische Ent-

---

53 Michael O'Hanlon, Libya and the Obama Doctrine: How the United States Won Ugly, in: Foreign Affairs (online), 31.08.2011, http://www.foreignaffairs.com/print/68158 [28.08.2012].

scheider eine unsichere Ressource, sich auf die öffentliche Meinung zu verlassen. Einerseits finden es die Deutschen gut, dass eine internationale Koalition in Libyen eingreift, andererseits wollen sie sich selbst nicht daran beteiligen. Eine solche Haltung ist dauerhaft nur schwer in Politik umzusetzen. Gepaart mit den Erfordernissen, die aus dem internationalen System und von den Bündnispartnern kommen, sind politische Entscheider vor allem gezwungen, ihr Augenmerk auf die Salienz eines Einsatzes zu legen, sprich, ob das Thema eine große Bedeutung erlangen wird oder nicht. Bei hochsalienten Entscheidungen wird die Bundesregierung weiterhin im Einklang mit der Bevölkerungsmeinung handeln müssen, bei Fragen von geringerer Bedeutung und begrenzter Dauer (wie beispielsweise während der Kongo-Entscheidung) hat sie einen größeren Handlungsspielraum, der ihr entsprechende Freiheitsgrade lässt. Diese können dann auch zu einer Teilnahme an Auslandseinsätzen führen, die von der Öffentlichkeit abgelehnt werden.

Autorinnen und Autoren

ROLF AHMANN ist Professor für Geschichte der Internationalen Beziehungen an der Universität Münster. Veröffentlichungen u.a.: Nichtangriffspakte: Entwicklung und operative Nutzung in Europa 1922-1939, Baden-Baden 1988; Von Malta nach Zypern: Zur Entwicklung der britischen Politik in der Orientalischen Frage im 19. Jahrhundert, in: Sabine Rogge (Hg.), Zypern und der Vordere Orient im 19. Jahrhundert, Münster 2009, S. 9-31; Rechtliche und politische Koordinierung der Außenbeziehungen der Europäischen Gemeinschaften 1951-1992 (hg. mit Reiner Schulze/Christian Walter), Berlin 2010.

FRANK BÖSCH ist Professor für deutsche und europäische Geschichte des 20. Jahrhunderts an der Universität Potsdam und Direktor des Zentrums für Zeithistorische Forschung. Veröffentlichungen u.a.: Macht und Machtverlust. Die Geschichte der CDU, Stuttgart 2002; Öffentliche Geheimnisse. Skandale, Politik und Medien in Deutschland und Großbritannien 1880-1914, München 2009; Mediengeschichte. Vom asiatischen Buchdruck zum Fernsehen, Frankfurt a.M. 2011.

JÜRGEN DINKEL ist Doktorand am Lehrstuhl für Zeitgeschichte an der Universität Gießen. Veröffentlichungen u.a.: Die Bewegung Bündnisfreier Staaten. Eine globalgeschichtliche Analyse ihrer Entstehung, Organisation und Politik (1927-1992) (eingereichtes Manuskript).

TIM GEIGER ist wissenschaftlicher Mitarbeiter am Institut für Zeitgeschichte München-Berlin in dessen Abteilung im Auswärtigen Amt (Edition »Akten zur Auswärtigen Politik der Bundesrepublik Deutschland«). Dort bearbeitete er u.a. die AAPD-Bände 1976, 1977, 1980 und 1983. Veröffentlichungen u.a.: Atlantiker gegen Gaullisten. Außenpolitischer Konflikt und innerparteilicher Machtkampf in der CDU/CSU 1958-1969, München 2008; Zweiter Kalter Krieg und Friedensbewegung. Der NATO-Doppelbeschluss in deutsch-deutscher und internationaler Perspektive (hg. mit Philipp Gassert/Hermann Wentker), München 2011.

MANFRED GÖRTEMAKER ist Professor für Neuere Geschichte an der Universität Potsdam. Veröffentlichungen u.a.: Unifying Germany 1989-1990, New York und London 1994; Geschichte der Bundesrepublik

Deutschland. Von der Gründung bis zur Gegenwart, München 1999; Die Berliner Republik. Wiedervereinigung und Neuorientierung, Berlin 2009.

PETER HOERES ist Professor für Neueste Geschichte an der Julius-Maximilians-Universität Würzburg. Veröffentlichungen u.a.: Außenpolitik, Öffentlichkeit, öffentliche Meinung. Deutsche Streitfälle in den »langen 1960er Jahren«, in: Historische Zeitschrift 291 (2010), Heft 3, S. 689-720; Außenpolitik und Öffentlichkeit. Massenmedien, Meinungsforschung und Arkanpolitik in den deutsch-amerikanischen Beziehungen von Erhard bis Brandt, München 2013.

FRIEDRICH KIESSLING ist apl. Professor für Neueste Geschichte am Department Geschichte der Friedrich-Alexander-Universität Erlangen-Nürnberg. Veröffentlichungen u.a.: Gegen den »großen Krieg«? Entspannung in den internationalen Beziehungen 1911-1914, München 2002; Das Zeitalter des Imperialismus (zusammen mit Gregor Schöllgen), München 2009; (Welt-)Öffentlichkeit, in: Wilfried Loth/Jost Dülffer (Hg.), Dimensionen internationaler Geschichte, München 2012, S. 85-105.

MARCUS KÖNIG ist Studienrat (Geschichte und Englisch) am Gymnasium am Kurfürstlichen Schloss in Mainz und Doktorand an der Johannes Gutenberg-Universität Mainz. Die Veröffentlichung seiner Dissertation zum Thema »Der öffentliche Diskurs über den U-Boot-Krieg im Ersten Weltkrieg« befindet sich in Vorbereitung.

ARIANE LEENDERTZ ist wissenschaftliche Mitarbeiterin am Max-Planck-Institut für Gesellschaftsforschung in Köln und Research Associate des Lasky Center for Transatlantic Studies, LMU München. Veröffentlichungen u.a.: Die pragmatische Wende. Die Max-Planck-Gesellschaft und die Sozialwissenschaften 1975-1985, Göttingen 2010; Ordnung schaffen. Deutsche Raumplanung im 20. Jahrhundert, Göttingen 2008.

SÖNKE NEITZEL ist Professor of International History an der London School of Economics and Political Science. Veröffentlichungen u.a.: Weltkrieg und Revolution. 1914-1918/19, ND Berlin 2012; Medien im Nationalsozialismus (hg. mit Bernd Heidenreich), Paderborn 2011; Der Erste Weltkrieg in den Geschichtsdokumentationen des ZDF, in: Rainer Rother/Karin Herbst-Meßlinger (Hg.), Der Erste Weltkrieg im Film, München 2009, S. 219-235.

AUTORINNEN UND AUTOREN

KARL HEINRICH POHL ist Professor (pens.) für Geschichte und ihre Didaktik an der Christian-Albrechts-Universität zu Kiel. Veröffentlichungen u.a.: Politiker und Bürger. Gustav Stresemann und seine Zeit (Hg.), Göttingen 2002; Der kritische Museumsführer, Schwalbach/Ts. 2013.

ANDREAS ROSE ist Akademischer Rat a.Z. am Lehrstuhl für Neuere und Neueste Geschichte am Institut für Geschichtswissenschaften an der Universität Bonn. Veröffentlichungen u.a.: Zwischen Empire und Kontinent. Britische Außenpolitik vor dem Ersten Weltkrieg, München 2011; Deutsche Außenpolitik in der Ära Bismarck (1862-1890), Darmstadt 2013; »The writers, not the sailors« – Großbritannien, die Hochseeflotte und die »Revolution der Staatenwelt«, in: Sönke Neitzel/Bernd Heidenreich (Hg.), Das Deutsche Kaiserreich 1890-1914, Paderborn u.a. 2011, S. 221-240.

BERND SÖSEMANN ist Prof. em. für Geschichte der öffentlichen Kommunikation am Friedrich-Meinecke-Institut der Freien Universität Berlin und Leiter der Forschungsstelle AKiP der FU. Veröffentlichungen u.a.: »L'idea dell'Europa«. Die faschistische Volta-Konferenz von 1932 und der nationalsozialistische Kongreß von 1941, in: Vigonianae 1 (2010), S. 49-95; Mediale Inszenierung von Soldatentum und militärischer Führung in der NS-Volksgemeinschaft, in: Christian Th. Müller/Matthias Rogg (Hg.), Das ist Militärgeschichte!, Paderborn 2013, S. 358-379; Propaganda. Medien und Öffentlichkeit in der NS-Diktatur (in Zusammenarbeit mit Marius Lange), 2 Bde., Stuttgart 2011.

HENRIKE VIEHRIG ist Akademische Rätin im Nordamerikastudienprogramm der Universität Bonn. Veröffentlichungen u.a.: Militärische Auslandseinsätze, Wiesbaden 2010; Issue Salience in International Politics (hg. mit Kai Oppermann), London 2011; Politische Kommunikation in internationalen Beziehungen (hg. mit Jens Tenscher), Berlin 2010.

HERMANN WENTKER ist Leiter der Abteilung Berlin des Instituts für Zeitgeschichte und apl. Professor an der Universität Leipzig. Veröffentlichungen u.a.: Außenpolitik in engen Grenzen. Die DDR im internationalen System 1949-1989, München 2007; Die KSZE im Ost-West-Konflikt. Internationale Politik und gesellschaftliche Transformation 1975-1990 (hg. mit Matthias Peter), München 2012.

Die Geburt des Zeitzeugen nach 1945

Herausgegeben
von Martin Sabrow
und Norbert Frei

376 S., geb., Schutzumschlag,
ISBN: 978-3-8353-1036-0

»Die Texte dieses Bandes stehen für eine Historisierung des Phänomens ›Zeitzeuge‹ und ermöglichen seine kritische Reflexion.«
　　　　　　　　　　　Katharina Stengel, Einsicht 08

»Die Aufsatzsammlung macht deutlich, dass der Zeitzeugenbericht unser Verständnis von der Geschichte wesentlich bereichern kann.«
　　　　　　　　　　　Hermann Theissen, Süddeutsche Zeitung

　　　　　　　　　　　www.wallstein-verlag.de